REPÚBLICA POPULAR DA CHINA
A SEDE DO PODER ESTRATÉGICO
(Mecanismos do Processo de Decisão)

HEITOR BARRAS ROMANA
Professor Auxiliar do ISCSP,
Doutor em Ciências Sociais

REPÚBLICA POPULAR DA CHINA
A SEDE DO PODER ESTRATÉGICO
(Mecanismos do Processo de Decisão)

ALMEDINA
1955-2005

REPÚBLICA POPULAR DA CHINA
A SEDE DO PODER ESTRATÉGICO
(Mecanismos do Processo de Decisão)

AUTOR
HEITOR BARRAS ROMANA

EDITOR
EDIÇÕES ALMEDINA, SA
Rua da Estrela, n.º 6
3000-161 Coimbra
Tel.: 239 851 904
Fax: 239 851 901
www.almedina.net
editora@almedina.net

EXECUÇÃO GRÁFICA
G.C. – GRÁFICA DE COIMBRA, LDA.
Palheira – Assafarge
3001-453 Coimbra
producao@graficadecoimbra.pt

Novembro, 2005

DEPÓSITO LEGAL
232181/05

Toda a reprodução desta obra, por fotocópia ou outro qualquer processo,
sem prévia autorização escrita do Editor,
é ilícita e passível de procedimento judicial contra o infractor.

LISTA DE ACRÓNIMOS

ANP	–	Assembleia Nacional Popular
ARATS	–	Association for Relations Across the Taiwan Straits
ARF	–	Asian Regional Forum
ASEAN	–	Association of Southeast Asian Nations
ASEM	–	Asia-Europe Meeting
B2B	–	Business to business
CC	–	Comité Central
CCTV	–	Chinese Communication Television
CE	–	Conselho de Estado
CMC	–	Comissão Militar Central
CNPS	–	Comprehensive National Power Strategy
COSTIND	–	Commission on Science, Technology, and Industry for National Reference
CPCP/CCPP	–	Conferência Política Consultiva Popular
CPTTM	–	Centro de Produtividade e Transferência Tecnológica
DOC	–	Departamento de Organização Central
EPL	–	Exército Popular de Libertação
EUA	–	Estados Unidos da América
GCP	–	Grupo Central do Partido
GGDACMC	–	Gabinete Geral da Comissão Militar Central
IFT	–	Instituto de Formação Turística
IPIM	–	Instituto de Promoção do Investimento
LG	–	Leading Group
LSG	–	Leading Small Group
MNE	–	Ministério dos Negócios Estrangeiros
MSE	–	Ministério de Segurança de Estado
NPR	–	Núcleos Políticos Restritos
NPRPE	–	Núcleo Político Restrito para a Política Externa
OMC	–	Organização Mundial do Comércio
ONU	–	Organização das Nações Unidas
PC	–	Partido Comunista
PCC	–	Partido Comunista Chinês

PNB	– Produto Nacional Bruto
RAEM	– Região Administrativa Especial de Macau
RAEHKG	– Região Administrativa Especial de Hong-Kong
RMB	– Renminbi
RPC	– República Popular da China
RT	– Revolução Tecnológica
SCC	– Secretariado do Comité Central
SCO	– Shangai Co-operation Organisation
SEF	– Strait Exchange Foundation
SI	– Serviços de Informações
TALSG	– Taiwan Affairs Leading Small Group
UPC	– Unidade de Processamento Central
URSS	– União das Repúblicas Socialistas Soviéticas
ZEE	– Zona Económica Especial

*À Memória do meu Bisavô
José Rodrigues Coelho*

Um homem cuja entrega à causa da Instrução foi para além do seu tempo.

*Ao
Professor Agostinho da Silva*

PREFÁCIO

A situação de instabilidade militar, que teve o seu ponto mais crítico na segunda guerra do Iraque, tem inclinado os observadores a desenvolverem hipóteses sobre o eventual equilíbrio mundial que não poderá ignorar a presença da China. Ora, a evolução da política externa da China tem demonstrado que a sua visão do mundo se afasta progressivamente do dogmatismo maoísta, segundo o qual "os povos oprimidos devem contar primeiro com a sua própria luta".

A reacção internacional ao feito, que é marcado pelo lançamento executado pelo foguetão "Longa Marcha", foi de congratulação, de acordo com o facto de a nave "Shenzou-5" levar a bordo uma bandeira chinesa e uma bandeira da ONU. A proposta nova política de Deng Xiaoping foi-se demonstrando consistente, designadamente com o pacifismo da transferência da soberania de Hong-Kong e de Macau, com respeito pelos compromissos assumidos quanto ao estatuto dos territórios e à estabilidade das sociedades civis.

Esta evolução promissora teve uma manifestação do maior interesse, que foi a reunião em Macau, em 2003, por iniciativa do governo da região, dos representantes dos países de língua oficial portuguesa, incluindo Timor. Trata-se do universo da CPLP, sem que esta seja a destinatária da iniciativa, mas com inclusão de Portugal.

A novidade, mesmo no domínio das técnicas das relações internacionais, está em que o governo da China como que delegou no governo de Macau a responsabilidade pela condução do processo de aproximação com os Estados abrangidos pela iniciativa. A delegação traduz-se em que Macau desempenhará a função de plataforma negocial na área das relações económicas que a China pretende fortalecer.

Neste projecto, são de salientar os motivos que levaram a adoptar um modelo que supomos sem precedente. Para tornar o ponto claro é suficiente conhecer os termos em que o *South China Morning Post* relata o acontecimento. Depois de recordar que a presença de Portugal na Ásia é antiga de quatro séculos, vinda de um tempo em que "o pequeno Estado europeu era uma grande potência marítima", assinala: "A língua e o restante legado cultural ainda ligam Macau a Portugal na Europa, Angola, Cabo Verde, Guiné-Bissau e Moçambique em África, Timor no Pacífico e Brasil na América do Sul. *Estes laços são parte da rica herança de Macau*".

As relações da China com tal espaço têm sido apreciáveis, incluindo uma presença policial em Timor, enquadrada na missão da ONU. Mas o reconhecimento da função privilegiada de Macau, pela herança portuguesa recebida, para pilotar o fortalecimento das relações, merece o interesse português no sentido de se envolver activamente na iniciativa, que ao mesmo tempo fortalece a identidade de Macau, consolidando a sua especificidade e estatuto.

O Vice-Primeiro Ministro da China Wu Yi não hesitou em declarar que "o fórum...fará crescer dramaticamente a importância política de Macau nas relações internacionais". Por outro lado, vozes atentas de Hong-Kong sublinham a lucidez de valorizar a herança colonial, o que significa apelar à racionalização das políticas, superando as cóleras das libertações coloniais. Embora se trate dos países da CPLP, sem que esta seja chamada, o facto também poderá ajudar a avaliar os apoios a dispensar e reforçar para que aquela comunidade tenha um papel activo na comunidade internacional, um movimento a considerar na definição de um conceito estratégico português.

Conviria ainda não perder de vista o facto de não estarem normalizadas as relações entre a China e a Santa Sé. Esta situação faz lembrar a frustração de S. Francisco Xavier que partiu de Malaca em 1552 para evangelizar o continente, e morreu na ilha de Sancian em 3 de Dezembro sem iniciar a pregação. Em todo o caso, como relata o sempre esquecido Prof. Silva Rego, os portugueses atribuíam à intercessão do Santo o facto de Leonel de Sousa, em 1554, ter concluído o primeiro tratado comercial entre um soberano europeu e a China.

Não obstante a posição do governo chinês em relação à Santa Sé, Macau tem uma Diocese católica canonicamente instaurada, embora não tenham talvez significado actual os vicariatos de Shiu-Hing, Chik-Hom e Chung-Shan. Mas foi o último vestígio do Padroado do Oriente até que, depois do Concílio Vaticano II, deixou de ter jurisdição em Malaca. Mas ficou com a sua Igreja Católica respeitada depois da retirada da soberania portuguesa, num espaço de pluralismo religioso efectivo.

Numa data em que o confronto das áreas culturais tende para subir aos extremos, com a manifestação mais grave no terrorismo global, esta circunstância de Macau é um elemento valioso na corrente que, liderada por João Paulo II, procura fazer convergir todas as religiões para a definição dos valores comuns em que devem apoiar o esforço conjunto a favor da paz.

Os temas principais das atenções centradas sobre a crise da ordem internacional agrupam-se tendo como pólo aglutinador o terrorismo global, o unilateralismo de resposta dos EUA, a tensão atlântica que resulta deste último, e as tendências para Directório que na Europa vão sendo identificadas como método das cooperações reforçadas.

Talvez seja uma fixação excessiva sobre a área e os interesses ocidentais, tornando aleatório o olhar sobre as outras regiões do mundo, especialmente a Ásia, onde não parecem muito generalizadas, por exemplo à China e à União

Indiana, as inquietações sobre as pretensões e perspectivas que dividem o europeísmo e o americanismo. A Europa procurou organizar uma estratégia com unidade suficiente para enfrentar pacificamente a ameaça sem precedente da proliferação das armas de destruição maciça, ou do crime organizado, e evidentemente o terrorismo, mas também sem preocupações manifestas sobre o equilíbrio estratégico mundial, e o perfil que as potências asiáticas vão acentuando à distância das sofridas meditações sobre o unilateralismo.

Talvez que, sem ignorar que o Pacífico é o oceano histórico do destino manifesto americano, e que haverá sempre que exigir prudência na hipótese de as divergências atlânticas serem ali projectadas, seja de valorizar a linha da União Europeia no sentido de aproximar os interesses europeus e asiáticos, designadamente segundo a visão insistentemente sustentada por Christopher Patten, o experiente governador de Hong-Kong que presidiu à transferência da soberania inglesa para a China.

Ainda recentemente, no último número do *Asia Europa Journal* (Dezembro-2003) relembra a linha que críticos americanos consideram geralmente filiada na fragilidade militar, mas os que se tornaram experientes na Ásia julgam a mais apropriada, tendo designadamente em vista a história dos desastres militares que ali sofreram alguns dos mais reputados exércitos ocidentais. Trata-se de mobilizar todos os instrumentos disponíveis, desde a diplomacia à assistência técnica, da cooperação ao comércio, para diminuir a instabilidade global e as ameaças.

O encontro Europa-Ásia de Bali é um momento de reflexão importante. Apropriadamente, é lembrada como símbolo desta perspectiva humanista a notável Aung Sang Suu Kyi, a qual, enfrentando as severas restrições das autoridades do seu país, está entre as interventoras mais respeitadas daquela área a favor dos direitos humanos e da paz entre as nações. O lema – *Europe and Asia can make a difference*, é uma síntese excelente dos propósitos.

Mas é necessário não esquecer, também nesta perspectiva salutar, que o desafio estratégico é necessariamente seguido pelos governos da área. Provavelmente, o referido unilateralismo, o conceito antigo de República Imperial e a mais recente acusação de imperialismo dirigida aos EUA, não têm, por exemplo na China, o mesmo significado perturbador. Mas têm certamente uma leitura desafiante, que apoia ali o mostrar da bandeira do Estado, e pode dinamizar políticas menos promissoras para o equilíbrio e paz gerais. Por isso a perspectiva europeia merece apoio, fortalecimento e persistência, animando os sinais recentes dados pela China no sentido de se aproximar dos princípios-guias da ONU, em cujo Conselho de Segurança tomou assento com enormes resistências, e onde a sua voz é indispensável para reforma da instituição.

Mais uma vez os factos apontam para reflectir sobre a intervenção da herança portuguesa nesta prospectiva, tendo a função de Macau, definida pela China, como factor de referência.

Justamente no ponto mais crítico da guerra do Iraque para os EUA, e celebrando o cinquentenário da Conferência de Bandung, realizou-se em Pequim, em Junho de 2004, um Seminário Internacional sobre os *Cinco Princípios da Coexistência Pacífica*, por iniciativa do Instituto de Relações Internacionais da China.

A iniciativa que há cinquenta anos foi tomada pela China, Índia e Birmânia, reuniu agora mais de uma centena de académicos, analistas, e homens de Estado dos cinco continentes, para discutir a teoria e a prática dos referidos princípios.

Nomes, entre outros, como Lu Qiutian, Dai Bingguo, Qian Qichen, Wu Jianmin, Yu Ning, e Song Mingjiang, este sendo o Presidente do Instituto, vão tornar-se familiares na enciclopédia das relações internacionais, e certamente objecto da atenção da nova vaga de estudiosos que se ocupam da matéria.

Na Acta da reunião ficou em primeiro lugar clara a dimensão globalista da construção não apenas doutrinal, mas também política. O antigo Vice-Primeiro Ministro da China Qian Qichen afirmou as pretensões referentes às novas dimensões dos Cinco Princípios: primeiro, fazer com que a *igualdade se torne na pedra fundamental da democracia e legalidade das relações internacionais;* segundo, *aprofundar um novo sentido de segurança* que sirva a confiança mútua, o interesse mútuo, a igualdade e a coordenação pelo diálogo, pela lei, e pela autoridade do Conselho de Segurança; em seguida, *respeito pela diversidade do mundo*, condição para o desenvolvimento sustentado e garantia de harmonia entre as diferentes civilizações; em quarto lugar, *promover activamente o multilateralismo*, devendo reconhecer-se a impossibilidade de qualquer país manter a segurança apoiado exclusivamente nos seus recursos privativos. Sem ambiguidades, sustentam que *dominar o terrorismo*, proteger o ambiente, controlar as epidemias, e prever as crises financeiras, exige multilateralismo e cooperação; finalmente, urge *assegurar o desenvolvimento sustentado da comunidade dos homens*, eliminando a distância entre o Norte e o Sul do mundo, revendo o percurso que enriquece alguns países remetendo outros para a pobreza, concluindo que não é possível que a prosperidade dos países ricos se apoie no empobrecimento dos países em vias de desenvolvimento.

Não evitam abordar os conflitos mais inquietantes da conjuntura, tendo sempre em vista, com discrição mas sem ambiguidade, a intervenção dos ocidentais e especialmente dos EUA.

A questão da Palestina, por eles relacionada com a subida aos extremos do terrorismo mundial, foi abordada por referência ao Middle East Peace Roadmap proposto pelo quarteto composto pela Inglaterra, EUA, Rússia e Secretário-Geral da ONU, com o sublinhado de que "a criação do Estado da Palestina vivendo lado a lado em paz e segurança com Israel" é condição sem a qual não haverá paz.

Depois, a questão da Coreia, em que o protagonismo dos blocos militares ainda está presente, e a Declaração sobre o comportamento dos signatários, que foram a ASEAN e a China, no *South China Sea*, apelam ao respeito pela Carta da ONU, ao lado da invocada Declaração de Shangai de 2001 para assegurar a paz na Ásia Central. Não hesitam em repudiar a guerra preventiva que respondeu ao ataque da Al-Qaeda em 11 de Setembro de 2001, insistiram no respeito pelo direito internacional humanitário e pelos direitos humanos.

Que a China, tantas vezes afastada dos cinco princípios, seja a dinamizadora da atitude, proclamando o alto significado desses Cinco Princípios como guia das políticas internacionais e garantias da paz, é circunstância suficientemente clara para que a própria administração republicana dos EUA compreenda que o unilateralismo não é o facto que inquieta a superpotência emergente, a qual vai pacientemente tentando organizar o grande espaço cuja matriz está em Bandung, que anuncia a via da cooperação interna para o fortalecer, que aponta para a ONU como lugar de encontro de todos com todos, e não parece recear qualquer aviso de contenção. Para os triunfalistas que entendem que Marte é o modelo Americano, e Vénus o modelo europeu, deve ser embaraçante verificar que no Oriente parece que Vénus alarga o seu domínio, faltando que os factos mostrem com que autenticidade.

As eleições americanas para a Presidência (2004) interessaram a toda a comunidade atlântica e ocidental, e interessaram menos ao Oriente onde as Grandes Potências emergentes, que não se mostram preocupadas em igual medida com o unilateralismo, estão a contribuir para clarificar um cultivado equívoco do diálogo entre os aliados.

Do lado das instâncias gestoras da imagem da administração republicana em exercício, insiste-se em considerar como anti-americana a crítica severa que muitas vozes europeias exercem contra o que consideram o erro da política externa do actual Presidente.

O debate eleitoral fez com que intervenções, como as de Clinton ou do medianeiro Carter, destinadas a despertar a consciência do eleitorado, transformem o discurso crítico europeu em amenas e benevolentes conversas de íntimos. Por uma vez, parece consolidado o entendimento de que críticas à política republicana da presidência americana, não são uma quebra de solidariedade e afecto para com o povo americano, é antes a legítima participação na identificação e defesa de interesses e padrões que se consideram comuns, e necessitam de bom governo. Exigindo substituir a metáfora que vincula os EUA a Marte e os europeus a Vénus.

Talvez sofra de algum exagero, mas seja mais próximo dos factos, entender que a vertigem do poder por vezes se vislumbra na arrogância americana. Fazer o levantamento da conjuntura, e avaliar a escala dos meios para chegar às evidências que impedem a escalada da guerra, é a tendência que a dolorosa experiência vivida aponta como possível aos europeus.

Uma tendência que dá carácter à resposta, que vem do martirizado Oriente, e que foi sistematizada no referido Seminário organizado pelo Chinese People's Institute, com larga participação, e terminou em Pequim no dia 14 de Junho de 2004.

As contingências obrigaram os americanos a concentrarem grande parte do seu poder no Atlântico, mas o seu oceano natural é o Pacífico. Não obstante os conflitos de altíssima intensidade que ali preenchem a saga das suas Forças Armadas, a mensagem que se recebe daquela área não parece excessivamente inquieta com o unilateralismo dos republicanos extremistas, antes se aproxima do critério com que os democratas pretendem chegar ao governo dos EUA e regressar às solidariedades atlânticas, acompanhando seriamente a evolução da NATO para aliança pacificadora.

O histórico Henry Kissinger, herdeiro praticante do modelo de Congresso de Viena e do seu pragmatismo, optou por dirigir-se aos orientais pregando que "devemos trabalhar juntos para desenvolver objectivos comuns, para nos aproximar de um mundo em que o fraco está em segurança e o forte pode ser livre". No Congresso democrata, a voz de Clinton, melhor Presidente do que a fixação dos temas, a que os meios de comunicação do seu tempo deram prioridade absoluta, deixou transparecer, contribuiu para fortalecer a linha crítica adoptada pelo candidato contra o unilateralismo intervencionista do Presidente. O advogado regresso ao multilateralismo, à adopção e observância das conclusões do Senado sobre o 11 de Setembro, a uma política internacionalmente participada e menos dogmática contra o terrorismo, mostram definitivamente que há mais América para além da versão republicana em exercício. E apoia os que entendemos que o regresso à *legitimidade* globalmente entendida, é o passo essencial para a reinvenção da governança.

A literatura portuguesa sobre esta temática enriqueceu-se à medida em que se aproximava a entrega da soberania de Macau à China. A Fundação Oriente deu um forte contributo. E o Doutor Heitor Romana, residente naquele território durante anos de serviço e investigação, é hoje um dos mais autorizados analistas da área, tendo recebido uma justa consagração académica com o presente livro.

Adriano Moreira

PÓRTICO

São múltiplas as razões que levam o investigador, em qualquer das áreas do saber, a seguir determinada via, a apostar numa área e a motivar-se para se lançar em novos projectos.

No nosso caso, a motivação e a superação deste desafio tem na figura do Professor Adriano Moreira o referencial.

O seu conselho e observações, e a sua orientação científica e metodológica, encerrando em si próprios ensinamentos, deram-nos um instrumento conceptual, que vai muito para além do conteúdo desta obra.

Com o Professor percebemos a importância dos conceitos e da análise na construção dos modelos do fenómeno do poder, e o valor que a semântica transporta. Mas também intuímos a disponibilidade da sua amizade tantas vezes manifestada em diferentes circunstâncias, nos planos académico, profissional e pessoal.

Este livro é, pois, antes de mais, um tributo ao Professor Adriano Moreira, expressão de uma profunda admiração pelo estadista, pelo cientista, e pela intemporalidade do seu saber.

Mas neste longo caminho percorrido foram relevantes gestos e atitudes que contribuíram para o avançar do projecto.

Ao General Rocha Vieira, o último Governador de Macau, de cuja equipa de assessores fizemos parte, queremos demonstrar o nosso profundo orgulho em ter colaborado com um homem de excepcional visão estratégica, envergadura política e sentido de Estado, e manifestar o nosso reconhecimento por tudo aquilo que nos possibilitou alcançar. Sem o seu apoio e envolvimento teria sido difícil percorrer este caminho que vem desde os tempos de Macau.

Ao Ex-Governador de Macau, Engenheiro Carlos Melancia, um impulsionador da transição daquele Território, manifestamos também o nosso agradecimento pelo convite que nos formulou para rumar a Macau, em 1990, no âmbito de uma equipa de investigação na área da análise estratégica, abrindo, assim, as portas ao nosso projecto.

Ao Professor Carlos Diogo Moreira, exemplo para toda a comunidade académica e científica, queremos agradecer o seu incentivo, a ajuda e confiança expressas, o que muito nos sensibilizou, tendo constituído uma motivação acrescida. A sua visão e abordagem integrada e interdisciplinar das ciências sociais foi fundamental na estruturação desta obra.

AGRADECIMENTOS

No ISCSP, a nossa Escola de sempre, várias referências e agradecimentos se impõem.

Uma menção primeira deve ser feita ao Professor Narana Coissoró, uma referência científica e académica para várias gerações de estudantes, – figura de proa dos estudos asiáticos –, que apostou em nós como investigador do Instituto do Oriente, vai o nosso reconhecimento pelo seu contributo para o gosto pela temática da Ásia e pelas suas importantes achegas ao nosso trabalho. Ao Professor Sousa Lara, cabe-nos referir os seus conselhos como politólogo e as suas orientações científicas, expressas em muito importantes sugestões, em particular nos campos da teoria das ideologias e da dinâmica do Estado. Ao Professor Óscar Soares Barata, manifestamos o nosso reconhecimento pelo apoio sempre demonstrado, que é extensivo ao Professor João Pereira Neto, sempre disponível na apreciação do nosso trabalho.

Porque este estudo pretende, em parte, reflectir a identidade científica da nossa Escola, foi também nele integrado produção teórica de outros cientistas sociais do Instituto, especialmente dos Professores Marques Bessa, Adelino Maltez, Almeida Ribeiro, Vasconcelos Saldanha, Helder Costa e Ladeiro Monteiro, autores de vasta obra nas áreas da Geopolítica, da Ciência Política, das Relações Internacionais, dos Estudos Chineses e Asiáticos, e Informações, a quem muito sensibilizados agradecemos o saber transmitido.

Ainda, no âmbito da nossa Escola, cumpre-nos sublinhar o nosso apreço pela disponibilidade e espírito de ajuda manifestada pelo Secretário do Instituto, Acácio Almeida Santos, um amigo de sempre. Impõe-se igualmente o devido reconhecimento a um grupo de académicos e peritos, estrangeiros e portugueses, que deram inputs fundamentais ao aperfeiçoamento deste trabalho, cabendo aqui referir os Professores Andrew Nathan, David Shambaugh, Dennis Wilder e Armando Marques Guedes. Neste contexto merece também referência o Professor Ivo Carneiro de Sousa, e o Emb. Duarte de Jesus, antigo Embaixador de Portugal em Pequim.

O nosso agradecimento a mais de uma dezena de académicos, diplomatas, intelectuais e quadros chineses, que em Portugal, em Hong-Kong, em Macau, em Pequim, em Guangzhou e em Singapura, deram testemunhos das suas valiosas experiências e de investigações individuais, que foram úteis para a arquitectura deste trabalho, que agora se apresenta à consideração do público interessado.

Uma palavra de louvor à D. Amélia Loureiro, pela inexcedível dedicação e lealdade demonstrada ao longo de vários anos de colaboração.

Por último, os nossos agradecimentos à Fundação Oriente pelo reconhecimento do nosso trabalho, expresso na atribuição, em 2005, do Prémio para a melhor tese de doutoramento sobre a Ásia.

I. ENQUADRAMENTO METODOLÓGICO: A ANÁLISE OPERACIONAL

1. QUESTÕES METODOLÓGICAS/OBJECTIVOS

Elaborar um quadro metodológico, que vise situar o objecto do estudo e os objectivos operacionais, implica um processo sistemático de avaliação e de reavaliação de hipóteses, dados e análises, num processo sempre incompleto e, por isso, em permanente actualização.

A construção metodológica em ciências sociais obedece a um conjunto de procedimentos que correspondem a uma sucessão de etapas. O Professor Carlos Diogo Moreira (1994: 19) sistematiza as seguintes etapas:

"Numa primeira etapa há que elaborar um projecto, o qual passa pela formulação de um problema (onde tem lugar a delimitação do enquadramento teórico-conceptual) pela escolha dos métodos adequados e pela realização de uma proposta/plano de pesquisa. A segunda etapa, diz respeito aos preparativos da investigação, isto é, ao conjunto de questões que têm de ser avaliadas antes de se iniciar a recolha de dados: como negociar mais eficientemente o acesso a fontes de dados, como superar os eventuais problemas éticos dai recorrentes e como seleccionar quem observar ou entrevistar. Uma vez tomadas as decisões sobre o acesso e a amostragem é tempo de dar início à terceira etapa, ou seja, ao trabalho de campo. Recolhidos os dados, a quarta etapa consiste então na codificação, gestão e análise de dados. A investigação é investigação social efectiva quando apresentada publicamente para que possa ser utilizada e criticada. A quinta e última etapa debruça-se justamente sobre a relação de resultados e apresentação de um relatório".

Acresce o autor que a definição dos objectivos é de importância decisiva passando por três fases: identificação de um tema; definição do problema de pesquisa e do próprio fundamento de investigação; identificação dos principais conceitos, suas dimensões e indicadores (Carlos Diogo Moreira, 1994: 20).

No nosso trabalho, definimos como área de investigação o delimitar a sede do poder estratégico na República Popular da China, no quadro da tomada de decisão. Na essência, trata-se de estudar, de forma sistemática, os processos, os actores e as tendências, tendo por referência conceptual, o eixo do estudo da ciência política, o qual será retirado da conceptualização de Adriano Moreira (1994) a luta pela aquisição, exercício e manutenção do poder. Salienta o grande politólogo que o poder, mais do que o Estado, tende para ser o fenómeno central da ciência política.

Adelino Maltez (1996: 67), seguindo a tese do Professor Adriano Moreira, situa a ciência política como ciência do poder, como ciência do Estado e como ciência da autoridade. Como ciência do poder considera que a ciência política tem como objectivo estudar a natureza, a localização e a utilização do poder político, bem como analisar o processo de luta para a utilização e a manutenção no poder.

Adaptando ao estudo do poder as persectivas de estudo das relações internacionais elaboradas por Quincy Wright, citado por James Dougherty e Robert Pfaltzgraff (2003: 64), podemos considerar quatro abordagens:

a) O real – ou o ser, conhecido através do método da descrição;
b) O possível – ou o que pode ser, conhecido através do método da especulação teorética;
c) O provável – ou o que virá a ser, conhecido através do método da reflexão;
d) O desejável – ou o dever ser, conhecido através da reflexão normativa, valorativa ou ética.

Numa etapa subsequente, impõe-se definir uma área de estudo operacional que delimite, de uma forma precisa, o campo concreto de investigação, e que desenvolva o *apport* necessário à percepção objectiva do tema tratado. Duas questões se colocam nesta fase: Como é que vamos situar, no âmbito dos diferentes *approaches* da temática do poder na RPC, a investigação? Qual a melhor abordagem metodológica e teórica?

Estas questões dominam toda a *"epistemic community"* ligada ao estudo do fenómeno político na China, por duas razões: a rápida depreciação dos estudos empíricos, devido à mutabilidade dos "paradigmas" que sustentam as análises; a dificuldade em distinguir, no quadro da realidade do poder na China os níveis macro, meso e micro.

Ainda no âmbito da primeira questão, o estudo do poder na China está dominado por "escolas" e "correntes", que na nossa perspectiva reflectem, mais do que diferentes estratégias de abordagem e princípios analíticos, concepções marcadas pelo "o que devia ser" e não tanto pelo o que é, verificando-se uma "promiscuidade" entre variáveis de estudo e conceitos nelas presentes.

Sobre esse problema de objectividade metodológica convirá sublinhar a posição do Professor Sousa Lara, que situa a questão de uma forma muito precisa (2004: 34):

"Grande parte das correntes académicas chamadas "escolas" apresentam dois tipos de vícios que convirá denunciar: o pretensiosismo e o ideologismo. O primeiro consiste na complicação artificial da realidade, tornando a análise de tal modo impenetrável que, só aos iniciados seja acessível, embora frequentemente inútil. Trata-se de criar uma linguagem de tipo charada, baseada na realidade, mas tornada ela própria objecto central de estudo, à semelhança da caligrafia cursiva tabeliónica que só os notários conseguiam decifrar, tornando-se assim, insubstituíveis. A segunda corresponde a dissimular considerações valorativas, fugindo à sua justificação, e por conseguinte, de forma dogmática".

Mas o principal problema com que nos deparamos, diz respeito à tendência para atribuir aos "estudos chineses" uma autonomia epistemológica e conceptual, que tende para os transformar em mais uma disciplina científica. Tal conduz, como se verifica com frequência, à não aceitação das abordagens universais de disciplinas das ciências sociais, cuja construção teórica e cujos modelos são considerados como não aplicáveis, em parte, ou no seu todo, à especificidade antropológica e sociológica da sociedade chinesa. Daí que não seja frequente por parte dos investigadores da realidade política chinesa o recurso à utilização directa de abordagens comparativas e o recurso ao instrumental teórico aplicável a qualquer fenómeno estudado.

Para além da questão da autonomia epistemológica dos estudos chineses, consideradmos a existência de outros problemas metodológicos, a saber: uma taxonomia dos conceitos considerados como aplicáveis à "realidade" chinesa; a imposição do modelo observado sobre o modelo observante; a pulverização de abordagens e a precariedade dos factos.

Por outro lado, convirá frizar que o estudo da problemática do poder na RPC apresenta condicionantes objectivas e subjectivas, respeitantes, designadamente, à natureza e características do regime que dificultam a realização de qualquer estudo sobre aquela matéria. Assim, a temática a que nos propomos estudar implica uma operacionalização de conceitos, que surgem como instrumentos de uma análise que não pode ir muito para além da "matéria observável".

Definida a área global de estudo, e abordados alguns dos problemas que se colocam no plano da conceptualização de uma análise, partimos para a área específica alvo de investigação e que se prende com a sede do poder estratégico na RPC.

O modelo metodológico tridimensional de análise política (forma de governo, ideologia e sede do poder) criada pelo Professor Adriano Moreira constitui a referência delimitadora do nosso trabalho. O poder, como objectivo e o poder como relação, aspectos abordados por Adriano Moreira (2003) é complementado, no caso chinês, pelo poder como exercício de auto-manutenção e de legitimação de si próprio.

Mas, na essência, o estudo do poder implica entender os mecanismos e processos que lhe dão coerência e sustentabilidade. Trata-se da apreensão do que não é perecível com a conjuntura, das suas regularidades e da sua funcionalidade e trata-se, sobretudo, de identificar os actores operacionais do poder, que não significa que correspondam aos actores formais. Eles poderão ser formais não visíveis e informais.

Referindo-se ao estudo das ideologias, o Professor Adriano Moreira aborda com uma extraordinária clareza a questão da sede concreta do poder. Afirma o Professor (1964:53):

"Quando a ciência política procede à definição dos modelos dos regimes políticos, à classificação dos agentes das ideologias, estabelece os paradigmas da conquista, do exercício e da manutenção do poder político, fornece elementos muito importantes para o estudo das ideologias, porque define os pontos de referência a que habitualmente devem atender as investigações destinadas a identificar as ideologias que animam cada poder político em concreto, e os respectivos opositores. Mas ao proceder a esta investigação, sobretudo em face dos modelos concretos do poder político, o conhecimento da estrutura real e não aparente do modelo em exame é condição indispensável para que a investigação das ideologias possa levar a resultados aceitáveis. Não ajuda muito saber quem é que aparentemente tem o poder de decidir, interessa saber quem é que realmente decide".

I. Enquadramento metodológico: A análise operacional

Assim, o nosso estudo tem como objectivos:

a) Identificar os processos e mecanismos de decisão do poder do Partido Comunista Chinês no contexto do actual quadro político;

b) Percepcionar da manutenção ou não do "sistema de *interlocking*" de decisão;

c) Analisar as estratégias de adaptação do Partido Comunista (PC) à mudança, no contexto das reformas económicas;

d) Percepcionar da eficácia dessas estratégias;

e) Estudar a balança de poderes na liderança do PCC;

f) Avaliar a existência de factores susceptíveis de conduzir à alteração da sede do poder;

g) Percepcionar os mecanismos de interdependência entre a defesa, a segurança e a política externa na tomada de decisão política estratégica;

h) Analisar os processos e mecanismos de funcionamento da sede do poder estratégico, não só no plano da estrutura mas também no plano da sua dinâmica enquanto sistema.

2. A ANÁLISE OPERACIONAL

A questão da sede do poder estratégico é uma questão magna, no âmbito da percepção dos mecanismos e processos de gestão política do Partido Comunista Chinês (PCC), e assume uma maior importância dado o extraordinário processo de abertura económica na China, que gera inevitáveis efeitos na organização social e no próprio sistema de poder. O crescente envolvimento da China no sistema internacional, que a torna agora num actor incontornável na percepção da balança de poderes mundial, reforça a importância do estudo da sede do poder estratégico e do seu processo de formação de decisão.

Assim, várias questões/hipóteses se levantam, a saber:

a) Existe um "*mainstream*" analítico que aponta para a existência de visíveis e rápidas mudanças institucionais na China, com evidentes efeitos na estrutura do poder – perda da influência das facções (tal verificar-se-á?);

b) A mesma corrente considera que o "sistema de *interlocking*" tende a perder eficácia, diminuído assim o peso do Partido na execução governativa (é verificável)?

c) A sede do poder mantém-se inalterável (tal verifica-se? Se sim, que mecanismos políticos e ideológicos são adoptados como estratégia de manutenção do poder?);

d) Vários autores que se enquadram na abordagem "institucionalista" do poder na China consideram que as reformas económicas introduziram alterações nos processos de decisão política que configuram, por um lado uma substancial diminuição do poder não formal, e por outro lado, uma perda do peso do sistema político-militar do PCC no processo de decisão. (Ao contrário destas teses, colocamos como hipótese, o percepcionar da importância da interligação entre as estruturas políticas, e político-militares no estruturar da decisão estratégica nas áreas da Segurança, da Defesa e da Política Externa). Trata-se de identificar o modelo da sede do poder estratégico, como subsistema da sede do exercício do poder. (Como está organizado e estruturada a sede do poder estratégico?).

A hipótese inicial plasmada para a nossa tese diz respeito à aplicabilidade da análise tridimensional do Poder à realidade política chinesa, especificamente à componente da tomada de decisão estratégica. Esta hipótese de partida tem um carácter não fixo. Tal significa que a sua "construção" é definida e redefinida em função dos "materiais" de análise que a cada momento de avaliação vão sendo vertidos para o quadro global da hipótese inicial. Este esquema resulta, num primeiro estádio, do cruzamento de elementos essenciais de análise obtidos através de vários painéis de informadores qualificados com uma análise segmentar de carácter emprírico, que é sistematicamente avaliada e testada por sub-hipóteses que são também sucessivamente submetidas à apreciação dos painéis de informadores qualificados. A fase seguinte corresponde à teorização das sub-hipóteses, através do cruzamento e justaposição de dados e sua comparação com um quadro conceptual derivado da hipótese inicial. Trata-se, na essência, da aplicação de um esquema inspirado na *grounded methodology*, que é baseada na construção de uma hipótese. Ao invés de partir de uma hipótese teoricamente elaborada, em que as etapas de pesquisa e análise são previamente configuradas à procura da confirmação da hipótese pré-definida, o modelo da *grounded methodology*, deixa-se "surpreender" pela dinâmica dos factos observados e pelas sub-análises elaboradas por informadores qualificados, em processo de retroactividade. No plano analítico, conduz à análise operacional que corresponde à integração sistemática de análises segmentares e sua imediata projecção para um quadro/matriz desenhado em função de um conjunto de variáveis resultantes das sub-hipóteses.

A questão-matriz para toda a nossa investigação, que é transversal aos itens atrás elencados, prende-se, sobretudo, com o perceber dos mecanismos e processos formais não visíveis e informais de tomada de decisão, que determinam e condicionam a dinâmica da sede do poder estratégico.

Na essência, foi nosso escopo apreender alguns dos vectores da *"Matchtpolitik"* da RPC, na interpretação que Raymond Aron dá da teoria do poder de Max Weber (Raymond Aron, 1994: 620).

Trata-se também de encontrar a resposta à pergunta que o Professor Marques Bessa (1993) faz sobre "quem governa", questão que integra a problemática das elites dirigentes e dos processos de decisão.

No que diz respeito às técnicas de pesquisa, as características do objecto de estudo e as limitações que lhe estão associadas impuseram o recurso primordial a fontes documentais e a informadores qualificados.

Como salienta Adriano Moreira (2003: 125-126), uma das maiores dificuldades que se coloca à ciência política, sobretudo no estudo da conjuntura, diz respeito ao facto da maioria dos documentos utilizados serem indirectos, a que se acresce, segundo o autor, a precariedade dos factos, fragilizando assim a ciência política.

Procurou-se evitar o recurso sistemático à descrição, tentando-se que ela fosse interpretativa, apesar das fontes documentais muitas vezes apontarem naquela perspectiva. O recurso a informadores qualificados permitiu obter dados relevantes para o percepcionar de alguns mecanismos internos de tomada de decisão e comparar com dados documentais, e com elementos bibliográficos.

A utilização de informadores qualificados levanta, no plano da objectividade analítica, alguns problemas como sublinha Carlos Diogo Moreira (1994: 93-94) ao abordar a temática da pesquisa qualitativa. Com efeito, as explicações obtidas requerem um distanciamento crítico em relação às fontes ouvidas, considerando as diferentes perspectivas culturais que muitas vezes se colocam. No caso da nossa dissertação, este problema tem grande acuidade, dado que os nossos informadores qualificados são portadores de uma concepção de valores e de padrões culturais diferentes dos nossos, o que é susceptível de provocar desvios quanto ao *"insight"* dado à temática estudada.

Temos igualmente consciência que as premissas que estruturaram a nossa análise foram alvo de alguns desvios em termos de objectividade, que julgamos corrigidos, resultantes de uma perspectiva de abordagem marcada, por um lado, por uma visão crítica da matriz ideológica dominante no objecto de estudo, (que pode, é certo, também transmitir um maior distanciamento em relação a esse objecto de estudo), e, por outro lado, por uma tendência, resultante de vários anos a acompanhar esta problemática, para analisar aprioristicamente os fenómenos, os factos e as situações expostas.

Tratando-se de um trabalho de análise de conjuntura, privilegiámos a adopção da "análise em constelação". Este tipo de análise inclui seis categorias de investigação e análise:

1. Sistema e decisão, incluindo conexões entre as políticas externa e doméstica e o processo de tomada de decisões;
2. Percepção e realidade, incluindo as imagens subjectivas dos decisores;
3. Interesse e poder, incluindo a forma de os decisores definirem o papel do poder na obtenção dos objectivos de política externa, baseados estes em certas concepções do interesse nacional;
4. Norma e vantagem, abarcando a forma de os postulados ideológicos morais ou legais condicionarem a conduta das unidades do sistema internacional e das próprias estruturas do sistema;
5. Estruturas e interdependência, incluindo os efeitos das estruturas nos vários níveis de interdependência e nos padrões de interacção em geral;
6. Cooperação e conflito, ou como todas as categorias mencionadas anteriormente condicionam as estratégias dos actores face a outros actores e conduzem a padrões de cooperação, conflito ou neutralidade (James E. Dougherty e Robert L. Pfaltzgraff, Jr., 2001: 102-103).

Este tipo de análise implica o recurso ao cruzamento sistemático de dados obtidos, quer através de fontes documentais, directas e indirectas, quer através de informadores qualificados. Operativamente obedece ao seguimento processo:
– Definição do âmbito da análise;
– Definição dos critérios da informação a pesquisar;
– Definição das áreas temáticas específicas a abordar;
– Recolha e interpretação de elementos documentais;
– Pesquisa bibliográfica;
– Integração das interpretações de base (documentos e bibliografia);

- Feitura de análises segmentares;
- Recolha e sistematização de dados obtidos através de informadores qualificados;
- Aferição da fidedignidade e da verosimilhança dos dados, através da reconfirmação junto de outras fontes;
- Interpretação integrada das análises segmentares.

3. COMPONENTES-BASE DE UMA MATRIZ DE ANÁLISE

Apresentamos como seis grandes componentes de análise:
a) Configuração do poder operativo;
b) Processos de tomada de decisão;
c) A componente funcional da tomada de decisão;
d) Actores políticos;
e) Estratégias de adaptação à mudança
f) O processo de tomada de decisão política estratégica.

Estas componentes permitem a construção de uma matriz de análise aplicada a um campo alargado do estudo e compreensão dos mecanismos e processos que estão associados à dinâmica da sede do poder, quer no contexto do "Bureaucratic Politics", quer no âmbito da cultura organizacional.

Num breve exercício esquemático, as seis componentes de análise apresentam as seguintes características:

a) Poder operativo – corresponde às estruturas de exercício efectivo do poder por parte de um subsistema, que se substitui ao poder formal integral, possuindo capacidade orgânica de auto-sustentação;

b) Processos de decisão – constitui o cerne do "Bureaucratic Politics". Corresponde à adopção de princípios e procedimentos que conduzem ou não ao condicionar da decisão política;

c) Componente funcional da TD – diz respeito ao grau, à amplitude e ao impacto das estruturas formais não visíveis (não assumidas formalmente pelos centros de decisão, mas possuindo poder funcional) e das estruturas informais na decisão política global e específica;

d) Actores políticos – situa a distribuição, a relação e a interacção dos agentes da tomada de decisão política e o seu impacto na configuração do sistema de poder global. A monitorização do jogo político permite identificar a balança de poderes;

e) Estratégias de adaptação à mudança – diz respeito aos processos de resposta aos factores de mudança endógenos e exógenos e à selecção de estratégias de manutenção da sede do poder ou do seu reajustamento face a novas exigências lanças ao sistema de decisão;

f) Processos de decisão estratégica – permite a identificação da sede do poder estratégico, que corresponde ao núcleo da decisão política formal, formal não visível e informal. Trata-se de "fixar" o eixo do poder e a sua dinâmica intra-sistema, bem como percepcionar a permanência de modelos organizacionais.

II. A percepção da estratégia do PCC

Figura 1: Esquema de Análise Operacional

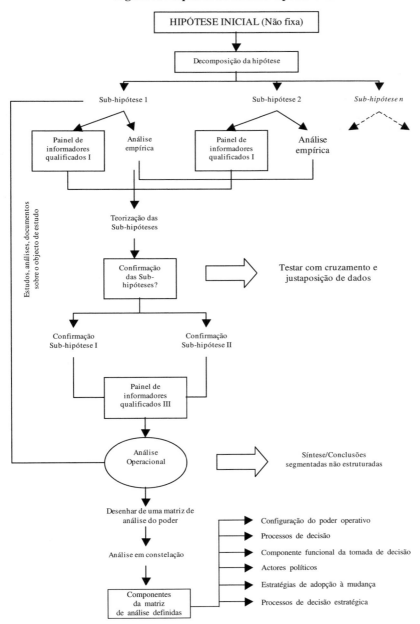

II. A PERCEPÇÃO DA ESTRATÉGIA DO PARTIDO COMUNISTA CHINÊS (PCC)

A realização de um trabalho de investigação em profundidade sobre a temática do poder na República Popular da China (RPC) é, por um lado, um exercício intelectualmente estimulante, pelas possibilidades de abordagem que permite, e é, por outro lado, um ciclópico desafio, face à complexidade de que se reveste estudar de forma sistemática e coerente a realidade política da China. A tudo isto acresce o extraordinário processo de mudança sócio-económico e cultural em curso, que deprecia e torna volátil qualquer cenário em construção.

Desde quase há duas décadas que temos vindo a desenvolver uma actividade académica, paralelamente a outra dirigida para a análise estratégica. Ao longo deste tempo consideramos sempre como fundamental para o entendimento dos fenómenos políticos, apreender a essência do processo de formas de decisão e a sede do poder.

Quiseram as circunstâncias que nos fixássemos em Macau durante quase uma década, na última fase do período de transição, onde tivemos a oportunidade de acompanhar com proximidade a problemática da tomada de decisão política na China, nas suas diferentes vertentes.

Convergem assim factores de ordem teórica e empírica que sustentam a empresa que agora nos propomos realizar.

Referimos o nosso contributo como um exercício de sistematização analítica que constitui não um ponto de chegada, mas o início de um processo de apreensão e de integração, sempre incompletos, de novas abordagens, modelos e sínteses sobre a realidade política da China, cujo estudo consideramos vital para a percepção do quadro geopolítico em reformulação.

As reformas económicas e a política de abertura ao exterior, e as suas implicações no sistema político da República Popular da China, são um tema recorrente tratado pelos especialistas em análise prospectiva, sendo múltiplas as projecções e os cenários que apontam para a inevitabilidade da evolução política da China, no quadro de aceleração do processo de modernização tecno-económica e de uma profunda e intensa mudança social, que se estende do litoral para o interior, com um impacto imediato em várias centenas de milhões de chineses.

Para muitos analistas da conjuntura, a questão que se coloca com maior acuidade é a da capacidade que o regime terá para aplacar as pressões de uma dinâmica económica e social que tende a ultrapassar o esquema planeado de reformas introduzidas por Deng Xiaoping na década de oitenta, visando contrariar o isolamento da China, modernizar o País e projectar-se política e diplomaticamente.

Com o efeito, o processo de abertura da ex-União das Repúblicas Socialistas Soviéticas (URSS), marcado pelo desvio da sede do poder do Partido Comunista (PC) para outros centros de decisão, constitui para os líderes chineses uma referência do que poderá acontecer na China se o PC ceder a sua condição de sede do poder.

Numa análise-síntese da conjuntura chinesa, Adriano Moreira (1999: 491-500) faz uma abordagem comparativa entre a experiência russa e a experiência chinesa. Afirma o Professor:

> *"A tentativa de aproximar os vários reformismos, que se multiplicaram depois do fim da guerra fria permite, com alguma audácia, comparar a experiência russa, com resultados sabidos, e a experiência chinesa, com práticas conhecidas. No caso da URSS, o projecto de reforma, que ficou conhecido pela Perestroika, pretende manter as fronteiras geográficas da União, guardar a proeminência no que hoje chamam estrangeiro próximo, mas fazer circular a sede do poder do Partido para o Governo, subordinar a administração e o exército a um poder democraticamente eleito, privatizar a economia. O desastre foi o resultado mais visível".*

Afirma ainda o autor:

> *"Pode ser que a amostra dos factos pareça insuficiente à análise para tirar conclusões, mas é seguramente suficiente para adiantar a hipótese de que não está nas perspectivas do aparelho, ao contrário da experiência russa, diluir o monopólio do poder pertencente ao Partido Comunista Chinês".*

A abordagem comparativa da diferente evolução dos dois colossos socialistas coloca de imediato várias questões sobre o tempo e o modo do processo de transição do Partido-Estado chinês de um modelo de Estado revolucionário para um modelo desenvolvimentista.

É nossa perspectiva, construída a partir de um modelo de mudança formado pelas componentes dos factores dos *"enter core"* (universais-

-exógenos) e dos factores "*inner core*" (específicos-endógenos), numa distinção formulada por Kenneth Boulding (1962), que a realidade da China resulta da conjugação desses factores.

Como factores exógenos há a referir, o enfraquecimento do sistema bipolar da "Guerra-Fria" nos finais da década de setenta e o facilitar do engajamento da China no sistema internacional promovido pela visita de Nixon à RPC, em 1979. Ela constituiu de facto um ponto de viragem no posicionamento da China, nos planos global e regional, passando a ser vista como um contrabalanço à expansão militar soviética.

Outro factor foi o do impacto na liderança chinesa provocado pelo rápido crescimento económico dos países e territórios vizinhos da Ásia Setentrional, designadamente a Coreia do Sul e Taiwan, a que se juntaram Hong-Kong e Singapura, no Sudeste Asiático, tendo todos estes pólos de crescimento económico como pivot o Japão, secundado pelo forte investimento norte-americano.

O efeito dos "dragões asiáticos" fez-se sentir na China de duas formas: primeiro como exemplo de sucesso de culturas de influência confucionista – a especificidade de uma "*asian way of life*" – e depois como oportunidade para o crescimento e redireccionamento da economia local. Com efeito, dado o fenómeno de relocalização da produção industrial, a China surge como um centro de captação dos investimentos regionais dada a abundante mão-de-obra barata, e outros recursos e incentivos. Assim, na sequência da abertura ao exterior, a China criou em 1979 quatro zonas económicas especiais (quatorze cidades costeiras em regime de mercado e várias zonas de investimento estrangeiro.

No plano dos factores "*inner core*" considera-se como mais relevantes as pré-condições de desenvolvimento que ao longo de décadas foram sendo criadas.

Como Andrew Walder (1996: 9) salienta, as pré-condições sócio-económicas que permitiram a execução da política de reformas foram diferentes das verificadas na União Soviética, o que teve, obviamente, diferentes repercussões políticas. Por exemplo, o emprego na China era maioritariamente agrícola (75%), enquanto que na ex-URSS, essa percentagem correspondia ao trabalho industrial. Sublinha Walder que dado que a União Soviética era uma sociedade industrial urbana, qualquer reforma económica necessitava de uma grande inovação tecnológica e organizacional para aumentar a produtividade industrial.

Por outro lado, face à predominância de uma agricultura rural, os líderes chineses conseguiram criar um modelo de crescimento económico escorado no desenvolvimento agrícola que possibilitou alcançar taxas de elevado crescimento.

Acresce que a herança maoista da "auto-suficiência" criou condições favoráveis a um modelo de desenvolvimento assente na autonomia nacional, na mobilização de massas, no desenvolvimento local e em indústrias de trabalho intensivo.

Importa também sublinhar que o êxito da aplicação da política de reformas resulta em grande parte daquilo que Alvin Y. So (2003: 10) designa por *"reform from above"*:

> *"Even though China faced many serious developmental problems in the mid-1970s, the situation was not desperate. The Chinese State was not under the threat of foreign invasion, economic bankruptcy, or rebellion from below. As such, the Party-State still had the autonomy and capacity to propose and implement various structural reforms under its control. The State could select certain types of reform, could vary the speed of reform, and most importantly, had the freedom to correct its mistakes".*

Numa dinâmica de *"trial and error"*, John Mcmillan e Barry Naughton (1992) referem que a reforma da China foi diferente do *"one bang"* que se verificou na Europa de Leste. Ela tem sido gradual e adaptativa sem um objectivo claramente definido.

Por outras palavras, ainda segundo os mesmos autores, as reformas económicas não foram um projecto perfeitamente definido, mas antes um processo com muitos ajustamentos.

Sobre esse processo afirma Alvin Y. So (2003: 10):

> *"There was no rapid leap to free prices, currency convertibility, or cutting of State subsidies; nor was there massive privatization and the quick selling off of State enterprises. This gradualist approach practiced by the Chinese State was quite different from those 'one bang' and shock therapy approaches practiced in Easter Europe which called for the dismantling of the central planned economy as soon as possible".*

Como também sublinha Andrew Walder (1996: 10):

> *"Where in Europe shock therapy and mass privatization are designed in part to dismantle communism and strip former communists of power and privilege, in China gradual reform is intended to allow the Party to service as an instrument of economic development".*

Outra diferença em relação à realidade da Europa de Leste diz respeito à variável étnica.

Nos Estados satélites da então União Soviética as divisões étnicas e religiosas conduziram à violência étnica e ao separatismo.

No caso da China, a componente étnica é uma mais-valia de carácter económico, em vez de um factor de instabilidade política, como demonstra a mobilização da diáspora chinesa capitalista.

Ainda no plano das diferentes estratégias adoptadas pela URSS e pela RPC, importa referir a questão das reformas económicas versus as reformas políticas. Sobre esta matéria escreve Alvin Y. So (2003: 13):

> "... in the Soviet Union, political reforms were carried out before economic reforms, with the hope that democratization would provide the Communist Party with the needed support to overcome bureaucratic resistance toward economic reforms. The Soviet Union also carried out reforms in urban areas first because of the deep-rooted problems in the countryside. However, political reforms unintentionally released nom political forces that opposed the Communist Party, and urban unrest eventually led to the overthrow of the Communist State in the Soviet Union.
>
> In contrast, the Chinese State promoted economic reforms before carrying out major democratic reforms. In the late 1970s, communes were dismantled, and peasants were asked to be responsible for their own living. In the early 1980s, the Chinese State tried to promote enterprise reforms to increase the power of managers. In the mid-19980s, the Chinese State went further and opened fourteen coastal cities to attract foreign investment. In the reform period the Chinese State showed more tolerance toward dissent, ... and allowed local elections at the village level, but the Chinese State was reluctant to promote any serious democratic reform to allow multi-party elections at the provincial and national levels. As a result, the Chinese State could retain the Leninist structure. Not only did it not need to share power with other political parties, it also did not need to worry about the critical democratic voices in the civil society and the uncertainty of election outcomes. Without being distracted by democratic reforms, the Chinese State was able to concentrate on the economic front to promote its modernization programs".

Uma década antes dos acontecimentos da União Soviética, já os líderes chineses tinham perspectivado o problema. Com efeito, as alterações introduzidas na Constituição chinesa de 1982, no sentido de uma separação entre o Partido e o Estado, foram apenas um exer-cício semântico. O núcleo da decisão estratégica formado pelo Comité Permanente do Politburo e pela Comissão Militar Central (CMC) constitui a base da estabilidade do poder. Na essência, o Partido Comunista Chinês, através de estruturas e mecanismos formais visíveis, e não visíveis, e mecanismos informais, tem vindo a reforçar o controlo do aparelho de Estado, não obstante alguns sinais de desconcentração da decisão.

Assim, o PCC instituiu procedimentos que, segundo vários especialistas nas questões da decisão política da China, designadamente Kenneth Lieberthal, Michael Oksenberg, David Lampton e Susan Shirk, correspondem à criação de uma "autoridade institucionalizada" em contra--ponto à "autoridade personalizada" – a marca principal da cultura política chinesa – a qual não será compatível com o quadro das reformas económicas e de abertura ao exterior, nem com a complexidade do processo de formação de um capitalismo de Estado, que parece estar em curso na RPC.

Afigura-se, contudo, que no estudo do poder da República Popular da China, aplicando a análise tridimensional do Professor Adriano Moreira (2003), a questão analítica central é a da sede do poder, mais do que a ideologia ou a própria forma do poder, incluindo-se aqui a problemática sobre o tipo de autoridade.

A percepção dos processos, das dinâmicas e dos mecanismos de funcionamento do aparelho de decisão do Partido Comunista Chinês, surge assim, como fundamental na avaliação do papel da China na conjuntura internacional e no perspectivar da evolução interna do país.

O poder que os dirigentes chineses dispõem hoje está submetido a tensões constantes, que não são perceptíveis através da mera observação dos aspectos factuais do sistema político chinês.

A inexistência de um líder carismático que pudesse suceder a Deng Xiaoping, levou o Partido a encontrar uma solução de compromisso entre as diferentes facções de forma a que o núcleo da decisão política na China não sofresse rupturas ou descontinuidades, resultantes de factores exógenos (as pressões externas geradas a partir do processo de abertura ao exterior) e factores endógenos (a disputa entre os sectores mais e menos moderados do Partido e a linha ortodoxa).

A destrinça entre reformadores mais e menos moderados prende--se com o facto de o sector mais moderado preconizar a adopção de reformas em "extensão" enquanto que a ala menos moderada pretende que as reformas sejam em "profundidade" focalizadas num pequeno número de aspectos da Administração do Estado e da política de abertura económica.

Sobre a questão da diferente abordagem entre "conservadores" e "reformistas" quanto as reformas, Joseph Fewsmith (2001: 99) tece as seguintes considerações:

"The difference between conservative and reformist approaches was reflected in a debate over the question of whether the cycles of centralization and decentralization that had been experienced repeatedly in PRC history were caused by 'leftim' or were inherent in the planning system itself. Conservatives argued that there was nothing fundamentally wrong with the planned economy as it had been conceived in early history of the PRC. The problem, in their opinion, was that the various political movements launched by Mao had interfered with the proper functioning of the planning system. Consequently, they argued that it was necessary to restore and revitalize such state organs as the state planning commission and to make their operation more scientific. Markets should be allowed but they should exist around the fringes of the planned economy and not interfere in its operation. In contrast, reformers saw the planning system itself generating such cycles, forcing policy makers to either loosen up the centralized vertical controls (tiao) that stifled the economy or to overcome the caos produced by decentralized horizontal coordination (kuai).

Reformers argued that the planning system needed to be reformed by incorporating the market mechanism within it, and thus they called for "intelegrating the planned and market economies", not just "integrating the planned economy with market regulation", which was what conservatives called for".

A realidade política tenderá, gradualmente, a deixar de ser balizada, em termos de conceitos operacionais, pela dicotomia "reformistas/conservadores", dando lugar à distinção entre os sectores moderado-tecnocrata (adepto da aceleração da abertura económica, com eventuais experiências de maleabilidade política – "democratização" do processo de eleição dos órgãos do poder) e moderado-ideológico (defensor de uma abertura económica, mas com controlo férreo dos sistemas social e político).

A emergência de uma geração de quadros com formação académica superior, directamente envolvida no processo de abertura económica, bem como a reestruturação em curso na máquina burocrática do Estado, que, a prazo, poderá estender-se ao próprio aparato do Partido, constituem factores determinantes numa análise sobre a sede do poder estratégico.

O sistema político-militar da RPC passa por um processo de mudança que constitui um desafio à capacidade do regime em, por um lado, se adaptar a uma nova ordem internacional – global e regional – e, por outro lado, em se aperfeiçoar, de forma a aplacar as contradições internas e garantir o *"establishment"*, através da política de reformas económicas.

Para além das diferentes concepções que os sectores "conservadores" e "reformistas" ou "moderados-ideológicos" e "moderados-tecnocratas" tenham sobre a estratégia a adoptar pelo Partido face a uma nova conjuntura geopolítica e às alterações introduzidas no sistema económico, a questão central é a da manutenção do poder, o mais intacto possível, num cenário de inevitável mudança. Destarte, a sobrevivência política da "*nomenklatura*" e a continuidade do modelo estruturante do Estado, com os necessários reajustamentos políticos, económicos e sociais, surge como o objectivo magno do regime chinês.

Ao contrário da "*political-cultural school*"[1] que considera que a questão central que se coloca hoje aos dirigentes chineses é a de assimilar a tecnologia ocidental sem que tal conduza à destruição dos seus valores culturais, consideramos que o problema axial que se coloca ao regime chinês é o de promover a modernização da economia e afirmar-se na cena mundial, sustentados num discurso nacionalista e numas forças armadas modernas e operacionais, sem que a legitimidade do Partido Comunista seja posta em causa. O Partido:

a) É concebido como uma "vanguarda" revolucionária do proletariado, um partido elitista actuando em nome de toda a sociedade. Como afirmou Jiang Zemin, citado por Sujian Guo (2000: 77):

> "*Our Party is the Marxist party standing in the forefront of the times and leading in the direction of the future. Our Party will lead the people towards the full prosperity of the nation, in the twenty-first century*".

b) Exerce o princípio do "centralismo democrático", que se materializa num controlo centralizado do poder.

c) Reclama ter a missão histórica de transformar a sociedade e o homem, tendo, assim, que mobilizar uma grande participação política nos programas e nas campanhas de transformação.

Em todas as sociedades totalitárias comunistas, o Partido e o Estado estão interligados, com um papel dominante do Partido. No caso da China, o PC é o "Estado do Estado" (Sujian Guo, 2000: 80).

---

[1] Sobre as teses "culturalistas" do poder da RPC ver a extensa obra do Professor Lucien Pye, em particular duas obras: *The Spirit of Chinese Politics* e *Asian Power and Politics. The Cultural Dimension of Authority*.

Todas as decisões-chave, desde 1949, são tomadas fora do Governo, e são inteiramente monopolizadas pelo Partido. Este define todas as decisões cruciais que o Governo deve tomar. Os membros dos Comités Permanentes do Partido, nos vários níveis de decisão, são responsáveis por funções governamentais.

Nas palavras de Sujian Guo (2000: 81):

"We have sufficient evidence to suggest that there has been no genuine separation of Party and State since post-Mao reforms and no fundamental change in terms of the core features of communism totalitarism".

Como Jiang Jinsong (2003) reconhece, o Partido Comunista Chinês procura *"operate on a regular basis"*, o que significa que a questão da legitimidade, para além da componente política operacional, assume crescente importância a componente política normativa, expressa na formalização de um quadro legal que *"institucionalize"* o poder exclusivo do Partido. Trata-se, no essencial, do primado do *"rule by law"* e não do *"rule of law"* como alguns autores erradamente classificam os reajustamentos político-jurídicos em curso.

Qualquer quadro de reformas ou de aperfeiçoamento burocrático do aparato do poder na China está balizado por:

a) O que está em causa não é a "reforma" do Partido e dos seus processos organizacionais, mas antes a "reforma" do sistema extra--Partido, visando adequá-lo, por um lado, às pressões exógenas, e por outro lado, garantir que a sede do poder se mantém intacta;

b) O Partido Comunista Chinês, enquanto *"Party in power"* controla todas as instituições e organizações;

c) O Partido orienta e direcciona o Estado através de princípios políticos. Os "quatro princípios cardeais", as reformas económicas e a abertura ao exterior são exemplos das linhas-de-força definidas pelo PCC;

d) O Partido dirige e orienta o processo de tomada de decisão do Estado em função de estratégias conjunturais ou sistémicas, como por exemplo a "construção" da economia socialista de mercado;

e) O Partido define o perfil e impõe candidatos aos lugares-chave do aparelho de Estado;

f) O Partido aprova as principais medidas políticas para cada órgão do Estado Central. A Assembleia Nacional Popular (ANP) submete o seu programa legislativo ao Comité Central (CC) do PCC para aprovação.

Como já atrás foi sublinhado, a China depara-se com um desafio magno que diz respeito à capacidade de adaptação do Partido Comunista ao processo de mudança iniciado em 1978. Este desafio global surge também na sequência da falência do sistema soviético, que conduz à formulação da questão sobre a inevitabilidade ou não dos sistemas de partido único, comunistas ou outros, gerarem a sua própria erosão, num processo que designamos por "autofagia do poder".

Esta "inevitabilidade" é para alguns autores resultado da entropia própria dos sistemas de poder construídos pelos partidos comunistas que numa aplicação das teses do materialismo dialéctico geram contradições internas que, conjuntamente, com desafios exógenos ao próprio sistema, conduzem, a prazo, a uma perda das suas propriedades. A questão-chave é, na nossa perspectiva a da mudança, segundo dois patamares:

a) Uma mudança "alfa" promovida e planeada em função de uma estratégia definida pelo poder político, visando gerir toda e qualquer oscilação ou factor de perturbação no sistema de poder. Esta mudança vai corrigindo, através de um processo de análise em retroalimentação, medidas e tácticas de gestão política, ao mesmo tempo que fixa a mobilização de segmentos da sociedade à volta de uma ideia de modernização e de engrandecimento nacional.

b) Uma mudança "beta" resultante do impacto gerado pela mudança planeada, quer no próprio sistema de poder, quer na organização social. Este tipo de mudança, pela sua natureza, conduz ao surgimento de disfunções no poder que, no caso chinês, podem ter a forma de rejeição do papel de liderança do Partido Comunista Chinês, por parte de novos grupos sociais não mobilizados para os objectivos de "engrandecimento da nação". Num cenário mais complexo, esta mudança "beta" pode gerar tendências, dentro do próprio aparatus do sistema, visando a tomada por dentro do Partido de forças que consideram que o actual Partido não dispõe de condições para liderar a modernização do Estado Chinês e para comandar a afirmação da China no mundo.

Numa perspectiva de evolução do modelo de exercício do poder na China, e recorrendo à assumpção weberiana que o poder pode ser adquirido, exercido e institucionalizado de três formas – como expressão da tradição, como expressão dos princípios racionais, e como expressão de carisma – enuncia A. Janos (1986):

"In the first type of order, decisions are made on the basis of precedent and political succession operates through the family or kinship system. In the second, power is granted to those who possess technical-managerial expertise. And in the third instance, power is exercised in the name of the "higher" purposes of the ideology, and political positions are distributed on the basis of personal and political loyalties".

É nossa percepção que, aplicando a tese de Weber, a China passou do terceiro princípio (carisma), expresso no exercício do poder de Mao Zedong e de Deng Xiaoping, para o segundo princípio (racional), que tem na ascensão da quarta geração de líderes o melhor exemplo.

A passagem de uma autoridade carismática para uma autoridade racional traduz, na nossa perspectiva, a passagem de uma matriz de poder construída a partir de uma plataforma ideológica revolucionária (marxismo-leninismo-maoismo) para uma matriz de poder pós-revolucionária (tecnocracia nacionalista).

Segundo ainda A. Janos (1986: 111), a evolução da "dialéctica revolucionária" vai no sentido de uma "especialização funcional", que é demonstrada pelo seguinte silogismo:

"(1) Ideology is an action program; (2) to realize the goals of the action program, the movement requires organization and structure; (3) organization, by definition, implies functional specialization; (4) functional specialization tends to subvert revolutionary commitment to the original goals of the movement because, in the place of "goal consciousness", it breeds "role consciousness"".

A "especialização funcional" corresponde a um aumento da similaridade das sociedades industriais e a uma convergência dos seus sistemas de organização social, numa lógica de modernização sócio-económica.

O processo de transição do sistema político-militar chinês coloca vários desafios, que resultam da integração de factores próprios da natureza do poder do PCC, e que resultam do modelo organizacional comum aos Estados totalitários.

David Shambaugh (2003: 272-285), numa síntese dos problemas com que a China se depara nesta fase de transição pós-revolucionária, enuncia os desafios que condicionam qualquer análise da conjuntura.

Refere o autor:

"Some of the challenges facing the CCP today are intrinsic to single-party states – such as leadership succession. Some are the result of the broad

processes associated with socioeconomic modernization – such as sharpened social stratification, rising corruption, and growing pressures for an enfranchised civil society".

Muitos dos teóricos do estudo comparativo de regimes comunistas estão de acordo quanto à existência de dois níveis de evolução. Num primeiro nível que é balizado pela ideologia e pela transformação social, que passa para um segundo nível caracterizado pelo desenvolvimento de uma economia orientada para o crescimento económico, a qual assenta numa racionalidade técnica e na eficiência.

Richard Lowental (1970: 33-116) identifica esta transição como a passagem da utopia para o desenvolvimento. Por seu turno, Chalmers Johnson (1970: 1-32) observa que essa mudança representa um movimento de um regime de "mobilização" para um regime de "pós-mobilização".

Samuel Huntington (1970: 23-40) identifica três patamares de evolução dos sistemas de poder comunista: transformação (do sistema político), consolidação (controlo do regime) e adaptação (do Partido à pressão da sociedade). Noutro seu trabalho (1996: 338-343), debruçando-se sobre a problemática da resolução e da ordem política, aponta para o facto de os partidos comunistas se assumirem eles próprios como os motores da mudança política. Nesse sentido, o leninismo, enquanto teoria do desenvolvimento político é a base da mobilização e da institucionalização política. Para Huntington o modelo mais relevante de desenvolvimento político, segundo a lógica leninista, é o modelo chinês.

Por seu turno, ainda no âmbito das teorias de evolução dos sistemas comunistas, Brzezinski (1989: 255) adopta um modelo de quatro etapas que correspondem a reajustamentos dos partidos comunistas do poder, são elas: *"communist totalitarism"*; *"communist authoritarism"*; *"post-communist authoritarism"* e *"post-communist pluralism"*.

As citações atrás elencadas convergem para uma ideia de "determinismo de mudança" que no caso chinês já está em andamento. Mas, na nossa perspectiva ela é ainda intra-sistema e gerível.

Sobre as hipóteses de evolução do sistema de poder chinês, David Shambaugh (2003: 279) considera que apesar do Partido-Estado estar a ser alvo de desafios sem precedentes, e apesar de vários factores que estiveram presentes na ex-União Soviética e na Europa de Leste estarem também presentes na China actual, é constatável que existem vários factores que, nas suas palavras:

"That has served, and can continue to serve, to buffer the CCP: a growing economy and increasing levels of wealth, extensive world, a generally cohesive multiethnic society, a stable political leadership that has coped well with succession issues, and strong regime control over the military and internal security services".

A natureza leninista do modelo organizacional do Partido Comunista Chinês, que mantém a sua estrutura quase inalterada, é entendida por vários analistas como a chave para a estabilidade do sistema de poder chinês, que tem nas forças armadas e nos serviços de informações um *"firewall"* entre o Partido-Estado e sociedade.

A profundidade, o alcance e a intensidade do processo de reformas em curso na China coloca de imediato, no plano analítico, uma questão incontornável, que é a da vulnerabilidade do sistema de poder e de segurança nacional face às entropias geradas pelas próprias mudanças produzidas pelo Partido Comunista e face à dinâmica gerada pela gradual afirmação da China no sistema internacional.

Na essência, a questão que se pode colocar no plano da prospectiva diz respeito ao impacto da mudança no modelo de organização e de exercício do poder por parte do Partido Comunista Chinês.

Esta questão é abordada de uma forma sistematizada por Lyman Miller (2000). Considera este autor que existem factores que concorrem para que a mudança, e não a estabilidade, seja uma constante do exercício do poder nos regimes controlados pelos partidos comunistas.

No primeiro, que corresponde à fase inicial do exercício do poder, a mudança é inerente aos objectivos revolucionários do Partido Comunista.

A missão explícita do Partido é a da transformação social – alterar a ordem social vigente, através da luta de classes, e rever as bases económicas da sociedade – o que é intrinsecamente destabilizador.

O segundo factor está relacionado com o carácter "pós-revolucionário" do sistema chinês, em consequência dos objectivos de modernização, pois esses objectivos têm efeitos sócio-culturais e políticos que podem conduzir à transformação da modernização em processo de mudança sistémica.

A mudança é na China uma constante cuja amplitude e alcance tem dependido, ao longo da história, de uma variedade de factores que contrariam a tese da estabilidade como característica basilar do sistema de poder chinês.

Como sublinha Lyman Miller (2000: 20):

"From the longer perspective of Chinese history, change has been the norm. From a historically near-term perspective, China suffered a fundamental crisis of political authority since the collapse of late imperial patterns of governance".

A mudança, planeada e não planeada, numa dinâmica de causa-efeito, constitui o prumo de qualquer avaliação sobre as vulnerabilidades do sistema de poder, sobre a sua capacidade de auto-regulação, e de qualquer análise de carácter prospectivo.

No caso chinês, a amplitude, alcance e impacto das mudanças é bastante variável. Contudo, afigura-se possível elencar um conjunto de mudanças em curso, com profundas repercussões no sistema chinês:

a) Transformação da ordem económica;
b) Transformação do Partido;
c) Transformação do processo político;
d) Transformação do discurso político;
e) Transformação das relações Estado-sociedade;
f) Transformação das relações RPC-sistema internacional.

Estas transformações são configuradas pela actuação de actores, cuja capacidade de intervenção e de influência na decisão política se altera em função da relação de forças dentro do Partido, do nível de estabilidade social, da situação sócio-económica e da conjuntura externa.

A operacionalização da sede do poder estratégico chinês só pode ser concebida a partir de uma perspectiva sistémica, em que a percepção global e integrada do todo resulta não do somatório avulso das suas partes, mas da interligação dinâmica de todos os elementos que estruturam a sede do poder.

A nossa perspectiva analítica do quadro do poder na República Popular da China é fortemente marcada por uma concepção transicional e gradualista do processo político, em que a mudança surge, em simultâneo, como causa e como efeito de uma estratégia de manutenção do poder e de afirmação geopolítica da China.

Esta perspectiva é, reconhecemos, bastante influenciada por um *"insight"* realista, tributário das teses de Hans Morgenthau (1973: 40). De acordo com Morgenthau, as políticas interna e externa dos Estados, revelam três padrões básicos:

"... a political policy seeks either to keep power, to increase power, or to demonstrate power".

No capítulo «A China Contemporânea e o Imperialismo», da obra *Imperialismo, Descolonização, Subversão e Dependência*, Sousa Lara (2002) trata de uma forma sistemática e sintetizada os processos que estão na origem da tentativa de recuperação da "face" histórica da China e do particularismo da praxis socialista[2].

Ainda que incorrendo em transcrições eventualmente longas, afigura-se-nos pertinente referir com pormenor a análise cronológica de Sousa Lara.

O autor considera que é fundamental considerar três aspectos: a China como vítima do imperialismo inglês; a China como vítima do imperialismo japonês; e, finalmente, a China e as outras presenças coloniais estrangeiras no seu território. Estes três aspectos vão condicionar e determinar a conceptualização e a estrutura do exercício do poder até ao presente, plasmando, assim, também a cultura estratégica chinesa actual, a qual, como já sublinhámos, resulta da osmose entre a necessidade do Partido Comunista preservar a sede do poder e o reajustamento da China no sistema internacional, como forma de reforçar, externamente, o poder interno, e como expressão do papel da civilização chinesa no mundo.

A técnica da "vitimização" perante a ameaça externa é uma constante na actuação da China ao longo dos tempos que, no plano internacional, funciona como factor de mobilização à volta do poder.

Como sublinha o Professor Sousa Lara (2002: 229):

"Outras potências ocidentais quiseram aproveitar a fraqueza chinesa e exigir territórios para si, incluindo-se aqui a França, a Rússia e os Estados Unidos da América. Em virtude destas situações coloniais é que a China reivindicou sempre o estatuto de país do terceiro-mundo, não só por ser pobre, subdesenvolvida, mas sobretudo por ter sido explorada pelas grandes e médias potências, por poder exibir o passado de colonizada, tal como todos esses países que integravam tal, antigo bloco".

---

[2] O particularismo da praxis socialista chinesa é também enquadrado no "desviacionismo chinês" abordado por Sousa Lara (1987: 436-437). Refere o autor:
"Os desentendimentos sino-soviéticos tomam lugar teórico passada a euforia solidária da vitória vermelha. Entram em confronto as teses estalinistas da primazia da industrialização pesada contra a prioridade maoista em relação à agricultura e indústria ligeira".
Sublinha Sousa Lara que, por outro lado, o desviacionismo chinês funda as suas motivações políticas próximas mais de de duas décadas antes da Revolução Maoista vitoriosa, quando Estaline impõe a Mão Zedong, no ano de 1927, uma orientação de coligação com o Kuomitang, partido nacionalista republicano da direita chinesa.

O mesmo autor, a este propósito, fala das ideologias de justificação e de ideologias de ressentimento, as quais, na nossa perspectiva, estão também hoje presentes naquilo que designamos por "ideologia útil".
Neste contexto:

"... o Dr. Sun Yat Sen desencadeou em 1911 uma revolta nacionalista e republicana contra a dinastia reinante, nasce aqui o Kuonitang, partido que, depois da criação, em 1921, do Partido Comunista da China, se envolve numa terrível guerra civil que durou várias décadas (...) mas foi a nova ocupação imperialista do Japão, com a criação do império fantoche da Manchúria (...) que permitiu a organização de uma frente unida para expular o governo pró-nipónico e restabelecer a soberania naquela parte do território. Terminada a Segunda Grande Guerra Mundial, com a derrota dos japoneses (...) recomeça a guerra civil, expulsando o Partido Comunista da China o governo nacionalista do território continental, deslocando-se, assim, o Primeiro-Ministro Chiang Kai-Shek para a ilha Formosa, onde continuou o governo da República da China, que permaneceu como representante de toda a China na Organização das Nações Unidas até que os norte-americanos autorizassem a sua substituição pelo governo comunista, a partir da administração de Reagan".

Infere-se desta síntese diacrónica, que o Partido Comunista Chinês afirma-se, sobretudo, como uma força nacionalista escorada no marxismo-leninismo (o 4 de Maio de 1919 constitui o arranque da consciência nacionalista do PCC, criado em 1921).

A interpretação maoista do papel do PCC e da sua ideologia

"... serviu de ideologia de justificação para fundamentar o retorno da China à sua dimensão antiga de grande potência, de império do meio, vingando, sempre que possível, as acções imperialistas dos estrangeiros, desde os imgleses aos russos, dos japoneses aos franceses" (Sousa Lara, 2002: 230).

Na perspectiva deste autor, existe uma outra fase que corresponde a uma atitude da China de carácter imperialista. Trata-se, na nossa opinião, de uma fase que poderemos designar por "assertiva". Afirma Sousa Lara:

"A terceira fase diz respeito ao imperialismo comunista propriamente dito. E não incluo aqui a reivindicação sobre os territórios chineses que por razões diferentes se viram separados da administração central, como foi o caso de Hong-Kong e de Macau, do arquipélago da Formosa ou das ilhas Pescadores. Também não refiro aqui a questão fronteiriça mantida entre a China e a Rússia. Mas aqui se pode, isso sim, incluir com pertinência o

II. A percepção da estratégia do PCC

expansionismo, a conquista e a colonização, em sistema de genocídio cultural, da outrora teocracia do Tibete, como também são de natureza imperialista as reivindicações sistemáticas, que vêm desde o tempo de Estaline, de se actuar nos países periféricos da China e que não se regessem pela ideologia comunista, prioritariamente através da acção chinesa, designadamente nas Coreias, nos Vietnames, no Cambodja, no Laos, na Birmânia, ou seja, em toda a periferia do sul da China (...)".

Esta síntese diacrónica permite-nos enquadrar não só as bases da cultura estratégica chinesa, mas também percepcionar os eixos da tomada de decisão estratégica: os mecanismos e processos, as envolventes formais e informais da tomada de decisão, numa lógica de manutenção do poder, como a teoria tridimensional de Adriano Moreira o demonstra, e como a dinâmica do poder confirma o Partido-Estado chinês procura manter, aumentar e demonstrar o poder, nos planos interno e externo.

O estudo sobre a sede do poder estratégico é, na essência, a abordagem integrada dos factores e componentes que dão coerência e estruturam a tomada de decisão por parte do núcleo duro do Partido Comunista chinês. Tal tomada de decisão é escorada num conjunto de elementos reguladores macro e micro, que, numa lógica de vasos comunicantes, vão compensando desequilíbrios, resultantes quer da própria mudança planeada, quer dos efeitos por si gerados.

O sistema de *"interlocking"* – entendido como o controlo vertical e a justaposição das estruturas políticas do Partido Comunista sobre os órgãos de Estado Centrais, provinciais e municipais e sobre a estrutura de comando do EPL – o controlo político das Forças Armadas através da Comissão Militar Central, e, em simultâneo, o seu envolvimento em determinados processos de decisão, em particular em questões de política externa (vista pelos dirigentes chineses como o prolongamento da política interna) permite-nos identificar a sede do poder estratégico, não apenas como uma quase-estrutura, mas também como um sistema formado por elementos de hierarquia variável. Tais elementos sustentam um processo de modernização económica e o fortalecimento do Estado chinês, enquanto expressão de um paternalismo político de carácter desenvolvimentista e, igualmente, enquanto causa-efeito de um movimento próximo de um nacionalismo de Estado promovido e apropriado pelo Partido Comunista Chinês.

III. O CONTEXTO DAS REFORMAS

1. A BASE POLÍTICA

Depois da Revolução Cultural a liderança chinesa passou por uma crise de confiança política: a doutrina oficial foi desacreditada e a legitimidade do Partido sofreu um forte revés (Wei-Wei Zhang, 1996: 20).

Contudo, os dirigentes pós-Mao demonstraram prudência na inovação ideológica. Sem se desviar demasiado dos preceitos ideológicos acerca do papel do pensamento do *"Grande Timoneiro"*, Deng Xiaoping ao mesmo tempo que atribuía grande relevo ao "pensamento de Mao" e defendia a necessidade do retorno aos fundamentos da teoria maoista, afirmava que era necessário *"usar o pensamento genuíno de Mao como guia do nosso Partido"* (Deng Xiaoping, 1993). De acordo com Deng, o ponto de partida do pensamento de Mao Zedong, não era a teoria da luta de classes, mas a *"procura da verdade através dos factos"*, uma ideia que o próprio Mao tinha desenvolvido anos atrás (Deng Xiaoping, 1993: 128-132). Deng utilizou esta noção como base para justificar a discordância em relação a determinadas práticas de Mao.

Embora muitos líderes locais respeitassem as ideias de Mao, a nova liderança impôs o "**biaotai**" (falar abertamente) – uma táctica política desenvolvida pelos comunistas para compelir os quadros superiores do Partido a darem o seu apoio aberto às orientações do Partido.

Para os reformistas, existiam três principais razões para apoiarem a nova doutrina de Deng (Wei-Wei Zhang, 1996:24):
– O legado ideológico de Mao tinha perdido credibilidade junto da população devido, sobretudo, à revolução cultural;
– A ideia da "prática com o único critério da verdade" foi importante para as reformas, dado que o critério da prática foi definido pelos reformistas como avaliador da performance económica;

– O debate ideológico providenciou um efectivo instrumento para os reformadores construírem a sua autoridade na luta pela liderança.

Toda a discussão gerada à volta da ideia "a prática é o único critério de verdade" contribuiu em grande parte para a passagem do período do radicalismo ideológico para o "desenvolvimentismo" de Deng.

É no contexto deste processo de viragem ideológica que Deng lança a estratégia de reformas. Ao contrário de Mao, cuja ideologia era uma "ideologia total", as ambições de Deng eram mais instrumentais e o objectivo imediato de Deng centrava-se na modernização e na luta pela liderança.

Deng comparou a realização das quatro modernizações a uma "profunda revolução", que deveria servir para "emancipar as mentes", sublinhando que sem uma imediata e significativa reforma económica e política, a "modernização da China e a causa socialista estarão condenadas" (Deng Xiaoping, 1993: 161).

A conclusão a que Deng chegou no fim da revolução cultural foi a de que a nova base para o socialismo chinês só poderia ser a modernização, quer como objectivo, quer como processo, constituindo, segundo Deng, a única questão que poderia unir o povo e reconstruir a autoridade do Partido.

Na terceira sessão plenária do 11.º Congresso do Partido Comunista Chinês, realizada em Dezembro de 1978, Deng Xiaoping apresentou um conjunto de orientações políticas no sentido do desenvolvimento do país, através do reajustamento, da consolidação e da dinamização da economia nacional[3].

A finalidade da política de reformas gizada por Deng Xiaoping foi a de alcançar as quatro modernizações: indústria, agricultura, ciência e tecnologia, e defesa nacional. Os dois grandes objectivos consagrados no terceiro plenário foram o da adaptação do sistema de gestão económica, que deveria descentralizar a economia planificada, e o abandono da política de isolamento para integrar o país na economia mundial (R. Medeiros, 1998: 290). Estes objectivos continham em si as reformas internas e a abertura ao exterior.

---

[3] As novas orientações foram ratificadas na 2.ª Sessão da 5.ª Assembleia Nacional Popular, em Março de 1979.

As reformas foram agrupadas em três rubricas:
– propriedade dos meios de produção e dos sistema de gestão económica;
– descentralização;
– preços.

A abertura fez-se em três frentes:
– no regime das trocas externas e nos câmbios;
– no regime de investimento estrangeiro;
– na criação de zonas económicas especiais.

A abertura económica preconizada pelas reformas de Deng conduziu ao surgimento, no início de 1979, de várias acções políticas visando também a abertura política no que ficou conhecido por *"democracy wall movement"*.

Em Março de 1979, Deng decidiu impor limites ao desencadear de movimentações de liberalização política, através do enunciar dos "quatro princípios cardeais", que deveriam balizar a actuação dos quadros do Partido: o Marxismo-Leninismo e o pensamento de Mao; a liderança do Partido; a via do socialismo e a ditadura do proletariado.

O sublinhar da autoridade e da disciplina, expresso num discurso mais conservador e numa atitude mais autoritária, tornou-se um imperativo político. Com efeito, Deng pretendeu estabelecer um ponto de equilíbrio entre aqueles que consideravam a linha da "terceira sessão plenária" uma traição ao socialismo e ao comunismo e uma aproximação à direita e aqueles que se estavam a afastar da linha oficial do Partido, no sentido de uma rápida liberalização económica e política.

No seu discurso de Março de 1979, Deng insistiu na necessidade de o Partido seguir os quatro princípios cardeais. No respeitante ao Marxismo-Leninismo e ao pensamento de Mao, Deng defendeu que a China, dada a sua dimensão e população, necessitava de uma ideologia unificadora, para manter a unidade do povo e fortalecer o país.

No tocante ao papel de liderança do Partido, Deng adoptou o discurso leninista, rejeitando as posições mais liberais acerca da introdução de um sistema multipartidário. Deng preconizava que o Partido deveria ter um papel motor na abertura económica. Considerava que se o Partido Comunista abandonasse a liderança do país, a anarquia instalar-se-ia imediatamente.

Deng considerava que o socialismo tinha permitido estreitar o fosso entre a China e os países desenvolvidos, nas últimas décadas, apesar dos "erros" cometidos pelo Partido, entendia também que o socialismo deveria aproveitar os aspectos úteis dos países capitalistas, mas não os seus sistemas políticos; numa expressão próxima da ideia "*os conhecimentos chineses como a essência, o saber ocidental como utilidade*" (**t'i yang**).

Sem definir claramente o conceito de socialismo, Deng, contudo, apontou para uma ideia de socialismo de estilo chinês. Citando a estratégia de Mao, Deng referiu que assim como Mao iniciou o caminho do campo, em vez das cidades, durante a revolução, "*nós devemos actuar de acordo com a nossa própria situação e encontrar um caminho chinês para a modernização*" (Deng Xiaoping, 1993: 171).

Da leitura e análise de um vasto conjunto de fontes avulsas ressalta, para nós, a ideia de que para Deng o essencial era a modernização – a verdadeira justificação das reformas, pelo que a própria configuração original marxista-leninista do Partido deveria estar ao serviço dos objectivos do desenvolvimento e engrandecimento da China.

Na linguagem da teoria dos jogos, Deng tentou transformar a "soma zero" numa "soma zero positiva", na qual ambos os jogadores (conservadores e reformistas) pudessem ganhar algo, ao mesmo tempo que as reformas iam avançando e salientava a inquestionabilidade do Partido.

O aspecto mais importante da reformulação da estratégia do Partido Comunista Chinês no pós-Maoismo diz respeito ao novo conceito de "socialismo com características chinesas". Segundo Deng (Deng Xiaoping, 1984: 14):

> "... *da concretização do nosso programa de modernização, devemos ter em conta as realidades da China. Devemos integrar a verdade universal do marxismo com as realidades concretas da China, devemos engrandecer o nosso próprio rumo e construir o socialismo com características chinesas*".

O novo discurso de Deng é significativo em vários aspectos: demonstra a determinação de Deng à volta das reformas e da modernização; a nova fórmula reflecte um forte sentido de nacionalismo. Tal deve--se à perspectiva que Deng tem do desenvolvimento económico como instrumento imprescindível à afirmação dos países no jogo do poder nas relações internacionais. Este quadro de referência é determinante na "*realpolitik*" chinesa, no reforço do poder nacional da China e da identidade nacional.

O objectivo de tornar a China um país forte interna e externamente leva Deng a promover a atracção do capital estrangeiro, da tecnologia e das técnicas de gestão do capitalismo – as verdadeiras razões da abertura ao exterior. Contudo, dentro do modelo de actuação de Deng, existe o receio que a rápida abertura ao exterior possa pôr em causa a identidade nacional e subverter a ideologia oficial.

Por isso, a ênfase da construção do "socialismo com características chinesas" surge como o balizar da identidade ideológica nacional chinesa, face, quer ao modelo soviético, quer ao modelo capitalista ocidental.

Não existe um conceito preciso sobre o "socialismo com características chinesas", trata-se de um conceito geral, flexível, que visa de uma forma ampla delimitar os "desvios" à ideologia do Partido, e facilitar a aceitação da nova fórmula.

Por um lado, o conceito retém a consistência ideológica, através do sublinhar do "socialismo", que é essencial ao consenso no seio da liderança do Partido. Por outro lado, permite a introdução de inovações teóricas flexíveis, através das "características chinesas".

Um dos pontos principais da política de reformas iniciada nos finais da década de setenta é o respeitante à importância fulcral das tecnologias no processo de modernização da China.

Os intelectuais reformistas viram na revolução tecnológica (RT) o meio para a China se integrar no sistema económico internacional e para se transformar a prazo numa grande potência económica (Wei-Wei Zhang, 1996: 20).

A questão da revolução tecnológica assumiu também, uma vertente ideológica que ao longo da década de oitenta vai estar presente na discussão no interior do Partido, sob a designação de "teoria futurista".

Em 1983, o então Primeiro-Ministro, Zhao Ziyang considerava a discussão à volta da RT como benéfica para a China, numa altura em que na região o avanço tecnológico constituía um paradigma da modernização do Japão e de Singapura.

Por outro lado, a nova revolução tecnológica, no plano do discurso, não faz uma interpretação do mundo como palco de uma confrontação ideológica bipolar entre capitalismo e comunismo, mas antes como um conjunto de desafios e oportunidades.

Em resultado da nova perspectiva teórica dos reformistas, o conceito de socialismo é composto por quatro elementos.

Primeiro, o socialismo é um processo evolutivo, onde nem Marx nem Lenine foram capazes de prever concretamente. Zhao afirmou que o PCC não se encontrava na situação prevista pelos fundadores do marxismo, na qual o socialismo é construído na base de um capitalismo altamente desenvolvido, nem estava na mesma situação de outros países socialistas, não podendo imitar mecanicamente os exemplos de outros países (Zhao Ziyang, 1987: 9-15).

Em segundo lugar, a China estava ainda no primeiro estádio do socialismo. Durante este estádio, o desenvolvimento económico foi considerado de extrema importância para o Partido. A sua direcção corresponderia ao realizar do objectivo de Deng em atingir o nível dos países desenvolvidos no ano 2049, no centésimo aniversário da RPC.

Tal conduziu à redefinição do papel do Partido. O principal papel do PCC já não era o de atingir uma sociedade sem classes, mas promover o desenvolvimento económico, o qual é identificado como interesse fundamental do proletariado no longo prazo. Esta interpretação do socialismo virada para os resultados económicos significou outro passo no sentido do modelo de socialismo de mercado de Deng.

O conceito de "primeiro estádio do socialismo" criou a impressão que o marxismo poderia ser manipulado em função das necessidades políticas e económicas. Tal significava uma mudança por parte dos reformistas, que passaram do incremento de inovações ideológicas para posições mais radicais, devido ao aumento do seu poder na liderança central e local.

Contudo, a nova teoria assentava ainda no quadro discursivo estrito do marxismo. A teoria foi explicada como outro esforço de combinação do marxismo com a realidade chinesa. Tratava-se de uma inovação que foi apresentada como uma ortodoxia; o retomo às bases do marxismo.

De acordo com a nova fórmula, a China deveria avançar nas seguintes metas, durante o primeiro estádio do socialismo:

1. Desenvolver uma economia de consumo e aumentar a produtividade;
2. Aderir à política de abertura ao exterior e adoptar medidas mais flexíveis para atrair o capital estrangeiro e tecnologia;
3. Reformar a relação entre a base económica e a superestrutura política que era incompatível com o desenvolvimento das forças produtivas. Mais especificamente, o objectivo estratégico das reformas económicas durante o primeiro estádio do socialismo era alcançar aquilo que era descrito como "o Estado regula o mercado e o mercado guias as empresas".

O objectivo do programa de modernização da economia poderá ser analisado tendo como referência o conceito weberiano de modernização como uma relação de mudança entre uma racionalidade substantiva (orientada segundo valores) e uma racionalidade *"purposive"* (apropriada para determinados fins) (Max Weber, 1969: 809-838).

Com efeito, em parte as reformas económicas de Deng redefiniram o futuro da China de um objectivo orientado segundo valores, durante o período de Mao, para uma racionalidade *"purposive"* do "deve ser" para "o que é".

A ênfase colocada por Deng na "modernização socialista" visava estabelecer um equilíbrio entre os dois objectivos atrás referidos, inspirado na experiência de Singapura.

Embora afirmasse que o objectivo supremo do Partido era o comunismo, Deng estava mais preocupado com o objectivo imediato do desenvolvimento. Contudo, Deng sublinhava também no processo de modernização económica, que os chineses deveriam possuir ideias, moral, cultura e disciplina.

Os ideais eram, primariamente, os ideais comunistas, a moralidade era a tradicional, cultura era expressão da educação e a disciplina leninista.

Mas Deng não explicou as possíveis tensões entre aqueles valores e os valores do mercado. O empresariado pode conflituar com a disciplina leninista, os ideais comunistas podem colidir com os valores dos negócios e com a sua prática.

O 13.º Congresso do PCC, realizado em Outubro e Novembro de 1987, constituiu um importante marco no progresso de reformas, devido a dois aspectos: o recuperar da reforma política e o conceito de "primeiro estádio do socialismo".

Zhao Ziyang propôs três métodos para reformar as relações Partido--sociedade:

a) O Partido deveria recrutar quadros de diferentes grupos sociais, especialmente novos empresários e intelectuais;

b) O Partido deveria encorajar os novos quadros a associarem-se às instituições dependentes do Partido;

c) Deveria haver mais diálogo entre o Partido e os diferentes grupos sociais.

Considerando que a eficiência era o principal problema dos reformistas, Zhao pretendia a separação das funções entre o Partido, o Estado e as empresas. Assim, Zhao propôs a abolição de todos os departamentos de trabalho do PCC que tivessem uma actividade justaposta aos departamentos de Estado. Tratava-se de o Partido se retirar da administração directa, enquanto mantinha a liderança política sobre a economia.

A questão do "primeiro estádio do socialismo" foi também um importante tema do 13.º Congresso. Zhao Ziyang pegou no conceito.

O "centro" deveria ser alcançado na base dos "dois pontos" – sendo um a reforma e a abertura e o outro os "quatro princípios cardeais".

Esta fórmula constitui uma ideia-chave da doutrina de Deng, na medida em que o desenvolvimento económico foi colocado no centro de tudo; mesmo a campanha ideológica subordinada aos "quatro princípios cardeais".

Deng defendia uma espécie de ciclo de um período de desenvolvimento seguido por um período de consolidação e depois outro período de crescimento acelerado.

O 14.º Congresso do Partido Comunista realizado em Outubro de 1992 representou a transformação das ideias de Deng na doutrina oficial designada por "teoria de Deng sobre a construção do socialismo com características chinesas".

A interpretação oficial da teoria, como foi formulada no 14.º Congresso, contém nove principais temas (Wei-Wei Zhang, 1996: 212-214):
– O desenvolvimento da via do socialismo – Deng sublinhava o conceito de "procurar a verdade através dos factos e construção do socialismo de estilo chinês" em vez de copiar a experiência chinesa;
– Sobre o desenvolvimento das fases do socialismo – Deng considerava que o período do primeiro estádio do socialismo deveria durar pelo menos cem anos;
– Sobre os objectivos fundamentais do socialismo – Deng considerava que ele visava libertar e desenvolver as forças produtivas, eliminar a exploração e realizar a prosperidade para todos;
– Sobre a construção da força do socialismo – Deng advogava que as reformas económicas deveriam seguir a orientação do mercado e reformas políticas prudentes;
– Sobre as condições externas do socialismo – Deng defendia uma política externa independente e a abertura da China ao exterior para obter informação, capital e tecnologia;
– Sobre as garantias políticas do socialismo – Deng punha ênfase nos quatro princípios cardeais e na luta contra o liberalismo burguês;

- Sobre a estratégia de construção do socialismo – Deng encorajou algumas regiões a enriquecer de forma a servirem de exemplo laboratorial para o resto do país;
- Sobre a liderança do socialismo – Deng sublinhou a liderança do Partido e a necessidade de haver uma frente unida composta por todos os patriotas,
- Sobre a unificação do país – Deng reforçou o conceito de "um país dois sistemas".

Desde 1978 que os reformistas têm procurado tornar, gradualmente, mais dúctil a ideologia, visando adaptá-la às profundas transformações ocorridas desde 1978. A doutrina de Deng constitui a resposta para o "*gap*" entre a visão conservadora e a necessidade de mudança. Com efeito, a doutrina de Deng constrói uma ideologia de desenvolvimento económico, social e político, através da síntese entre o marxismo ortodoxo, o maoismo inicial, o autoritarismo do Sudeste asiático e o capitalismo de mercado ocidental. Esta síntese culminou naquilo que oficialmente foi designado por "Teoria do Socialismo com Características Chinesas", (Wei-Wei Zhang, 1991) a qual assenta em cinco pontos-chave:
1. O desenvolvimento como estratégia de fundo, devendo tudo estar subordinado àquele propósito;
2. Pragmatismo ideológico expresso na tese da "procura da verdade através dos factos";
3. O gradualismo. Deng concebe as reformas como um processo com prioridades;
4. O nacionalismo. Deng considera que a China deverá ocupar o lugar a que tem direito no contexto internacional;
5. Um Estado forte que promova a modernização e que resista às pressões internas e externas.

Mas o processo de reformas demonstra que a doutrina de Deng não é suficientemente inovadora face à mudança económica e à mudança social.

A sua tese de um "totalitarismo desenvolvimentista" gerou um desequilíbrio entre os objectivos económicos e os objectivos sociais, o seu pragmatismo não providenciou um novo sistema de valores coerente; o seu incrementalismo não avançou nas reformas políticas.

2. MODELO ECONÓMICO – EVOLUÇÃO

O estabelecimento de uma "Economia Socialista de Mercado", como objectivo estratégico da política de reformas, constitui mais uma alteração à teoria económica do regime saída do 14.º Congresso do Partido Comunista, realizado em 0UT92.

Na prática, é a fórmula encontrada pelos dirigentes chineses para a abertura à economia de mercado sob o controlo do Partido.

Não assentando em bases económico-financeiras consistentes, o novo modelo propagandeado por Pequim debate-se, a montante, com a inexistência de um sistema jurídico que lhe dê consistência, bem como com a falta de mecanismos de gestão que constituam o suporte estrutural às experiências económicas.

Em termos gerais, pode-se considerar que a adopção da "Economia Socialista de Mercado" se confronta com inúmeras contradições e obstáculos, alguns de difícil contorno. A plena adopção de mecanismos de mercado só poderá ser consequente na medida em que forem introduzidas alterações na superestrutura da máquina do Estado, ou seja, uma transformação funcional.

Tal mudança é difícil de operar, não só porque envolve a perda de privilégios por parte de organismos e quadros do Partido, mas principalmente porque implica a introdução de mudanças na estrutura de decisão política.

Assentando o sistema político chinês num esquema de poder altamente personalizado, as regras de jogo de funcionamento da economia são largamente limitadas pela decisão de poder pessoal.

Parece ser este um dos problemas com que o regime se debate, tornando-se cada vez mais difícil ao Partido Comunista Chinês conciliar o modelo organizacional de matriz socialista com a dinâmica desenvolvimentista que se regista em algumas regiões do país, no sentido da abertura da economia.

A procura de autonomia económica por parte das Províncias mais ricas reflecte a existência de passos diferentes quanto à execução da política de reformas, fazendo emergir clivagens entre o poder central e as autoridades provinciais e tornando, na prática, inviável uma política macro-económica alinhada por Pequim.

Um dos aspectos-chave da estratégia reformista, diz respeito à descentralização da economia, visando estimular o desenvolvimento. Contudo, Pequim denota inabilidade para lidar com as autoridades provinciais. O facto de existir uma complexa rede hierárquica de ligação do Governo Central às Províncias torna bastante difícil a comunicação de directivas, bem como o seu *"feed-back"*.

Quanto à situação nas empresas estatais viáveis, a reforma do sistema levou ao aparecimento de um novo grupo de gestores que, actuando com a cobertura de altas figuras do Estado, utilizam aquelas empresas para desenvolverem actividades pessoais, procurando ajustar o funcionamento das unidades não à lógica empresarial, mas aos seus desígnios de poder. Verifica-se, assim, em nome da diversificação e do investimento, que várias companhias constituíram *"holdings"*, com o único objectivo de colocarem elementos destacados no Partido nas suas direcções.

Um outro facto diz respeito à pulverização de zonas de desenvolvimento, que se transformaram numa forma de capital político. Com efeito, as estatísticas revelam que existem cerca de 8700 zonas, situadas nas diferentes circunscrições provinciais, municípios, distritos e vilas.

Os problemas existentes com as grandes empresas do Estado são de alguma forma compensados com o desenvolvimento das pequenas e médias empresas rurais. Ainda que dois terços da população chinesa viva em zonas rurais e sejam considerados camponeses, um número crescente de pessoas trabalha em indústrias básicas administradas por municípios e aldeias (*townships*). Isto está a provocar uma profunda revolução industrial, atendendo a que, durante 15 anos, aquelas crescerão 10% e são retidas pelos trabalhadores rurais que não emigraram para as cidades. Aquele tipo de empresas emprega já mais de 12,5 milhões de pessoas.

No sector agrícola verifica-se alguma agitação devido, sobretudo, à desconfiança que os agricultores têm em relação ao Governo Central. A corrupção no sector agrícola é a principal causa desta situação, pois sabe-se que grande parte dos subsídios destinados à agricultura são sistematicamente desviados para investimentos imobiliários e industriais, Na origem do descontentamento dos camponeses está também o facto de ser cada vez mais desigual a distribuição dos benefícios da reforma económica.

Enquanto que as regiões costeiras registam um rápido desenvolvimento, o interior do país continua a apresentar baixas condições de vida, provocando, por um lado, o aumento das reivindicações da população rural, e por outro lado, conduzindo a uma situação de êxodo, em direcção aos centros industriais do litoral[4]. Este fluxo migratório, que no passado

---

[4] Calcula-se em 80 milhões o número de migrantes que demandam as grandes cidades.

recente tinha características sazonais, tenderá a tornar-se um fenómeno permanente. É, pois, de admitir, que a breve prazo se assista a uma explosão demográfica nos grandes centros urbanos, situação que favorece o aumento de problemas económicos e sociais.

No atinente ao sector financeiro, o rápido crescimento das despesas públicas, devido aos investimentos em infra-estruturas, conduziu a um aumento do défice do Orçamento de Estado. Para este aumento terá também contribuído, em parte, a incapacidade do Estado em obter receitas provenientes de taxas e impostos, facto que estará em larga medida, associado ao fenómeno de corrupção generalizada, que impossibilita o controlo dos serviços das entidades responsáveis pelas finanças.

Por outro lado, as pressões sobre o sistema bancário do Estado no sentido de funcionar como suporte da expansão económica e das empresas estatais em situação difícil, a par da existência de vários milhões de USD de crédito mal parado, tende a asfixiar o papel que o Banco da China poderá ter na dinamização da economia.

Confrontado com o aumento do desemprego rural, o Governo chinês procura controlar a situação, tendo feito vários apelos aos dirigentes provinciais no sentido de incrementar a produção agrícola, com o fito de evitar o surgimento de uma crise social e de estancar o êxodo rural em direcção às zonas mais prósperas do país. Uma das causas da crise na agricultura é a rápida expansão da indústria e do sector imobiliário o que implica a diminuição das áreas aráveis[5] e conduz, consequentemente, à inactividade de um largo contingente de trabalhadores rurais.

A designada "Economia Socialista de Mercado" é cada vez mais um mero exercício semântico visando impedir o corte no plano político--ideológico, entre o sistema de planeamento central e o sistema de mercado.

Destarte, os responsáveis pela execução da política económica vêm--se confrontados, por um lado, com as sinergias geradas pelo crescimento económico, em especial nas zonas costeiras e, por outro lado, com a imposição do papel central das empresas estatais no desenhar da estratégia económica do País.

Estudos prospectivos confidenciais levados a cabo pela Comissão Estatal para a Reestruturação da economia consideram irreversíveis as alterações económicas postas em prática desde 1978, mas sublinham a

---

[5] Cifra-se em 2,64 milhões de hectares por ano a área de terreno agrícola que, desde 1991, tem vindo a ser ocupada para fins industriais e para empreendimentos imobiliários.

inexistência de uma política, a médio prazo, que crie condições à gradual substituição do plano pelas regras do mercado.

Entendem, por isso, necessário proceder à implementação faseada dos modelos de funcionamento da economia de mercado de molde a que na próxima década o tecido económico esteja em condições de adoptar plenamente o sistema de economia capitalista.

Trata-se, sem dúvida, de mais uma tentativa dos sectores reformistas em reinterpretar o legado de Deng, que fez do crescimento económico assente numa matriz de mercado, uma das metas do regime.

Nas actuais circunstâncias, a legitimidade do Governo depende mais da melhoria das condições de vida da população do que dos princípios ideológicos. Sendo assim, afigura-se que nos próximos tempos, o principal problema em matéria sócio-económica que se vai colocar ao regime chinês, a par da questão do saneamento financeiro do sector empresarial do Estado, será o de promover o crescimento real dos rendimentos da população, em particular os rendimentos dos agricultores, que nos últimos anos têm vindo a registar uma quebra acentuada.

3. REFORMAS ECONÓMICAS: IMPLICAÇÕES SÓCIO-CULTURAIS

Analiticamente, as reformas económicas podem ser divididas em três períodos:

No primeiro período (1979-84) foram introduzidas reformas parciais. A economia planificada era considerado o mecanismo principal, que era numa pequena parte complementado pela introdução do mercado. Durante este período as reformas centravam-se na introdução de mudanças institucionais no sector agrícola, que assentaram na descentralização do direito de propriedade, no ajustamento dos preços agrícolas e, principalmente, na abolição das comunas (Ash, 1993). No sector urbano, as reformas tiveram pouca expressão, durante este período, tendo-se confinado a alterações de estrutura administrativa do sistema empresarial do Estado.

Externamente, foi no primeiro período que a política de abertura se iniciou, com o objectivo de incrementar o comércio e atrair o investimento estrangeiro (Joseph Choi, 1998: 5).

No segundo período das reformas (1985-91), o focus do processo foi dirigido para o sector urbano. O objectivo foi o de introduzir o sistema de mercado nas grandes cidades e regiões urbanas, em particular nas províncias de Guangdong e Fujian, através do macro controlo do Estado. Um conjunto de medidas foi então adoptado, incluindo a redução da intervenção do planeamento, autonomização das empresas, liberalização dos produtos e dos preços e a liberalização do comércio externo.

Depois de uma fase de contenção, marcada pela crise de Tiananmen, que levou à adopção de um programa de austeridade, as reformas entraram num processo de aceleração, que teve como principal momento, a visita que Deng Xiaoping efectuou à Província de Guangdong em Janeiro de 1992, dando aquela deslocação origem ao terceiro período das reformas económicas e da abertura ao exterior, caracterizado pelo assumir por parte dos dirigentes chineses do objectivo de estabelecer uma economia "socialista de mercado", conforme ficou definido na sessão anual do 14.º Congresso do PCC, realizada em Setembro de 1992.

Estes três grandes períodos contêm, em si, aquilo que Joseph Choi (1998), citando Cyril Lin, designa por "quatro ciclos".

O primeiro ciclo iniciou-se em 1979 com a introdução do "sistema de responsabilidade de produção familiar" no sector rural e com o estabelecimento de quatro zonas económicas especiais.

O segundo ciclo arranca em 1983, com a extensão aos sectores das finanças e da indústria do sistema de responsabilidade de gestão, de produção e de investimento. Para além das ZEE's (Zona Económica Exclusiva) já existentes, 14 cidades costeiras foram abertas ao comércio e ao investimento estrangeiro.

O terceiro ciclo começou em 1987, na sequência da realização do 13.º Congresso do PCC, no qual foram definidos os passos a dar, visando o saneamento das empresas estatais, através da adopção do "sistema de responsabilidade contratual" e do *"leasing"* de pequenas empresas do Estado a entidades privadas.

O quarto ciclo inicia-se em 1991, com o fim do programa de austeridade imposto em 1989, sendo marcado pela aceleração da adopção dos mecanismos de mercado em todos os sectores da economia.

Linda Wong (1995: 2), uma especialista em questões da mudança social da China, sublinha que as reformas que emergiram não foram determinadas apenas pelos imperativos domésticos, mas também por uma nova concepção geopolítica do posicionamento da China no mundo, em particular no contexto de uma economia global tendencialmente integradora.

Com efeito, os dirigentes chineses tiveram a percepção de que o isolamento económico e a natureza "autárcica" do poder tinham colocado sérios obstáculos à modernização da China.

Tal traduziu-se, globalmente, numa descentralização da política económica, numa diminuição do controlo estatal sobre a produção, na emergência da iniciativa privada e na criação de mecanismos políticos e económicos integradores da China na economia mundial.

A política de reformas económicas e de abertura ao exterior teve como principais efeitos no sistema económico:
– O fim das comunas – em sua substituição foi criado o sistema de responsabilidade da produção agrícola familiar, virada para o mercado;
– A autonomização crescente da produção industrial;
– A constituição de *joint-ventures* – o primeiro e significativo sinal de abertura ao mercado exterior;
– A criação das zonas económicas especiais e das zonas de desenvolvimento tecnológico – verdadeiros laboratórios do capitalismo;
– Saneamento das empresas estatais;
– Reconhecimento da actividade empresarial privada;
– Autonomia económica das províncias – descentralização do planeamento do centro para as localidades.

Num exercício de sistematização e de síntese, a partir da observação, no terreno, dos efeitos das reformas na organização social chinesa, nas duas últimas décadas, consideram-se como principais implicações culturais e sócio políticas as seguintes (Heitor Romana, 2000):
– Aumento do fenómeno de urbanização das cidades costeiras e surgimento da urbanização dos meios rurais, como zonas intermédias "rurbanas";
– Aumento gradual da mobilidade geográfica, no sentido interior – litoral;
– Alteração dos mecanismos de controlo social formal e informal;
– Emergência de novos grupos sociais;
– Surgimento de novos padrões de consumo;
– Controlo demográfico – diminuição da natalidade;
– Modificação do processo de socialização;
– Mudança dos padrões de educação;
– Acesso gradual às tecnologias da informação;

- Diminuição da supervisão do Partido sobre o funcionamento da sociedade: "descolectivização civil" – mas ainda não sociedade civil.

Como salienta Gregory Guldian (1997), num dos melhores trabalhos sobre a China rural, assiste-se hoje a um processo de mudança, na geografia humana e espacial do país, que apresenta como principais características:
- a descolectivização da agricultura;
- a urbanização das aldeias;
- a migração em direcção às zonas costeiras.

A dinâmica da reforma económica, e da política de abertura ao exterior, torna evidente que no espaço de duas décadas a China registou um dos mais profundos processos de mudança da estrutura e da organização sociais, que projecta para o próximo século, também mudanças na super estrutura político-ideológica do regime.

Se a China em 1950 era uma sociedade com uma organização social pouco complexa e estagnada, na década de noventa adquire uma configuração de elevada complexidade, que torna difícil aos antropólogos e aos sociólogos a percepção do ritmo, processo e alcance das mudanças em curso.

Como sublinham Alan Hunter e John Sexton (1999:132), quer nas zonas rurais, quer nas zonas urbanas, bem como nos distritos suburbanos e nas áreas industriais situadas junto das aldeias no interior do País, as reformas geraram novas formas de economia e de organização social.

Em simultâneo, surgiu nos grandes centros urbanos uma nova classe de *"one-man business"*, formada por intelectuais e quadros de empresas de capitais estrangeiros, que utilizam as redes de **guanxi** para se iniciarem nos negócios[6].

No quadro das reformas, uma das mais importantes implicações diz respeito à alteração verificada na última década, nos mecanismos de controlo social.

---

[6] No final de 1995, havia um total de 600 mil empresas privadas, correspondentes a um capital na ordem dos 260 biliões de RMB (renminbi) (30 biliões de USD's). Existiam, também, 22,4 milhões de pequenos empresários, que representavam um capital de 147,2 biliões de RMB.

O sistema socialista alicerçou o funcionamento das suas estruturas político-ideológicas num grande e complexo aparato de regulação e controlo da vida dos cidadãos, através duma teia de órgãos, unidades e células que hierarquicamente posicionaram todos os indivíduos, na actividade profissional na escola, na residência, etc.

Este controlo social formal era acompanhado pela mobilização política a nível nacional e posto em prática através de duas instituições principais: o registo das famílias (**Hukou**) e a unidade de trabalho (**Danwei**).

Durante mais de quarenta anos o sistema de registo **Hukou** controlou a vida de todos os chineses.

O sistema **Hukou** separava os residentes em: urbanos, rurais; agrícolas e não agrícolas. Se um indivíduo fosse classificado como um agricultor, ele nunca se poderia transformar num residente urbano, nem se movimentar para fora do local de residência.

Muitos especialistas consideram que os mecanismos do Hukou constituíam um dos principais obstáculos à construção de uma economia de mercado.

O abrandamento do controlo sobre a mobilidade da população, de região para região, resultante da dinâmica económica de abertura ao exterior, criou um exército de 100 milhões de trabalhadores migrantes (Conghua Li, 1998:44), pondo em causa a eficácia do sistema **Hukou**[7].

O fim próximo do sistema **Hukou** é uma causa-efeito da descolectivização da agricultura e da introdução do "sistema de responsabilidade familiar", que consistiu na transferência da capacidade de decisão produtiva – das unidades de produção colectiva (comunas, brigadas e equipas) para as famílias[8].

A descolectivização da agricultura contribuiu, em larga medida, para o início do colapso do "sistema socialista", provocando profundas alterações nas relações de poder nas zonas rurais. Com efeito, como

---

[7] Trata-se de um fenómeno com grandes implicações na estabilidade social do País, pois ele é susceptível de pôr em causa o funcionamento das instituições político-administrativas e na autoridade do Partido. Veja-se, a propósito, o caso da província de Guangdong, destino prioritário da massa de desempregados, onde, por altura do Ano Novo Chinês, se assiste, em certos pontos da província, a um quase colapso dos transportes, e a um aumento em flecha da criminalidade.

[8] A cada família de agricultores foi atribuída uma parcela de terra, através da assinatura de contratos de arrendamento, com a duração de quinze anos (trinta anos actualmente), renováveis e transmissíveis segundo o novo sistema industrial e da pequena indústria complementar da actividade agrícola (Susan Shirk, 1993: 38-39).

salienta David Zweig (1997: 342-44), o controlo da terra, do trabalho e do consumo passou das mãos dos quadros e burocratas do Estado para o "sistema de produção familiar" e para o mercado.

A emergência dos pequenos agricultores e dos pequenos comerciantes constitui o grande efeito das reformas económicas, criando novos padrões de consumo e provocando uma profunda alteração no modo de vida nas aldeias do interior da China.

Segundo o sistema tradicional, a unidade de trabalho (**Danwei**) constituía a "malga de arroz" dos trabalhadores, pois garantia o trabalho vitalício, e funcionava como uma entidade responsável pelo bem-estar da comunidade onde se inseria.

A introdução de políticas de saneamento das empresas estatais, visando a sua modernização, numa lógica de inserção da economia socialista nos esquemas do mercado, conduziu a uma profunda mudança do conceito de unidade de trabalho, que até meados dos anos oitenta era o símbolo do socialismo industrial.

A reforma do sector estatal transformou as fábricas, nas palavras do sociólogo chinês Li Hawlin, em locais de produção e não em "instituições de carácter mutualista".

No sistema posto em prática, as empresas responsabilizam-se apenas pela actividade produtiva, não participando nas actividades extra trabalho, que são agora apenas da responsabilidade do trabalhador.

O fim do monopólio do sector estatal, e a sua reestruturação, que levou a alterações nos processos de gestão e, em última consequência, à dispensa de largos milhares de trabalhadores, acabou por ter paradoxalmente, ainda segundo o Professor Li Hawlin, citado por Dutton (1998: 219), um efeito positivo, porquanto a função social que as unidades de trabalho tinham, na sua dimensão socialista, abriu espaço a um vasto conjunto de recursos e actividades exteriores ao modelo do Estado, que possibilitaram a emergência de novas profissões e ocupações, e que abriram espaço à introdução também de mudanças no sentido do que podemos designar por sociedade civil embrionária.

Paralelamente à crescente industrialização e tercearização dos tradicionais centros urbanos, a criação em 1995, das Zonas Económicas Especiais (Shenzhen, Zhuhai, Xiamen, Shantou) e mais tarde Hainan – verdadeiros laboratórios do sistema capitalista – e a criação das áreas de desenvolvimento tecnológico, provocaram um efeito indutor das regiões rurais do interior, que originou o fenómeno da industrialização do campo, mas já dentro dum modelo económico tendencialmente de mercado.

Como refere Gregory Guldian (1997: 23), a história contemporânea da China é a história da "urbanização rural" e não a da "ruralização urbana", como sempre se verificou no passado.

Não obstante a expansão da desigualdade inter-regional, o movimento dos trabalhadores rurais em direcção às cidades costeiras, e a criação de áreas fabris, quer nas zonas rurais do *"Hinterland"*, quer no perímetro rural dos centros industriais costeiros, provocou, por um lado, um aumento do rendimento dos agricultores, devido a existência de novos consumidores e ao envio das remessas dos elementos das famílias que demandaram as regiões ricas[9] e por outro lado, atenuou, em certas partes da China o desemprego.

Esta mudança da estrutura económica e produtiva da China rural teve como consequências nos planos político e social:
- Uma gradual diminuição da autoridade política do PCC – a autonomia e capacidade de decisão dos dirigentes locais sofreram um grande desgaste em consequência da abertura à actividade privada, enfraquecendo o seu controlo sobre a actividade económica e sobre a vida dos habitantes dos meios rurais;
- Introdução de novos valores e padrões de consumo – o diminuir do papel do **Hukou** e a inevitável mobilidade geográfica imposta pela necessidade de mão-de-obra nas grandes cidades costeiras, bem como a própria industrialização dos meios rurais, como já atrás foi sublinhado, gerou a adopção de atitudes, valores e processos que conduzem, hoje, a uma rápida urbanização do meio rural chinês, que provoca profundas mudanças sociais e culturais e cria expectativas de mobilidade social, para as quais o Estado chinês não tem capacidade de resposta.

A população rural que deixou as suas casas tornou-se uma população "anfíbia" (Zhou Daming, 1997: 23). Os camponeses que trabalham agora na indústria ou em negócios não conseguem transformar-se em residentes urbanos nem são camponeses, nem residentes da cidade.

Nos grandes centros urbanos da China – Pequim, Xangai, Tianjin, Guangzou e Chongqing – assiste-se, igualmente a um enfraquecimento

---

[9] De acordo com relatórios oficiais, em 1995 as remessas enviadas pelos trabalhadores da província de Sichuan, uma das mais pobres do País, estimavam-se em 20 biliões de renminbis (2,4 biliões de USD's), equivalente a 7% do PNB da província.

do controlo estatal sobre a organização económica, resultante do aparecimento das *joint-ventures*, e da actividade empresarial privada e da emergência de um novo grupo social constituído por jovens quadros, que trabalham na actividade privada.

Uma palavra entrou no vocabulário popular chinês – **Jiegui**. Não se trata de um novo vocábulo, mas antes de um novo significado: "**zie**" significa ligar conectar e que significa "fio-condutor". Juntas, as palavras significam integrar a China no resto do mundo. Estes termos aplicam-se a tudo: adopção das práticas financeiras internacionais; adopção de um sistema geral compatível e a adopção de novos padrões de consumo.

Ao longo da última década, o volume do tráfego das telecomunicações teve um crescimento de cerca de 50% ao ano, devido, sobretudo, à estratégia de captação de investimentos levada a cabo pelos governos provinciais e municipais, e devido ao crescimento da actividade privada.

Esta verdadeira explosão informática terá, inevitavelmente, enormes repercussões no quotidiano do chinês, em particular nos grandes centros, contribuindo para o acesso a uma rede global e planetária, de contactos e informações, que para além das implicações nos padrões de consumo e no próprio conceito de informação, permite criar um espaço de liberdade de acção individual, que põe em causa toda a lógica do sistema político ideológico chinês, que o regime pretende preservar na sua essência.

Em simultâneo à abertura da sociedade urbana aos ícones do consumo ocidental, verifica-se o surgimento de um fenómeno de "apropriação" nacionalista de todos os símbolos materiais da modernização dos padrões de vida da população urbana e da população das zonas rurais, onde a inovação importada das grandes cidades já chegou. Com efeito, é constatável nos órgãos de comunicação chineses a referência à capacidade do povo chinês para tornar mais úteis os bens e equipamentos que lhe vão chegando para seu uso. Por outro lado, verifica-se um grande esforço por parte das entidades responsáveis pela produção e comércio, no sentido da China conseguir, num curto espaço de tempo, produzir e adaptar uma vasta panóplia de equipamentos hoje exclusivamente conotados com as técnicas e tecnologias dos países mais avançados, importadas directamente dos EUA, da Europa e do Japão, ou através de Hong Kong, de Macau e de Taiwan.

Num exercício de observação que realizámos, junto de professores e vários estudantes chineses universitários, verificámos que não obstante o reconhecimento do poder de influência cultural que a importação em massa de bens de consumo, associados a um modelo de vida e de sociedade ocidental, representa, tal não significa o desprendimento em relação àquilo que consideram ser os aspectos base que caracterizam a sociedade chinesa, tais como uma visão etnocêntrica do mundo, o equilíbrio entre o racional e o emotivo e uma dependência do indivíduo em relação ao grupo, mas significa antes a constatação que a China dispõe agora das condições essenciais à modernização económica e social, pelo que a introdução de novos valores e padrões associados à sociedade de consumo e à globalização tecno-cultural, significa que a China sabe interpretar e adoptar à luz dos seus princípios essenciais, os avanços que se registam nos sistemas sócio económicos, e para os quais a civilização chinesa tem contribuído, ao longo da História. Assim, para eles não fará sentido falar de aculturação activa por parte do ocidente e da sociedade da informação a ele associado, mas sim em processo de integração global em que todos os povos são actores. Trata-se pois, de uma visão muito particular do fenómeno da globalização.

A síntese das implicações sócio-políticas e culturais das reformas é apresentada por Sousa Lara (2002: 232-233). Afirma o autor sobre os efeitos do crescimento económico:

> "... o crescimento exponencial que a economia chinesa conheceu, sobretudo nos anos de 1992 e 1993, mas apresenta, também, efeitos difíceis de gerir como sejam o aparecimento de uma nova classe empresarial de tipo ocidental, que se comporta com mimetismo em relação às suas congéneres dos países capitalistas, surge uma camada de dirigentes e de proto-empresários, a apetência pelos bens de consumo, a ocidentalização e a americanização dos consumos, a começar pela informática e a acabar na comida rápida, o agravamento da marginalidade, das máfias, dos tráficos mais diversos, das modas ocidentais, desde a música aos filmes, do vestuário aos adereços. Tudo isto é contra o socialismo real e a moral laica e ateia do marxismo-leninismo. Ciente desta evolução, o Partido Comunista Chinês, desde meados da década de 90, inclui no seu discurso o apelo a uma nova ética, a um novo patriotismo, e até às virtudes familiares. Todavia, muitos vêem neste fenómeno uma ponte para o renascimento de um novo tipo de nacionalismo imperialista até porque não descura uma vertente pluri-étnica chinesa. Após este momento faz-se um cada vez maior apelo à história e à tradição da China como travão possível para a invasão dos 'valores ocidentais'".

Este fenómeno da procura de legitimação do poder através daquilo que o Professor Carlos Diogo Moreira (1996: 30) designa por "busca-ou-

-invenção de raízes colectivas" tem especial expressão na recuperação de princípios do confucionismo[10], como exemplos da força da moral nas decisões políticas. Tendo por enquadramento a abordagem antropológica, Carlos Diogo Moreira explica, assim, em termos gerais, o fenómeno:

"... podem observar-se também, um pouco por todo o lado, campanhas insistentes de reactivação de tradições esquecidas (...). O que, todavia, está subjacente a esta manifesta variedade que constitui a organização cultural real de qualquer região ou país, mesmo no mais homogéneo, é a crença arreigada de que para além de toda a diversidade interna pode encontrar-se, num estrato mais profundo, um filão aglutinador e especificante".

Paradoxalmente, assiste-se, no presente, como atrás foi sublinhado, a um fenómeno de mimetismo de uma cultura política tradicional.

Não obstante o sistema político da RPC ser bastante recente, assentando, em termos manifestos, em fenómenos socio-políticos emergentes no início do século XX, existem aspectos latentes que balizam a cultura política chinesa, com origem numa tradição política com quase cinco mil anos.

Na opinião de James Townsend e de Brantly Wornack (1990), o regime comunista chinês é herdeiro do sistema político tradicional, tendo perdurado ao longo dos tempos, alguns dos seus aspectos básicos.

A propósito do peso da tradição do sistema político chinês e da forma como o regime chinês faz a sua adaptação, Carolyn L. Baum e Richard Baum (1979) referem que aos cinco princípios cardeais de Confúcio, respeitantes à hierarquia nas relações sociais, sucedem os cinco princípios da lealdade ao país, do respeito pelos líderes, do apego ao trabalho, do amor à ciência e da entrega à causa do bem do Estado.

Segundo Fairbank (1992), a família chinesa funciona como um microcosmos; como um Estado em miniatura. A família, e não o indivíduo, é a unidade social e o elemento responsável pela vida política. A lealdade filial e a obediência inculcada na vida familiar têm funcionado como um treino para a lealdade com o chefe e para a obediência ao Estado.

Já neste século, com a modernização do país, e consequente contacto com o exterior, a relação família/colectividade/Estado deu origem

---

[10] Notícias recentemente publicadas na imprensa dão conta da criação por parte do Governo chinês do «Instituto Confúcio» destinado à divulgação da cultura e língua chinesas.

à identificação com um ideal de nação, cuja "face", tal como a família, é fundamental preservar junto dos estranhos. Destarte, surge como mecanismo de defesa o ideal do nacionalismo, assente na percepção da China como uma cultura superior (moral), a qual é invocada como elemento de coesão à volta de objectivos estratégicos de afirmação do Estado.

IV. CONFIGURAÇÃO DO PODER OPERATIVO (O PCC)[11]

1. A ESTRUTURA DO PCC – ÓRGÃOS CENTRAIS

A organização do PC chinês assenta nos princípios que sustentavam o PC da União Soviética definido por Lenine e por Estaline: o cen-

---

[11] Esta variável de análise corresponde à caracterização do Partido Comunista Chinês como sede do poder efectivo, em oposição à configuração do poder formal representado pela Assembleia Nacional Popular, pelo Conselho de Estado e pela Conferência Política Consultiva Popular, cuja caracterização sumária é a seguinte:
A Assembleia Nacional Popular, "Órgão supremo do poder do Estado" (artigo 57.º da Constituição), é o símbolo do poder legal. Apesar de na época maoista a sua actividade ter sido praticamente interrompida, depois de 1979, sob o impulso dos reformistas do PC, o seu papel tem sido progressivamente alargado, sem que isso signifique o questionar do domínio do PC sobre o órgão legislativo. Sumariamente, as suas competências são as seguintes: emendar e supervisionar a Constituição; elaborar e emendar leis; eleger e demitir o Presidente e Vice-Presidente da RPC; nomear ou desnomear o Primeiro-Ministro e outros membros do Conselho de Estado (CE); eleger ou demitir vários outros executivos militares e judiciais; analisar e aprovar o relatório do Primeiro-Ministro, bem como o orçamento e outros relatórios do Governo; aprovar a criação de províncias, regiões autónomas e municípios directamente sob a direcção do Governo central; decidir sobre questões de guerra e paz; e outras funções de supervisão.
A Assembleia tem uma sessão plenária anual. Quando não está em sessão é dirigida por um comité permanente. Em geral, as atribuições do comité permanente da ANP são similares ao órgão em si. Contudo, existem algumas atribuições específicas, tais como: decidir sobre a nomeação de embaixadores e representantes oficiais no estrangeiro; decidir sobre a ratificação e a abrrogação de tratados e acordos com Estados estrangeiros.
No plano da estrutura funcional da Assembleia importa referir a existência de oito comissões especializadas, a saber: nacionalidades; leis; assuntos financeiros e económicos; educação; ciências, cultura e saúde pública; negócios estrangeiros; chineses ultramarinos; administração interna judiciária; protecção do meio ambiente.
Como salienta Jean-Pierre Cabestan (1994: 303-304), em geral, as comissões são dirigidas por ex-ministros e são compostas por duas dezenas de altos funcionários ou por

especialistas. Estas comissões exercem uma certa influência sobre a elaboração das leis e emendas apresentadas à Assembleia.

Cabestan considera que apesar da sua capacidade de influências, estes grupos não constituem obstáculo à execução das políticas por parte do Conselho de Estado.

Parece-nos, contudo, que face ao conhecimento do passado recente, as referidas comissões são mais um palco privilegiado da disputa entre facções, considerando as áreas de governação que acompanham.

O núcleo duro da ANP é o seu Comité Permanente, que é formado por cerca de cento e trinta membros escolhidos segundo o estrito critério de lealdade ao PCC, constituindo verdadeiramente o órgão "executivo" da Assembleia.

Na composição do Comité Permanente ressalta o peso do grupo dos ex-ministros e dos militares, o que configura a sua transformação num palco de disputa política, como já atrás foi sublinhado.

Definidas pelo artigo 67.º da Constituição, as atribuições do Comité Permanente são extremamente largas. Incluem a reforma da lei fundamental, o voto das leis orgânicas e a nomeação das mais altas figuras do Estado (Presidente e Vice-Presidente da República, Primeiro-Ministro, Presidente do Supremo Tribunal e Procurador-Geral).

Com o início do processo de reformas económicas e de abertura ao exterior em 1978, a ANP transformou-se num órgão de referência da disputa entre conservadores e reformistas. Com efeito, um dos principais aspectos da estratégia de reformas centrava-se na tese de que as reformas económicas só poderiam ser consequentes se a jusante se verificassem duas condições:

a) a separação do Partido do Governo, já referida noutro ponto desta dissertação;

b) a transformação da ANP num verdadeiro órgão legislativo e assim, gradualmente independente do Conselho de Estado e politicamente autónomo em relação ao Partido.

Deng Xiaoping pretendeu com a revisão da Constituição em 1982 separar o Partido dos restantes órgãos do poder, dando, formalmente, uma maior autonomia e capacidade de intervenção à ANP, em especial no controlo da acção executiva do Conselho de Estado. Como salienta James Wang (1995: 93-97), para aqueles que estão familiarizados com as constituições políticas ocidentais, é por vezes difícil entender a constituição da RPC, nomeadamente quando ela estipula que o Partido é o "centro da liderança de todo o povo chinês", e que a "classe operária exerce a liderança sobre o Estado, através da sua vanguarda: o Partido Comunista da China. Isto significa que as instituições governamentais existem para servir o Partido. Quando Qiao Shi foi apontado Presidente da ANP, em 1993, o estatuto e poder deste órgão legislativo aumentou, tendo-se transformado num "supervisor" do Governo, a coberto da tese de que a construção duma "economia socialista de mercado" e o combate à corrupção necessitavam de um quadro legislativo eficaz e da subordinação legislativa do governo à ANP.

Esta alteração no funcionamento da ANP no sentido do seu «*upgrade*» conduziu, por um lado, ao apoio do seu presidente, Qiao Shi, por parte dos sectores mais moderados, e, por outro lado, ao agudizar das críticas por parte do grupo conservador liderado por Li Peng.

Formalmente, tem como principais atribuições (artigo 62.º): elaborar emendas à Constituição; legislar e supervisionar o seu cumprimento. Cabe à Assembleia, em sessão plenária, aprovar o relatório do Conselho de Estado, eleger o Presidente da República, o Primeiro-Ministro, os Conselheiros de Estado, os Vice-Primeiro Ministros e os Ministros. Os delegados (deputados) estão divididos em grupos, de acordo com as regiões ou actividades que representam, participando nas várias reuniões de discussão do relatório do Governo Central.

A Assembleia Nacional Popular tem correspondência nos órgãos legislativos provincial e municipal, tratando-se de uma "réplica" da estrutura de decisão legislativa central.

O Conselho de Estado (CE) é o órgão executivo máximo responsável pelo Governo e pela Administração do Estado.

O Conselho de Estado (**guowuyuan**) está, na prática, ao mesmo nível da ANP, sendo responsável pela execução das estratégias e orientações políticas definidas pelos órgãos de decisão máxima do Partido Comunista Chinês. O CE dirige e administra (**lingdao he guanli**) os seguintes sectores: economia, educação, ciência, cultura, saúde pública, planeamento da natalidade, assuntos civis, segurança pública, administração judiciária e controlo dos funcionários, negócios estrangeiros, defesa nacional e assuntos das etnias não chinesas.

A Constituição da RPC estipula que o CE é formado por um Primeiro-Ministro, Vice Primeiro-Ministros, Ministros e Comissões.

A Constituição de 1982 estabelece que o Conselho de Estado é composto por um Primeiro-Ministro, por Conselheiros de Estado, por Vice-Primeiro Ministros, Ministros e responsáveis pelas Comissões.

Na prática, o Conselho de Estado é formado por um Gabinete restrito constituído apenas pelo Primeiro-Ministro e pelos seus Vice-Primeiro Ministros. Segundo Doak Barnett (1967: 3-17), o Conselho de Estado é uma espécie de *"comand headquarters"* de uma rede de bureaus e agências apoiados por quadros que administram e coordenam os programas de Governo aos níveis provincial e local.

O Gabinete-Geral do Conselho de Estado é a estrutura responsável pela coordenação de um conjunto de departamentos e agências.

Tal como se verifica em relação à ANP, o Conselho de Estado tem uma relação de total dependência face às estruturas centrais do Partido. Em geral, todos os vice-primeiros-ministros fazem parte do Politburo do Partido Comunista Chinês, num exemplo do funcionamento do "sistema de *interlocking*".

À imagem do sistema criado por Estaline depois da Segunda Guerra Mundial, a China adoptou, depois de 1949, uma estratégia de frente unida com forças não comunistas, procurando assim transmitir uma imagem de mobilização da sociedade à volta do Partido.

A Conferência Política Consultiva Popular (CPCP ou CCPP) desempenha hoje o papel de mobilização à volta das reformas de vários sectores entendidos como representativos da sociedade chinesa, funcionando como "correia de transmissão" das mensagens do PCC.

A Conferência Política Consultiva Popular tem uma sessão nacional anual e é tralismo democrático, o sistema do Comité do Partido, os "Grupos do Partido" e o sistema de nomenklatura.

Como salienta Jean-Pierre Cabestan (1994: 223), a definição que o PCC tem do centralismo democrático é eminentemente leninista-estalinista e maoista: ele pretende encobrir totalmente o carácter largamente autoritário do funcionamento do Partido, como é verificável na citação dos estatutos do PCC saídos do 14.º Congresso do PCC, em Outubro de 1992:

> *"Le centralisme démocratique est l'intégration d'un centralisme fondé sur la démocratie et d'une démocratie placée sous l'orientation du centralisme. C'est le principe organisationnel de base du Parti et l'application de la ligne de masse à la vie du Parti. Il faut développer pleinement la démocratie au sein du Parti, le sens de l'initiative et de la créativité des organisations du Parti à chaque échelon et de la grande masse des membres du Parti. Il est nécessaire d'exercer un centralisme correct afin d'assurer l'unité d'action de tout le Parti et d'exécution rapide et efficace des décisions. Il faut renforcer le sens de l'organisation et de la discipline et faire en sorte que tous soient égaux devant la discipline. Dans sa vie politique interne, le Parti conduit correctement la critique et l'autocritique, même la lutte idéologique sur les questions de Principe, s'en tient à la vérité et corrige ses erreurs (...)".*

O segundo princípio organizacional do Partido Comunista Chinês é o da direcção colectiva, do qual o sistema do Comité do Partido constitui o eixo. A direcção colectiva está, na prática, submetida ao peso político da figura do Secretário do Partido. Em várias ocasiões em que nos des-

---

dirigida por um comité permanente constituído por um presidente, vice-presidentes e membros ordinários. A sua estrutura é repetida ao nível provincial e municipal.

A Conferência Política Consultiva Popular tem mandatos de cinco anos que coincidem com os congressos da ANP. Os delegados são seleccionados com base na sua pertença a grupos sociais e políticos.

No presente, a Conferência Política Consultiva Popular detêm um papel de alguma importância política na medida em que, face à transformação do tecido sócio-económico da China, se assume como interface entre novos grupos sociais (empresários, quadros superiores, etc.) e o PCC.

Na década de noventa, a Conferência Política Consultiva Popular foi factor de grande tensão no seio do aparelho do Partido, dado que o então seu presidente Li Ruihuan era um dos homens próximos de Qiao Shi, o principal adversário das posições conservadoras de Ziang Zemin.

locámos à China tivemos oportunidade de constatar a supremacia dos Secretários Regionais do PC chinês sobre, por exemplo, governadores provinciais e sobre presidentes de municípios.

A descentralização da decisão política em questões económicas que foi atribuída aos governos provinciais, no contexto das reformas económicas, tem sido fortemente condicionada pela actuação dos Secretários dos Comités do Partido que pretendem "filtrar" as decisões dos governos locais, designadamente no atinente a grandes projectos de investimento económico.

O terceiro princípio da estrutura leninista diz respeito aos "Grupos Centrais do Partido" (**dangzu**). Estes "grupos" existem nos ministérios, nas comissões, nos gabinetes e nos bureaus dos órgãos administrativos do Estado e dos órgãos político-legais nacionais e locais, nos comités permanentes, nas assembleias populares, central e locais, nos sindicatos, nas federações das mulheres e associações científicas.

Como refere Albert Chen (1998: 73) os Grupos Centrais do Partido são formados por um pequeno número de militantes do Partido, que ocupam lugares dirigentes nas instituições citadas. Têm a especial missão de assegurarem a implementação da política do Partido nos órgãos e instituições centrais e locais e possuem um papel específico na operacionalização do sistema de nomenklatura.

Os cientistas sociais que estudam o sistema político chinês identificam o "Sistema de Nomenklatura" como provavelmente o instrumento estratégico do controlo do Partido Comunista Chinês sobre as instituições políticas, económicas e sociais do país.

A nomenklatura (**zhiwu mingcheng biao**) de um comité de Partido ou de um grupo do Partido é uma lista de postos ou posições oficiais que só podem ser preenchidos ou ocupados com a aprovação das estruturas superiores do Partido.

Através do sistema de nomenklatura, o PCC garante que os lugares de dirigentes a diferentes níveis e em diferentes domínios da vida do país são ocupados por indivíduos (não necessariamente membros do Partido) aprovados pelas estruturas de controlo, designadamente pelo Departamento de Organização.

Trata-se, na essência, dos pilares que sustentam a base leninista do sistema de poder chinês, que continua a deter a sede do poder.

Como refere Joseph Fewsmith (2001: 92):

"The essence of the leninist approach to politics, as Kenneth Jowitt has argued, lies in the fusion of charismatic authority and impersonal

organization. The result is an organization, the Party, that is organized around impersonal norms ("comradeship" rather than "friendship") but which exercises a type of charismatic authority vis-à-vis society. Rather than regularizing its relations with society and conducting itself in accordance with law (as in legal-rational authority), the Party governs society through campaigns and considers itself to be above law. Many Chinese observers, looking at the development of the CCP, have expressed this same thought by saying that the Party has not made the transition from a revolutionary Party to a ruling Party. This transition is a major focus of reform, and a major reason why reform encounters problems in Leninist systems is precisely because the requisites of being a "ruling" party (adhering to legal-rational norms and regularizing relations with society) clash with the charismatic impersonalism of Leninist systems".

A organização formal do poder político na RPC assenta numa complexa rede de hierarquias e mecanismos de controlo, que cruzam todas as áreas da sociedade. Tal verifica-se a partir da interligação entre as estruturas burocráticas do Partido, do Governo e das Forças Armadas, que operam a três níveis: Central; Provincial e Local (municípios; cidades e vilas).

Na essência, o Estado e o Partido correspondem a uma justaposição (*interlocking system*), que tem como instrumentos operacionais as Forças Armadas, através da Comissão Militar Central, e o Governo (Conselho de Estado), estando este último formalmente subordinado à Assembleia Nacional Popular.

Como sublinha Albert Chen (1998), no actual quadro do sistema político chinês, a estrutura do Estado e a estrutura do PCC não são só interligadas e integradas uma na outra, como estão, de facto, fundidas a vários níveis. Por exemplo, os principais membros do Conselho de Estado e os membros do Comité Permanente da Assembleia Nacional Popular são também membros do Politburo; os chefes dos órgãos governamentais são normalmente também os secretários (chefes) dos "Grupos do Partido" nesses órgãos.

Esta intercepção Partido-Estado é bastante visível nos órgãos de governo locais. Tradicionalmente existe simultaneamente um departamento do Comité do Partido e um Departamento Governamental tratando dos mesmos assuntos, verificando-se muitas vezes a feitura conjunta de documentos políticos.

O poder inquestionável do PCC sobre os órgãos de Estado está bem vincado no controlo que exerce sobre a Assembleia Nacional Popular, o órgão formalmente instituído de poderes legislativos.

Este controlo é alcançado e garantido, da seguinte forma:
- O PCC estabelece as linhas de orientação e as políticas que a ANP deve seguir, através do grupo "ad hoc" do Partido que acompanha o trabalho legislativo. Este grupo (**dangzu**) produz toda a legislação e regulamentos que devem ser aprovados pelas comissões específicas da Assembleia Nacional Popular;
- O PCC propõe directamente ao Comité Permanente da ANP e aos comités legislativos especiais a aprovação de leis e emendas constitucionais;
- O PCC exerce o controlo de todo o processo eleitoral das assembleias populares a todos os níveis. Com efeito, estes órgãos estão obrigados a constituírem grupos "ad hoc" especiais dirigidos pelos respectivos comités do Partido, com o fim de controlarem o trabalho eleitoral. Assim, a nomeação dos candidatos deverá ser feita pelos comités do Partido;
- O PCC controla e lidera as sessões das assembleias populares a todos os níveis – nacional, provincial e local. Todos os principais líderes do Partido deverão ocupar posições centrais durante as sessões de trabalho das assembleias, os lugares de Presidente do "presidium" da assembleia, de membros da assembleia e chefes do secretariado da sessão da assembleia;
- A liderança de todas as sessões plenárias anuais das assembleias populares é feita pelo PCC. A escolha dos deputados, dos membros dos comités permanentes das assembleias, dos candidatos a lugares governamentais, é feita exclusiva e previamente pelo Partido Comunista. Na prática, todas as posições principais das assembleias populares são ocupadas por secretários e vice-secretários dos comités do Partido, ou por membros dos comités do Partido.

Como salienta Sujian Guo (2000: 92):

"The post-Mao regime has continued to consolidate and institutionalize the totalitarian Party-State apparatus that have come down from Mao's era. There has been no genuine political liberalization, but "rationalization" of the government in many ways. It continues to be the Party that decides – unilaterally and unaccountably – what should be done and what steps or measures should be taken".

A estrutura hierárquica do Partido é piramidal e centralista, sendo constituída por quatro níveis de organização (James Wang, 1995:68):
1. Organizações Centrais;
2. Organizações Provinciais;
3. Organizações Municipais e Distritais (locais);
4. Organizações básicas ou primárias (células do PC nas escolas, nas fábricas e nas aldeias)[12].

Esquematicamente a estrutura do PCC está assim desenhada aos níveis central, provincial e local:

Figura 2: PCC – Estrutura Funcional

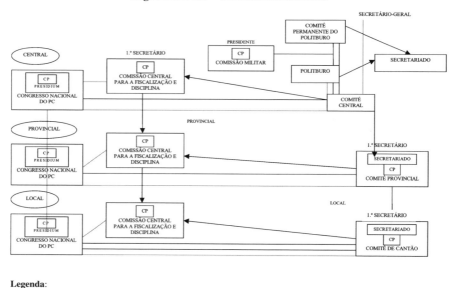

Legenda:
Controlo ⟶   Eleição ········   Equivalência ———   CP Comité Permanente

---

[12] Estas organizações são também vulgarmente designadas por "unidades" ("**Danwei**").

Como se constata, existe, a todos os níveis da hierarquia do Partido Comunista, uma duplicação das estruturas, que reportam às do nível imediatamente acima. Também a estrutura política da instituição militar (EPL) obedece à mesma lógica sequencial.

A repetição a diferentes níveis das estruturas centrais da ANP e do EPL dos órgãos centrais, à semelhança do que se verifica no Partido Comunista, cria uma rede vertical e horizontal quase totalmente homogénea, que facilita o controlo político e a submissão à hierarquia centralizadora do Partido.

1.1. Congresso Nacional

De acordo com o modelo leninista, o Comité Central do Partido Comunista detém, em teoria, o poder total de decisão política, que lhe é atribuído e renovado pelo Congresso do Partido, quer nas sessões anuais, quer por ocasião da primeira reunião plenária de cada quinquénio[13] – quando se procede à escolha de novos elementos para a chefia das estruturas do Partido e são introduzidas alterações nas linhas estratégicas da acção política, nos planos interno e externo.

Não existem dados concretos sobre a metodologia utilizada na escolha dos delegados ao Congresso Nacional. Sabe-se, no entanto, que os procedimentos de selecção são geralmente determinados pelo Comité Central.

A análise de vários elementos de informação secundária permite inferir da existência de um conjunto de factores que são determinantes e condicionantes do processo de selecção dos representantes ao Congresso do Partido Comunista e aos seus diferentes órgãos e estruturas, designadamente:

  a) A disputa entre facções e alterações na relação de forças;
  b) Mudanças nas orientações estratégicas do Partido definidas pelo Comité Permanente do Politburo;
  c) Redefinição do perfil dos dirigentes aos vários níveis hierárquicos do Partido, face a uma nova configuração dos objectivos políticos;

---

[13] Os Estatutos do Partido, de 1982, estipulam que o Congresso poderá ser convocado se mais de um terço das organizações do Partido ao nível provincial o convocar.

d) O alinhamento e posições dos quadros provinciais quanto às relações com o centro da decisão política em Pequim;
e) O jogo de influências nas estruturas locais do Partido.

No que diz respeito ao funcionamento das sessões do Congresso, existem três principais pontos da agenda de trabalhos: o relatório político do Secretário-Geral do Partido; um relatório sobre um trabalho realizado pelas estruturas e órgãos do Partido e as alterações na composição dos órgãos do Partido[14]. Na primeira sessão de cada quinquénio (ex.: 1.ª Sessão do 15.º Congresso do PCC, em SET97) é feita a eleição do Comité Central e do seu Comité Permanente.

O processo de escolha das figuras que compõem aqueles órgãos obedece a mecanismos informais de decisão, que depois se transformam em orientações apresentadas ao congresso para ratificação formal.

A lista provisória é normalmente elaborado pelo Comité Permanente do Politburo, durante o encontro informar que todos os anos se realiza em Beidhai, e que serve para preparar a agenda das sessões regulares do Congresso. Pode também haver lugar a um relatório sobre a alteração da estratégia político-ideológica, com implicações no modelo de funcionamento do sistema. A introdução dos conceitos de "economia socialista de mercado" na sessão de OUT97, no 14.º Congresso, constitui um exemplo dessas alterações.

1.2. Politburo – "Politburocracia"

Como salienta Franklin W. Houn (1967: 87), na essência, é o Politburo e o seu Comité Permanente que possuem o poder ilimitado na definição da política geral do Partido e nas questões mais importantes relacionados com o funcionamento dos órgãos do Governo.

Quando o Partido Comunista Chinês alcançou o poder em 1949, o Politburo era formado por onze membros e os seus mecanismos de funcionamento eram muito semelhantes ao núcleo central de decisão do

---

[14] Nas últimas sessões anuais do Congresso tem havido também lugar à apresentação do relatório da Comissão de Disciplina e de Inspecção do Partido. Na sessão de SET97, esta comissão deliberou o afastamento do Secretário do Partido de Pequim, Chen Xitong, das fileiras do Partido.

Partido Comunista Soviético, responsável pelo controlo do Partido, do Governo e do Estado (R. Osborn, 1974: 213-214).

De acordo com os estatutos do PCC, o Comité Central elege os membros do Politburo e do seu Comité Permanente, mas entre 1935 e 1975, a determinação da composição do Politburo resulta das "prerrogativas pessoais" de Mao Zedong (F. Houn, 1967: 71-92).

Em Outubro de 1992, na primeira sessão do 14.º Congresso, a eleição dos vinte membros do Politburo realizou-se por voto secreto. Contudo, existem indicações de que Deng Xiaoping impôs a lista de nomes que foi aprovada[15]. Na sequência da intervenção de Deng "*behind the scenes*", o Comité Permanente do Politburo, constituído por sete membros, foi escolhido em reuniões informais e aprovado por "mãos no ar", pelos vinte membros do Politburo.

1.3. Comité Permanente do Politburo – O Eixo da Tomada de Decisão

O Congresso do Partido Comunista constitui apenas um instrumento institucional de sancionamento de estratégias e orientações que são definidas pelo núcleo duro do sistema de poder: o Comité Permanente do Politburo.

O Comité Permanente do Politburo é hoje como salienta Cabestan (1994: 249) o órgão supremo do poder da RPC.

Até 1982, o Comité era chefiado pelo Presidente do Partido, que era coadjuvado por seis vice-presidentes. Quando estes lugares foram abolidos em finais de 1982, visando impedir uma grande concentração de poderes, a figura do Secretário-Geral tornou-se o centro da "liderança colectiva", sendo responsável pela convocação e presidência do Comité Permanente do Politburo[16].

Existe uma distribuição interna de pelouros *"Kous"* que são os seguintes: Coordenação Política; Conselho de Estado; Segurança; Justiça e Assembleia Nacional Popular; Frente Unida; Economia; Forças Armadas; Partido e Ideologia.

---

[15] Vide *Far Eastern Economic Review*, October 29, 1992, p. 11.
[16] O Comité Permanente do Politburo tem uma sessão semanal.

A gestão política do equilíbrio entre reformas económicas e a manutenção do papel do Partido como a única força capaz de conduzir o Estado a ocupar um lugar cimeiro no sistema internacional está centrada no núcleo duro do Partido – o Comité Permanente do Politburo. A sua transformação no "apex" do sistema de poder chinês corresponde à passagem de um processo de decisão vertical para um processo de decisão horizontal.

1.4. Comité Central

Os estatutos do Partido atribuem ao Comité Central a condução dos assuntos respeitantes à organização e funcionamento da estrutura operacional do aparelho do Partido, com excepção do período em que decore cada sessão anual do Congresso.

Como salienta James C. F. Wang (1995: 72), não obstante o Comité Central não deter, na generalidade, a iniciativa para a adopção de medidas políticas de fundo, é necessário a sua aprovação para se proceder a mudanças na composição dos principais órgãos do Partido ou nas suas linhas programáticas[17].

Formalmente, cada Comité Central é escolhido em sessão do Congresso. Na realidade, a lista dos nomeados é definida previamente pelo Politburo, de forma a que a sua composição reflicta a linha determinante numa dada conjuntura interna[18].

1.4.1. *Secretariado do Comité Central*

Durante o mandato do 8.º Congresso do Partido Comunista (1955--66), Mao Zedong introduziu modificações na estrutura de topo do poder, sendo a principal a constituição do Secretariado do Comité Central (SCC), que se transformou na organização executiva responsável pela administração e supervisão das questões relacionadas com o funcionamento das estruturas do Partido.

---

[17] As reuniões plenárias não têm uma ocorrência regular, realizando-se, normalmente, duas vezes por ano.

[18] No 13.º Congresso, em 1987, excepcionalmente, a lista continha mais cinco candidatos do que os lugares existentes. Esta inovação foi introduzida por Zhao Zhing, visando criar mecanismos de democraticidade interna. Mas no 15.º Congresso em 1992, já não houve o mesmo processo.

A reorganização do Partido ocorrida no decorrer do período da revolução Cultural levou à suspensão do Secretariado do Comité Central, por parte de Mao Zedong, que via naquele órgão uma fonte de contra-poder. De facto, o Secretariado transformou-se na principal base de controlo por parte de Deng Xiaoping (Ruan Ming, 1995: 15-23).

A estrutura do Secretariado assenta em quatro principais Departamentos:
1. Organização (nomeações dos quadros e funcionários);
2. Propaganda (media, educação, estudos políticos e saúde pública);
3. Organizações de frente (relações com organizações e partidos não comunistas);
4. Ligações internacionais (relações externas e relações com outros partidos comunistas).

O Secretariado inclui ainda o Gabinete Geral, que coordena a actividade administrativa do Comité Central, o Comité para os órgãos sob a direcção do CC, responsável pela ligação da direcção central do Partido aos seus diferentes níveis e o Comité para os Órgãos do Estado, que trata das ligações do Partido aos órgãos do Governo Central, sendo responsável pela comunicação àqueles órgãos das directivas do Partido.

Sob o âmbito do SCC, funcionam também três gabinetes: o Gabinete para a edição do "Diário do Povo"; o Gabinete de Pesquisa Política e o Gabinete da Escola do Partido.

A importância que o Secretariado foi alcançando na gestão da actividade do Partido e na balança de poderes entre facções está na origem de alterações introduzidas em 1987, no 13.º Congresso do PCC, no respeitante ao processo de escolha dos seus membros.

O Comité Central deixou de eleger aquele órgão tendo os seus elementos passado a ser nomeados pelo Politburo, sujeitos à aprovação do Comité Central.

a) Departamento de Organização Central (DOC)

Todos os quadros estão sujeitos à supervisão do Departamento de Organização Central (DOC), o qual, por sua vez, está sob o controlo do Politburo e do seu secretariado.

Cada departamento de organização, a todos os níveis dos comités do Partido, funciona segundo o princípio da "supervisão dos níveis inferiores", criando o seu próprio sistema de controlo, de nomeação e de demissão dos respectivos quadros que estão sob a sua direcção, segundo os regulamentos do Departamento de Organização Central.

Os directores dos departamentos de organização são nomeados ou substituídos pelo departamento colocado dois níveis acima[19].

O director de um departamento de organização de qualquer nível é, simultaneamente, um membro permanente do Comité do Partido.

O Departamento de Organização Central é responsável pela coordenação de quadros[20] aos níveis de ministério e vice-ministério, sendo

---

[19] Por exemplo, o departamento de organização central que superintende os Ministros e os Governadores de Província, também supervisiona a nomeação e a demissão dos directores e Subdirectores dos Departamentos dos Comités Provinciais do Partido, ao nível de Bureau.

[20] Geralmente, os quadros (**ganbu**) são classificados em três grandes grupos: Estado; Local e Militar. Cada grupo possui a sua própria classificação de salários e de promoção, similares aos sistemas da administração pública ocidentais.

O sistema de hierarquia está também associado a um conjunto de determinantes que se prendem com a relação que mantém ou não com o Partido, com a existência de laços familiares ou de amizade (**guanxi**), com elementos das estruturas superiores do Partido, com os anos de serviço prestados e com os conhecimentos técnicos.

Desde a década de oitenta, com a introdução das reformas de Deng Xiaoping, os conhecimentos técnicos e as habilitações escolares têm vindo a transformar-se na principal condição para o acesso ao sistema de quadros, aproximando-se a administração de alguns dos aspectos que caracterizam as burocracias ocidentais.

Tal como se verifica na ex-União Soviética, os quadros constituem uma classe especial no contexto da sociedade chinesa, usufruindo de um estatuto e de privilégios especiais, os quais, no entanto, registam alguma depreciação face à emergência de um novo grupo de quadros – o tecnocrata, que está menos engajado aos esquemas de distribuição e atribuição de poder com base exclusiva no tráfico de influências junto do Partido Comunista.

Todas as organizações e estruturas da China estão dirigidas em seis categorias: órgãos do Partido; órgãos governamentais; unidades militares; empresas; instituições e organizações de massas (designadas abreviadamente por "unidades").

Existem seis milhões de unidades ao nível nacional que possuem diferentes dimensões e finalidades, diferentes delegações e fracções, mas como sublinha Yan Huai (1995: 41-42) todas têm como denominador comum o facto de serem um elemento na rede hierárquica perfeitamente enquadrada pelo respectivo nível do Partido.

Assim, verifica-se a existência de "unidades" ao nível:
– Província/Ministério/Exército;
– Perfeitura/Bureati/Divisão;
– Município/Departamento/Regimento;
– Vila/Secção/Batalhão.

A posição dos quadros está dependente desta hierarquia política e administrativa, constituindo uma verdadeira "estratificação burocrática".

composto por um gabinete geral, por um gabinete de pesquisa política, por um gabinete administrativo e por um comité do Partido.
Como salienta Erik Brodsgaard (2004: 113-117):

"The organization departments' principal instrument of power is its management of the nomenklatura system. This system consists of a list of positions over which the Party committees has the authority to make appointments and a list of reserves for these positions. The most important part of the nomenklatura is the list of 5000 posts to be filled and managed by the central committee. As the Chinese governing structure applies a system according to which the higher level takes charge of the lower, the central committee and its organization department also control the nomenklatura of ministerial-level and provincial level leading cadres".

Refere ainda o autor:

"Cadres are managed by the Party according to detailed regulations comprising recruitment, appointment, performance evaluation, training, etc.. the objective of cadre management is to make sure that professionally competent people are recruites and promoted and that these remain loyal to the Party's ideological and political line".

Existem, também, dentro do DOC os seguintes gabinetes:
– Gabinete de Organização – é responsável pelas organizações do Partido, tendo várias subdivisões respeitantes ao recrutamento de militantes e disciplina, às actividades de rotina das organizações do partido e à elaboração de documentos e directivas;
– Gabinete dos Quadros – é responsável pela supervisão da relação entre os órgãos do Estado e o Partido Comunista, onde se incluem o Comité Central, a Comissão para a Inspecção e Disciplina, a Comissão Militar Central, a Assembleia Nacional Popular, a Conferência Política Consultiva Popular e o Conselho de Estado;
– Gabinete Económico – coordena a actuação dos quadros dirigentes das empresas estatais;
– Gabinete de Educação de Quadros – define o perfil do quadro do Partido necessário para determinadas funções;
– Gabinete dos Quadros Locais – é responsável pela gestão dos quadros dirigentes das províncias;
– Gabinete dos Quadros Jovens – administra a promoção dos quadros "juniores" a postos ministeriais.

– Gabinete Político de Investigação dos Quadros – este gabinete possui uma função muito sensível dentro do Partido, dado estar-lhe atribuída a função de investigar a vida dos principais responsáveis políticos do regime;
– Gabinete dos Quadros Veteranos – tem como atribuição acompanhar os quadros retirados.

b) Departamento de Propaganda

Nominalmente, o sistema de propaganda chinês está sob a supervisão do Conselho de Estado, e do Secretariado do Partido. Do Conselho dependem o Ministério da Cultura, o Ministério da Rádio Televisão e Cinema, o Gabinete das Publicações Estatais, a Academia das Ciências Sociais e a Agência Nova China; o Secretariado controla o Diário do Povo, órgão Central do PCC, e o Jornal teórico do Partido, "**Qiushe**" bem como os mass-media e as estruturas de cultura existentes por todo o País.

Por seu turno, o Departamento de Propaganda é a estrutura chave responsável pela execução das orientações definidas pelo "*leading group*" (LG) do Partido que tutela a propaganda e o controlo ideológico.

Sendo um órgão de carácter central, o Departamento de Propaganda não dispõe, por si próprio, do controlo e administração da informação pública que é difundida ao nível central e local.

Em cada nível dos Comités do Partido existe uma divisão de propaganda, que actua principalmente junto dos departamentos de educação e Saúde e das instituições culturais e científicas.

O Departamento de Propaganda não tutela, no entanto, nem as Forças Armadas, nem a Escola do Partido, que é responsável pelo treino político dos quadros e dos dirigentes.

c) Departamento das Organizações de Frente

Este Departamento é a principal estrutura responsável pelo controlo da elite que não pertence ao Partido Comunista, a designada "elite social".

Dessa elite fazem parte, segundo os critérios definidos pelo PCC, os indivíduos que são representativos de grupos-chave, preponderante nos campos económicos, social e académico, que não hostilizem o regime[21].

---

[21] Especificamente estão incluídos no grupo das organizações de Frente: os membros e líderes dos oito "Partidos Democráticos" reconhecidos pelo PCC. Os intelectuais e

O Departamento das Organizações de Frente é relativamente pequeno, mas bastante importante comparado com órgãos do Partido e do Governo, sendo formado por seis bureaus.

O primeiro bureau é responsável pela supervisão dos oito partidos não comunistas – e pela nomeação dos seus membros à Assembleia Nacional Popular e à conferência política Consultiva Popular.

O segundo bureau trata dos assuntos religiosos e das nacionalidades e dá directivas às comissões do Conselho que tratam daqueles assuntos.

Quanto ao terceiro bureau, supervisiona o Gabinete para os Assuntos dos Chineses Ultramarinos, o Gabinete dos Assuntos de Taiwan e o Gabinete para os Assuntos de Hong-Kong e de Macau, na dependência do Conselho de Estado.

O quarto bureau trata das questões respeitantes à escolha dos membros da elite não membros do Partido Comunista que ocupam lugares no sistema de poder, especialmente na ANP e na CCPP.

O quinto bureau supervisiona todas as organizações de carácter económico não ligadas ao Partido Comunista.

Em último surge o bureau responsável pelo acompanhamento dos intelectuais que não estão enquadrados pelo Partido.

d) Departamento das Ligações Internacionais

Este departamento desempenha um papel muito importante dentro do Secretariado, dado que lhe estão atribuídas as ligações com os outros Partidos Comunistas. A colocação de elementos da comunidade de informações nos diferentes postos nas embaixadas e nas organizações de frente, com que tem contactos em todo o mundo, é uma das suas principais atribuições.

As suas competências e as do Ministério de Segurança de Estado (MSE) são muito semelhantes, no que diz respeito à recolha de informações estratégicas e ao controlo das actividades dos estrangeiros na China.

---

a antiga aristocracia das minorias nacionais, líderes das cinco principais religiões reconhecidas, figuras influentes de Hong-Kong, Macau e Taiwan, capitalistas e intelectuais "patrióticos".

1.4.2. Comissão Central para a Disciplina e Inspecção

No XV Congresso do PCC, em Agosto de 1977, um mês após a reabilitação de Deng Xiaoping, foi restabelecida a comissão de Inspecção da Disciplina do Partido, que tinha existido entre 1949 e 1954[22].

Esta Comissão é considerada fulcral para a manutenção da disciplina dos quadros do Estado, cujo exemplo de comportamento social e político deve guiar todo o povo, para além de constituir a garantia do bom funcionamento da administração – misto da tradição confucionista com a lealdade revolucionária.

A recuperação da Comissão Central para a Inspecção e Disciplina, em 1978, constituiu um dos elos mais importantes no processo de reestruturação do controlo da administração do Estado Chinês[23].

A partir de Dezembro de 1978, as Comissões para a Inspecção e Disciplina são instaladas a todos os níveis do Partido e do Exército Popular de Libertação (EPL).

Dada a sua importância como instrumento de pressão e dissuasão políticas, a Comissão Central transformou-se, na década de noventa, num dos principais palcos da luta entre facções rivais[24].

Não obstante a inexistência de documentos oficiais parece poder identificar-se, em síntese, três principais funções: a) manutenção da disciplina do Partido; b) controlo do funcionamento das organizações do Partido; c) e investigação de actividades contrárias às orientações do Partido.

---

[22] Em 1954 a Comissão ao nível central foi transformada em Ministério do Controlo (**Jianchabu**).

[23] Sobre esta temática ver o trabalho de Jean Pierre Cabestan, *L'Administration Chinoise Aprés Mao, Les Reformes de l'Administration et Leurs Limites*, Éditions du Centre National de la Recherche Scientifique, Paris, 1992.

[24] O peso político que Qiao Shi, o ex-Presidente da Assembleia Nacional Popular e ex-Membro do Comité do Politburo, afastado no 15.º Congresso do PCC, em Setembro de 1997, advinha, em grande parte, do facto de ter sido, para além de chefe dos SI internos, o responsável pela supervisão daquela Comissão, dentro do Comité Permanente do Politburo.

1.5. Órgãos Intermédios e de Base

1.5.1. *Provinciais*

Teoricamente, os Comités Provinciais do Partido derivam o seu poder dos congressos do partido ao nível provincial. Os estatutos do Partido, de 1982, no artigo 24.º, estabelecem que os congressos do Partido ao nível provincial, ao nível das regiões autónomas e, ao nível dos municípios directamente dependentes do Governo Central e ainda ao nível das cidades com distritos, se deverão realizar de três em três anos.

Cada Comité Provincial é, geralmente, dirigido por um comité permanente formado por um primeiro secretário e por vários secretários. O comité provincial é, geralmente, dirigido por um Comité Permanente formado por um primeiro secretário e por vários secretários. O Comité Provincial é responsável pela direcção de cinco principais áreas: actividades económicas agrícolas, organização e controlo do partido, indústria, finanças e comércio, construção, mobilização das mulheres e jovens, e políticas de desenvolvimento.

Gradualmente, no contexto da política de reformas económicas e de abertura ao exterior, as estruturas provinciais do PCC tem vindo a ganhar um maior espaço de autonomia administrativa e económica, o que tem gerado fricções com o poder central, em Pequim.

1.5.2. *De Base*

Abaixo dos Comités Provinciais do Partido situam-se os Comités ao nível de município (**shi**), de cidades (de nível inferior ao de município) e de unidades (companhias) do EPL e outras estruturas básicas, formadas por mais de três membros efectivos do Partido.

Tal como se verifica ao nível provincial, nos municípios e nas cidades existe uma duplicação dos órgãos do Partido que constituem a estrutura nacional, reportando hierarquicamente ao órgão situado imediatamente acima (ver Organigrama do Partido).

Ao nível básico, o Comité do Partido é responsável pela supervisão e gestão de todas as actividades políticas e económicas, sendo ainda responsável pelo recrutamento dos quadros locais.

2. O SISTEMA DE INTERLOCKING: O CASO DO MNE

O sistema de *interlocking* caracteriza-se pela blindagem do aparelho de Estado por parte das estruturas do Partido Comunista, verificando-se uma supervisão directa e indirecta, quer da actuação do Conselho de Estado quer do funcionamento da ANP. Na prática, este sistema corresponde a uma monitorização permanente do Estado.

Alguns analistas consideram que depois das reformas o Governo dispunha de alguma margem de manobra em relação ao Partido. Tal não corresponde à verdade tendo em conta que os membros do Comité Permanente do Politburo ocupam também posições nas estruturas de topo do Estado.

A liderança central da China considera-se, a si própria, ameaçada, mas mantendo a posição de comando. A reforma deve continuar, mas submetida a diferentes prioridades: o aparato do Estado deverá ser reforçado e não enfraquecido pelas reformas. Em consequência, o Comité Central declarou, numa resolução de Setembro de 1994, que todos os órgãos de Estado deveriam estar subordinados à liderança do Partido Comunista. O resultado foi que a diferenciação entre o Partido e o Estado (**Dang Zheng Fenkai**) que Deng tinha engendrado nos anos 80, foi substituída pelo reassumir da integração do Partido – Estado (**Dang Zheng--Yitihua**) (Lowell Dittmer, 2002: 217).

A burocracia central dos assuntos externos é representada principalmente pelo Ministério dos Negócios Estrangeiros (MNE), pelo Ministério do Comércio Externo e da Cooperação Económica; na dependência do Conselho de Estado, pelo Departamento de ligações internacionais do Comité Central do Partido Comunista Chinês, e pelo Departamento Geral da Comissão Militar Central. Cada representa uma Unidade de Processamento Central (UPC) para um sub-sector. Na actual estrutura de poder, estes órgãos estão ao mesmo nível (Lu Ming, 2000: 25).

O MNE (**Waijiao Bu**) está administrativamente subordinado ao Conselho de Estado (**Guowuyuan**). O MNE reporta directamente ao Comité Permanente do Politburo do Partido Comunista Chinês, através do Grupo de política externa do "LSG" (núcleo político restrito), chefiado, quase sempre, por um membro do Comité Permanente do Politburo (designado para chefiar o sector dos assuntos externos (**waishi Kou**)[25].

---

[25] Existem três níveis de relações no sistema chinês: a) **Ye Wu Guanxi** – Relações profissionais; b) **Zuzhi Guanxi**; c) Relações Organizacionais. Estas dizem respeito às relações dentro da hierarquia do Partido.

A estrutura formal do MNE consiste no Gabinete Geral, no Departamento de Gestão dos Negócios Estrangeiros[26], mais 16 departamentos e gabinetes de assuntos internos.

O Gabinete Geral (**Bangongting**), embora seja ao nível departamental, supervisiona unidades vitais, tais como o Bureau de Comunicações Confidenciais (**Jiyao Ju**), a Divisão de Correspondência Confidencial (**Jiyao Jiaotong Chu**) e o poderoso Secretariado (**Mishu Chu**)[27].

O Bureau de Comunicações Confidenciais é o departamento responsável pelas comunicações diplomáticas da China, principalmente com as representações diplomáticas chinesas no exterior.

A Divisão de Correspondência Confidencial é um serviço responsável pela troca e entrega de documentos[28]. O Secretariado é constituído por dois grupos de funcionários: um acompanha em permanência, através do "Gabinete de situação", formalmente designado por **Bangong Ting Zhiban Shi**, e outro é formado pelo pessoal de apoio ao Gabinete do Ministro e Vice-Ministro dos Negócios Estrangeiros.

O Gabinete Geral funciona também como ligação entre o Ministérios dos Negócios Estrangeiros e os Gabinetes Provinciais do MNE, através dos Gabinetes Locais (**Difung Waishi Bangongshi**). Os 16 departamentos de assuntos "externos" são classificados em dois tipos: departamentos regionais (**Diqü Si**) e departamentos funcionais (**Yewu Si**). Existem sete departamentos regionais – África (**Feizhou Si**), Ásia (**Yazhou Si**), Ásia Ocidental e Norte de África (Médio Oriente) (**Xiya Beifei Si**), Europa de Leste e Ásia Central (**Dong'ou Zhongya Si**), Europa Ocidental (**Xi'ou Si**), América do Norte e Oceânia (**Beimei Dyangzhou Si**), América Latina (**Lamei Si**) e um gabinete regional – o Gabinete de Hong-Kong, Macau e Taiwan (**Gong'ao Tai Ban**).

Existem 9 departamentos e gabinetes funcionais externos: Conferências e Organizações Internacionais (**Guoji Si**), Controlo de Armamento e Desarmamento (**Caijun**), Leis e Tratados (**Tiaoyüe Falü Si**), Informação

---

[26] Este departamento foi criado em 1998, depois da extinção do Gabinete de Negócios Estrangeiros do Conselho de Estado.

[27] Embora nominalmente, o Secretariado esteja sob a jurisdição administrativa do Gabinete Geral, O Secretariado dos Ministros, Vice-Ministro e Assistentes, ele funciona de forma independente.

[28] Sobre este assunto ver: *Papers of the Center for Modern China*, Vol. 4, No. 12, 1993, pp. 14-15.

(**Xinwen Si**), Protocolo (**Libin Si**), Consular (**Lingshi Si**), Tradução e Interpretação (**Fanyi Shi**) e o grupo de correios diplomáticos (**Xianshi Dui**) (Lu Ming, 2000: 26).

Para além dos departamentos que constituem a estrutura formal do Ministério dos Negócios Estrangeiros chinês, o Ministério tem sob a sua jurisdição, outras instituições, variando o seu grau de controlo. São elas: o Instituto de Estudos Internacionais (**Guoji Guanxi Yanjiü Suo**), o Gabinete das Publicações Internacionais (**Shijie Zhishii Chuban She**) e a Escola de Negócios Estrangeiros (**Waijiao Xüeyüan**).

O Governo, o Partido e a burocracia militar comunicam oficialmente apenas através do nível ministerial. A maior parte das comunicações verifica-se dentro de um limitado número de burocracias: entre o Ministério dos Negócios Estrangeiros e o Ministério do Comércio Externo e da Cooperação Económica, no respeitante ao comércio e à ajuda externas; entre o Ministério do Negócios Estrangeiros e o Departamento de Ligação Internacional do Partido Comunista Chinês, quanto às relações com outros países comunistas; entre o Ministério dos Negócios Estrangeiros e o Departamento Geral do Exército Popular de Libertação e o Bureau dos Assuntos Externos da Comissão Militar Central, sobre as relações militares com outros países, venda e compra de armamento; e entre o Ministério e a Comissão de Ciência, Tecnologia e Indústria para a Defesa Nacional, sobre a venda das armas com o exterior (Lu Ming, 2000: 37).

Depois do 15.º Congresso do Partido Comunista Chinês, em 1997, com a subsequente eleição de Zhu Rongji como Primeiro-Ministro em substituição de Li Peng, o então Secretário-Geral do PCC, Jiang Zemin, assumiu o portfólio dos assuntos externos e o comando do "*Leading Group*" dos Negócios Estrangeiros, sendo coadjuvado pelo Primeiro-Ministro Zhu Rongji e pelo Vice-Primeiro Ministro, Qian Qichen. O papel de Li Peng na decisão da política externa diminuiu. O novo "*Leading Group*" registou a saída do Director do Departamento de Ligação Internacional, que foi substituído pelo Ministro da Segurança do Estado, enquanto o Exército Popular de Libertação manteve o assento naquele "*Leading Group*" (Lu Ming, 2000: 172).

A mudança mais significativa na dinâmica dos decisores da política externa consistiu na passagem do focus da liderança central, desde 1978, da segurança nacional para o desenvolvimento económico[29].

---

[29] Apesar da invasão vietnamita do Cambodja e da invasão soviética do Afeganistão terem causado preocupação quanto à segurança da China, cedo se tornou claro para Pequim, que qualquer ameaça vinda de Hanoi e de Moscovo poderia ser gerida.

De acordo com as suas respectivas funções, as instituições responsáveis pela concepção e execução da política externa da RPC podem ser colocadas em três principais categorias:
- Consulta política, coordenação e supervisão – o *"Leading Group"* dos assuntos externos e o Gabinete de Assuntos Externos do Partido Comunista Chinês;
- Recomendação e implementação – o Ministério dos Negócios Estrangeiros, o Ministério do Comércio Externo e da Cooperação Económica, o Departamento de Ligações Internacionais do Comité Central do Partido Comunista Chinês, a segunda directoria do Departamento Geral do Exército Popular de Libertação e a Comissão de Ciência, Tecnologia e Indústria para a Defesa Nacional;
- Informação e pesquisa – Agência Xinhua, a terceira directoria do Departamento Geral do Exército Popular de Libertação, o Ministério da Segurança e do Estado, e institutos de pesquisa para os negócios estrangeiros (Lu Ming, 2000: 115).

No plano das ligações funcionais com o aparelho do Partido Comunista, e da estratégia a adoptar, o MNE está subordinado ao **"kou"** dos assuntos externos, através do LG dos assuntos externos (**waishi**), que, actualmente, é chefiado por Jiang Zemin.

O Controlo administrativo e político do MNE, por parte do Partido Comunista, é realizado por vários departamentos e gabinetes, a saber:
- Pessoal – este gabinete é formado exclusivamente por membros do PCC. Tem um peso fundamental no recrutamento e promoção dos funcionários, bem como nas matérias de segurança;
- Estudos Políticos – trata-se de um gabinete que é responsável pelo planeamento político a curto e a médio prazo. É monitorizado pelos quadros do Partido;
- Instituto de Pesquisa – estuda e analisa a conjuntura internacional. É oficialmente designado por *Institute of Contemporary International Relations* e funciona como uma secção do Departamento das Ligações Internacionais[30].

---

[30] Este Instituto trabalha também em articulação com o Ministério da Segurança do Estado, como órgão de pesquisa e análise de informações.

– Comissão para Inspecção e Disciplina – trata-se da representação, ao nível do Ministério, do órgão de disciplina na dependência do Comité Central do PCC. Esta Comissão é o garante da lealdade dos funcionários e dirigentes.

O poder de decisão quanto à implementação detalhada da política externa a seguir em relação aos países-chave foi sempre uma prerrogativa do Comité Permanente do Politburo. Estes países-chave dividem-se em duas categorias: 1) países que detêm importância estratégica nos assuntos mundiais; e 2) países que possuem importância geográfica para a China (**Zhoubian Guojia**) – os Estados periféricos. Os países da primeira categoria incluem os EUA, a Rússia e o Japão. Os países da segunda categoria incluem a Coreia do Norte, os Estados da ASEAN (*Association of Southeast Nations*), a Índia, o Paquistão e, mais recentemente o Casaquistão e a Mongólia. Constituem também prerrogativa da liderança central a condução directa da política externa em relação a países que não sendo "chave" são considerados "sensíveis", tais como Israel, Coreia do Sul e África do Sul (Lu Ming, 2000: 121).

Similar às políticas seguidas para países "sensíveis", certas políticas são consideradas "sensíveis" devido às suas implicações.

Tais políticas implicam por parte do Comité Permanente do Politburo uma capacidade de decisão apoiada nas burocracias superiores da máquina governamental.

Assim, cabe ao Ministério dos Negócios Estrangeiros e aos seus departamentos regionais a elaboração de propostas de reajustamento das orientações a seguir em relação a países e a "dossiers" que fazendo parte do grupo dos "sensíveis" podem ser geridos de uma forma menos permanente por parte do núcleo duro do Partido.

É na área indefinida da decisão política entre aquele núcleo e as estruturas burocráticas do aparelho de Estado que se formam e actuam pequenas células de poder individual e de pequeno grupo, que vão estando obrigadas ao jogo do equilíbrio do poder no seio da Nomenklatura, e detendo uma elevada capacidade de manobra nos bastidores dos Ministérios, possuem espaço suficiente para, pelo menos, condicionar a actuação dos órgãos de poder em matéria de concretização de objectivos estratégicos externos.

Constituirá exemplo paradigmático dessa situação a forma como na execução por parte da RPC, da Declaração Conjunta Luso-Chinesa para

Macau, assinada em Pequim, em 13 de Abril de 1987, surgiram factos e situações resultantes mais da interferência de escalões intermédios do que dos centros decisores de topo.

Num breve exercício de sistematização podemos considerar a existência de níveis/causa de interferência na lógica esperada da actuação dos responsáveis chineses em matéria de assuntos externos:
- Disputa entre facções e jogos de poder pessoal no interior do Comité Permanente do Politburo e no Politburo do Partido Comunista Chinês;
- Tentativas de controlo e manipulação da execução das orientações, em função de ligações e tráfico de influências de grupo e pessoais, visando isolar politicamente, ou, por outro lado, projectar determinadas figuras do regime;
- Interferência da nova elite militar que defende o crescente papel do EPL na estratégia de afirmação internacional da República Popular da China;
- A "sabotagem" de decisões governamentais, por parte de quadros intermédios nas estruturas central, e por parte de dirigentes provinciais em situações em que há o seu envolvimento directo;
- "Reinterpretação" de decisões políticas por parte das estruturas formais, não visíveis, do Partido Comunista;
- A indefinição em relação às competências políticas e executivas devido ao papel de controlo dos órgãos do PCC sobre o Conselho de Estado;
- A dispersão dos órgãos de decisão.

Figura 4: Processo de Decisão em Política Externa

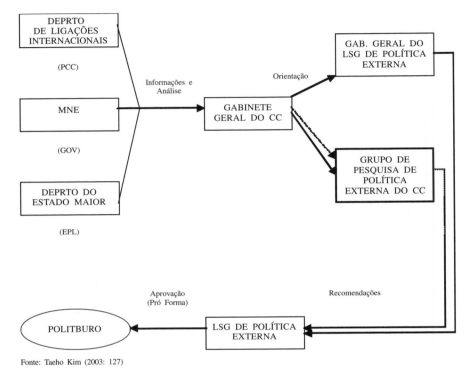

Fonte: Taeho Kim (2003: 127)

IV. Configuração do poder operativo (o PCC) 99

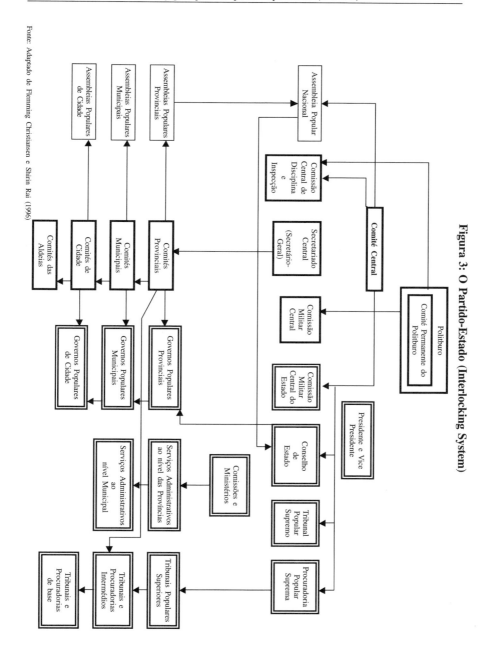

Figura 3: O Partido-Estado (Interlocking System)

Fonte: Adaptado de Flemming Christiansen e Shirin Rai (1996)

V. PROCESSOS DE DECISÃO

1. A COORDENAÇÃO DA DECISÃO: A QUESTÃO DA INSTITUCIONALIZAÇÃO

Um dos aspectos mais importantes para a compreensão dos mecanismos de decisão política na China é o relacionado com a coordenação da responsabilidade aos vários níveis da hierarquia do Partido.

Trata-se, com efeito, de uma matéria que concita especial atenção por parte dos investigadores da politologia chinesa, pois a percepção da localização exacta da estrutura de decisão constitui a chave para uma possível descodificação dos elementos base em que assenta o próprio sistema político.

Não obstante um maior acesso ao funcionamento do poder político da RPC, continua, contudo, a haver grandes obstáculos a um conhecimento aprofundado da dinâmica do poder, devido à complexidade das redes de comunicação das decisões, à existência de uma multiplicidade de canais informais e à volatilidade do jogo político, envolvendo facções dentro do Partido, para além do secretismo que envolve todo o sistema de poder na China.

1.1. O Eixo da Decisão

É possível, no entanto, identificar uma pirâmide de coordenação da decisão, assim estruturada:
– Líder supremo[31] (**Zuigao Lingxiu**) – possui a autoridade máxima de influência dentro das decisões do Partido;

---

[31] No actual quadro político não existem condições para a ascensão de um "líder supremo" que concite o consenso no seio do núcleo duro do PCC.

- Comité Permanente do Politburo mais gerontes do Partido, que são responsáveis pela coordenação das principais decisões políticas;
- Comissão Militar Central – constitui com o Comité Permanente do Politburo a base do *"interlocking system"* do poder na RPC. Os Vice-presidentes da CMC coadjuvam o Secretário-Geral do PCC, em matérias de defesa e de segurança;
- *"Leading Group"* do Partido, que supervisionam cada um dos principais sectores da política (relacionados com os sistemas funcionais). Cada *"Leading Group"* é chefiado por um ou dois membros do Comité Permanente do Politburo;
- *Leading Small Groups* (Núcleos Políticos Restritos) (NPR) – não fazem parte da estrutura formal do Partido e são dirigidos por um membro do Comité Permanente do Politburo. Em questões estratégicas para o Estado, o Partido convoca ou activa grupos "ad hoc" (núcleos políticos restritos) que funcionam como estruturas de *"political assessement"*.
- Gabinetes administrativos ou departamentos (no Comité Central, no Conselho de Estado e nas forças Armadas) que canalizam a informação política e as recomendações vindas das estruturas superiores para as estruturas inferiores. Normalmente são dirigidas por membros do secretariado, do Comité Permanente do Conselho de Estado ou da Comissão Militar Central (Carol L. Hamrin, 1992: 100).

O sistema de poder na República Popular da China pode ser entendido a partir de um conjunto de dois tipos de instituições:
- O aparato do núcleo, formado pela fusão entre o Partido Comunista Chinês, pelo Governo e pelas forças armadas, aos níveis central, provincial, distrital e municipal;
- Instituições intermediárias criadas sobretudo nos últimos vinte anos, com o objectivo de manipular e controlar a sociedade (J. Unger, 2002: 194).

O aparato do núcleo duro do poder reflecte a origem leninista, apresentando como principais atributos:
- O poder reside no líder e no Comité Permanente do Politburo e no Politburo;

- Os Comités do Partido e os seus departamentos de organização, a cada nível, controlam as nomeações e exonerações dos principais quadros dos órgãos do Partido, do Governo e das Empresas Estatais;
- A estrutura militar é comandada pela Comissão Militar Central do Partido que reporta ao Comité Permanente do Politburo;
- O sistema de aplicação das normas legais a cada nível da hierarquia – a segurança de Estado, a segurança pública, a procuradoria e os órgãos judiciais – mantêm-se sob a coordenação do Comité para os Assuntos Políticos e Legais a cada nível.

Importa, no entanto, sublinhar que o "núcleo duro" começa a estar relativamente condicionado pela relação de causa-efeito gerada pelo processo de reformas, tendo em conta os seguintes aspectos:
- Descentralização administrativa da gestão do pessoal e do sistema financeiro, embora em meados dos anos 90 se tenha verificado uma retracção;
- A criação de mecanismos de delimitação dos direitos de propriedade e da propriedade estatal dos meios de produção;
- A formação de organizações não-governamentais, com estatuto quase-autónomo;
- Uma gradual utilização do direito, através da promulgação de leis (**Falü**) e regulamentos, em substituição das decisões pessoais dos dirigentes;
- A gradual integração do sistema de funcionalismo público e uma melhoria da qualidade dos quadros públicos (mais jovens, com melhor formação educacional e profissional);
- A profissionalização dos militares, o investimento em equipamento e em treino; e alteração da doutrina e das missões;
- Um investimento nos instrumentos monetário e fiscal, visando a regulação da economia e uma diminuição da importância dos instrumentos e mecanismos de planificação económica;
- A transformação do sistema bancário, através da criação da banca comercial e de um banco de reserva central;
- A "localização" das elites, ao nível administrativo de município, onde, até ao início da década de oitenta, predominavam os funcionários das regiões do norte;
- A redução do poder do aparato propagandístico;
- A introdução de eleições de assembleias de aldeia;

- Uma redução do controlo do sector estatal – unidades de trabalho (**Danwei**);
- A transformação dos sistemas de telecomunicações e de transportes.

Verifica-se assim a introdução de mudanças "para-sistémicas" que estão estruturadas segundo três níveis: o nível que corresponde à auto-sustentação e regulação do sistema, através da adopção de estratégias de abertura controlada, medidas de acção governativa e mobilização de apoios internos e semi-internos; o nível que corresponde aos efeitos gerados pelos reajustamentos intra-sistema de poder; e o nível que corresponde aos *inputs* exteriores ao sistema de poder, que vão pondo em causa a "caixa" de governo, desafiando a estabilidade do aparelho de decisão do PCC.

Os líderes chineses deparam-se com o seguinte dilema: por um lado o Partido é indispensável, por outro lado, necessita de se reformar para se manter em harmonia com as novas condições.

Com efeito, com a excepção de 1984-88, quando Hu Yaobang e Zhao Ziyang actuaram com o encorajamento de Deng Xiaoping, os líderes chineses têm sido relutantes em avançarem um processo de reforma do Partido. Vários factores explicam a sua relutância: profundas diferenças entre os líderes acerca das reformas políticas; receio de que os resultados dessas reformas possam conduzir ao mesmo desastre que se verificou com o Partido Comunista da União Soviética; preocupação quanto à possibilidade de poderes estrangeiros e de Taiwan procurarem explorar o eventual enfraquecimento do Partido Comunista para subverter o regime chinês; um desejo dos líderes chineses em porem o focus da sua acção naquilo que é mais rentável politicamente – o desenvolvimento económico; e poucas indicações de que a população exige a reforma do Partido (J. Unger, 2002: 204).

Na essência, os dirigentes chineses confrontam-se com cinco alternativas, cada uma comportando riscos:

- Persistir como instituição dominante de um sistema de síntese Partido – Governo – Militares, com o risco de decadência e instabilidade política e social;
- O retorno ao "totalitarismo puro" e à luta de classes, arriscando a estagnação económica, o isolamento internacional e a resistência interna;

- Mudar no sentido de um Partido nacionalista e assertivo na condução da política externa, que necessitaria de grande apoio das forças armadas;
- Transformar o Partido num instrumento para guiar a gradual evolução política no sentido de adopção de algumas formas de democracia, com o risco de desordem social e de tensões entre os líderes;
- Adiar tais escolhas, com o risco de serem adoptadas respostas ad hoc para os problemas que vão surgindo.

1.2. O Confronto Institucional do Poder Informal

A autoridade formal do Comité Central e do Departamento de Organização do Partido respeitante às nomeações de pessoal, e o critério de nomeações, constitui o contexto institucional para o clientelismo e para o faccionalismo. As promoções e as purgas não são baseadas em critérios objectivos de meritocracia, mas nos julgamentos subjectivos sobre lealdade política e rectitude.

A "virtuocracia" atribui aos líderes séniores espaço para promover os seus seguidores e constitui o mecanismo de "protecção" dos quadros mais jovens por parte dos gerontes, um claro exercício de controlo dos mecanismos formais do Partido, através de métodos informais (Susan L. Shirk, 2002: 298).

De acordo com Samuel Huntington (1969: 12), institucionalização constitui o *"processo pelo qual as organizações adquirem valor e estabilidade"*.

Para Tang Tsou (2002: 102), a institucionalização é o *"processo pelo qual os processos formais políticos e de relacionamento prevalecem sobre os informais"*.

Uma das mais interessantes questões diz respeito à dinâmica da institucionalização no seio do sistema político. Baseados nos estudos sobre a União Soviética e a Europa de Leste, alguns estudiosos têm observado que à medida que os regimes comunistas amadurecem e se focalizam nos objectivos económicos, e o desenvolvimento económico conduz à modernização das sociedades, os sistemas tornam-se menos ditatoriais e mais burocráticos; mais regularizados e institucionalizados; e mais atentos aos grupos sociais (Susan L. Shirk, 2002: 299).

A política chinesa, embora influenciada por esse tipo de dinâmica de modernização, não seguiu a mesma tendência. Com efeito, a institucionalização tem sido retardada, desigual e reversível.

Depois da chegada ao poder em 1949, o Partido Comunista Chinês erigiu um conjunto de instituições políticas e económicas retiradas do modelo da União Soviética: Direcção paralela entre o Partido e os Órgãos do Governo, a todos os níveis e monitorização pelos grupos do Partido; controlo central da economia através da Comissão de Planeamento Estatal e Autoridade Política do Comité Central, mas delegada no Politburo, no Comité Permanente do Politburo e no Presidente ou Secretário-Geral do Partido Comunista Chinês.

Esta institucionalização burocrática foi sistematicamente obstruída por Mao Zedong, que temia a dinâmica que a delegação de poderes podia gerar, pondo em causa a supremacia na sua autoridade. Para combater o "burocratismo", ordenou frequentes campanhas de rectificação, que culminaram na revolução cultural, que visava substituir o Partido e a estrutura governamental por uma mais autêntica forma de revolução política. Tal foi possível porque Mao detinha o estatuto único de "pai do país", o comandante supremo do exército revolucionário e o fundador da RPC.

A morte de Mao em 1976 abriu o caminho à regularização e normalização do processo político, tendo-se verificado a consolidação da liderança de Deng Xiaoping.

Deng encorajou o criticismo ao sistema político expresso no veredicto sobre a revolução cultural e sobre Mao Zedong. No documento intitulado em inglês *"Resolution on Some Issues of our Party's History"* (1984: 304-325) Deng especifica as mudanças institucionais que deverão ser levadas a cabo, visando prevenir abusos de autoridade. Os principais problemas que identificou – burocracia, concentração de poder, métodos patriarcais, lugares vitalícios e privilégios de vária ordem – são fenómenos associados à falta de institucionalização.

Sob a liderança de Deng foi introduzido um número significativo de medidas visando a institucionalização da liderança política: os órgãos do Partido e do Governo estabeleceram calendários regulares de reuniões; um elemento de competição foi introduzido nas eleições para o Comité Central do Partido Comunista Chinês; o limite de dois mandatos de cinco anos foi constitucionalmente introduzido para os órgãos do Partido e do Governo, bem como a aposentação, a partir dos setenta anos, dos principais dirigentes do regime[32].

---

[32] Esta regra aplicada aos membros do Comité Permanente foi introduzida no 15.º Congresso do PCC, em 1997, como um expediente utilizado por Jiang Zemin para eliminar o seu rival, Qhao Shi; havendo uma excepção para Jiang, que à data já tinha 71 anos.

Contudo, o legado de Deng, enquanto defensor e promotor de um "institucionalismo" dentro do Partido, apresenta algumas contradições, começando pela sua própria autoridade de líder, a qual foi quase inteiramente separada dos processos formais e institucionais.

Com efeito, enquanto que Mao deteve formalmente o cargo de presidente do Partido Comunista Chinês, Deng nunca alcançou tal posição. (Quando em 1980, o Politburo ofereceu o lugar de Secretário Geral do Partido Comunista Chinês a Deng, este declinou-o justificando que ele deveria ser ocupado por alguém "jovem e vigoroso" (Richard Baum, 1994: 117). Deng foi Vice-Primeiro Ministro até 1980; ocupou um lugar no Comité Permanente do Politburo até 1987; e foi Presidente da Comissão Militar Central até 1989, tendo controlado, nos bastidores, todo o funcionamento do Partido, praticamente até à sua morte. Assim, a autoridade de Deng, paradoxalmente, assentou quase exclusivamente em mecanismos informais e formais não visíveis.

Pode-se inferir que Deng promoveu a institucionalização na medida em que tal não significasse limites à sua própria autoridade. A estratégia de Deng era essencialmente programática e nessa medida foi jogando com a institucionalização de procedimentos políticos e burocráticos, que lhe possibilitassem ter espaço de manobra suficiente para adoptar as medidas consideradas necessárias à introdução das reformas económicas e à política de abertura ao exterior.

Por outro lado, a relação de Deng com o grupo de dirigentes séniores era menos dominante do que se tinha verificado com Mao, sendo Deng o "primeiro entre iguais". Dada esta condição, para alcançar os objectivos da estratégia de reformas, Deng teve que recorrer ao apoio de outras figuras da geração da longa marcha, particularmente Cheng Yun, ao mesmo tempo que procurou persuadir os outros gerontes a retirarem-se, tendo ele próprio deixado o Politburo. Contudo, o afastamento formal da geração da "Longa Marcha" não significou perda de influência no sistema de decisão política, tendo sido criada, em 1982, a Comissão Central de aconselhamento, que acolheu os "históricos" da revolução comunista, verdadeira consciência critica da geração reformista que vinha a emergir desde os finais dos anos setenta.

Depreende-se, mais uma vez que o processo de reformas económicas iniciado por Deng é fortemente marcado por uma lenta institucionalização política, permanecendo o poder, na essência, hipotecado às posições da gerontocracia, situação que é designada por Susan Shirk (2002: 302) de "factor **Ginseng**".

Para garantir a participação dos "históricos" no processo de decisão política, o Politburo e o Comité Permanente do Politburo continuaram a realizar reuniões alargadas. A partir deste nível de envolvimento, os dirigentes da "era revolucionária" conseguiram em varias ocasiões, introduzir alterações na dinâmica das reformas. Não obstante as divergências existentes entre os "velhos" do Partido, verifica-se uma posição comum de desconfiança face ao processo de reformas, assumindo uma atitude de prevenção em relação a uma eventual perda de autoridade do Partido, como se verificou durante a crise de 1989.

A separação institucional entre o Partido e o Governo visionada por Deng no seu discurso de 1980 ("*é tempo de fazermos a distinção entre as responsabilidades do Partido e as do Governo e de substituir este por aquele*") (Deng, 1984: 303) e formalmente vertida para a Constituição do Partido em 1987, nunca foi implementada e foi revogada, após 1989. Também a autoridade do Governo sobre as forças armadas falhou e o Partido continuou a controlar a Comissão Militar Central.

Noutro plano, os líderes que promoveram as reformas de mercado, Hu Yaobing e Zhao Ziyang, actuando com o apoio de Deng Xiaoping, tentaram jogar a "carta das províncias", alargando o número de quadros provinciais no Comité Central, e usando-os como contra-poder face aos quadros do Poder Central (Susan L. Shirk, 1993). Mas, ao mesmo tempo, os reformistas procuraram manter uma estreita comunicação com os gerontes, dado que existia uma relação de ambiguidade entre o poder informal dos "históricos" e os órgãos do Partido e do Governo.

Como muitos autores observam, uma espécie de institucionalização surgiu durante a era de Jiang Zemin, o primeiro Secretário-Geral do Partido que não era membro da geração revolucionária.

Contudo, a sua permanência como Presidente da Comissão Militar Central, após o 16.º Congresso do Partido Comunista Chinês, em Novembro de 2002, pese embora tenha deixado os lugares de Presidente da República e de Secretário-Geral do Partido Comunista Chinês (por força da institucionalização do limite de mandatos e da idade) constituiu um refluxo nas teses mais optimistas sobre a relação entre modernização económica e reformas no sistema de organização do Partido e do Estado.

A permanência de Jiang Zemin no núcleo duro formal de decisão põe em causa a interpretação normativa que vários autores, em particular Andrew Nathan, fazem de um processo de adopção de critérios "quasi--institucionais" definidos para a sucessão política, tais como: a retirada do Politburo e de outras posições de topo com a idade de 70 anos; o limite de dois mandatos para o Secretário-Geral, Presidente e Vice-Presidente da República; os membros do Politburo poderão ser reeleitos até à idade de reforma; o sucessor do cargo de Secretário-Geral deverá ser escolhido pelo menos um mandato do Congresso do PCC antes de assumir o poder.

Existe também a tendência para atribuir à geração tecnocrata que chegou agora ao poder uma concepção mais institucional do exercício do poder, em detrimento do poder pessoal. Sobre esta questão afigura-se que a mesma deve ser equacionada a partir da existência ou não de uma justaposição entre estruturas formais e decisões informais, como já abordámos em artigo. Sobre esta questão da "institucionalização" versus "personalização" do poder referimos num artigo intitulado «Topics for an Analysis on the Leadership Transition of the PRC» o seguinte (Heitor Romana, 2003: 21):

> *"To some scholars the arriving of fourth generation to power is a turning point in the system, giving the shift from personalistic leadership towards an institutionalist leadership, and they remark this as the real distinction between the preceding generations and the present one. But we cannot talk about a complete institutionalism, while still existing juxtaposition between party and government. A good example of this is the fact that the president, the prime minister, the vice-president and the NPC president are at the same time full members of the Standing Committee of Politburo – the apex of Chinese power's system".*

1.3. **Autoridade Pessoal e Autoridade Institucional**

A questão da autoridade e o processo de tomada de decisão tem constituído uma matéria de grande interesse para os académicos, cujas concepções se podem dividir entre "Pessoalistas" e "Institucionais". Assim, Roderick MacFarquhar, Lowell Dittmer e Avery Goldstein argumentam que o poder político em Pequim é altamente personalizado. Esse argumento assenta nos seus estudos sobre a dinâmica informal do regime, pondo ênfase nas disputas, nas facções e sua base de apoio e na sucessão política.

Outros académicos, tais como Kenneth Lieberthal, Michael Oksemberg, David Lampton e Susan Shirk colocam as suas análises para além da elite política e adoptam uma abordagem institucional para estudar o processo de decisão política na China.

Os seus estudos incidem nos aspectos formais do governo e das organizações do partido, e demonstram que, enquanto o poder do povo é, marcadamente, individual, as instituições burocráticas são responsáveis pela execução das decisões formais (Suisheng Zhao, 1995: 233)[33].

Pessoal e institucional descreve os dois tipos de autoridade, apesar do carácter vago das fronteiras entre elas. A autoridade da maior parte dos líderes políticos no período inicial da RPC era mista. Por exemplo, a autoridade de Mao derivava da sua personalidade e do seu papel histórico na revolução.

Numa tipologia simplificada, a liderança política no escalão de topo é composta por três tipos de autoridade
- Os gerontes mas influentes, revolucionários que estão retirados ou semi-retirados dos seus postos oficiais (pessoal);
- Os membros do Politburo, e especialmente os elementos do Comité Permanente do Politburo (misto);
- Outros quadros de topo e burocratas, incluindo os membros do Conselho de Estado, os comandantes militares e os líderes das cidades mais importantes e das províncias (tendencialmente institucional).

Numa abordagem simplista, as autoridades pessoal e institucional estão hierarquizadas. Tal pode ser observado de duas formas:
- Primeiro, as influências dos velhos dirigentes com forte autoridade pessoal situam-se ao nível da decisão de topo enquanto que os outros quadros detendo autoridade institucional servem como "ajudantes" dos gerontes.
- Segundo, a autoridade no topo da hierarquia do poder na China é essencialmente pessoal, sendo usada como um meio de controlo e de mobilização de recursos humanos.

Como resultado da descentralização administrativa, as agências governamentais centrais e os governos locais possuem agora muito mais influência na formulação das políticas económica e externa.

---

[33] Ver Kenneth Lieberthal and Michel Oksemberg, *Policy Making in China*, Princeton, Princeton University Press, 1988; David Lampton, ed., *Policy Implementation in Post-Mao China*, Berkeley, University of California Press, 1987; Susan Shirk, "The Chinese Political System and the Political Strategy of Economic Reform", in Kenneth Lieberthal and David Lampton, ed., *Bureaucracy, Politics, and Decision Making in Post--Mao China*, Berkeley, University of California Press, 1992.

As burocracias governamentais adquiriram também uma maior autoridade noutras áreas, tais como a cultura e a educação, a ciência e a tecnologia, que antes era, de exclusiva competência das estruturas do Partido.

Decisões administrativas de rotina são cada vez mais tomadas dentro do aparato burocrático, com uma reduzida intervenção dos líderes principais (Suisheng Zhao, 1995: 238).

A interacção entre a economia e a ideologia influencia o papel das autoridades pessoal e institucional, por várias razões.

Em primeiro lugar, na China, onde o socialismo é a ideologia oficial, um assunto de carácter ideológico assume o carácter de "alta política", tendo, por isso, directas implicações no estatuto e no poder dos principais líderes, ou das suas facções, enquanto que um assunto de ordem económica, insere-se na *"Low Politics"*, que não afecta, normalmente, os líderes. Sendo assim, os principais líderes são mais sensíveis às consequências do debate ideológico do que ao debate dos assuntos económicos. Os dirigentes políticos de topo só se envolvem nas questões económicas se se tornarem ideologicamente sensíveis. Tal é o caso do desmantelamento das comunas, da reforma dos preços em 1988 e a disputa entre Deng Xiaoping e Chen Yun em 1992, quanto à decisão de acelerar as reformas de mercado.

Em segundo lugar, as questões económicas implicam cada vez mais um conhecimento especializado e mais informação, bem como conhecimentos técnicos elevados. Tal significa que os líderes mais velhos não possuem *"background"* para decidirem sobre matérias económicas cada vez mais complexas.

Em terceiro, as reformas das últimas décadas implicaram uma descentralização da decisão e atribuíram aos níveis burocráticos inferiores mais controlo sobre os seus recursos na esfera económica (financeiros e materiais).

Em matérias sensíveis tais como a segurança nacional, especialmente a segurança interna e as questões militares, as decisões mantêm-se altamente centralizadas. Na política externa embora a *"decision-making"* sobre relações bilaterais secundárias e as relações externas económicas e culturais tenham sido delegadas a níveis mais baixos, as decisões sobre questões estratégicas são ainda tomadas por um núcleo restrito de líderes.

O facto do processo de concepção e de execução política se ter tornado mais pluralista, de uma forma nunca concebida antes das reformas económicas, levou académicos, tais como Kenneth Lieberthal, a desenvolverem o modelo que este autor designa por *"Fragmented Authorita-*

rism", para descrevem o sistema chinês. Este autor assenta a sua tese na comparação entre a estratégia de gestão política no tempo Mao e de Deng Xiaoping.

Durante o período de Mao, o poder de decisão estava extraordinariamente concentrado nas mãos de Mao e de um pequeno núcleo. Este padrão de *"Policy Making"* mudou, há medida que a estrutura burocrática se foi tornando mais complexa.

Numerosas conferências de trabalho e reuniões possibilitaram juntar quadros do governo e de ministérios importantes e especialistas da academia chinesa das ciências, da academia chinesa das ciências sociais e das universidades.

Para Suisheng Zhao (1995: 241):

"(...) é razoável afirmar que o processo de "policy-making" da China vem-se tornando gradualmente pluralista, dentro de um quadro de autoritarismo burocrático. É importante sublinhar, que este pluralismo é completamente diferente da concepção clássica de pluralismo ocidental.

O pluralismo clássico permite a todos os cidadãos escolher entre os programas políticos das elites, através de eleições e da actuação de grupos de pressão ou partidos. No caso chinês, o conceito de "pluralismo" só é perceptível no seio da elite burocrática. Aqueles que pretendam influenciar a política só possuem espaço de manobra através de ligações pessoais, ou trabalhando na rede burocrática, mas sempre sob o controlo de líderes do partido".

Não sendo aceite por nós esta concepção do "pluralismo chinês", seja ele individual ou institucional consideramos, contudo, que é importante distinguir à luz da nova conjuntura saída do processo de reformas, as seguintes situações:
– Situação na qual os líderes, cujo poder é, essencialmente, pessoal competem pela supremacia das suas posições, em ambiente político em que não existe nenhum líder com um domínio absoluto e inquestionável;
– Situação caracterizada pelo conflito entre os líderes políticos e os burocratas, o qual é balizado pelos recursos institucionais;
– Situação em que o jogo das facções cria "vazios" de decisão que permitem que escalões intermediários da máquina burocrática "instituam" práticas políticas com alguma autonomia. Constitui disso exemplo a autonomia de decisão alcançada por alguns governos provinciais durante o período de descentralização das reformas.

Estas situações afigura-se que não traduzem qualquer forma de pluralismo individual ou institucional, mas antes uma capacidade de autonomia negocial política, sempre enquadrada pela máquina burocrática do Partido, que antes das reformas não era possível verificar.

Feita esta ressalva, concordamos em parte com aquilo que o autor designa por "consequências operacionais" ao nível da complexidade da estrutura da autoridade, no tocante aos resultados políticos (*policy outcomes*).

– No nível mais elevado, e no tocante à segurança nacional, e às questões-chave da política externa (acrescentamos nós) as decisões não são tomadas por estruturas burocráticas.
– Nos níveis inferiores, onde o *"policy-making"* é caracterizado pelo pluralismo institucional, (nas palavras de Suisheng Zhao) as mudanças políticas tendem a ter um carácter incremental. Decisões não rotineiras podem ser mantidas congeladas durante anos se não existir consenso ou se os principais líderes não tomarem qualquer posição.
– A longo prazo, verificar-se-á o predomínio do poder formal institucional, dado que a nova geração de líderes possui menos influência no aparelho burocrático do que os velhos revolucionários, o que conduzirá a uma política mais assente na persuasão e no compromisso.

2. FASES DE DECISÃO POLÍTICA (1978-2004)

Podemos identificar quatro fases na construção da decisão política do Partido Comunista Chinês na era das reformas:
– 1.ª FASE (**Conceptualização e Experimentação**) – Corresponde à criação de uma estratégia de reforço do papel do PCC como força motora do Estado e da sociedade, através da sua transformação em promotor e autor da modernização económica. Trata-se de um processo de decisão não regulado por parâmetros ideológicos do modelo marxista-leninista, nem pela racionalidade burocrática do Estado, mas antes definido pelo voluntarismo da liderança e por uma concepção instrumental do Partido. É uma tomada de decisão essencialmente macro. Contudo, paradoxalmente, essa tomada de decisão é pouco complexa e construída a partir de decisões individuais assumidas por um núcleo informal cuja autoridade, apli-

Figura 6: Tipos de Autoridade

	Autoridade pessoal	Autoridade institucional
Líderes		
• Gerontes	+	-
• Líderes principais	Misto	misto
• Quadros	-	+
Hierarquia do poder		
• No topo	+	-
• Outros níveis	-	+
Assuntos-chave		
• Economia e rel. ext. económicas	-	+
• Ideologia, seg. nac. e pol. Externa	+	-
Pluralismo		
• Individual	+	-
• Institucional	+	-

Fonte: Suisheng Zhao (1995: 243)

cando a classificação de Max Weber, resulta da combinação de uma "autoridade tradicional" com uma "autoridade carismática". No plano do jogo de decisão interna, esta fase caracteriza-se pela emergência de um acentuado "*gap*" entre os defensores da gradual abertura da economia ao modelo de mercado, mantendo inalterável, no essencial, o papel da economia planificada como elemento regulador das reformas económicas (reformistas económicos) e os defensores da preservação do modelo de economia socialista central, como garante da pureza ideológica do sistema político--económico, não cedendo, assim, à "intoxicação burguesa" do ocidente (conservadores).

- 2.ª FASE (**Aplicação das reformas económicas, abertura ao exterior e inovação política**) – Esta fase é caracterizada pelo desmantelamento de alguns dos símbolos da "ideologia económica" do sistema chinês, designadamente as "comunas", e pelo início da reestruturação do sector empresarial do Estado. No plano da tomada de decisão, assiste-se ao envolvimento das estruturas formais de decisão do Partido e, a um nível inferior, das estruturas do aparelho executivo do Estado, ainda que monitorizadas pelos órgãos do Partido que funcionam dentro do governo. É igualmente a fase da introdução racional e sistemática de métodos de gestão organizacional mais amplos (John Child, 1994), bem como corresponde ao início da descentralização de tomada de decisão em matérias de reformas económicas consubstanciada na atribuição de uma larga autonomia aos governos provinciais, no respeitante a prioridades de desenvolvimento, ao investimento externo através de *joint ventures*.

Esta fase é também marcada pela emergência de sinais de reformismo político expresso na experimentação de mecanismos de separação entre o Partido e o governo, não na lógica de criação de uma esfera própria de acção do órgão executivo, mas antes como um expediente visando dois objectivos: impedir que os sectores mais conservadores do Partido boicotassem as medidas de política económica conduzidas pelo governo central e tornar mais ágil todo o processo de reformas económicas, através do "aperfeiçoamento" da máquina administrativa.

Esta estratégia delineada por Deng Xiaoping foi alvo de uma acção de apropriação por parte dos "reformistas políticos" liderados pelo ex-Primeiro Ministro e ex-Secretário Geral do PCC, Zhao Ziyang. Zhao e a sua equipa reformista – onde se incluía o actual Primeiro-Ministro, Wen Jiabao – que advogavam a adopção de um modelo sócio-político "neo-autoritário".

Como refere Kelly (1991:30) os proponentes da tese consideraram que o gradual alargamento dos mecanismos de mercado iria criar condições favoráveis ao aparecimento de diferenças sociais e de expectativas de abertura do regime na direcção da democratização do sistema de poder. Para fazer face a essa "inevitabilidade" era necessário uma forte autoridade central através de uma liderança forte que iria permitir processo de democratização do Estado e a sua separação do Partido, sem pôr em causa a genuinidade do modelo socialista.

Estes aspectos atrás focados são bem sublinhados por Adelino Maltez (1993: 377), que refere:

"No XIII Congresso do PCC, de Outubro de 1982, revestiu-se de especial significado o relatório de Zhao Ziyang intitulado "avanço no caminho

para o socialismo" de características chinesas, onde se estabelece a necessidade de uma distinção entre a acção do governo e a do partido, considerando-se que a competência deve preponderar sobre os critérios ideológicos e políticos para a escolha dos funcionários a fim de ser definitivamente erradicado o mandarinato".

Ainda segundo o mesmo autor, naquele relatório é reconhecido, contudo, um discurso defensivo na China nunca seria introduzido um sistema ocidental de separação dos três poderes e de diferentes partidos governando o país sucessivamente.

– 3.ª FASE (**Institucionalização da economia de mercado; emergência de uma elite tecnocrata**) – Após um refluxo da política de reformas, na sequência de um reforço momentâneo das forças conservadoras, no rescaldo da crise de Tianamen, em 1989, Deng Xiaoping, na sua estratégia de contra balanço interno do partido, recupera, em 1992, a dinâmica das reformas económicas, que no 14.º Congresso, em Dezembro de 1992, são proclamadas como vitais para a modernização do país sob o comando do PCC, a sede inquestionável do poder. Sob o lema da "economia socialista de mercado", são adoptadas medidas de aceleração do programa de saneamento da economia estatal e verifica-se o início da consolidação da actividade empresarial privada.

Esta terceira fase é marcada também pela afirmação de Jiang Zemin como líder do Partido, ainda que condicionado por vários factos: Deng Xiaoping manobra na sombra o jogo do poder e Jiang é apenas considerado como o *"core"* de uma liderança colectiva, onde não existe condições para que emirja uma figura com capacidade de manobra e peso político suficientemente relevante para se impor ao seu grupo de apoio.

É neste período que ganha espaço nos esquemas de decisão da política económica um conjunto de quadros jovens do Partido, que têm como principal função assessorar o núcleo duro do Partido em matérias económicas. A sua posição nas estruturas intermédias do Conselho de Estado permite a esta "tecnocracia leninista" manter-se relativamente afastada do aparelho decisório do Partido e, consequentemente, da disputa entre facções. Convirá, contudo, sublinhar que no núcleo da decisão política, em particular no Politburo, emergiram vários dirigentes com uma perspectiva modernizadora do estado e defensores da afirmação da

China através de uma ideologia "tecnonacionalista" caracterizada pela mobilização da sociedade à volta do engrandecimento tecnológico e económico da China, visando recuperar a posição "civilizacional" da China no Mundo.

- 4.ª FASE (**O PCC como representante legítimo das "forças avançadas" de produção social e um novo grupo social empresarial**) – A quarta fase corresponde a um período de enorme sensibilidade política para o regime chinês que tem o seu início com a morte de Deng Xiaoping em 1997, e consequente autonomização da liderança de Jiang Zemin. Esta fase é igualmente marcada pela adesão da China à Organização Mundial do Comércio (OMC), cujas implicações sócio-políticas e económicas são susceptíveis de alterar, em várias áreas, a actual configuração dos modelos económico e político da RPC.

As profundas transformações ocorridas ao longo de duas décadas no tecido económico conduziram a uma mudança social expressa no surgimento de uma elite empresarial, que se subdivide em dois grupos: os empresários que estão engajados com o Partido Comunista, cuja actividade é, em muitos casos, promovida pelo próprio Partido; o grupo de empresários que não fazem parte do sistema e que é constituído essencialmente por jovens formados nas áreas da Gestão e das Engenharias, que detêm importante peso no sector das tecnologias da informação.

O PCC acompanha com apreensão a dinâmica deste grupo, dada a sua crescente autonomia e mobilidade social. Este novo quadro sociológico explica em grande parte a tese das "três representações" apresentada por Jiang Zemin, em 2001, mas comemorações do 80.º aniversário do PCC. Trata-se da abertura do PCC a novos segmentos da sociedade que ganham maior destaque com as reformas económicas, designadamente os empresários, os intelectuais e os académicos e cientistas.

A 4ª fase corresponde também ao reforço da corrente nacionalista do Estado apoiada pela elite política de características tecnocrática e por outros sectores da sociedade urbana.

Trata-se da adopção de uma perspectiva neo-conservadora que pretende recuperar a concepção instrumental que Deng tinha do comunismo. Enquanto sistema organizacional, e não em termos ideológicos, dado que a manutenção da base do poder era vital.

Esta perspectiva tem expressão num outro patamar de evolução do sistema de poder, que é o da gradual substituição do modelo marxista da evolução social pelo modelo leninista da acção social[34] que, na concepção dos neo-conservadores, se consubstanciará na substituição do comunismo através de uma estrutura política autoritária mobilizadora de um tecno-nacionalismo e da continuação das reformas económicas.

"It would no long be necessary to rely on marxism to justify rule but now the CCP could operate on the basis of the "national interest" and to stress the indigenous nature of the Chinese revolution" (Tody Saich, 2001:82).

A perspectiva estatista do papel do Partido Comunista Chinês encontra pois encaixe na "sinificação"[35] da revolução chinesa com características chinesas.

As quatro fases atrás elencadas correspondem a quatro diferentes esquemas de tomada de decisão ou, adoptando o modelo de Jaques E. Dougherty e Robert L. Pfalztgraff Jr. (2003:709) "Unidades de Decisão". Tais unidades da estrutura decisória apresentam diferentes características, sendo a principal distinção feita a partir da avaliação da capacidade que as unidade de decisão dispõem para *"atribuir os recurso necessários e de produzir uma decisão investida de autoridade e não facilmente revogável por uma outra unidade"*.

Consideramos assim as seguintes unidades de decisão:

Figura 6: Unidades de Decisão

FASES	UNIDADE DE DECISÃO LEGÍTIMA
1.ª	Pessoalizada Informal
2.ª	Racionalizada Informal / Formal
3.ª	Semi-Institucional
4.ª	Semi-Institucional / Organizativa

---

[34] Sobre esta questão ver Samuel Huntington, *Political order in Changing Societies*, 1968.

[35] Sobre o tema da "sinificação do comunismo na China é importante o capítulo VII – A Sinificação do Comunismo na obra *O Imperial Comunismo* de José Adelino Maltez.

VI. A COMPONENTE FUNCIONAL DO PROCESSO DE DECISÃO (FORMAL NÃO VISÍVEL E INFORMAL)

1. ESTRUTURAS E MECANISMOS FORMAIS NÃO VISÍVEIS

1.1. Mecanismos de Comunicação Política

1.1.1. *Tiao/Kuai*

Num sistema preparado para determinar todos os aspectos da vida, não existe espaço para governar sem o controlo vertical e horizontal do aparelho de Estado, naquilo que é designado por Kenneth Lieberthal por "*Bureaucratic Leviathan*" (1995: 169).

Os chineses possuem, aliás, uma terminologia para descrever a interrelação entre estruturas do poder. A burocracia vertical é designada por "linhas" (**tiao**), enquanto que as estruturas de coordenação horizontais aos vários níveis são designadas por "peças" (**kuai**). As relações entre as estruturas verticais e horizontais são as **tiaolkuai guanxi**.

Os líderes chineses utilizam, normalmente, três mecanismos de comunicação política para optimizarem a informação que recebem.

O primeiro mecanismo, já referido noutro ponto atrás, é o do "centralismo democrático", um dos elementos estruturais dos sistemas políticos de matriz socialista. A ideia é a de que antes que uma decisão seja tomada é feita uma consulta aos sectores envolvidos. O "centralismo democrático" é, para Kenneth Lieberthal (1995: 176), a melhor técnica na tomada de decisões já previamente definidas pelo poder, pois possibilita a participação controlada de elementos directa ou indirectamente interessados na decisão.

O segundo mecanismo diz respeito à canalização de informações através daquilo que Lieberthal designa por *"meeting system"*. O *"meeting system"* é utilizado nas decisões de topo. As reuniões são dirigidas normalmente pelo núcleo duro do Partido[36].

As reuniões, normalmente designadas "conferências de trabalho", envolvem todos os membros do Politburo, os chefes de departamento do Comité Central e os ministros e comissões do Conselho de Estado, os secretários provinciais do Partido e os governantes das províncias.

O seu funcionamento consiste na constituição de pequenos grupos de trabalho que se reúnem diariamente durante um determinado período de tempo. Desses grupos saem relatórios e memorandos que no final dos trabalhos são analisados e integrados, de forma a que haja uma síntese, a qual é entregue aos dirigentes máximos do Partido.

Os *"meeting system"* obedecem a regras rígidas de funcionamento, o que leva a que em reuniões muito importantes sejam elaboradas regras de procedimento.

Existe ainda um terceiro mecanismo de transmissão de informações/ decisões, que é o do *"think tank"*.

Este mecanismo é um produto da política de reformas económicas e de abertura ao exterior, encetado por Deng Xiaoping, que teve em Zhao Ziyang o principal mentor. Zhao, face à inexistência de informações oficiais credíveis, criou no seio do Conselho de Estado um grupo de análise política, não submetido ao sistema burocrático instituído. O aparecimento dos *"think tanks"* corresponde a uma nova concepção da circulação de opiniões e dados, que levou a uma avultada diminuição do "secretismo" de algumas decisões do Governo, por força, em grande parte, das exigências do Banco Mundial e de outras instituições financeiras mundiais, que pressionam a uma maior transparência na divulgação de dados.

---

[36] A mais conhecida deste tipo de reuniões é aquela que se realiza uma vez por ano, durante o Verão, na estância balnear de Beidaihe, na costa norte da China. Nesse encontro, em que estão presentes todos os membros do Comité Permanente do Politburo e a direcção da CNIC, é definida a estratégia do Partido e a lista de promoções na hierarquia do Estado. Serve normalmente para desenhar as orientações que irão ser tomadas nas sessões anuais do Congresso do Partido e da Assembleia Nacional Popular. Foi nesta reunião de Beidaihe, em Julho de 1997, que foi definida a nova composição do Comité Permanente do Politburo e a promoção de Zho Rongji a Primeiro-Ministro. Segundo informações recentes, Hu Jintao suspendeu a reunião de Beidaihe, num sinal de descontentamento face à actuação de Jiang Zemin, que aproveitaria aquele encontro para demonstrar o seu poder.

Este novo canal de formulação e transmissão de decisões tenderá num quadro de maior abertura do sistema de comunicação política a desempenhar a função de regulação das exigências, ajudando à transformação de *inputs* – exigências em *outputs* – decisões/acções.

A esta questão, que merece um tratamento e uma análise específica, está associado o processo de mudança e de mobilidade social que hoje se regista na China, que conduz à substituição do papel do Partido por novas instituições, em que os mecanismos de controlo são menos apertados.

Quando os camponeses viviam nas comunas (extintas em 1982 por Deng) os quadros do Partido que dirigiam as comunas exerciam sobre eles um apertado controlo. Mas, com as reformas aqueles quadros perderam poder de uma forma substancial.

Em simultâneo, o desenvolvimento das empresas cooperativas e privadas nas cidades e nas vilas deu origem a uma situação em que a mobilidade urbana provocou uma acentuada diminuição da possibilidade, de facto, das estruturas do Partido exercerem um efectivo poder sobre os indivíduos.

Em síntese, enquanto que durante a liderança de Mao Zedong o sistema político dominava todos os aspectos da sociedade, com o advento das reformas de Deng Xiaoping o controlo do Estado sobre a sociedade registou uma gradual diminuição, tendo como causa-efeito as alterações introduzidas na actividade económica.

O declínio da ideologia, o desenvolvimento do sector não estatal e de uma economia urbana, a conversão da actividade agrícola, o predomínio das forças de mercado sobre os fluxos de bens e de serviços, a emergência de novos grupos sociais, uma maior integração na comunidade internacional e um certo abrandamento da repressão política, deu origem a um novo quadro sociológico e também político, em que a máquina burocrática do Estado tenderá a integrar os efeitos da pressão da sociedade.

1.1.2. *A Estrutura Operativa da Decisão*

1.1.2.1. *Áreas Funcionais (Kou)*

A configuração do poder político na RPC é determinada pela integração entre "**kous**" e "**xitongs**".

Em termos gerais, a liderança executiva ao nível do topo do Partido está organizada em áreas funcionais, ou directorias, que são designadas internamente por **kou** – entradas, na tradução literal – o número de **kous** não está fixado e a sua importância, um dado momento, deriva, sobretudo, do peso político da figura que os dirige.

Estão, contudo, referenciados quatro principais "**kous**":
– Assuntos do Partido;
– Trabalho do Governo;
– Segurança do Estado;
– Política Externa;

Os três primeiros possuem redes que se entendem a toda a estrutura política e administrativa nacional e sub-**kous**.

A área dos assuntos do Partido é o maior e o mais poderoso **kou**, sendo normalmente dirigido pelo responsável de topo dentro da elite do poder.

O segundo **kou** – o do trabalho do Governo – incide, principalmente, sobre as questões económicas, e é chefiado pelos dois principais responsáveis do Conselho de Estado.

Segue-se o **kou** da segurança que inclui a segurança pública (polícia) e a segurança de Estado (contra-espionagem).

O **kou** dos assuntos externos, como já atrás foi aflorado, é o único que não tem extensões na estrutura burocrática do país.

Cada **kou** possui um pequeno núcleo de comando, formado sempre por um membro do Comité Permanente do Politburo e por vários membros do Politburo e de outros órgãos do Partido, que funciona como elemento de ligação entre o grupo dirigente do Partido e as estruturas responsáveis pela execução das políticas, sendo, cada núcleo, na prática responsável pela definição de estratégias de fundo.

1.1.2.2. Xitongs

Xitongs são grupos alargados de quadros responsáveis pelo trabalho político em áreas consideradas como fundamentais para a condução das linhas estratégicas definidas pelo Núcleo Central do Partido Comunista Chinês[37].

---

[37] Sobre o conceito de **xitong** ver A. Doak Barnett, *Cadres, Bureaucracy and Political Power in Comunist China*, Columbia University Press, New York, 1967.

Yan Huai (1995: 39-50) faz uma abordagem dos mecanismos funcionais do aparelho do Partido Comunista Chinês, realçando a estrutura informal do poder alicerçada nos **kous** e nos **xitongs**.

Quanto aos **xitong** designa-os por "sistemas", definindo-os como a base informal em que assenta a organização política formal.

Yan Huai identifica sete "sistemas" (**xitong**), chefiados sempre por um membro do Comité Permanente do Politburo, a saber:

a) O sistema militar, composto por todos os ramos das forças armadas;

b) O sistema político e legal, formado pelos Ministérios da Segurança do estado, Segurança Política, Justiça e Assuntos Civis, pelo Supremo Tribunal e pela Procuradoria, pela Assembleia Nacional Popular e pela Polícia Armada Popular;

c) O sistema administrativo, dividido em sistemas secundários, tais como os da Política Externa; Ciência e tecnologia; Saúde Pública e Desportos; e Finanças e Economia;

d) O sistema de propaganda, composto pelos Ministérios da Educação Cultura, Rádio, Cinema e Televisão, Imprensa e publicações administrativas, Academia Chinesa das Ciências Sociais e a Agência Xinhua, bem como os porta-voz oficiais do PCC, o "Diário do Povo" e o "Qiu Shi" (procura da verdade);

e) O sistema da frente unida, inclui a Conferência Política Consultiva Popular, os oito partidos Políticos[38], a Federação Chinesa para o Comércio e Indústria, várias religiões, as minorias nacionais, os chineses ultramarinos, o Gabinete para os Assuntos Religiosos, a Comissão do Conselho de Estado para os Assuntos das Nacionalidades e os Gabinetes para os Chineses Ultramarinos, para Taiwan e para os Assuntos de Hong-Kong e Macau, ambos também na dependência do Conselho de Estado;

f) Do sistema das organizações de massas fazem parte a Federação das Uniões de Sindicatos da China, a Organização da Juventude Comunista, a Federação Nacional das Mulheres e outras organizações subsidiárias;

g) O sistema da organização e pessoal, composto maioritariamente pelos departamentos de organização do Partido e pelos departamentos do pessoal em cada ministério.

---

[38] Revolutionary Committee of the Chinese Knowintang; China Dernocratic League; China Democratic National Constructions Associaton; China Association of Promoting Democracy; Chinese Peasants and Workers Democratic Party; China Zhi Gong Party; Jiu San (September 3) Society; e Taiwan Democratic Self.

1.2. O Sistema dos Núcleos Políticos Restritos (Leading Small Groups)

Como Kenneth Lieberhall (1995) e outros académicos têm citado, a China tem sido dirigida por um grupo de líderes que varia entre os vinte e cinco e os trinta e cinco elementos, inseridos num complexo esquema de decisão e hierarquia. Numa altura em que a China entra na terceira década de reformas, a liderança continua a ser menos definida pelas suas posições formais, e mais pela sua posição relativa no jogo de poder informal.

Neste contexto, a função básica dos Núcleos Políticos Restritos (*Leading Small Groups*) (LSG) é a de servir de "interface" entre os órgãos de topo do Partido Comunista Chinês e os principais núcleos de execução burocrática, em termos de processamento de informação e de implementação de políticas. Chefiados por um membro do Comité Permanente do Politburo ou por um membro do Politburo e compostos maioritariamente por ministros, vice-ministros e altos quadros, tecnicamente influentes, os NPR funcionam como instrumentos de monitorização e de controlo integrado das decisões políticas de fundo, no âmbito das políticas interna e externa.

Os NPR são estruturas internas que não fazem parte do organigrama do Partido, no que designamos por estruturas formais não visíveis.

As circunstâncias que levaram à criação dos NPR não são bem conhecidas. Muitos estudos consideram uma circular de Junho de 1958 emitida pelo Comité Central do Partido Comunista Chinês e do Conselho de Estado, denominado "circular sobre o estabelecimento de pequenos grupos nas áreas das finanças e economia, política e direito, política externa, ciência e cultura e educação". A criação destes grupos terá sido uma iniciativa de Mao Zedong visando tirar a gravidade do centro político da burocracia do Governo e passá-la para o núcleo duro do Partido.

Pode-se identificar o seguinte processo de decisão, de acordo com o sistema dos Núcleos Políticos Restritos:
- *Concepção e execução de políticas* – o Politburo recorre com frequência aos NPR para a concepção de estratégias;
- *Coordenação* – uma das principais funções dos "LG" consiste em articular, arbitrar, e resolver os problemas entre os vários níveis burocráticos e geográficos de decisão.
- *Inovação* – os "NPR" são também responsáveis pela introdução de mudanças na organização burocrática dos órgãos do Partido e do Estado, visando uma maior eficácia do seu funcionamento;

– *Investigação* – são atribuídos aos "LG" poderes de investigação e inquérito, em situações consideradas politicamente muito sensíveis, quando os órgãos de topo não se querem envolver directamente nos assuntos como, por exemplo, casos de corrupção indiciando líderes do Partido[39].

A partir da leitura e análise de um largo manancial de fontes abertas, é possível descortinar a existência, com carácter permanente, dos seguintes Núcleos Políticos Restritos:
– Propaganda;
– Assuntos Externos;
– Economia e Finanças;
– Reforma Económica;
– Disciplina;
– Assuntos de Taiwan;
– Assuntos de Hong-Kong e Macau;
– Segurança Interna;
– Assuntos políticos e jurídicos;
– Forças Armadas;
– Frente Unida;
– Governo.

Muito do trabalho do Politburo é feito em "Comité", com as comissões funcionais ou a servirem como *"think thank"*, apoiadas em assessores e órgãos de pesquisa política.

Relatórios recentes das reuniões plenárias do Politburo revelam que esta órgão reúne com pouca frequência, sendo as opções políticas tomadas previamente e discutidas nos *"NPR"*, aprovadas pelo Comité Permanente do Politburo e por líderes seniores, e depois enviadas para o Politburo para ratificação.

A composição de um *"Leading Small Group"* ou Comissão compreende:
– O Chefe do Grupo;
– Um ou dois Vices;

---

[39] Para Carol L. Hamrin (1992: 163) os NPR têm também a função de supervisão em situações de crise política profunda.

- Membros que têm assento nos "Núcleos" porque detêm funções em departamentos estratégicos;
- Outros membros, tais como assessores, que são muitas vezes dirigentes retirados.

Embora existam mais de uma dezena de NPR, o seu estatuto e importância política diferem. Assim, os NPR da política externa, dos assuntos de Taiwan, das finanças e economia, dos assuntos políticos e legais constituem as unidades chave desta estrutura formal não visível. Existem ainda *Leading Small Groups* responsáveis pela gestão política de questões e áreas específicas, tais como os assuntos rurais, a construção do Partido, a banca, as empresas e a propaganda.

a) O NPR para a Política Externa

> Um dos mais importantes *Leading Small Groups*, na perspectiva dos analistas é o *Leading Small Group* responsável pela política externa (**Waishi Lingdao Xiaozu**).
> É sempre chefiado por um membro do Comité Permanente do Politburo. Este núcleo supervisiona a implementação e a coordenação do sector de política externa designado por **Waishi Kou**.
> O Núcleo Político Restrito da Política Externa é constituído por membros do Comité Permanente do Politburo e por dirigentes máximos do Partido e do Governo responsáveis por departamentos ligados às relações externas. Mais recentemente foram também incluídos membros séniores das Forças Armadas.
> O *Leading Small Group* de política externa faz parte de um esquema organizacional mais vasto, de *"policy making"* na área estratégica da política externa chinesa.
> Em termos concretos, qualquer questão estratégica respeitante à concepção, planeamento e execução da política externa chinesa é acompanhada por três pilares-chave, a saber: o Departamento de Ligações Internacionais na dependência do Partido Comunista; o Ministério dos Negócios Estrangeiros, na dependência do Conselho de Estado; e o Departamento do Estado-Maior das Forças Armadas, através da Comissão Militar Central. Estas três entidades recolhem, analisam e difundem para o Gabinete Geral do Comité Central, as informações obtidas e análises sobre uma questão concreta, como por exemplo a influência dos EUA nos governos da região.

O Gabinete Geral do Comité Central, que é responsável por toda a coordenação burocrática, colecta e processa os vários relatórios e transmite-os ao Gabinete Geral do NPR da Política Externa e ao Centro de Pesquisa Política do Comité Central, i.e., à sua equipa de pesquisa política externa, que não faz parte dos canais institucionais do processo de decisão política na área da política externa[40]. Obtida a aprovação por parte do LSGPE o "dossier" é submetido ao sancionamento do Comité Permanente do Politburo, e antes ao Politburo.

b) NPR para Taiwan

Devido à importância crítica da questão da unificação de Taiwan, quer para o Estado, quer para a liderança, Jiang Zemin, chamou a si, desde 1993, o controlo do *Leading Small Group* para os assuntos de Taiwan (**Dutai [Gongzuo] Lingdao Xiaozu**), cuja condução está hoje nas mãos de Hu Jintao.

Para além, de um vice-responsável, o NPR para Taiwan é formado pelo Director do Departamento da Frente Unida, pelo Presidente da Associação para as Relações entre o Estreito de Taiwan, pelo Vice-Chefe do Estado Maior do EPL, e pelo Director do Gabinete dos Assuntos de Taiwan da Direcção Central do Partido.

c) NPR para a Economia

No campo da decisão económica, interna e externa e financeira, há a sublinhar a importância central do *Leading Small Group* para a economia e finanças (**Caijing Lingdao Xiaozu**), que é responsável por grande parte da estratégia de reformas.

Até ao 16.º Congresso do Partido Comunista Chinês, em Novembro de 2002, este *Leading Small Group* era dirigido pelo Primeiro-Ministro, que é, normalmente secundado pelo Vice-Ministro responsável pelas matérias económicas. Deste *Leading Small Group* fazem parte também o Vice-Presidente da Assembleia Nacional Popular, o Presidente da Associação de Gestão Empresarial

---

[40] A prática do envio dos relatórios para aquela equipa deve-se ao facto do seu responsável, até Novembro de 2002, Wang Hugiang, ser o secretário senior de Jiang Zemin para as questões externas.

da China, o Vice-Presidente do Comité de Estado para a Reestruturação do Sistema Económico (**Guojia Jingji Tizhi Gaige Weiyuanhui**) e o Vice-Presidente do Comité de Economia e Finanças da Assembleia Nacional Popular.

d) NPR para os Assuntos Políticos

Reconstituído com a actual designação em Março de 1990, o Comité dos Assuntos Políticos e Legais, que funcionalmente tem as mesmas características de um *Leading Small Group*, tem como atribuições acompanhar todos os assuntos respeitantes à estabilidade política e social, em particular a manutenção da ordem pública e o combate à criminalidade e à subversão. Sob a sua dependência estão dois outros comités: o Comité para a Gestão da Segurança e o Comité do Segredo de Estado.

Dado o papel fulcral que os *Leading Small Group* ocupam na dinâmica da decisão política da China, as mudanças que se verificam periodicamente na balança de poderes internos do Partido Comunista, designadamente com a emergência de outras lideranças pós-congressos, afectam directamente os *Leading Small Groups*. Com efeito, os *Leading Small Groups* chave, são cruciais na consolidação do poder dos novos líderes, na medida em que a sua colocação à frente dos diferentes grupos é indiciador do peso específico de cada um no contexto da relação de forças e permite identificar as prioridades do líder máximo, quanto às políticas interna e externa.

Por outro lado, face à crescente complexidade da gestão do Estado e do ambiente internacional, admitimos como possível a criação de novos *Leading Small Groups*[41], que, também, no estrito plano do jogo político, sirvam para a colocação de figura de confiança da nova liderança saída do 16.º Congresso do Partido Comunista Chinês. É que, a dinâmica de forças que ao longo do tempo se venha a estabelecer, entre a quarta geração, agora chegada ao poder, e a terceira geração, em fase de depreciação do poder, irá determinar o grau de influência da geração anterior sobre o trabalho dos *Leading Small Groups*. Acresce ainda o facto destes grupos constituírem terreno favorável à disputa entre facções. Num exercício de

---

[41] Existem referências a recente criação, em 2000, de um Conselho Nacional de Segurança, equiparado a LSG.

interpretação do funcionamento das redes e estruturas formais e informais do aparelho do Partido Comunista Chinês, refira-se o facto de em 2001, o Vice-Ministro dos Negócios Estrangeiros, Li Zhanxing, ter assumido o lugar de Secretário do Partido no Ministério dos Negócios Estrangeiros, ultrapassando o Ministro da tutela, Tang Jianxuan. Esta situação teve imediatas repercussões no *Leading Small Group* para a política externa.

Na análise precedente da estrutura, composição e papel do *Leading Small Group* chave e da prospectiva das mudanças pós-congresso, vários aspectos convém reter:
- Como estudos anteriores sobre os *Leading Small Groups* levados a cabo por Carol Hamrin, Lu Ming e Michael Swaine[42] demonstram, os *Leading Small Groups* detêm uma importância fulcral na gestão dos assuntos do Estado e da liderança do Partido Comunista Chinês;
- Não obstante a tendência para uma institucionalização burocrática do sistema chinês, a futura geração do poder pretenderá a manutenção ou mesmo o reforço dos mecanismos informais, tais como os *Leading Small Groups*;
- O ainda predomínio da terceira geração de dirigentes em *Leading Small Groups* chave, conjuntamente com a ascensão da quarta geração, que ainda não domina totalmente o aparelho de poder, poderá a prazo, vir a colocar problemas na formulação e execução de políticas;
- Os novos dirigentes, tal como os seus antecessores, irão passar por vários estádios de disputa pelo poder. Assim, sem a existência de um conjunto de mecanismos de aplacagem dos efeitos da transição de líderes e já não possuindo uma herança revolucionária, a nova nomenklatura necessita de consolidar as posições e status, e de provar a sua capacidade política, pelo que o controlo do sistema de *Leading Small Groups* será crucial para a longevidade política da quarta geração;

---

[42] Ver Carol Lee Hamrin, "The Party Leadership System", in Keneth G. Liberhall and David M. Lampton, ed., *Burocracy, Politics, and Decision Making in Post-Mao China*, University of California Press, Los Angeles, 1992, pp. 95-124; Lu Ming, *The Dynamics of Foreign Policy Decision Making in China*, Westview, Boulder, 1997; Michael D. Swaine, *The Role of the Chinese Military in National Security Policy Making*, Rev. Ed. Rand., Santa Mónica, 1998.

– Um eventual reforço do papel dos *Leading Small Groups*, no sistema de pilotagem do Partido poderá gerar desequilíbrios e tensões no núcleo duro burocrático do Partido, que está formado a partir do Gabinete Geral Central do Partido Comunista Chinês, responsável pelo *"day-to-day"* do Partido e dos seus órgãos de topo (David Finkelstein, 2003).

1.3. O Grupo Central do Partido

O Grupo Central do Partido (GCP) corresponde a um método de controlo político que é único dentro do sistema político chinês. Tem funcionado como um instrumento organizacional estratégico no controlo directo das organizações políticas não partidárias e das instituições governamentais, especialmente os órgãos administrativos e legislativos.

O sistema do "GCP" (**Dangzu**) e os Comités dos Assuntos do Partido (Jiguan dangwei) são as duas componentes do aparato do Partido a cada nível governamental, com características distintas.

O sistema do Grupo Central do Partido deverá ser entendido como "dentro da estrutura", dado que é parte integrante da organização governativa. Constitui a efectiva autoridade sobre as estruturas governamentais actuando como centros funcionais. Os membros dos GCP dos níveis central ao local, respondem aos Comités do Partido, que os nomeiam para os lugares.

Em contraste com os "GCP", as redes dos Comités dos Assuntos do Partido correspondem a unidades "fora da estrutura" de decisão. Os Comités correspondem mais ao sistema de organização do Partido do que às instituições governamentais. As suas principais tarefas são as de recrutamento de militantes e as de trabalho ideológico, não interferindo nos assuntos governativos. Politicamente respondem ao nível superior dos Comités do Partido como GCP, mas em simultâneo estão sob a direcção dos GCP do mesmo nível.

Existem várias referências à perda da influência dos GCP nas últimas décadas, apesar de nos Estatutos do Partido de 1982 estarem definidas as suas funções em detalhe.

Em 1987, o Gabinete das Reformas Políticas recomendou a abolição dos Grupos Centrais do Partido, no contexto das pressões dos sectores mais reformistas que advogavam a separação entre o Partido e os órgãos de Estado. Numa emenda aos Estatutos do Partido (Artigo 46.º) foram retiradas aos GCP competências de controlo político sobre as instituições do Governo, mantendo-se apenas alguns órgãos tais como a Assembleia Nacional Popular e a Conferência Consultiva Popular.

Contudo, após Tiananmen e com o reforço do processo de separação entre o Partido e o Estado os Grupos Centrais do Partido mantiveram a sua função primordial de controlo da implementação das decisões do Partido no aparelho governativo.

A confirmar tal quadro, Albert Hy Chen (1998: 75) refere o seguinte:

"Under the current political system in the PRC, the State structure and the CPC structure are not nearly very closely connected with and integrated into each other, but are actually fused together at various junctures. For example, the leading members of the State Council and the NPC Standing Committee are also members of the Politburo; heads of government organs are usually also the secretaries (heads) of the Party Core Groups in the organs".

Afirma também o mesmo autor sobre os Grupos Centrais do Partido (1998: 73):

"Party Core Groups exist in the ministries, commissions, offices and bureaus of organs of State administration and in political-legal organs at national and local levels, in the Standing Committees at various levels, and in the leading organs of people's mass organizations such as trade unions, women's federations, and scientific and literary associations. Each Core Group consists of a small member of Party members who occupy leading posts in the organ or institution concerned (...) they have a general duty of ensuring the implementation of Party policy in the organ or institution concerned, and have a specific role to play in the operation of the nomenklatura system (...)".

Mantendo, no essencial, a mesma função, os GCP foram alvo de um reajustamento nos Estatutos do Partido, resultante de alterações na conjuntura política interna determinada pelo avanço e recuo das designadas "reformas políticas", que no início incluíam uma clara distinção entre as atribuições do Partido e as da Assembleia Nacional Popular e do Conselho de Estado.

Constituídas como estruturas formais, conforme é constatável nos Estatutos do PCC, os GCP terão evoluído para estruturas formais não--visíveis, que se mantêm bastante activas em sectores estratégicos do

Estado, tais como o Ministério dos Negócios Estrangeiros, o Ministério da Defesa, o Ministério da Segurança de Estado e o Ministério das Finanças.

Embora inicialmente com missões distintas, verifica-se uma tendência para a fusão entre GCP e os Comités dos Assuntos do Partido, já atrás referidos, o que na prática significa que a actuação dos GCP contínua, de facto, a constituir um factor de pressão directa sobre o funcionamento do aparelho de Estado. Traduz, igualmente, a tese de que a "institucionalização" de processos e metodologias definidas estatutariamente não tem cabal aplicabilidade, quando se trata de desmontar ou tentar neutralizar "peças" que funcionam como instrumentos de monitorização das orientações do Partido.

2. A BASE DO GUANXI/FACCIONALISMO

2.1. Relações Guanxi

A estrutura dirigente chinesa do Partido, do aparelho governamental e da instituição militar continua a ser fortemente condicionada pela capacidade de influência e de autoridade a partir de laços informais construídos com base em interdependências pessoais.

Tais ligações derivam de vários factores, que vão desde origens geográficas comuns a interesses profissionais, à conjugação de interesses de segurança e de proteccionismo junto do poder, não sendo determinadas por alinhamentos ideológicos ou por estratégias políticas particulares.

Estas relações especiais são expressas por uma interacção de interesses designada por **Guanxi**, que constitui a base de uma complexa rede de tráfico de influências e de esquemas de entreajuda entre indivíduos e grupos.

As relações de **Guanxi** implicam, necessariamente, a existência de uma prestação de favores, que têm sempre em conta o custo do favor que se presta, os laços afectivos que ligam os envolvidos, a probabilidade da reciprocidade e os seus efeitos na rede de relações sociais.

Tendo em conta a complexidade organizacional do aparelho de estado chinês, a rede de **Guanxi** é instrumento privilegiado para a criação de núcleos de poder informal que se sobrepõem às estruturas e instituições políticas e administrativas do regime (H. Romana, 1989: 33).

VI. A componente funcional da tomada de decisão

Um problema empírico, mas crucial, é o que diz respeito à definição de **Guanxi** – um termo que é frequentemente usado na descrição do comportamento das facções na China. Não existe um consenso à volta da definição do termo. Alguns consideram os laços de **Guanxi** como uma rede de indivíduos ao mesmo nível, mas a tendência é para o traçar de uma relação entre **Guanxi** e *"patron-client"* conexões.

Estudos sobre as relações *"patron-client"* na sociedade chinesa demonstram que, na sua natureza não são diferentes das que existem noutros países em vias de desenvolvimento.

Este tipo de relações é geralmente definido como:
– Uma relação de troca entre desiguais;
– Uma relação persistente e regular desenvolvida a partir de um compromisso de direitos e de benefícios;
– Uma relação baseada em moralidade pessoal de obrigações entre indivíduos;
– Uma relação que não é exclusiva, dado que o mesmo indivíduo pode, simultaneamente, ser um *"client"* e um *"patron"*;
– Um relacionamento orientado para o interesse, que é, pela sua natureza, "competitivo" – pode terminar quando já não trás vantagens para cada um dos elementos.

Na perspectiva do faccionalismo político, o **Guanxi** é caracterizado por laços pessoais que são cultivados nas estruturas do Partido. Dado que o **Guanxi** tende a promover pequenas alianças, a sua existência visa a coerência e unidade do Partido. Ao contrário das relações *"patron-client"* que podem existir abertamente, na medida em que traga benefícios para ambos, a rede **Guanxi** tem que funcionar de forma "subterrânea". Por outro lado, as relações *"patron-client"* são económicas, por natureza, enquanto que as relações de **Guanxi** são baseadas na lealdade pessoal forjada através de anos de ligações políticas.

Contudo, dada a cultura organizacional do Partido-Estado chinês, as redes de influência do processo de decisão política nas estruturas-chave da burocracia governamental não intercomunicam horizontalmente entre ministérios ou departamentos. A responsabilidade pela coordenação de políticas e pela gestão de conflitos está apenas reservada às redes de **Guanxi** centrais.

A este aspecto da gestão da decisão, Lucian Pye dedicou espaço importante dos seus trabalhos sobre o poder na China. Na sua obra *The Spirit of Chinese Politics* (1992: 212-232), Pye sublinha a inexistência de "cumplicidade" entre os quadros do mesmo nível que trabalham em ministérios, departamentos, unidades, não dispondo de autonomia para comunicarem entre si e, para discutirem decisões intermédias. Esta realidade torna bastante difícil a operacionalidade do **Guanxi** fora do núcleo central de decisão do Partido.

O mesmo autor, no contexto de uma abordagem do fenómeno do poder das sociedades asiáticas sublinha que a construção do poder informal na República Popular da China, no quadro de regulamentação das normas políticas, tende a atribuir um carácter conspirativo à dinâmica política interna.

Quanto mais as autoridades proclamarem que o governo deverá actuar em função das normas ideológicas que balizam o Estado, mais as relações e mecanismos informais assumem um carácter de manipulação das regras. Assim, as estruturas informais construídas através das redes de **Guanxi** servem muitas vezes como a forma mais efectiva de alcançar os objectivos individuais ou de grupo.

Michel Oksenber (1976: 502), a propósito, refere que os laços de **Guanxi** constituem um factor importante para o funcionamento da rígida máquina burocrática do Estado. Tais laços constituem uma subversão das regras institucionais.

A política de reformas e de abertura ao exterior, a partir de 1978, teve um enorme impacto nas relações de interdependência, tendo criado mais estruturas e órgãos de decisão, em concreto na área da economia. Tal, se por um lado conduziu a introdução de processos mais institucionalizados de decisão política, também gerou maiores fluxos de comunicação entre dirigentes e quadros do Partido e dos órgãos de Estado, bem como entre estes e novos grupos de interesse resultantes de um novo quadro sócio--económico criado pelas reformas económicas.

> "... a ênfase na produtividade, na eficiência e na especialização estabeleceu uma nova hierarquia económica e ocupacional, bem como uma divisão do trabalho que irá reforçar as relações instrumentais" (T. B. Gold, 1985: 671).

Neste contexto, o tráfico de influências tornou-se um mecanismo imprescindível do jogo da mobilidade sócio-económica e de poder. Ao contrário da perspectiva institucionalista das relações de poder na China que entende que o processo de reformas económicas tenderia a substituir as relações não formais por relações assentes no formalismo administrativo, próprio das burocracias modernas ocidentais, verifica-se a manutenção da instituição do **Guanxi**.

Paradoxalmente, tal deve-se à adopção de procedimentos de descentralização da decisão económica, aumentando o núcleo de actores com capacidade de intervenção directa na condução e execução de políticas sectoriais na área da economia.

O aparecimento de novos grupos sociais, em particular o dos empresários veio tornar mais complexa e interdependente a reacção com o sistema de decisão, abrindo espaço a novos canais de relacionamento entre os burocratas do aparelho de Estado e aqueles novos grupos. Este fenómeno é, sobretudo, observável nas províncias e áreas economicamente mais dinâmicas e abertas ao investimento estrangeiro, designadamente em Guangdong e Xangai.

Margareth M. Pearson, no seu trabalho "China's New Business Elite" (1997: 107-110) sublinha o papel incontornável das relações **Guanxi** no desenvolvimento da actividade empresarial ou na acção de gestores de empresas estrangeiras, naquilo que a autora designa por *"chinese way"*.

Na estrutura do *"decision-making"* do Partido Comunista Chinês verifica-se uma aparente contradição entre a preservação dos mecanismos de **Guanxi** como factor determinante do jogo de poder e a tentativa de alguns sectores da nova geração de dirigentes que pretendem legitimar os seus lugares com base numa "meritocracia" política, entendida pela geração dos "tecnocratas" como imprescindível à modernização do Estado Chinês, no quadro da política de reformas e de abertura ao exterior. O equilíbrio entre os processos informais, formais não visíveis e os processos formais na dinâmica do poder, caracterizam o actual processo de transição na China, expresso na interligação do "pessoalismo" com o "institucionalismo". As características ubíquas das redes informais mantêm um número significativo de dirigentes da quarta geração possuem um apoio **taizi** e uma experiência de **mishu** (Cheng Li, 2001: 168-169). Várias situações contribuíram para este fenómeno. Na década de oitenta, muitos líderes veteranos retiraram-se com a "compensação" de que os seus familiares mais próximos, bem como os seus colaboradores directos, seriam nomeados para cargos dirigentes. Este processo de influência *"behind the scenes"* constitui um dos patamares da pressão informal que existe sobre a decisão política e que se alargou ao domínio da economia. Como salienta Cheng Li (2001), com a aceleração das reformas económicas, muitos **taizi**[43] e **mishu** expandiram os seus interesses ao sector empresarial, incluindo as actividades comerciais ao EPL, o que veio atribuir um maior peso aos seus protectores. Os "**taizi**" formam as suas próprias facções – **taizidang**, que são baseadas em redes informais associadas às famílias de líderes seniores (ex.: as famílias Deng e Chen Yun) frequentaram a mesma escola (ex.: Liceu Masculino N.º 4 de Pequim, o Instituto Militar de Engenharia de Harbin ou a Universidade de Qinghua) ou trabalhavam nas mesmas empresas (ex.: Kanghua Development Corporation ou Acitic) e casaram no seio de famílias de quadros de topo do Partido (ex.: os filhos de Cheng Yi, de Su Yu e de Hu Yaobang).

Comparativamente com a terceira geração, a quarta geração apresenta diferenças profundas. Os **taizi** da terceira geração participaram activamente na revolução comunista, sendo alguns deles órfãos dos "mártires comunistas" como é o caso do ex-Primeiro-Ministro Li-Peng. Na generalidade, possuem uma longa experiência junto das bases do Partido e foram submetidos a um longo processo de promoção, o que lhes permitiu estabelecer uma sólida legitimidade política. Os **taizi** da quarta geração, pelo contrário formaram-se politicamente num período conturbado, que se situa entre o início da revolução cultural, em 1966, e o arranque do período pós-Mao, nos finais da década de setenta, com a introdução da política de reformas e de abertura ao exterior delineada por Deng Xiaoping. Muitos não possuem uma experiência política relevante, excluindo, obviamente, o núcleo restrito dos dirigentes principais do Partido. Muitos obtiveram cargos ministeriais e provinciais através do trabalho desenvolvido como **mishu** de um líder, através da participação em programas de pós-graduação sob a coordenação de um professor bem colocado e através do trabalho no Comité Central da Juventude Comunista (Cheng Li, 2001:169). Acresce que muitos **taizi** da quarta geração atingiram os cargos numa altura em que os seus pais ainda tinham grande influência. Devido ao processo de ascensão ao poder, os **taizi**, bem como os **mishu** da quarta geração possuem menor espaço de manobra do que a geração anterior. A sua falta de credenciais políticas e de experiência junto das bases do Partido, vulnerabiliza a sua posição no "apex" do sistema de poder

---

[43] **Taizi** significa "pequenos mandarins" e diz respeito aos filhos e outros membros juniores das famílias dos principais dirigentes do PCC que gozam de privilégios especiais.

chinês. Tal significa, como iremos abordar noutro capítulo da dissertação, que a quarta geração de dirigentes chineses se subdivide entre "gestores políticos" e "tecnocratas" sem grande experiência política.

2.2. A Dinâmica do Faccionalismo

A abordagem do fenómeno do faccionalismo é uma das bases para a compreensão da totalidade da dinâmica do Poder da China, como refere Jiang Huang (2000: 1):

"factionalism, a politics in which informal group, formed in personal ties, complete for dominance within their parent organization, in a well--observed phenomena in Chinese politics."

Duas questões emergem da análise do faccionalismo: Como é que o faccionalismo mina a estabilidade política? Quais são as causas do faccionalismo, de onde é originado ao ponto de se ter tornado essencial na dinâmica política do PCC?

Na análise de Nathan, citado por Jiang Huang (2003: 35), o faccionalismo subverte a estabilidade política actual porque *"nenhuma facção dispõe de poder suficiente para neutralizar as facções adversárias"*. Uma facção poderá, num determinado momento, possuir um maior poder do que as outras facções, mas esse poder não é suficiente para afastar os seus rivais e assegurar domínio permanente.

"Todas as análises sobre o faccionalismo na China partilham uma assumpção fundamental, que é a de que o faccionalismo é uma variável dependente no quadro do conflito político no seio do PCC, resultando de disputas políticas, de choques de interesses institucionais e da luta pelo poder" (Jiang Huang, 2003: 37).

Segundo Jiang Huang, o faccionalismo é caracterizado por dois fenómenos simbólicos:
- Grupos informais ligados por laços pessoais competem pelo domínio dentro das suas próprias organizações;
- Influência pessoal informal prevalece sobre o processo formal no *"decision-making"*.

Assim, o faccionalismo é mais verificável num sistema de partido único, no qual vários "grupos de substituição"[44] têm de operar dentro do quadro organizacional do partido, de forma a participar no processo político.

Contudo, existem grandes deficiências no estudo do faccionalismo do PCC, porque poucos examinaram como e sob que condições o faccionalismo se desenvolveu. Sabemos pouco acerca das redes de facções, como os membros se relacionam, e como é que as facções interagem nos assuntos políticos.

Segundo Jiang Huang (2003), é possível identificar um conjunto de proposições que explicam o desenvolvimento do faccionalismo:

a) O poder é atribuído a indivíduos em vez de instituições num contexto hierárquico. Este padrão de entrosamento pessoal de poder garante uma condição suficiente para o desenvolvimento do faccionalismo.

b) O sistema do partido único garante as necessárias condições para o desenvolvimento do faccionalismo. Ele transforma o **Guanxi** político em ligações de facção. Sob o domínio do partido único, as redes de **Guanxi** garantem aos elementos que as constituem respostas para os seus interesses particulares, canais exclusivos de comunicação, e um sistema de comando das suas forças.

c) A inexistência de institucionalização de procedimentos e regras formais, garante outra condição necessária para o desenvolvimento do faccionalismo. A incerteza das regras e dos procedimentos no processo de "*policy-making*" conduz a uma estrutura celular e fragmentada, onde não existe comunicação e coordenação entre os dirigentes do PCC. A essência da institucionalização assenta no estabelecimento de procedimentos formais. Embora a estrutura organizacional do Partido se mantenha na essência intacta, a institucionalização retira poder aos indivíduos e atribui-o às instituições, criando normas e procedimentos que contribuem para a estabilidade e consistência do processo político, garantindo canais legais, através de instituições para a

---

[44] Por comparação com os grupos de pressão e com os grupos de interesse, identificamos no caso chinês a predominância do que designamos por "grupo de substituição" que corresponde à agregação de membros do Partido que se organizam para ocupar áreas de actuação política, através do jogo interno de alternância do poder.

expressão de diversos interesses sócio-económicos. No caso da China, a institucionalização está apenas confinada às políticas económicas.
d) A falta de institucionalização torna o processo político vulnerável a crises de liderança. Quanto tal se verifica o líder predominante tem que recorrer ao apoio militar. Um envolvimento das forças armadas reforma o faccionalismo, dado que ele contribui para a consolidação do poder de determinados dirigentes, e dessa forma reforça os alinhamentos das facções.
e) **Guanxi** é o mais crucial factor no sistema de promoção dos quadros. Mudanças na relação de forças resultam em ajustamento da distribuição do poder entre várias facções, em vez de ajustamentos no "*policy-making*".
f) O poder de um líder assenta, essencialmente na forma das suas redes de **Guanxi**, o líder que tiver melhor "*insight*" nas redes de **Guanxi** terá condições para dominar.
g) Qualquer mudança significativa das relações de liderança é seguida por uma campanha de rectificação (**Zhengdun**) em todo o sistema, em ordem a eliminar os líderes derrotados e consolidar e expandir o poder dos que ganharam a luta pelo domínio do aparelho.

Partilhando a mesma identidade ideológica e organizacional as facções do PCC são formadas e operam unicamente com o propósito de alcançar o poder.

Quando um problema emerge, as facções reactivam-se imediatamente, porque o processo cria uma oportunidade para a redistribuição do poder. Consequentemente, qualquer mudança da distribuição do poder no topo, normalmente causada pela ascensão/queda dos membros da elite, conduz a uma reorientação em todo o sistema.

2.3. Faccionalismo e Processo de Decisão

O processo de elaboração da acção política envolve, normalmente, a decisão política a dois níveis:
1. A construção de "**Fangzhen**" (linha política ou princípio orientador, tal como as reformas e a política de abertura) o qual incorpora o consenso político alcançado entre os líderes;

2. A elaboração de "**Zhengce**" (políticas concretas que lidam com problemas específicos numa dada área da acção governativa), sob a orientação do "**Fangzhen**" adoptado.

Normalmente o Politburo determina o "**Fangzhen**" o qual reflecte a visão dos líderes que dominam o aparelho.

Mas, o "**Zhengce**" é produzido pelos departamentos governamentais, ou mesmo pelas autoridades provinciais, para tratar de questões políticas específicas. A execução do "**Zhengce**" constitui uma actividade de rotina da burocracia do Estado (Jiang Huang, 2003: 414).

A existência de consenso à volta das linhas políticas ou de princípios orientadores implica, contudo, a necessidade de vários "**Zhengce**" ou políticas concretas. A execução de "**Zhengce**" dá às facções oportunidades para manipular o processo político de acordo com os seus interesses particulares. A estrutura de distribuição de poder assente no princípio da facção dominante, o sistema administrativo celular e a dependência da autoridade pessoal na operação do sistema atribuem às facções grande impulso para dirigir os resultados de "**Zhengce**" para sua própria vantagem. Em resultado, embora a natureza do sistema de partido único requeira a implementação de "**Fangzhen**", o sistema no seu todo é subvertido pelo designado "**Tu Zhenge**" (políticas ad-hoc executadas por diversas agências do governo e pelas autoridades locais) que são inconsistentes e mesmo contraditórias entre si.

Visando justificar a manipulação de "**Zhengce**" em áreas controladas pelas suas redes, uma dada facção interpreta um "**Fangzhen**", em função dos seus interesses ao nível central, os líderes dessa facção actuam de forma a dar cobertura à actuação dos seus elementos.

Verifica-se, pois, que é, sobretudo, no plano da implementação de políticas – "**Zhengce**" – que a disputa política é mais visível. Em resultado, a estratégia política de fundo – "**Fangzhen**" – torna-se, tendencialmente, esvaziada da sua substância, no quadro da disputa entre facções.

A manipulação, por parte das facções, de "**Zhengce**" é visível na questão da "separação do Partido do Governo". O objectivo deste "**Fangzhen**" era, reestruturar a distribuição do poder, visando diminuir a intervenção das forças conservadoras no processo político, tendo esta estratégia de Deng gerado uma profunda instabilidade no seio do partido. Vários "**Zhengce**" foram postos em prática, especialmente na área económica, tendo sido atribuído mais poder aos gestores, à custa da diminuição do peso dos secretários do Partido. Contudo, dado a feroz luta entre as facções envolvidas no processo, esses "**Zhengce**" foram na prática, desvirtuados e a sua implementação variou grandemente[45].

O faccionalismo no PCC não pode ser eliminado porque ele é inato ao sistema. A agudização da luta pelo poder entre facções, pode, contudo, conduzir a uma explosão que irá mudar não só a estabilidade mas também a posição dos líderes, dado que o seu domínio é essencialmente baseado no controlo de vários sectores.

O faccionalismo na China envolve dois aspectos principais que são os mais problemáticos no estudo do PCC: relações de poder no seio da liderança e o processo de "*decision-making*".

2.4. Faccionalismo e Relação de Poder

A análise das relações de liderança e do processo de "*decision-making*" da China assenta em três modelos predominantes (Jiang Huang, 2003: 3):
– *Policy-choice;*
– *Structure;*
– *Power-struggle.*

Os analistas do modelo de "*Policy-choice*" argumentam que as relações de poder no seio do aparelho do partido são determinadas pelas "escolhas" dos líderes na elaboração de políticas. Diferentes abordagens conduzem a diferentes acções políticas. Neste quadro a movimentação das facções tem uma elevada influência, determinando a prevalência de uma determinada posição.

Segundo Harry Harding (1987: 2-3), é no contexto do pós-Mao que aquele modelo é mais visível, dado que se assiste à formação de dois grupos: Conservadores e Moderados.

No "*Structure model*", a relação de poder reflecte a posição dos líderes na estrutura de definição política do regime. Nesta situação verifica-se uma interacção entre a estrutura burocrática e as facções, pondo em maior evidência o sistema de autoridade segmentado e estratificado que caracteriza o sistema de poder da China.

---

[45] Sobre esta questão ver: Shiping Zheng, *Party versus State in Post 1949 China: The Institutional dilemma*, Cambridge University Press, Cambridge, 1997, pp. 195-197.

O modelo "*Power-struggle*" é, talvez, aquele onde é mais evidente a pressão do faccionalismo no PCC. Contudo, importa sublinhar que a luta pelo poder não dá origem às actividades das facções, mas antes é o faccionalismo que transforma a luta pelo poder num objectivo em si mesmo dentro do Partido, no qual a autoridade é altamente personalizada, a institucionalização do processo político é deficiente e os procedimentos e regras de decisão-política são incertas. Tal significa que à medida que a liderança chinesa se vai tornando mais dependente de uma "liderança colectiva", com a consequente perda de espaço de manobra pessoal, ao contrário do que se verificou durante as direcções de Mao e de Deng Xiaoping, o recurso ao controlo institucional torna-se instrumental na definição da estratégia de poder das facções.

O jogo político deixa o nível da concepção de orientações políticas, transfere-se para a sua aplicação e execução e, consequentemente, para o controlo dos órgãos de Estado. O que pode significar a passagem do "sistema de bloco", (controlo por parte de uma só facção) para o "sistema segmentar" (controlo distribuído por várias facções) do aparelho de poder – Partido, ANP, Conselho de Estado e EPL.

A questão do faccionalismo e da troca de influências que lhe está associado é, pois, crucial para uma melhor percepção do complexo processo de tomada de decisão na China.

Segundo Lucian Pye, existem algumas dificuldades com os conceitos de "formal" e "informal" aplicados à acção política.

No caso chinês, o problema reside na blindagem do Estado-Partido. Como afirma Lucian Pye, na China não existe hoje nem um sistema legal nem uma ordem moral que sejam adequadamente interiorizadas pelos dirigentes (2002: 42).

Assim, em vez de se tentar tratar a política "informal" como algo ilusório, é necessário sublinhar que o "informal" é a soma total da política chinesa.

Tal significa que o sistema político chinês:
– Não é institucionalizado;
– Não é governado por um sistema legal com contornos fixos;
– Opera em segredo e fora do escrutínio público.

O facto de ser tão difícil estabelecer uma distinção inteligível entre "formal" e "informal" é demonstrativo que a China não possui um sistema administrativo institucionalizado, assente nem numa ordem moral, nem numa ordem legal. O comportamento dos quadros dirigentes não é constrangido por qualquer sentido de respeito pelo direito ou por virtudes éticas. O comportamento é sim constrangido pelo jogo do poder. Assim, a administração é puramente política, com uma natureza altamente pessoalizada.

Em termos operacionais, o conceito chinês de administração é vinculado a uma estrutura de autoridade que é governada por uma rede de relacionamento que vai do líder central do Partido às estruturas de decisão de níveis intermédios.

A autoridade reside não num corpo objectivo de leis ou códigos morais, mas em princípios subjectivos de liderança e de relações superior-subordinado, e na recompensa da deferência em relação aos chefes políticos.

Num sistema que assenta ainda predominantemente no "*rule by men*", o sucesso da acção política resulta, sobretudo, da capacidade para gerir o jogo das relações pessoais.

Em suma, em vez de uma articulação de interesses aberta, no sistema político chinês, os interesses são geridos através de factores pessoais.

Tendo em conta as variáveis da estrutura do poder, da orientação do poder e da resposta aos problemas políticos, afigura-se que a influência do jogo de interesses grupais e individuais apresenta a seguinte estrutura:

Figura 7: Áreas de Intervenção das Facções

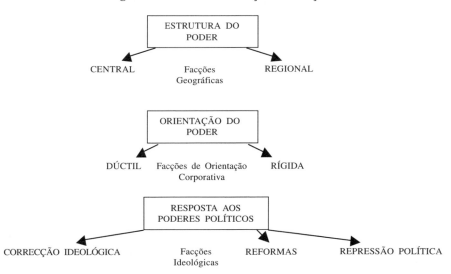

O saber convencional considera que o faccionalismo é um obstáculo ao desenvolvimento político porque a política das facções tende a ser temporária, instável e potencialmente caótica.

O faccionalismo enquanto indutor da luta pelo pode tornou-se mais visível desde os meados dos anos oitenta. Ao contrário do que se passava com os dirigentes veteranos, o faccionalismo entre as novas gerações de líderes é motivada não tanto pela lealdade pessoal, mas mais pelos interesses comuns resultantes do processo político, o que põe em causa o princípio vital do absoluto consenso ideológico, indispensável à manutenção da unidade do Partido (Jiang Huang, 2003: 426).

O faccionalismo tende a ser localizado. Ao contrário dos líderes veteranos, cujas conexões tiveram origem nos laços criados durante a revolução, a nova geração de dirigentes atinge o centro a partir de vários centros, de onde os seus alinhamentos têm origem (ex.: **Xangai Bang**, **Guangdong Bang**).

O faccionalismo permanecerá como uma dinâmica essencial na política do PCC, no período pós-Deng. Contudo, o faccionalismo não está confinado ao Partido, envolvendo a participação de forças sociais fora do PCC.

Dado o rápido e extremamente desigual crescimento económico, assiste-se a uma grande diversidade e mobilidade no seio da sociedade chinesa. As classes sociais formadas pelos operários, pelos camponeses, pelos soldados e pelos quadros, que eram tradicionalmente na China, evoluíram para uma pulverização em pequenos grupos sociais, com os seus interesses e objectivos específicos. Em resultado, as diferenças entre as facções do PCC aumentaram, face aos interesses envolvidos. Tal torna muito difícil para qualquer facção manter o predomínio da decisão política, porque é difícil para uma facção representar vários grupos sociais portadores de diferentes interesses em simultâneo.

2.5. Tipos de Facções – "Grupos de Substituição"

As facções constituem "grupos de substituição" detentores de uma enorme capacidade de controlo dentro do aparelho de Estado chinês.

Estão organizadas com base em regiões, interesses corporativos, orientação da luta política e ideológicas. Actualmente, existem cinco principais facções: a de Xangai, a de Shandong, a de Guangdong, a de Pequim e a de Qinghua.

- A facção de Xangai tem como núcleo duro as figuras do ex-Secretário Geral Jiang Zemin e do Presidente da ANP Wu Bangguo. Zhu Rongji, ex-Primeiro-Ministro, pertence também a esta facção, mas mantém-se equidistante. Do actual Comité Permanente do Politburo fazem parte algumas das principais figuras da facção, tais como Zheng Qinghong e Huang Ju;
- A facção de Shandong, formada exclusivamente por elementos do EPL, tem origem no facto de ao longo dos tempos grande parte das chefias militares serem provenientes da Província de Shandong. Esta facção, que domina o aparelho militar, tem como principais figuras Chi Haotian (ex-Ministro da Defesa e ex-Vice--Presidente da CMC) e Zhang Wannian (ex-Vice-Presidente da CMC).
- Quanto à facção de Guangdong, ela formou-se à volta da figura do ex-Governador da Província Ye Xuaping, Ye notabilizou-se pelas posições em defesa de uma maior autonomia da Província de Guangdong face ao poder de Pequim.
- A facção de Pequim é formada por altos funcionários do Partido, que controlam a máquina do aparelho central. Detém uma elevada influência nas estruturas de decisão do Partido. O ex-Primeiro--Ministro, Li Peng, é uma das principais referências desta facção.
- A facção de Qinghua é formada pelos membros do Partido que estudaram na Universidade de Qinghua. Trata-se de um grupo onde predomina a concepção tecnocrata. O grupo de "Qinghua" está fortemente representado na "Quarta Geração" de líderes chineses, sendo a sua principal figura o Secretário-Geral do PCC, Hu Jintao.

Para além das facções, existem igualmente grupos organizados à volta de líderes do Partido, através de "cliques". No actual quadro político, é possível identificar a existência de grupos informais que orbitam à volta das figuras de Jiang Zemin, Zhu Rongji, Li Peng e Hu Jintao.

2.6. O Papel Instrumental do "Mishu"

Os trabalhos de K. Lieberthal, Mike Lampton, Lucian Pye[46], Wei Li, Cheng Li e outros sinólogos colocaram a figura do "**Mishu**" na política chinesa.

A sua importância está bem expressa na designação de "sistema **mishu**" adoptada por vários especialistas. Numa tradução aproximada ao conceito original, "**mishu**" significa "secretário pessoal", o que na lógica dos mecanismos de poder chineses, atribui-lhe uma função de grande sensibilidade política.

A sua característica "ubíqua" apresenta duas dimensões: a primeira é organizacional, expressa na presença de **mishus**, em quase todas as estruturas políticas, militares e económicas da China; a segunda é relacional, definida pela larga área de influência do **mishu** na decisão política.

Não obstante as mudanças verificadas, o papel tradicional do **mishu** continua a ser relevante na actual era de reformas. Como Li e Pye sublinham os **mishu** continuam a servir os seus líderes, como assessores, representantes pessoais, coordenadores políticos, quadros administrativos, gestores de pessoal e guarda-costas.

Os **mishu** podem ser também classificados como de grupo (**siguan**) ou pessoais (**geren**). Os primeiros trabalham enquadrados em gabinete ou direcção (**mishu bumen**). Os **mishu** pessoais trabalham directamente para os principais dirigentes. Está estipulado que os líderes com posição de ministro, vice-ministro, governador, vice-governador, e equiparados têm direito aos serviços de um secretário pessoal – **mishu**, os conselheiros de Estado, vice-primeiro ministros, membros do secretariado do Partido têm permissão para terem a colaboração de dois ou mais **mishu**; e os principais líderes nacionais, tais como o Secretário-Geral do Partido Comunista, Primeiro-Ministro, Presidente da Comissão Militar Central e o Chefe de Estado, possuem os seus próprios gabinetes compostos por entre cinco e vinte secretários pessoais.

O principal secretário pessoal é o que é normalmente conhecido como "conselheiro principal". As suas funções centram-se na preparação da agenda política da entidade a que estão ligados. É responsável pela pesquisa e investigação de assuntos acompanhados pelo seu dirigente, visando apoiá-lo na decisão política.

---

[46] Sobre esta temática ver Lucian Pye e Wei Li, "The Ubicuous Role of the Mishu in Chinese Politics", in *The China Quarterly*, No. 132, December 1992, pp. 916-936.

Uma outra função com importância política é a de redactor de discursos e de documentos políticos, o que os transforma em verdadeiros *"ghost writers"*. Na prática, é ao **mishu** que cabe "preparar" o seu chefe com o instrumental analítico que lhe possibilite aprofundar um determinado "dossier". Tal implica que o **mishu** esteja familiarizado com as políticas, regulamentos e normas, e que tenha uma boa rede de contactos aos níveis superiores e inferiores. No caso em que sejam tratados assuntos mais sensíveis, designadamente, por um ou mais *Leading Small Groups*, um **mishu** de um dirigente cujas posições estejam politicamente fragilizadas, poderá ter um papel crucial no recuperar da posição do seu chefe. Tal poderá ser feito informalmente através dos seus acessos ao secretariado do *Leading Small Group* em questão, permitindo-lhe, por exemplo, ter acesso prévio a documentos preparatórios elaborados por peritos.

Por outro lado, um **mishu** é geralmente aceite como o "alter ego" do seu líder, tendo em certas circunstâncias acesso a tratamento e prerrogativas só normalmente atribuídas ao **shouzhang** – a entidade de quem depende.

Um **mishu** pessoal é visto pelas massas e pelos quadros como um porta-voz do seu líder, pelo que as suas palavras e comportamentos são muitas vezes interpretados como expressão do seu chefe. Tal permite, até certo ponto, alguma margem de manobra ao **mishu**, conferindo-lhe um elevado grau de poder pessoal[47].

---

[47] Existem vários exemplos da projecção de poder do líder no seu **mishu**, e como este poderá jogar isso politicamente a seu favor. O Gen. Wang Ruilin foi o principal **mishu** de Deng Xiaoping desde os anos oitenta até à sua morte em Fevereiro de 1997. Durante o longo período de afastamento público de Deng Xiaoping, desde 1995 a 1997, Wang Ruilin assumiu em pleno o papel de porta-voz do líder supremo. Durante os últimos meses de vida de Deng, Wang Ruilin reforçou a sua posição no seio da Comissão Militar Central, da qual era membro desde 1995. Tal ter-se-à devido, segundo vários analistas, ao facto de Wang Ruilin ter criado um verdadeiro "cordão sanitário" à volta de Deng, com excepção da sua filha Deng Rong, o que o transformou no único interlocutor válido de Deng e, concomitantemente, no "confidente" final de Deng.

Outro exemplo diz respeito ao mishu de Chen Yun, um dos companheiros da longa marcha de Mao e de Deng e a face visível do sector conservador, que se opunha à estratégia de reformas económicas. Durante uma inspecção que efectuou à zona económica especial de Shenzhen, o **mishu** de Chen Yun sublinhou com a sua visita, que as diferenças entre Deng Xiaoping e Chen Yun eram mais estreiras e que as reformas tinham base de sustentação. Estas afirmações tiveram imediatos efeitos nas cotações das bolsas de Hong--Kong e de Shenzhen.

Como já foi sublinhado, uma das principais atribuições de um **mishu** é a da coordenação. Dado que é difícil a realização de reuniões regulares entre o **houzhang** e o seu grupo de trabalho, a maior parte da comunicação entre os principais líderes chineses é feita através dos respectivos **mishus**.

De acordo com especialistas, o **mishu** sénior conduz a coordenação entre os **houzhangs** da seguinte forma: em primeiro lugar, é seu dever transmitir aos outros dirigentes, as posições e instruções do seu chefe; em segundo informa com regularidade a evolução do seu trabalho e procura alcançar consensos com os representantes de outros líderes.

Esta condição permite ao **mishu** ter acesso às informações confidenciais o que lhe garante uma elevada capacidade de movimentação nos bastidores do jogo político.

A natureza e finalidade da actividade desenvolvida por um **mishu** criam condições favoráveis ao envolvimento directo de alguns deles na actividade do Partido e à sua ascensão a posições de liderança.

De acordo com os dados processados, uma elevada percentagem dos actuais e dos ex-líderes do Partido Comunista Chinês iniciou a sua carreira como **mishu**. Para os líderes é importante a promoção política dos seus secretários pessoais, na medida em que a ascensão destes permite criar uma rede de apoiantes, que serve como base para a promoção dos líderes séniores.

Numa perspectiva organizacional, o **mishu** é a peça central de um secretariado de apoio aos líderes, actuando também como um gestor de um grupo de trabalho.

VII. ACTORES POLÍTICOS

1. BALANÇA DE PODERES

A disputa política interna constitui uma marca da dinâmica do poder dos partidos comunistas e da sua oligarquia, sendo inerente à sua auto-sustentação. No caso da RPC essa disputa está intrinsecamente associada à luta pela sucessão. Os aspectos ideológicos, que surgem como a referência quanto ao posicionamento relativo dos indivíduos e dos grupos, são, na nossa opinião, aspectos instrumentais, de conjuntura, que têm como função permitir tornar operativa a distinção entre interesses, estratégias de manutenção e controlo dos mecanismos de tomada de decisão no eixo da sede do poder.

A história do Partido Comunista Chinês caracteriza-se por uma luta permanente pela captação e exercício do poder, envolvendo esquemas de mobilização dos quadros à volta das lideranças instituídas.

As campanhas de rectificação, as sessões de educação das massas, os plenários do Comité Central constituem acções e movimentações que visam o definir do peso e influência de cada uma das forças em contenda pelo controlo do Partido ou de seus sectores.

A lógica organizacional da disputa no seio do PCC é definida pela geometria da balança de poderes. Assim, tendo como referência o estudo e análise de várias fontes abertas e outras, afigura-se possível fazer um exercício de análise sobre a relação de forças no Comité Permanente do Politburo no período de 1997 a 2003 (do 15.º ao 16.º Congresso do PCC).

Adoptámos como critério de posicionamento dos actores-chave na tomada de decisão, o seu alinhamento e actuação em relação à velocidade, profundidade e extensão da política de reformas económicas e de abertura ao exterior. No período correspondente ao 15.º Congresso do PCC utilizámos como conceitos operacionais os conceitos de "moderado tecnocrata" e de "moderado ideológico". O primeiro conceito corresponde ao grupo de membros do núcleo duro do Partido que perspectivam as reformas como a gradual introdução do capitalismo no sistema económico chinês, e o controlo do seu impacto, através da condução política do processo por parte de uma tecnocracia burocrática formada dentro do Partido. A sua condição de "reformistas" afasta-se do conceito adoptado nos anos oitenta para identificar e caracterizar os dirigentes do Partido que, para além de advogarem o alargamento das reformas económicas, defendiam a separação entre os órgãos de Estado e o Partido, pondo em causa o sistema de *"interlocking"*.

Quanto ao sector moderado-ideológico, ele é constituído pelos dirigentes do PCC que, defendendo a necessidade de reformas, opõe-se à dinâmica e à extensão das reformas. Procuram, contudo, controlar o processo, assumindo uma posição de "consciência ideológica" do Partido face à ruptura do novo modelo de economia em relação ao sistema ideológico socialista.

No atinente à actual balança de poderes, saída do 16.º Congresso do PCC, em NOV03, verifica-se uma quase total mudança de actores e um novo ajustamento da sua classificação operacional. Com efeito, é nossa opinião que, comparativamente com a balança de poderes saída do 15.º Congresso, a actual diferencia-se pela predominância da disputa pessoal mais do que a disputa de carácter ideológico que marcava a anterior liderança do Partido.

No referente aos actores, o aspecto mais significativo diz respeito à posição central ocupada por Jiang Zemin, que, apesar de não fazer parte do 16.º Congresso, mantém a condição de "apex" do sistema de decisão do PCC, dado que continuou a ocupar o lugar estratégico de Presidente da Comissão Militar Central, até à terceira sessão do 16.º Congresso do PCC, em Outubro de 2004.

Por seu lado, Hu Jintao também transita do quadro de balança de poderes do 15.º para o 16.º Congresso, passando do terceiro patamar (1º nível) para o segundo patamar (1º nível), que não significa o controlo efectivo do poder, pois o primeiro patamar é ocupado por Jiang Zemin.

Wu Bangguo passa igualmente do 15.º para o 16.º Congresso, mas a sua promoção é, comparativamente, bastante acentuada, dado que no 15.º Congresso ocupava um lugar secundário (2º nível) na balança de poderes.

Tal traduz a capacidade de controlo do aparelho de topo do Partido por parte de Jiang Zemin, tendo em conta que Wu Bangguo é um dos seus "protegidos" da facção de Xangai.

VII. Actores políticos 151

Figura 8: Balança de Poderes NOV97 (15.º Congresso do PCC)

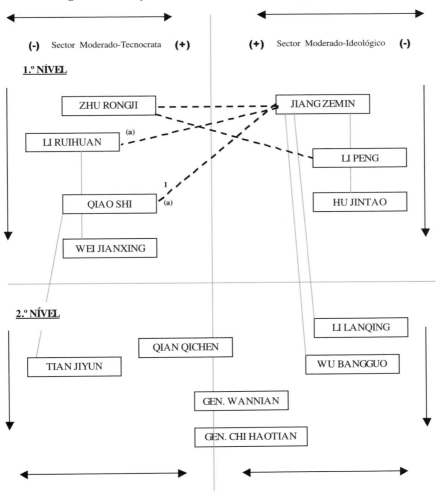

Legenda:
──────── Relações de apoio
‑ ‑ ‑ ‑ ‑ Relações de tensão
(a) A proximidade aos "tecnocratas" é táctica, visando atenuar o poder de JIANG ZEMIN.
1 Embora não detendo nenhum poder formal, QIAO SHI posiciona-se no 1.º Nível da Balança de Poderes, dada a sua influência nas estruturas do aparelho de Estado.

Figura 9: Balança de Poderes em NOV02 (16.º Congresso do PCC)

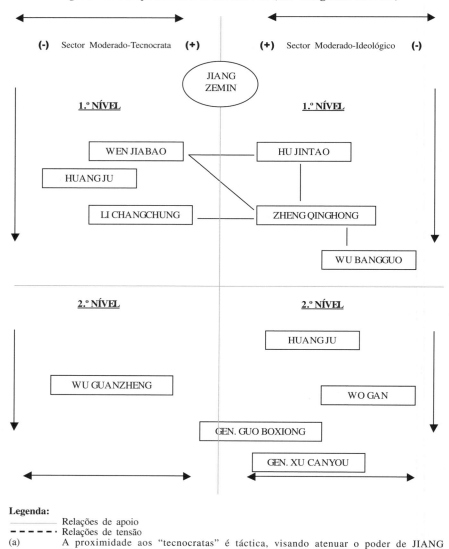

Legenda:
─────── Relações de apoio
‒ ‒ ‒ ‒ ‒ Relações de tensão
(a) A proximidade aos "tecnocratas" é táctica, visando atenuar o poder de JIANG ZEMIN.

Numa representação gráfica definiu-se um "eixo-ideal" que referencia o afastamento (-) ou a aproximação (+) em relação ao processo de reformas e estratégia adoptada.

Na Figura 7 é apresentado o esquema de balança de poderes emergente no período imediatamente após a morte de Deng Xiaoping.

É nossa percepção, com base na análise de informadores qualificados e na análise de fontes abertas, que a questão-chave do exercício do poder por parte da 4ª geração reside em três aspectos, a saber:

- O Secretário-Geral do PCC, Hu Jintao, dispõe de uma base de apoio assente numa lógica que ultrapassa a faccional, mas antes resulta de um compromisso entre diferentes gerações de líderes, sendo um homem dos "gerontes";
- Jiang Zemin tutela figuras-chave do processo de decisão e "monitoriza" a actuação de Hu Jintao, através da sua influência na CMC e através dos seus homens-de-mão no Comité Permanente do Politburo;
- O Comité Permanente do Politburo está dividido em dois grupos – grupo dos "gestores" (Wu Bangguo, Wen Jiabao, Li Changchuou) e o grupo dos "burocratas" (Hu Jintao, Zheng Qinghong, Jia Qinglin, Huang Ju, Wu Guanzheng, Luogan).

Os aspectos atrás enunciados parecem tornar evidente que o exercício do poder e a tomada de decisão do actual eixo estratégico do Partido--Estado é determinada e, em simultâneo, condicionada pelos seguintes factores:

- Poder informal – tem particular expressão no peso e capacidade de decisão que os "gerontes" dispõem, apesar da política de afastamento gradual dos ex-dirigentes seniores de lugares-chave;
- Controlo funcional – o núcleo duro responsável pelo processo de tomada de decisão não dispõe de uma figura institucional interna – o Secretário-Geral do Partido – que dirija sem oposição o Comité Permanente do Politburo.
Verifica-se, sim, a existência de um controlo funcional, da máquina de decisão, conduzido por Jiang Zemin e suportado pelo grupo dos seus homens-de-mão que fazem parte do Comité Permanente do Politburo;

- Concepção organizacional – para além da diferente concepção estratégica sobre a condução e efeitos das reformas económicas, o exercício do poder é balizado pela distinção entre as diferentes experiências políticas, executivas e técnicas de cada um dos dirigentes de topo do Partido Comunista, o que, em certas circunstâncias pode determinar as linhas de orientação do Partido. No que diz respeito à direcção saída do 16.º Congresso, ela reflecte o compromisso entre o sector do aparelho burocrático-administrativo do Estado e o sector dos responsáveis políticos com experiência de direcção de instituições e entidades que emergiram com as reformas económicas;
- "Ideologia útil" – desde o 11.º Congresso do PCC até ao 16.º Congresso verificaram-se alterações da balança de poderes, tendo por referência, como já foi sublinhado noutros pontos, na primeira fase, a disputa entre reformistas, radicais e conservadores, na segunda fase, entre reformistas moderados e conservadores, e, na terceira fase, entre os sectores reformista-tecnocrata e o sector moderado-ideológico.

A "ideologia útil" constitui um mínimo denominador comum no quadro da permanência e reforço da posição do Partido Comunista Chinês.

Como os incidentes de Tianannen demonstraram, reformistas e moderados convergem quando se trata de preservar o *"establishment"*.

2. MUDANÇA GERACIONAL NA ELITE DA RPC

2.1. Ascensão dos Tecnocratas

No início dos anos oitenta, o PCC iniciou a reforma do sistema de quadros, visando o rejuvenescimento dos seus oficiais.

Em 1990, este processo registou uma alteração, devido à morte dos velhos revolucionários e devido à mudança geracional no topo da liderança.

O afastamento dos "históricos" das primeira e segunda gerações da actividade política, tais como Deng Yingchao, Li Xiannian, Wang Zhewn, Yao Yilin, Chen Yun, Peng Zhen, e, em particular, Deng Xiaoping, provocou um acentuado declínio na influência da clique dos gerontes (Laoren Bang) no seio do Partido.

O seu peso, ainda que bastante reduzido, limitou-se a ser exercido ocasionalmente como coordenadores, em vez de serem os responsáveis pela selecção dos líderes mais jovens.

Constata-se, assim, que a retirada dos velhos revolucionários corresponde àquilo que podemos designar por fim da "era revolucionária", a qual deu lugar a nova era dos "tecnocratas".

Desde a década de oitenta, que os "tecnocratas" têm vindo a ascender ao *"inner-circle"* do poder, em resultado do processo de reformas e de abertura ao exterior, como se pode concluir do facto de em 1987, 45% dos ministros, 25% dos secretários provinciais do partido e 33% dos governadores terem formação académica na área das engenharias, em vez de combatentes revolucionários (Yung Lee, 1991: 269).

Confirmando esta tendência, nos anos 90, eles tornaram-se uma maioria dentro da liderança dos órgãos de Estado e do Partido. No 14.º Congresso do PPC, no seu Comité Central, 34,38% dos seus 65 membros efectivos tinham actividades ligadas às engenharias ou à gestão (Xiaowei Zhang, 1993: 799-800).

Os tecnocratas começaram a emergir como uma elite distintiva no 12.º Congresso do PCC, em 1982, quando Li Peng, Hu Qili, Jiang Zemin, Hu Jintao, Wu Bangguo e Wang Zhaguo foram recrutados para o Comité Central do PCC. O esforço de recrutamento de jovens tecnocratas acelerou quando 131 veteranos (a maior parte nos 70 e nos 80 anos) resignaram, incluindo 54 membros permanentes e 10 suplentes, em 1985. Estes 64 elementos foram substituídos por um número igual de novos membros (Cheng Li, 2001).

Figura 10: Elite Política Chinesa (durante a era das reformas) com formação superior (%)

Nível de Liderança / Ano	1978	1982	1988	1992	1998
Politburo	23	32	67	86	92
Comité Central do PCC	26	55	73	84	92
Ministério	n/a	38	82	88	95
Militar	n/a	4	58	78	n/a
Província	n/a	20	59	96	95
Município / Vila	2	31	78	91	n/a

Fonte: Cheng Li (2001: 38)

Comparado com Mao e com Deng, a nova geração da elite tecnocrata, especialmente os líderes principais do PCC, não possui a popularidade nem bases tão sólidas de poder. A nova liderança do PCC não possui também fortes motivações ideológicas, sendo antes marcada por um discurso pragmático assente nos *"target"* da estabilidade política e de desenvolvimento económico. O novo plano quinquenal (1996-2000) pode constituir um bom exemplo. Não existem slogans vagos, nem palavras de ordem com uma marca ideológica forte, mas apenas objectivos específicos de desenvolvimento baseados em dados concretos e em análises de grande pendor técnico. O relatório de Jiang Zemin ao 15.º Congresso do PCC dá uma aproximação àquilo que constitui a perspectiva da terceira geração dos líderes chineses em relação ao socialismo. A falta de objectivos de cariz ideológico marxista, é facilitador das flutuações tácticas políticas da liderança chinesa, que oscilam entre o conservadorismo e o reformismo moderado, facilitando, assim, a luta pelo poder, que se torna esvaziada da disputa ideológica (Yung Lee, 1991: 284-289). Com a emergência de uma nova elite política, a questão que se coloca é a seguinte: quais são as consequências de uma mudança geracional na distribuição e exercício do poder na China?

Esta questão é relevante pois, numa perspectiva sociológica, o efectivo poder operacional das elites implica a avaliação do grau de poder considerando que, nuns casos, a elite tem um forte poder de influenciar os acontecimentos e, noutros casos, porém, o poder surge disperso por vários sectores da sociedade, como refere Óscar Soares Barata (1986: 236).

Numa abordagem apriorística e incompleta, a partir da análise do período de 1992 a 1997, verificamos que a consequência mais importante poderá ser a da introdução de procedimentos e mecanismos institucionais em paralelo com a existência de procedimentos e mecanismos informais. Sendo ainda residual verifica-se que a Constituição da RPC, bem como os Estatutos do PCC incorporam nas suas revisões novos conceitos e mecanismos facilitadores das teses da "regularidade" de processos, designadamente: a realização normal das sessões do congresso do PCC e da ANP; a ANP dispõe já de poderes de veto sobre os deputados previamente escolhidos pelo Partido; a existência de termos de mandato para o Primeiro-Ministro, para os conselheiros de Estado e governadores, e normas de exercício dos cargos políticos obrigaram muitos dirigentes seniores membros da elite a retiram-se.

Existem três razões para a crescente importância das instituições na era tecnocrata, a saber: a primeira diz respeito ao equilíbrio do poder entre as novas gerações da elite política, o que projecta as instituições como instrumento de gestão do jogo do poder.

Dado que os principais intervenientes partilham o mesmo "*background*" e recursos de poder e nenhum possui espaço de manobra suficiente para dominar, as velhas normas do jogo político entre os dirigentes, que delimitavam e permitiam a atribuição de status, e relações formais, tendem a perder peso.

Em consequência, as instituições formais, sancionadas pelo PCC, poderão ser aceites por todos os actores como balizas no quadro da distribuição do poder, na resolução de conflitos e, sobretudo, no equilíbrio da balança de poderes.

A segunda razão está relacionada com a natureza de especialização das instituições da RPC, as quais comportam ambiguidade e contradição. Por exemplo: a Constituição da RPC enfatiza o papel liderante do PCC; contudo ela também mantém que a ANP é órgão máximo do poder.

Importa também sublinhar o papel que as regras organizacionais de centralismo democrático e de "liderança colectiva" desempenham no jogo do poder dentro do regime chinês.

Assim, o *"Core Leader"* tem capacidade para gerar uma forte centralização (**Jiquan**), enquanto que os restantes líderes podem enfatizar a liderança colectiva (**Jiti Lingdao**).

O que está em causa é a apropriação que a elite dirigente pode fazer das instituições formais, ou seja, quando essa elite considera que há vantagens, no quadro da manutenção e disputa pelo poder, em "optimizar" os "*outputs*" políticos das instituições, essas instituições tornam-se *positive public goods*", servindo os interesses das elites, passando a ser utilizadas pelos jogadores.

A terceira razão reside nos efeitos de redução de riscos através do recurso às instituições formais. Quando, na balança de poderes, existe um elevado grau de incerteza quanto à prevalência de uma determinada facção ou indivíduo, as instituições formais tornam-se em instrumentos de menor risco a utilizar na disputa política. A elite política pós-Deng, especialmente no campo da sucessão, tem sido marcada por lutas pelo poder de resultado variável. Sendo assim, a procura da captação do poder através de regras ambíguas poderá constituir a estratégia menos arriscada.

Em síntese, a estratégia da tecnocracia constitui, na nossa perspectiva, um novo estádio do processo de consolidação do Partido Comunista Chinês como Partido-Estado, que tem na "mobilidade social" intra-Partido uma nova expressão. Essa mobilidade corresponde à transformação de muitos quadros e dirigentes do Partido em gestores e em empresários, no contexto da transição da economia, alargando a base da nomenklatura. Referindo-se ao caso soviético, com aplicações à realidade chinesa, Marques Bessa (1993: 410) considera que a transformação do Partido Comunista em partido de massas permitiu o ingresso daqueles que pretendem fazer carreira e chegar a integrar as filas dos poderosos, constituindo, por outro lado, a máquina servil da camada dirigente. Nomenklatura e Partido não se confundem: fundem-se um no outro.

Citando Vosleensky, Marques Bessa (1993: 410) entende que a camada dirigente caminha para a sua institucionalização em termos de famílias de poder, processando-se ao mesmo tempo a sua descaraterização ideológica. Os profissionais da governação já não acreditam nas suas fórmulas mágicas, limitando-se a um cinismo prático que ajuda a manter a dominância sobre a massa.

Extra-Partido verifica-se, igualmente, a emergência de novos grupos sociais, como já foi abordado em vários capítulos ao longo desta dissertação que importa "enquadrar".

Figura 11: Estrutura da Tecnocracia Chinesa

Intra-Partido	Extra-Partido
Dirigentes de topo, com formação académica	Empresários "patriotas"
Secretariado do PCC	Gestores de "joint-ventures"
Govern. Províncias	Gestores privados
Gestores públicos	Empresários privados
Familiares directos dos líderes	Quadros de empresas estrangeiras
	Académicos

2.2. O Processo de Mudança

Em resultado da crescente importância destas instituições e do reforço de algumas normas, principalmente as respeitantes aos termos dos mandatos dos dirigentes políticos e à reforma dos políticos[48], o *"turnover"* das elites nos últimos cinco anos tem sido bastante elevado.

---

[48] Por exemplo, os quadros com grau ministerial têm que se retirar dos cargos a partir dos 65 anos.

No espaço de dois anos, de Março de 1994 a Março de 1996, 19 províncias mudaram de governadores ou de secretários do Partido. Nos três primeiros meses de 1998, 12 ministros e governadores foram substituídos[49]; entre os quarenta e quatro generais que faziam parte do 14.º Comité Central, 17 foram afastados, nos finais de 1995, e entre os generais incluídos no 15.º Comité Central, 73% eram membros pela primeira vez.

Em simultâneo com o afastamento dos mais velhos, o *"selectorate"* também registou alterações. Entre os 189 membros do 14.º Comité Central, 103, ou 54,5% perderam os seus lugares, em 1997, no 15.º Comité Central. Os lugares dos velhos revolucionários foram ocupados por uma nova geração de líderes regionais e de responsáveis militares. No 15.º Congresso, a idade média dos membros do Comité Central era de 55,9 anos, a mais baixa de sempre, com os dirigentes locais e os representantes do EPL a corresponderem a 55% do total de elementos do Comité Central.

A nova liderança debate-se, no plano do equilíbrio entre a "tradição" burocrática e a "modernização" burocrática com os seguintes dilemas:
 – A entrada no sistema de decisão de elementos recrutados sob a lógica do *"expert"* e não sob a lógica do *"red"* tende a secundarizar o papel dos dirigentes mais velhos no "selectorado".
 – O rejuvenescimento dos quadros dirigentes comporta o alargamento de expectativas de promoção política que são susceptíveis de conduzir a uma configuração da disputa política no interior do Partido.
 – A "tecnocratização" da tomada de decisão tende a privilegiar a assumpção de decisões com carácter quase-autónomo em relação às orientações verticais e apoiadas em núcleos de assessoria. Segundo Weber, citado por James Dougherty e Robert L. Pfaltzgraff (2003: 707), em todos os sistemas políticos e económicos avançados surgem estruturas burocráticas que, por si próprias, determinam tanto o processo de decisão como os seus resultados na forma de decisões. Os dirigentes modernos dependem muito de conselheiros, chefes de departamento e de agências governamentais e do seu pessoal burocrático.

---

[49] Entre eles contam-se o Chefe da Comissão de Planeamento Estatal, Chen Jinhua, o Chefe da Comissão de Ciência e Tecnologia, Song Jian, e o Ministro da Industria e Electrónica, Hu Qili.

Com estes novos aspectos envolvendo a dinâmica da nova elite política chinesa emerge outra questão: em que medida as instituições influenciam as elites no actual processo de mudança e num contexto de incerteza?

A transformação da elite do pós-Mao foi acompanhada por uma alteração ideológica e por mudanças nas políticas da sociedade chinesa. A rápida emergência das elites tecnocráticas da liderança não se verificou sem obstáculos. Até ao início dos anos noventa, os tecnocratas a vários níveis, especialmente no Governo Central, estavam muitas vezes sob a sombra dos seus tutores políticos ou dos veteranos (Cheng Li, 2002: 41).

A tensão entre a velha geração de veteranos que expandiu a revolução e a geração pós-revolucionária de tecnocratas não é certamente única na China. Também ocorreu em muitos países do terceiro mundo, especialmente nos regimes comunistas durante a transição para a era pós--revolucionária.

Todos os governos marxistas-leninistas enfrentaram duas difíceis questões:
1. Como desenvolver instituições que permitissem as elites mais novas substituir sem convulsões as primeiras gerações de revolucionários;
2. Como recrutar elites com os conhecimentos técnicos necessários à transição da revolução e da transformação social para o desenvolvimento económico.

Deng e Hu Yaobang decidiram que para a selecção da nova geração de líderes deveriam ser preenchidos "quatro requisitos":
– Ser jovem (**Nianqinghua**) – com cinquenta ou na casa dos quarenta;
– Possuir habilitações literárias boas (**Zhishihua**) – definidas em termos de formação no ensino superior;
– Possuir formação e experiência especializada (**Zhuanyehua**) – preferencialmente em ciência e tecnologia;
– Politicamente aprovado (**Geminghua**) – com um período de serviço ou partido e sem registo como activista durante a revolução cultural.

Hu considerava que a China só poderia implementar as "quatro modernizações" se os novos líderes chineses possuíssem os "quatro requisitos".

A prevalência dos **Taizi** na quarta geração da liderança chinesa reflecte a deficiência das instituições políticas e é causada por dois factores:

Primeiro durante a era Deng, a China foi dirigida principalmente por veteranos revolucionários que, tal como Deng, assumiram os seus postos depois da Revolução Cultural, tendo aceitado passar o "testemunho" com a compensação dos seus filhos terem sido nomeados para postos de liderança.

O que aconteceu na ex-URSS e no Leste Europeu no fim da década de oitenta, na perspectiva dos líderes chineses não iria acontecer se o testemunho fosse passado aos seus jovens familiares. Em segundo lugar, os "príncipes" cresceram "vermelhos", os **Taizi** cresceram sob a bandeira vermelha da RPC e receberam a melhor educação, principalmente, na área da engenharia, antes da Revolução Cultural, o que se veio a tornar um factor determinante na ascensão dos **Taizi** no arranque da era das reformas. Ao mesmo tempo os novos príncipes cresceram no círculo restrito do Partido e aprenderam bem as regras do sistema (Cheng Li, 2001: 130)[50].

Esquematicamente, a sucessão do poder resulta da combinação de vários aspectos, a saber (Zheng Yongnian, 2000: 249):

a) Reestruturação ideológica;
b) Recrutamento de novas elites para a liderança;
c) Criar condições políticas para a retirada dos líderes mais velhos;
d) Preparação dos futuros líderes do Partido.

Com base nestes pontos construímos o seguinte quadro:

---

[50] Num estudo elaborado por He Pin e Gao Xin é referido que existem sete principais **Taizidang**, os quais são largamente baseados nas famílias dos líderes principais. São elas: Ye Jianying, chefiada por Ye Xuanning; Hu Yaobang – Hu Deping; Deng Xiaoping – Deng Pufang; Wang Zhen – Wang Jun; Chen Yun – Chen Yuan; Tao Zhutao Shilling e Yang Shangkun – Yang Shaoming.

Figura 12: Planeamento da Estratégia de Sucessão do Poder

Reest. ideológica	Recrut. novas elites	Condições políticas retirada líderes	Preparação futuros líderes
• Promoção do "primeiro estádio do socialismo"	• Fixar fidelidades de quadros tecnocratas	• Criação de "back-offices" em estruturas de decisão não formal	• Garantir o apoio ao EPL
• "Só através da verdade se conseguem ideias justas"	• Promoção dos jovens familiares da nomenklatura	• Promoção dos **mishu**	• Garantir apoio dos gerontes
• Promoção da teoria das três representações	• O Partido como motor da mudança		• Promoção de quadros *"expert"* versus *"red"*
• Perspectiva estatista do papel do Partido			

3. A 4.ª GERAÇÃO NO PODER

3.1. Perfil dos Líderes

A designação de 4.ª geração dos líderes do PCC obedece a uma "classificação" cronológica das principais fases político-ideológicas e militares da República Popular da China, a saber:
– A geração da longa marcha;
– A geração da guerra contra o Japão;
– A geração da guerra da Coreia;
– A geração da transformação socialista.

A nova elite política chinesa representa um fosso entre a ideia de um Partido Comunista Chinês "antiquado" ancorado no marxismo-leninismo-maoismo e uma ideologia instrumental apoiada por um "pragmatismo tecnocrático", passível de ser a nova leitura da ideologia socialista virada para o século XXI.

Assim, é importante sublinhar alguns dos aspectos que caracterizam a liderança que emergiu do 16.º Congresso, a qual apresenta uma composição particular:
- O Politburo liderado por Hu Jintao é jovem. A média de idades dos seus membros é de 60 anos de idade. Os líderes do Politburo nomeado no 15.º Congresso do Partido sob a liderança de Jiang tinham uma média de 63 anos de idade aquando da nomeação. Em contraste, a liderança do 12.º Comité Central do Politburo designada com Deng Xiaoping em 1982, apresentava uma média de idades de 72 anos de idade.
- A nova liderança consubstancia o grupo mais bem formado na história da República Popular da China. Dos 25 membros plenos e substitutos do novo Politburo, 22 têm formação universitária. De entre os 24 membros do Politburo de 1997, 17 tinham formação universitária. Contrastando, nenhum dos 25 membros do Politburo de 1982 tinha formação de nível superior.
- A nova liderança tem um forte *"background"* em termos de educação técnica. Dos 22 membros com formação universitária, 16 são engenheiros, um tem um diploma em engenharia militar e outro (Wen Jiabao) é formado em geologia. Dois membros são formados em economia ou gestão, e um tem um grau académico militar.
- A maioria dos novos membros do Politburo aderiu ao PCC entre inícios e meados da década de 60, em vésperas da Revolução Cultural. As biografias oficiais de muitos deles afirmam que os mesmos "aguardaram nomeação" durante a Revolução Cultural, em finais dos anos 60, tendo as carreiras da maioria despontando apenas com o início das reformas inauguradas por Deng em finais da década de 70.
- A experiência da nova liderança em termos de serviço militar é apenas marginalmente superior. Para além dos dois líderes militares profissionais no Politburo, apenas dois membros (Zheng Qinghong e Chen Liangyun) ocuparam postos militares, técnicos ou de baixa patente no EPL na década de 60. Em contraste, na liderança de Deng estabelecida em 1982, 20 dos 25 membros tinham uma vasta experiência militar passada ou contínua.
- A pluralidade dos novos membros do Politburo – 11 dos 25 – é proveniente das províncias costeiras. A liderança Jiang estava simi-

larmente inclinada para as regiões costeiras, enquanto a liderança Deng, nomeada em 1982, incluía uma representação muito maior das províncias do interior.

No que respeita ao estilo do trabalho de Hu Jintao desde a sua escolha para Secretário-Geral, este apresenta-se com um perfil bastante mais populista que o formal Jiang.

Hu procura, sobretudo, captar o apoio do interior do país através de vários governadores provinciais, que estiveram com ele na liga da Juventude Comunista.

Mas um dos maiores desafios de Hu será dar passos concretos no sentido da implementação do modelo das "Três Representações" de Jiang que, na nossa opinião, é uma estratégia para integrar a nova elite económica – que está fora do controlo do Partido – no regime.

É suposto a rede de apoios de Hu Jintao basear-se em três fontes principais: aqueles que estiveram ligados à Liga Comunista Jovem (a "conexão da Liga Comunista Jovem"); o grupo formado pela Universidade de Qinghua (a "conexão Qinghua"); e aqueles que foram treinados na Escola do Partido Central (a "conexão da Escola do Partido Central").

Contudo, Hu Jintao não tem redes guanxi suficientes que lhe garantam um círculo completo no aparatus do Partido. Donde, a partilha do poder e a construção de consensos são essenciais para a gestão do poder. De facto, no novo clima político – no qual a facção de Jiang Zemin detém uma forte posição no Politburo, uma facção encabeçada pelo poderoso Zheng Qinghon – a questão da construção de consensos é estratégica não apenas para a estabilidade interna do Partido, mas sobretudo para o papel do PCC como a "força orientadora" do povo chinês, numa era em que emergem lentamente novos grupos sociais com capacidades reivindicativas.

Tendo por base o cruzamento de elementos de informação coberta com fontes abertas e com bibliografia especializada, designadamente o trabalho de Andrew Nathan (2001), elaborou-se um perfil pessoal dos principais actores políticos chineses no poder representando a 4.ª geração.

Desse levantamento ressalta o seguinte:
– O apex do sistema está organizado segundo o poder relativo de facções;
– A maior parte do núcleo duro do Partido (Comité Permanente do Politburo) é afecta a Jiang Zemin;
– A facção de Xangai domina, aparentemente, o aparelho do poder;

– A liderança de Hu Jintao resulta da convergência de vários sectores políticos e militares, apresentando, por isso, um carácter de compromisso.

a) **HU JINTAO**, 59 anos, é Secretário-Geral do PCC e Presidente da República. A sua ascensão no Partido foi sempre feita com o quase exclusivo apoio dos gerontes do Partido. É a imagem do bom militante, organizador e discreto. É engenheiro hidráulico formado pela Universidade de Qinghua. Durante a Revolução Cultural, em 1968, Hu Jintao ofereceu-se como voluntário para trabalhar no campo, tendo ocupado vários cargos administrativos na Província de Gansu. Foi dirigente da Liga da Juventude Comunista. A ala reformista saneou-o, mandando-o para a Província de Guihou, como Secretário do PCC. Em Janeiro de 1988, Zhao Ziyang envia-o para o Tibete, com o propósito de o "queimar" politicamente, numa altura em que se verificava uma situação de crise aberta naquela região. Hu Jintao, assim que chegou a Lhasa, declarou de imediato a lei marcial, tendo a sua acção sido marcada pela repressão dos opositores tibetanos. Contou sempre com o apoio da **Facção de Pequim**. Em 1992 ascende ao Politburo do 14.º Congresso. Foi responsável pelas nomeações e promoções dentro do Partido. Jiang Zemin nunca lhe deu grande destaque. É, no presente, a principal figura da designada Facção de Qinghua, que é constituída por membros do Partido que foram estudantes naquela universidade. Uma outra importante base de apoio é a Liga da Juventude Comunista, onde militam vários dos seus principais apoios no presente.

b) **WU BANGGUO**, 61 anos, é presidente da Assembleia Nacional Popular. É graduado pela Universidade de Qinghua, em electrónica, (mas não faz parte da facção da universidade). É um dos membros da Facção de Xangai, mas com algum afastamento em relação a Jiang Zemin. Em 1994 vai para Pequim como membro do Secretariado do Partido. De 1995 a 1998 foi Vice-Primeiro-Ministro, com o «portfólio» da Indústria e dos Transportes.

c) **WEN JIABAO**, 60 anos, Primeiro-Ministro. É um "sobrevivente". Trabalhou com Zhu Rongji na política de reformas. É o responsável pela privatização das empresas estatais. É um especialista em economia rural. É um defensor do sistema neo-autoritário. É natural de Tiajian. Estudou geomecânica no Instituto de Geologia de Pequim. É um defensor da criação de um sistema de segurança social. Trabalhou no Gabinete Central do Partido com três Secretários Gerais: Hu Yaobang, Zhao Ziyang e Jiang Zemin. Foi um dos mentores das reformas de Zhao Ziyang apresentadas no 13.º Congresso, em 1987.

d) **JIA QINGLIN**. Presidente da Conferência Política Consultiva Popular. Amigo de longa data de Jiang Zemin, é originário da Província de Hebei. É formado em engenharia eléctrica pela Universidade de Hebei. Antes de vir para Pequim passou uma dezena de anos na Província de Fujian, onde de 1985 a 1990, ocupou todos os postos dirigentes da Província. Em 1996 foi nomeado Presidente do Município de Pequim e depois Secretário do Partido na sequência do afastamento de Chen Xitong, um dos grandes adversários de Jiang Zemin que foi acusado de corrupção.

e) **ZENG QINGHONG**, 63 anos. É Vice-Presidente da República. Era o homem que Jiang Zemin pretendia para o substituir no lugar de Secretário-Geral do Partido. É considerado o «master mind» de Jiang Zemin, tendo sido o responsável pela concepção da Teoria das Três Representações. Dentro do Partido, é o responsável pelas questões do pessoal e das organizações. É engenheiro de sistemas, formado no Instituto de Engenharia de Pequim. É o Secretário Sénior do Secretariado do PCC. Tem experiência política no Departamento Geral de Política do EPL. Em 1987 assume o cargo de Vice-Secretário do Comité Municipal de Xangai, até 1989, quando Jiang Zemin vai para Secretário-Geral do PCC. No pós Tiananmen, foi colocado como Vice-Chefe do Gabinete do Comité Central. Em 1997 torna-se membro do Politburo. É o líder da Facção de Xangai, da qual fazem parte Wu Bangguo e Li Changchun, bem como Huang Ju e ainda o ex-MNE, Tang Jiaxuan, e o ex-Ministro do Planeamento Estatal, Zeng Peiyan. Em 1999 vai dirigir o Departamento de Organização do PCC. É considerado pelos analistas internacionais como a principal ameaça à liderança de Hu Jintao.

f) **HUANG JU**, 64 anos, Vice-Primeiro-Ministro, nasceu na Província de Zhejiang, perto de Xangai, cidade onde fez toda a sua carreira política. Condiscípulo de Zhu Rongji na Universidade de Qinghua, é engenheiro electromecânico. É membro do Partido desde Março de 1966. Ingressa na administração de Xangai a partir de 1982, tendo ocupado todos os escalões da administração da cidade, sempre acompanhando Jiang Zemin e Jhu Rongji. Em 1992 é nomeado Presidente do Município de Xangai e, em 1994, Secretário do Partida de Xangai. Mais próximo das linhas conservadoras do que das linhas reformistas, acedeu ao Comité Central do Partido em 1992 e ao seu Bureau Político em 1994.

g) **WU GUANZHENG**, 65 anos. Secretário do Partido na Província de Shandong (a Bretanha "chinesa") e membro do Bureau Político desde 1997. Secretário da Comissão de Disciplina e Inspecção do Partido. Formado em engenharia pelo Departamento de Energia da Universidade de Qinghua, é militante do Partido desde 1962. Inicia a sua carreira na indústria, em Wuhan. Torna-se Secretário do Partido e Presidente do Município de Wuhan entre 1983 e 1986. Eleito Secretário da Comissão Central de Disciplina e Controlo. É tido como próximo de Jiang Zemin mas faz parte do grupo restrito dos ex-estudantes de Qinghua, que aconselham Hu Jintao.

h) **LI CHANGCHUN**, 58 anos, membro do Bureau Político do 15.º Congresso. Engenheiro de automação formado na Universidade Industrial de Harbin. Foi Governador e Vice-Secretário do PCC da Província de Liaoning. É um dos precursores da separação do Partido das empresas. De 1990 a 1998, foi Governador e depois Secretário do PCC, da Província de Henan. Durante a sua permanência em Henan, Li formou uma aliança política com Jiang Zemin. Em 1998 foi Secretário do PCC da Província de Guangdong, com a missão de neutralizar a «Facção de Guangdong». Politicamente, Li Changchun transformou Guangdong numa província controlada por Jiang Zemin (foi em Guangdong que Jiang Zemin lançou, em 2000, a campanha das «Três Representações»).

i) **LUO GAN**, 67 anos, Secretário do Comité Político e de Direito. É responsável pela segurança interna e pelas polícias. É o "guardião" da imagem do ex-Primeiro-Ministro, Li Peng. O cargo de Secretário do Comité Político e de Direito atribui-lhe grande autonomia em relação a Hu Jintao. É um opositor às reformas políticas. É engenheiro metalúrgico formado na ex-RDA. É o elemento mais vulnerável do Comité Permanente do Politburo, num cenário de purga política. Foi Secretário-Geral do Conselho de Estado e Conselheiro durante o período de Li Peng.

3.2. Quadro Político de Actuação

O 16.º Congresso do Partido e a subsequente convocação do 10.º ANP representam um momento histórico na política de sucessões chinesa. Foi a primeira vez, desde a fundação da República Popular da China em 1949, que as posições de topo no Partido e no Estado se tornaram passíveis de comutação sem a presença de um "líder supremo", como Mao Zedong ou Deng Xiaoping, para intermediar, orientar, ou subverter o processo. Consequentemente, os estudiosos das políticas de elite chinesas devem observar cuidadosamente o processo, de modo a verificar se o mesmo se desenrola suave ou contenciosamente, num cenário de "sucessão parcial", dado Jiang Zemin manter ainda grande influência.

A ascensão ao poder da liderança da "Quarta Geração" – e os oficiais da "Quinta Geração" que ascenderão a posições de influência a nível burocrático – terá implicações profundas na China, na região e no mundo ocidental.

Atingem o poder num momento em que o ambiente doméstico chinês é palco de mudanças tremendas e numa altura em que todas as soluções fáceis para os problemas sociais, económicos e políticos foram já instituídas. Esses são os líderes que terão que lutar contra a tarefa crescentemente difícil de levar a cabo as reformas económicas e estruturais e, em simultâneo, gerir os efeitos sociais, económicos políticos crescentes com elas relacionados. Terão que lidar com as incertezas económicas, sociais e políticas decorrentes da adesão da China à Organização Mundial de Comércio, especialmente porque a mesma se aplica ao sector vulnerável das empresas estatais.

Esses novos líderes terão de encontrar soluções para a problemática que assola o sector agrícola, problema que afecta a maioria dos 1.3 biliões de chineses.

Além disso, a nova liderança chinesa terá que lidar com a questão da reforma interna do próprio Partido – talvez com a "transparência interna no Partido", forma como alguns estudiosos interpretam várias das posições defendidas por Hu Jintao no que ao debate político interno se referem –, na medida em que o PCC procura manter-se como "o sistema nervoso central".

Além das questões internas, a nova liderança terá igualmente que desenvolver estratégias de polícia externa para competir num ambiente de segurança internacional em mutação, que declarações chinesas frequentemente descrevem como complexo e imprevisível. A nova liderança terá que decidir que tipo de papel escolherá a China desempenhar na comunidade internacional. Irá a China assumir-se como líder internacional, de forma compatível com o estatuto e respeito que exige enquanto grande civilização, ou meramente reclamar tratar-se da maior nação em desenvolvimento do mundo?

Que políticas desenvolverão de modo a conciliar a sua própria análise de que um bom relacionamento com Washington é crítico para o equilíbrio da balança de poderes internacional, e a avaliação, em simultâneo, das "verdadeiras intenções" dos Estados Unidos no sentido da "ocidentalização" e divisão da China? E que estratégia deverá Pequim desenvolver no que concerne à União Europeia, no quadro de um sistema mundial multipolar?

Quando equacionamos o enorme desafio que a China enfrenta no início do século XXI, emerge uma questão central: está a "Quarta Geração" preparada para lidar com estas questões? Apesar da sua falta de "pensamento revolucionário" quando comparada com os "históricos" do Partido, a nova liderança pertence a uma geração que podemos apelidar de "geração incrementalista", cujas pedras angulares são a transformação da China numa grande potência – utilizando o tecnonacionalismo como bandeira – e a prosperidade interna sob um governo "paternalista" guiado por um monismo tendencialmente desenvolvimentista.

Embora a cultura política chinesa seja caracterizada por lutas entre facções, os desafios que o novo ambiente doméstico e externo representam para o regime não se compadecem com pelejas dentro do Partido. Por essa razão, o jogo de manobras políticas dos próximos anos deverá caracterizar-se pelo compromisso e não por conflitos entre facções.

Em síntese, os líderes e o povo chinês enfrentam um dilema que provavelmente se intensificará nas primeiras décadas do século XXI. Por um lado, o Partido é indispensável; por outro lado, necessita de se reformar se se pretende manter em linha com as novas condições. Assim, excepcionando o período de 1984-88, quando Hu Yaobang e Zhao Ziyang agiram sob o encorajamento de Deng Xiaoping, os líderes chineses têm mostrado relutância em embarcar numa reforma genuína do Partido. Vários factores explicam essa relutância: diferenças profundas e polarizadas entre os líderes no que respeita aos objectivos finais, aos meios e à urgência da reforma do Partido; receio de que os resultados conduzam ao mesmo desfecho desastroso que tiveram os esforços de Gorbachev para reformar o Partido Comunista na União Soviética; preocupação relativamente à possibilidade de potências estrangeiras e de Taiwan utilizarem um controlo partidário do sistema político mais solto como uma oportunidade de o destronar completamente; o desejo dos líderes de se focarem naquilo que conhecem e demonstraram saber fazer – desenvolvimento económico (Michael Oksenberg, 2002: 204).

Mas, não podemos esquecer, como foi já sublinhado, o fenómeno de mudança sociológica e cultural de que a China é palco na actualidade – o seu impacto no ambiente político é imprevisível e pode afectar a gestão do poder pelo Partido.

Inspirados pela "manutenção e adaptação das funções do sistema político e nas suas capacidades", teorias de David Easton, Gabriel Almond e Karl Deutsh, consideramos, tendo presente a actual moldura sociopolítica, que os líderes chineses enfrentam alguns problemas relacionados com a articulação dos interesses e com a agregação dos interesses, desde que novas exigências emergiram na sociedade chinesa:

a) A liderança de Hu provavelmente dará um passo em frente com uma reforma baseada na economia de mercado, no quadro dos novos constrangimentos decorrentes da adesão da China à OMC. Continuará a conceber a prosperidade e força nacionais sustentadas por uma integração mais acentuada na economia internacional;

b) A nova liderança muito dificilmente diminuirá o controlo do regime sobre dissidentes ou expandirá liberdades políticas num qualquer sentido significativo, numa altura marcada por um ajustamento económico antecipado e desassossego social decorrentes do cumprimento dos compromissos com a OMC;

c) A nova liderança está, todavia, aparentemente comprometida a incrementar os passos no sentido da reforma política objectivando responder aos problemas do Partido e a melhorar a consulta intrapartidária;

d) A incorporação da formulação das "Três Representações" no preâmbulo da Constituição do Partido representa um novo passo em direcção a uma nova abordagem da relação entre o Partido e uma nova classe social emergente das reformas sociais;

e) Sob a influência continuada de Jiang na CMC, e apoiada pelo Politburo tecnocrata, Pequim continuará a exercer pressão no sentido da modernização do EPL iniciada por Deng Xiaoping em 1985 e acelerada consideravelmente na década de 90 pela ênfase conferida por Jiang no papel da tecnologia avançada na guerra moderna;

f) Finalmente, é nossa percepção de que nas questões estratégicas e de segurança, a questão de Taiwan, as relações com Washington, o papel da China no equilíbrio da segurança regional, em particular no caso da península coreana, o relacionamento com o Japão e a parceria estratégica com a ASEAN são, no curto e no médio prazo, importantes testes à "maturidade" política da nova liderança chinesa.

VIII. O EPL E A SEDE DO PODER: O PROCESSO DE DECISÃO

1. O SISTEMA DA CMC/EPL

Nas palavras do Professor Narana Coissoró (1999: 286-387):

"O Exército de Libertação do Povo é imprescindível para manter o monopólio do poder central e os limites territoriais do Estado. Tiananmen expôs pela primeira vez as fissuras internas do poder militar, mas investigadores modernos, por exemplo, Ellis Joffe, sustentam que actualmente é o poder militar que mantém a supremacia do Partido e a expectativa chinesa de vir a ser uma superpotência. Daí o esforço de modernização das Forças Armadas, para entrar no clube das potências nucleares, e a insistência para que elas, as Forças Armadas, também estejam presentes em todo o lado, incluindo as Regiões Autónomas Especiais como Macau. O poder militar e o poder político é um Tandem que nenhum estadista e estudioso pode menosprezar nas suas análises sobre o futuro da China".

Este aspecto da relacção Partido-Forças Armadas é visto pelos especialistas como "automático", dado o papel que o Exército Popular de Libertação tem na estabilidade da transição na era pós-Deng.
Como salienta Ellis Joffe (1996: 299):

"Until now, the army has been a central force in Chinese politics owing to the unique Party-army relationship that has existed since the founding of the Communist regime. Although this relationship will change in the near future, the importance of the military will not: they will remain indispensable backers of the new leadership. This is because they command the forces which may be used to determine the outcome of an elite power struggle, displace rebellious local figures, put down a mass uprising or even carry out a coup. Despite their importance it is far from clear that the Chinese

military will do in politics over the next few years. One reason is that their actions will be decisively determined by what happens in the political arena, and this is unpredictable".

É, pois, fundamental em qualquer análise sobre a China, quer numa perspectiva interna, quer na percepção da conjuntura internacional, proceder-se à abordagem do papel das forças armadas.

As relações entre a liderança civil e os militares situam-se no plano das relações Partido-Forças Armadas. Analistas do EPL consideram mais apropriado analisar à luz das "relações Partido-Forças Armadas", em vez da expressão genérica "relações civis-militares", como é usado em todo o mundo.

Nos sistemas políticos dominados por um Partido Comunista, como a RPC, os militares são um instrumento do Partido. A sua missão de segurança nacional tem um carácter dual, tendo por alvos inimigos internos e externos. Essas forças armadas, onde se inclui o EPL, são institucionalmente penetradas pelos Partidos Comunistas que dirigem, através dos comissários políticos.

No topo do sistema político existe um "Directorado de Interligação" formado por uma elevada percentagem de chefias militares seniores, que são membros do Comité Central e do Politburo do Partido Comunista, e por dirigentes séniores do Partido, que serviram as Forças Armadas.

Em síntese, constata-se a existência de uma simbiose entre as Forças Armadas e o Partido Comunista (David Shambaugh, 2002: 12).

No caso da RPC, o "Directorado de Interligação" deu lugar à sucessão geracional. Com efeito, actualmente não existe nenhum dirigente de topo do PCC que possua experiência militar.

A elite Partido-EPL tornou-se bifurcada, verificando-se que o corpo de oficiais tende, gradualmente, a tornar-se profissional. De facto, o recrutamento do EPL é agora baseado predominantemente em critérios técnicos. A missão dos militares é, hoje, quase exclusivamente externa, visando garantir a segurança nacional, em vez da segurança interna. O papel da ideologia é, por isso menor, e o trabalho político regista um declínio (David Shambaugh, 2002: 13).

A mudança na cultura militar, resultado da conjuntura interna e externa, leva Shambaugh a considerar que as relações entre o EPL e o Partido se encontram em estádio intermédio, de transição de um Partido--Exército para umas "Forças Armadas Nacionais" (David Shambaugh, 2002: 14).

VIII. A componente militar no processo de tomada de decisão política estratégica

Contudo, no presente existe uma discussão subterrânea à volta do controlo político das Forças Armadas por parte dos órgãos de Estado.

Essa discussão é resultante da emergência das teses "institucionalistas", de que Shambaugh é um dos autores, que, na nossa perspectiva, confundem regularidade de procedimentos com o estatuir de regras definidas burocraticamente. Kenneth Lieberthal (1995), outro "institucionalista", dá bem a ideia da sua concepção, presente nas seguintes palavras:

"Institutions (...) are practices, relationships, and organizations that have developed sufficient regularity and perceived importance to shape the behaviours of their members".

Numa abordagem "gradualista", afigura-se-nos que as relações entre o Partido e as forças armadas, através da Comissão Militar Central, reflectem, antes de mais, o passo das reformas económicas e o protagonismo da RPC no sistema internacional, que só poderá ser aferido em função da existência de umas forças armadas, cuja capacidade dependerá, em muito, do poder específico do Partido.

Como é referido na Lei da Defesa Nacional, aprovada em Março de 1997, pela ANP, as Forças Armadas da RPC deverão submeter-se à liderança do Partido Comunista e das suas organizações e as Forças Armadas deverão conduzir as suas actividades de acordo com a Constituição do Partido Comunista Chinês.

Para David Shambaugh, (2002: 50) verifica-se, contudo, uma "civilização" do sistema de decisão da defesa, que, para este autor, é reforçada no livro branco da defesa nacional elaborado em 1998, o qual coloca "grande ênfase na Assembleia Nacional Popular, no Conselho de Estado e na Comissão Militar Central, como instituições que controlam o EPL. Refere o livro:

"In accordance with the Constitution, the National Defense Law and other relevant laws, China has established and improved its national defense system. The state exercises unified leadership over defense-related activities. The NPC of the PRC is the highest organ of state power. It decides on questions of war and peace, and exercises other defense-related functions and powers provided for in the Constitution... The State Council directs and administers national defense work and the CMC directs and assumes unified command on the nation's armed forces.... The active components of the PLA comprise the state's standing army.... The state exercises unified leadership and planned control over defense research and production. The State Council leads and administrates defense research

and production, as well as defense expenditure and assets. The CMC approves the military equipment system of the armed forces and military equipment development plans and programs... in coordination with the State Council, and manages defense outlays and assets jointly with the State Council. The state practices a state military supplies order system to guarantee the acquisition of weapons and other war materials. The state practices a financial allocations system for defense spending. It decides the size, structure, and location of defense assets and the adjustment and disposal of these assets in accordance with the needs of national defense and economic construction. The State Council and CMC jointly lead mobilization preparation and implementation work".

O acento tónico colocado por Shambaugh na "institucionalização" do controlo do EPL por parte da ANP não tem correspondência na prática, dada a quase completa sujeição das Forças Armadas ao Partido, através da CMC e dado o peso do "pessoalismo" na tomada de decisão, como o demonstra a continuidade de Jiang Zemin como Presidente da Comissão Militar Central[51], após a sua retirada de Secretário-Geral do PCC e de Presidente da República, no 16.º Congresso do PCC, em Novembro de 2002 e na 10.ª Sessão da ANP em Março de 2003, respectivamente. Sobre esta questão referimos o seguinte:

"In what concerns the Armed Forces, the institutionalism process seems to be more difficult, given the 'shadow' of Jiang Zemin, that still keeps the grip on Armed Forces, since he maintains the presidency of Central Military Commission, as the 'ruler behind the curtain'. I underline this aspect because it will be very important in the build-up of an analysis concerning the role of the PLA in any future political transition in China, given the dichotomy third generation/politicisation of PLA versus fourth generation/professionalization of PLA. In effect, the relationship between politicisation and professionalization has been crucial to most past analysis of the Chinese military. Thus, one of the main tasks of the new Chinese leadership will be the improvement of stronger civilian government control of the military in the direction of a more "expertise" army" (Heitor Romana, 2003: 21).

Afigura-se, assim, que a posição do EPL no eixo da decisão estratégica chinesa não regista alterações sensíveis, tendo em conta que, na nossa

---

[51] Jiang deixou o lugar em Outubro de 2003. Contudo, fez ascender à vice-presidência da CMC o General Xu Chanyou, um dos seus homens-de-mão.

perspectiva, o recuperar das ideias de uma reforma política, entendida como a separação das funções do Partido das funções do Estado, parte do próprio Partido. Sendo assim, não é possível separar organicamente o PCC das Forças Armadas.

A subordinação do EPL está formalmente definida pela Constituição, mas, realmente balizada pelo PCC (China's National Defense, 2002: 12).

"The PLA is a people's army created and led by the Communist party of China (CPC), and the principal body of China's armed forces".

A dependência político-funcional do EPL face ao PCC é visível nos deveres dos militantes para com o PCC, a saber (Jeremy T. Paltiel, 1995: 790):
– Seguir as políticas, as orientações e a linha do Partido;
– Seguir o comando do Comité Central e da CMC;
– Pôr em prática as decisões mais importantes do CC e da CMC, no que concerne à valorização das Forças Armadas;
– Manter um elevado nível de unanimidade com o CC e com a CMC, na doutrina, na acção e nas políticas;
– Responsabilidade política conjunta dos comandantes militares e das chefias políticas na supervisão das unidades de acordo com as orientações do Comité do Partido.

A questão do controlo do EPL por parte do PCC tem gerado diferentes *"insights"* junto dos politólogos que estudam o fenómeno do poder na China, que, de uma forma sintetizada podem ser divididos entre as abordagens que consideram que o PCC detém um controlo absoluto sobre as Forças Armadas, e as que entendem que o EPL possui uma elevada autonomia face ao PC. Edwin A. Winckler (1999: 85) define aquelas abordagens, respectivamente como *"tight and loose interpretation"*.

De acordo com a perspectiva *"tight"*, as instituições leninistas de controlo das Forças Armadas mantêm-se intactas, contribuindo para isso a gradual diminuição do peso da decisão pessoal na instituição militar, devido em parte ao desaparecimento da geração dos líderes revolucionários.

Em contraste, segundo a versão *"loose"*, o EPL é uma organização com elevada autonomia dentro do Partido-Estado, ou mesmo *"a state within a state"* (Lieberthal, 1995: 204-207). Dado que o controlo das Forças Armadas está acima pouco institucionalizado, as redes de **guanxi** dentro do EPL determinam as linhas de autoridade.

No tocante às relações Estado-sociedade, a posição da perspectiva *"tight"* considera que as restrições impostas pelo Partido às actividades empresariais do EPL constituem exemplo do controlo exercido pelo PC.

Por seu lado, a tese *"loose"* considera que o esforço do Partido para intensificar o controlo político sobre os militares é a evidência de fraqueza e não de poder.

Externamente, segundo a concepção *"tight"*, os civis dominam a política militar, que é basicamente defensiva. Para os defensores do reforço do papel do PCC, a participação dos militares no processo de concepção está restringida à defesa e à política externa. A representação dos interesses militares verificar-se-á somente através dos canais formais apropriados, em especial através da Comissão Militar Central.

Para a concepção *"loose"*, o desaparecimento dos velhos revolucionários deu aos militares, em particular aos "profissionais", uma maior amplitude no respeitante à política de defesa, e talvez também uma maior amplitude para implementar a sua própria agenda, designadamente no que respeita à venda de armamento.

Os teóricos e mentores da estratégia política chinesa, em especial os investigadores da Academia de Ciências Sociais – um *"think tank"* do PCC – põem especial ênfase no carácter constitucional e institucional das relações entre o Partido, a Assembleia Nacional Popular, considerado o órgão legislativo quase-pleno, e o Conselho de Estado, formalmente responsável pelo executivo.

Estabelecem uma distinção entre o antes e o depois de 1987, quando no 13.º Congresso do PCC foram introduzidas reformas visando alterar a relação entre o Partido e os órgãos de Estado, atribuindo um maior peso ao órgão legislativo.

A tese dos "institucionalistas" chineses é a de que, gradualmente, através do reconhecimento da ANP como um verdadeiro órgão legislativo, o Partido Comunista Chinês tenderá a exercer a sua legitimidade e a sua liderança através da ANP. Como afirma Jiang Jinsong (2003: 120):

> *"The Party in leadership should formulate the grand platform and major policies, submitting them to the NPC and recommending candidates for leading state offices to the NPC. All these actions should be done in the name of the Central Committee of the Communist Party of China. The Communist Party exercises this political prerogative because it is the Party in leadership and its leadership does not depend upon the number of its seats in the NPC".*

Outra posição, mais radical, é defendida por vários professores, designadamente Shi Jinqing e Ni Jintai que advogam uma abordagem "intra-ANP" que tem duas vertentes.

A primeira considera que as políticas do PCC deverão ser submetidas à ANP e não poderão ser postas em prática sem a aprovação do órgão legislativo. A segunda prende-se com a forma como o PCC "impõe" as regras do jogo a partir do seu núcleo duro de decisão: o Comité Permanente do Politburo e as estruturas formais e informais que gravitam à sua volta.

1.1. Estrutura e Organização da Comissão Militar Central

O sistema militar existente mantém-se subordinado a um comando e controlo centralizado, com a suprema autoridade entregue à Comissão Militar Central do Comité Central do Partido Comunista Chinês. As nomeações para a comissão militar baseiam-se em dois critérios principais: estatuto como "militar sénior", ou detenção de responsabilidade em uma das actividades centrais do Partido (Jonathan D. Pollack, 1998: 186).

Abaixo da Comissão Militar Central, existe um Comité Executivo da Comissão Militar Central, para além do Núcleo Político Restrito para os Assuntos Militares. Aquele Comité Executivo é formado por membros do Secretariado do Comité Central, e por oficiais séniores.

Sobre a posição da CMC, afirma K. Lieberthal (1995: 205):

> *"The real leadership of the Chinese military is exercised through the Military Affairs Commission of the CCP, and it is a measure of Party dominance of the system that the PLA is sworn to defend the Communist Party rather than the State".*

Teoricamente, a Comissão Militar Central do Partido tem uma importância determinante nos assuntos militares e de defesa. Os seus poderes, de acordo com as orientações do Comité Central, são: os de decidir a estratégia militar e o desenvolvimento das forças armadas, implementar decisões políticas importantes, decidir sobre a dimensão das forças armadas, bem com decidir sobre as opções de construção e aquisição de armamento, designar e transferir quadros militares, e desenvolver linhas de orientação ideológica (Mel Gurtov, 1998: 35-36).

Na prática, a Comissão Militar Central não possui um grupo de trabalho permanente, funcionando, antes, como o último decisor organizacional. A real fonte do poder da Comissão Militar Central reside na autoridade e prestígio dos seus membros, mais do que na instituição em si própria.

A Comissão Militar Central constitui, temporariamente, sub-comités ad-hoc ou comités funcionais para preparar os planos de defesa, estudar questões políticas. Reúne-se, pelo menos, uma vês por mês. No caso das principais decisões, são realizadas reuniões alargadas pelo menos duas vezes por mês.

Dando seguimento a directivas de Deng Xiaoping, a Comissão Militar Central continua a deter uma elevada capacidade de influência no processo de tomada de decisão, designadamente nas seguintes áreas:
- Política de controlo de armamento;
- Estratégia global de segurança nacional, nos planos interno e externo;
- Política de "*strategic partnership*" com Estados regionais;
- Relacionamento da China com Estados membros da NATO;
- Transferência de tecnologia em sectores sensíveis para a política de defesa;
- Estratégia política para Taiwan. Planeamento e execução das acções de pressão sobre o governo de Taipé;
- Relacionamento político-militar com os EUA;
- Definição dos pontos vulneráveis da segurança interna.

A estrutura de decisão está organizada em vários níveis concêntricos, assim representados:

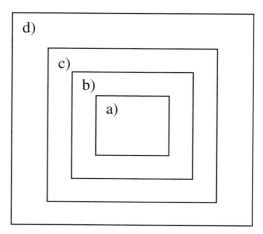

a) Núcleo duro formado pela CMC;
b) O primeiro nível interior é constituído pelo Estado-Maior do EPL, que funciona como o braço executivo da C.M.C. e fornece apoio de *Intelligence* e análise política.
c) O segundo nível interior é constituído por estruturas em que o processo e decisão é dirigido para áreas específicas, tais como o Departamento Geral de Política, o Departamento Geral de Logística, e o Departamento Geral de Equipamento e a Comissão para a Ciência Tecnologia e Indústria de Defesa Nacional.
d) O nível exterior é formado pelas regiões militares, cuja influência se situa na execução das orientações centrais e na adaptação das doutrinas operacionais às condições locais.

A Comissão Militar Central exerce controlo administrativo e supervisiona os quatro departamentos gerais em que assenta a estrutura político-militar da defesa chinesa: – Departamento de Estado-Maior; Departamento Logístico; Político; e Equipamento. Tal controlo é feito através da participação de cada director, dos respectivos departamentos, da Comissão Militar Central, existindo aparentemente, representantes de cada departamento no Gabinete Geral da Comissão Militar Central, funcionando como elementos de ligação. A Comissão Militar Central exerce também comando directo sobre as sete regiões militares, embora, na prática, tal seja exercido através do Departamento do Estado-Maior (David Shambaugh, 2002: 120).

A organização interna da Comissão Militar Central não é inteiramente clara, sendo, de facto, um segredo de estado. É conhecido, contudo, que é composta por, pelo menos, por cinco órgãos-chave.

O mais importante é o Gabinete Geral (**Zhong Ban**), que funciona como o centro nervoso de todo o mecanismo da Comissão Militar Central, no respeitante às comunicações, aos documentos e à coordenação das reuniões.

Ao Gabinete Geral estão subordinados o Gabinete Político (**Zheng Ban**), o Gabinete de Pesquisa (**Ke Yan Ban**), e o Gabinete de Assuntos Externos (**Wai Ban**) e supervisiona o Bureau de Segurança Central e o Bureau Central de Guardas.

A Comissão Militar Central é também responsável pelos Comités das Forças Armadas[52]. De entre os quatro departamentos que constituem

---

[52] Estes comités existem dentro dos comités do Partido ao nível de província, região autónoma, cidades, municípios e vilas. Tem como atribuições disseminar a informação sobre a Defesa Nacional e as directivas da Comissão Militar Central à população civil.

o núcleo político operacional das forças armadas chinesas, já atrás referidos, afigura-se que, no contexto da análise do sistema de decisão estratégico, o Departamento Geral Político constitui uma peça fulcral.

O Departamento Geral Político é uma das mais antigas organizações do EPL, simbolizando a relação simbiótica entre os militares e o Partido Comunista, desde os anos vinte. Até ao presente, a sua principal responsabilidade tem sido a do "trabalho político" (**Zhengzhi Gongzuo**). Essa acção é considerada vital pelos dirigentes do Partido Comunista Chinês para a manutenção e salvaguarda do regime. Uma das principais lições tiradas do colapso de outros regimes comunistas foi a da importância crucial em manter o controlo sobre as forças armadas – descritas pelo EPL como "*manter a liderança absoluta do Partido*" (**zhici Dang de Juedui Lingdao**) – e a preparação dos militares para o uso efectivo das forças, contra a população civil se necessário (David Shambaugh, 2003: 133).

O sistema dos comités do Partido é o meio responsável pela doutrinação ideológica do EPL, através dos comissários políticos.

Os comissários políticos existem no EPL desde os primeiros dias do Exército Vermelho, embora as suas funções tenham evoluído ao longo do tempo. Originalmente, o seu papel era o de mobilizar a população e obter informações sobre as forças nacionalistas e sobre as forças japonesas. Desde 1949, adoptando o modelo soviético, as suas principais funções foram as de doutrinação.

Actualmente, o papel do comissário político é principalmente o de complementar o papel dos comités do Partido e dos secretários no desenvolvimento do trabalho ideológico, e disseminação da linha do Partido (**Luxian**).

O Departamento Geral Político está organizado dentro do esquema da estrutura central do Partido Comunista Chinês, assente, para além do gabinete geral, já atrás referido, no Departamento de Organização, no Departamento de Segurança, no Departamento de Propaganda e no Departamento de Quadros (Shambaugh, 2000: 134).

O Departamento de Estado-Maior é o maior e o mais importante dos quatro grandes departamentos. Tal como os outros três, o Departamento de Estado-Maior é um órgão na dependência da Comissão Militar Central. Possui a sua sede em Pequim, mas atravessa toda a estrutura organizacional do EPL.

Todas as armas, regiões militares, distritos militares e a Polícia Armada Popular dispõem de "Departamento de Estado-Maior" (**Silingen**) que constituem a cadeia de comando institucional do Departamento de Estado-Maior (Shambaugh, 2000: 129).

Segundo fontes chinesas publicadas[53], a Comissão Militar Central tem como missão e funções:
- Estabelecer comando unificado das forças armadas nacionais;
- Decidir sobre a estratégia militar e os princípios de combate das forças armadas;
- Dirigir e gerir o EPL, elaborar regulamentos e planos e organizar o envio de forças;
- Implementar resoluções da Assembleia Nacional Popular e do seu Comité Permanente;
- Formular regulamentos militares de acordo com a constituição e disseminar decisões e ordens;
- Definir a estrutura e meios humanos do EPL e supervisionar os departamentos gerais e as regiões militares, bem como outros órgãos sob o comando das regiões militares;
- Nomear, substituir, investigar, promover e sancionar os efectivos das forças armadas;
- Supervisionar e aprovar o sistema de equipamento das forças armadas, a aquisição de novas armas e, em coordenação com o Conselho de Estado, gerir o sistema de pesquisa e de produção tecnológica e científica para a Defesa Nacional;
- Juntamente com o Conselho de Estado organiza e gere o orçamento militar e o investimento da Defesa Nacional.

A Coordenação política, a formulação e a disseminação de directivas da Comissão Militar Central são feitas a partir de reuniões e conferências, que assumem diferentes formas (Tai Ming Cheng, 2001: 71-73):
- Conferência de Trabalho (**Bangong Huiyi**) – Este tipo de reunião é essencialmente de carácter executivo. Realiza-se normalmente, todas as terças feiras. O presidente normalmente não participa. Trata-se de uma reunião que trata, sobretudo, de assuntos administrativos, mas também é importante na concepção política.
- Conferência Sénior (**Pengton Huiyi**) – Trata-se de uma reunião que visa a troca de informações entre os dirigentes políticos e militares de maior peso histórico.
- Conferência de Reflexão (**Zuotan Huiyi**) – Cada sessão desta conferência decorre durante vários dias e tem por escopo a discussão de matérias de política interna e externa e militares.

---

[53] Academy of Military Sciences, ed. Shijie Junshi Nianjian 2000, p. 130, Pu, Zhonghua Renmin Gongheguo Zhengzhi Zhidu, p. 560, cit. por David Shambaugh (2000: 119).

- Conferência Plenária (**Quanti Huiyi**) – Trata-se de uma sessão anual de balanço sobre o trabalho desenvolvido na gestão política e ideológica das forças armadas.
- Conferência Alargada (**Kuoda Huiyi**) – Tem normalmente uma sessão anual na qual participam os comandantes militares de todo o país.
- Reunião de Beidaihe – Membros da Comissão Militar Central participam neste encontro informal dos actos dirigentes do Partido, que se realiza anualmente, no Verão, da estância de Beidaihe. Trata-se de um encontro de importância fulcral, dado que é aí que são preparadas as grandes linhas de orientação política que depois são aprovadas na sessão anual do congresso do Partido Comunista Chinês.
- Grupos "ad-hoc" – Quando são adoptadas acções políticas de fundo respeitantes à instituição militar, são organizados grupos "ad-hoc" para planearem as orientações políticas.
- Grupos de *"drafting"* – Trata-se de um grupo "ad-hoc" composto por especialistas militares do Estado-Maior do EPL, que é responsável pelo *"draft"* dos planos de defesa nacional.

O sistema de decisão militar chinês é tradicionalmente hermético e integrado verticalmente, com poucas ligações externas, excepto com o Partido. Contudo, devido à liberalização económica e à abertura ao exterior tem-se verificado uma interligação entre os militares e os civis, na gestão da decisão militar.

No âmbito das ligações Partido-Forças Armadas elas ocorrem através da Comissão Militar Central. Entre as mais importantes ligações situam-se as seguintes:
- Laços pessoais entre os membros seniores e os líderes do Partido;
- Ligações formais, em particular através do Núcleo Político Restrito de Política Externa e do Núcleo Político Restrito sobre Taiwan.

No plano da ligação entre o governo e o EPL, é de referir que esta faz-se através dos departamentos do EPL e os ministérios e as comissões, como elenca Tai Ming Cheng (2001: 86):
- O Departamento Geral de Logística negoceia regularmente com o Ministério das Finanças sobre o orçamento de defesa, embora a liderança política tenha a decisão final;

VIII. A componente militar no processo de tomada de decisão política estratégica 185

- As ligações entre a Comissão para a Ciência, Tecnologia e Indústria de Defesa Nacional e a Comissão Estatal de Ciência e Tecnologia, respeitantes à indústria de defesa e à pesquisa científica;
- O Ministério dos Negócios Estrangeiros e os órgãos militares reúnem-se com frequência para coordenar estratégias respeitantes à política externa, designadamente no respeitante ao controlo de armamento e às relações com os principais países;
- Ligações do Ministério do Comércio Externo com a Comissão Militar, com o Departamento Geral do Equipamento e outros órgãos do EPL, no respeitante à venda de armas;
- Coordenação entre o Ministério de Segurança Pública, a Polícia Armada Popular e o Departamento de Estado-Maior, sobre matérias de segurança interna;
- Coordenação entre o Ministério dos Assuntos Civis e o Departamento Político Geral, no respeitante à desmobilização das tropas;
- O Ministério da Indústria de Informação trabalha directamente com as estruturas de comunicações do Departamento de Estado-Maior e com o Departamento Geral de Equipamento, visando o desenvolvimento de sistemas de telecomunicações e electrónicos de defesa.

Ainda no atinente nas relações entre o Governo e as Forças Armadas, a lei de Defesa Nacional, de 1997, atribui ao Conselho de Estado responsabilidades em matérias de defesa, que incluem:
- A elaboração de programas e de planos para a construção da defesa nacional;
- A formulação de princípios, políticas e leis administrativas para a defesa nacional;
- Direcção da pesquisa científica para a defesa;
- A gestão de despesas e investimentos da defesa nacional;
- Direcção da política de educação sobre a defesa nacional.

O estudo do processo e estruturas de decisão política permite ter um *"insight"* sobre o papel dos militares da segurança nacional, na era das reformas, especialmente sobre a liderança de Jiang Zemin, que se sumaria:
- A influência do EPL no processo de decisão política mantém-se elevada. Verifica-se que as chefias militares só fazem passar as suas mensagens através do Secretariado do Partido;

– Os interesses profissionais dos militares determinam largamente o envolvimento do EPL no processo de decisão política nas áreas da política externa e da segurança nacional.

A estrutura organizacional do EPL registou substanciais reformas ao longo da década de noventa, visando adaptar as Forças Armadas a novas prioridades e missões. O domínio tradicional das forças terrestres tem sido gradualmente substituído por um investimento na Força Aérea e na Segunda Artilharia.

As Forças Armadas mantêm um estatuto de subordinação em relação ao Partido Comunista Chinês e é o último instrumento coercivo do Partido. Ao mesmo tempo, contudo, as Forças Armadas assumem uma identidade organizacional distinta e autónoma, e, em muitos aspectos constitui, virtualmente, um Estado dentro de outro Estado.

Por outro lado, o EPL está também no centro das principais mudanças que se têm verificado nas últimas décadas, a vários níveis. O primeiro desafio foi colocado por Deng Xiaoping, cujo assumir da presidência da Comissão Militar Central, em 1981, reflectiu a importância estratégia da Comissão Militar Central e também a convicção acerca das falhas da instituição militar. Outros desafios prendem-se com a diminuição do estatuto dos militares, no quadro das reformas económicas, expresso na perda relativa de capacidade de influência junto do topo político. Acresce a emergência de um segmento de oficiais que pretendem uma maior profissionalização das Forças Armadas.

No que diz respeito ao comando e controlo militar, crescentes interacções entre os quadros militares chineses e académicos estrangeiros tem permitido um melhor conhecimento da estrutura de decisão militar.

Os especialistas desenvolvem diferentes modelos para explicar as relações entre o Partido e os militares, no contexto do sistema político chinês. Essas relações têm sido descritas através das expressões "O Partido comanda as armas", a simbiose do Partido – Forças Armadas, a dicotomia civis-militares, e profissionalização dos militares. No modelo "O Partido comanda as armas", o controlo histórico da instituição militar por parte do Partido, e a ideologia são enfatizados.

O EPL está subordinado ao Partido também devido ao controlo político colocado pela liderança para garantir lealdade ou porque os militares envolveram-se directamente na política, como se verificou durante a revolução cultural. Mas deverá ser sublinhado que o controlo político não impediu que o EPL formasse uma identidade organizacional separada

(Mel Gurtov, 1998: 25). No que diz respeito à abordagem da profissionalização das forças armadas, importa referir as diferentes concepções que o Partido e as forças armadas têm da profissionalização do EPL. A linha de orientação do Partido Comunista Chinês para o desenvolvimento das forças armadas inclui não só a modernização e a profissionalização, mas também o espírito revolucionário, que significa adesão às regras e disciplina espiritual. O Partido rejeita, quer o ponto de vista puramente militar, com a quase exclusiva aposta na modernização do armamento e no treino militar, quer a perspectiva que defende a posição conservadora do EPL. A profissionalização é o resultado natural do facto das forças armadas chinesas fazerem parte de um crescente aparatus de defesa. Para participar numa guerra "sob modernas condições", ou mais recentemente, "uma guerra limitada sob condições de alta tecnologia", o alto comando militar chinês necessita de desenvolver novas teorias de combate que integrem a teoria da "guerra popular", necessita, igualmente de reorganizar a estrutura militar e adquirir ou desenvolver armamento "hi-tech".

Por outro lado, as Forças Armadas, enquanto instituição, é parte do todo que constitui a estrutura do Partido e de um elemento do Estado. Ignorar este ponto leva a perspectivas erradas sobre o conflito entre as elites civis e militares, vendo-o como rivalidade entre dois diferentes grupos representando duas instituições distintas. Assim, aquilo que é geralmente designado por "Relações Partido -Forças Armadas" no modelo do controlo por Partido corresponde em primeiro lugar a relações intra-Partido.

1.2. Processo de Decisão Estratégica

Em 1996, Michael Swaine (1996: 14-15) considerava que o processo de decisão sobre os objectivos estratégicos nacionais residia numa liderança colectiva informal de quatro dirigentes: Jiang Zemin, Secretário-Geral do Partido, Presidente da Comissão Militar Central e membro sénior do Comité Permanente do Politburo; Li Peng, Primeiro-Ministro e membro do Comité Permanente do Politburo responsável pelos assuntos de Estado e pelo sistema de Política Externa; e Liu Huaqing e Zhang Zhen, dois poderosos veteranos do EPL. Os restantes quatro membros do Comité Permanente do Politburo – Qiao Shi, Li Ruihuan, Zhu Rongji e Hu Jintao – embora tivessem participação sobre questões estratégicas não possuíam autonomia para influenciarem, em profundidade, o processo final de decisão, sendo o seu papel de conselheiros.

Depois do 15.º Congresso do PCC, em Outubro de 1997, verificaram-se alterações no Núcleo Duro da Decisão Estratégica. Jiang Zemin reforçou a sua posição enquanto que Li Peng teve que partilhar com Zhu Rongji o dossier dos assuntos externos. Verificou-se, igualmente, a subida de Hu Jintao ao topo da decisão política, bem como a ascensão do General Zheng Wannian a Vice-Presidente da Comissão Militar Central, tendo-se tornado no militar mais poderoso do EPL, responsável pela estratégia militar para Taiwan[54].

Sendo escassas as informações sobre a composição do Núcleo de Decisão Estratégica saído do 16.º Congresso, existem referências avulsas que indicam que o Secretário-Geral do PCC, Hu Jintao, assumiu o controlo das questões ligadas à defesa e política externa.

Ainda no tocante ao sistema de decisão, o EPL tem, pelo menos, um representante no Núcleo Político Restrito para a Politica Externa (NPRPE)[55], este núcleo funciona como grupo chave para a coordenação política, comunicação, supervisão e consulta, entre o Comité Permanente do Politburo e o sub-sistema de assuntos externos (42).

A representação do EPL no NPRPE surge durante a década de oitenta, devido à falta de coordenação e às tensões entre o Ministério dos Negócios Estrangeiros e o Estado-Maior do EPL, sobre a venda de armamento ao exterior.

O EPL possui, também, representantes no Gabinete Geral do Comité Central, como objectivo de coordenar a informação.

Visando garantir a sua influência junto da liderança política, as chefias militares procuram activamente um conjunto alargado de canais. Estes canais incluem as reuniões dos núcleos políticos restritos da política externa e da questão de Taiwan.

Todos os chefes dos quatro departamentos participam regularmente nas actividades da Comissão Militar Central, incluindo reuniões de decisão estratégia.

---

[54] O 15.º Congresso ditou também o ocaso dos Generais Liu Huaqing e Zhang Zhen, bem como o afastamento de Qiao Shi.

[55] Após o 16.º Congresso do PCC, em Novembro de 2002, verificou-se uma mudança no responsável pelos núcleos políticos restritos de Taiwan, que agora é dirigido por Hu Jintao, havendo indicações que Jiang Zemin pretenderá manter o controlo do núcleo para os assuntos externos.

No que diz respeito à interacção entre o Governo e o EPL, ela processa-se através dos quatro departamentos militares, a saber:
- O Estado-Maior e o Departamento Geral de Logística negoceiam regularmente com o Ministério das Finanças sobre o orçamento de defesa, não obstante a decisão final ser tomada pelo Politburo.
- A COSTIND (*Commission on Science, Technology, and Industry for National Reference*) trabalha com a Comissão de Desenvolvimento do Estado e com a Comissão da Ciência e Tecnologia, na área da pesquisa científica.
- O Ministério dos Negócios Estrangeiros e os órgãos militares coordenam acções do campo da política externa, desde tópicos específicos, tais como controlo de armas e relações com os principais Estados.
- O Ministério da Segurança Pública coordena acções com a Polícia Armada Popular – força paramilitar de segurança interna – e com o Estado-Maior do EPL, sobre questões de segurança interna.
- O Ministério dos Assuntos Civis coopera com o Departamento Geral de Política e com as autoridades militares locais visando o enquadramento das tropas desmobilizadas.
- O Ministério da Indústria de Informações trabalha com os Departamentos de Comunicações do Estado-Maior e com o Departamento Geral de Equipamento, no desenvolvimento de sistemas de telecomunicações de defesa e eléctrica.

Pode-se considerar que o estudo da estrutura e do processo de concepção política da Comissão Militar Central permite obter úteis "*insight*" sobre a mudança do papel dos militares no sistema de decisão na área da segurança, durante a era de reformas, especialmente durante o período de Jiang Zemin, como se sumaria:
- A influência do EPL no processo de decisão sobre as questões de fundo da política nacional mantém-se forte, mas a sua capacidade de intervenção política directa, designadamente através do Comité Permanente do Politburo, está esbatida.
- Os interesses profissionais militares afectam largamente o envolvimento do EPL na segurança nacional e no sistema de decisão de política externa, os quais incidem na salvaguarda da soberania e da integridade territorial.
- A estrutura organizacional do EPL tem sido alvo de uma substancial reforma ao longo dos anos 90. O tradicional predomínio das

forças terrestres tem dado lugar a um maior peso da Força Aérea e da Força de Mísseis.
– Os laços dos militares com o aparelho burocrático do Estado deverão incrementar-se nos próximos anos, especialmente nas matérias relacionadas com a reforma da indústria de defesa e com a aquisição de equipamento.

O papel do EPL no processo de tomada de decisão poder ser compreendido em termos burocráticos. Aquilo que nós designamos por "EPL" compreende, de facto, várias componentes: a liderança política das Forças Armadas centrada na CMC, o Ministério da Defesa Nacional, os Departamentos Gerais, os Comandos Regionais, as indústrias militares, as empresas de venda de armamento e institutos de pesquisa e universidades.

O processo da decisão demonstra que a presença dos militares e a sua influência nas estruturas operacionais da sede do poder estratégico é bastante forte.

As funções "core" do EPL no sistema de segurança nacional registaram poucas mudanças desde o período de pós-reformas.

"The Chinese armed forces must still deter external attack or intimidation, demonstrate national strength, promote and protect Chinese interests beyond the borders, ensure region survival, and bolster China's prestige as a major Regional Power (Gurtov, 1998:16).

O que emerge das reformas de Deng, é que a China é, pela primeira vez, um jogador-chave do sistema internacional, não apenas devido à sua dimensão a economia política mundial, mas porque a China é agora uma referência para as decisões dos outros. Para além desta sua posição, os líderes Chineses pretendem investir nos seus interesses de segurança de uma forma não possível antes.

Neste contexto importa distinguir entre a perspectiva *"estratégica"* e a perspectiva "táctica". A primeira põe ênfase no sistema multipolar, na regionalização económica e nos fluxos tecnológicos. Esta posição traduz uma concepção de *"engajamento"* no sistema internacional. Realça, assim, a necessidade de ser criada uma *"comprehensive security"*, que enfatiza a dimensão militar do poder nacional, mas tece que se aproxima da distinção formulada por Joseph Nye entre *"hardpower"* e *"softpower"*.

O interface entre o desenvolvimento doméstico e a segurança é um dos factos-chave dos defensores da perspectiva estratégica. Nesse sentido vão as afirmações do ex-ministro dos Negócios Estrangeiros Chinês, Qian Qichen: *"Diplomacy is the extension of internal affairs"* conforme citada por Mel Gurtov e Hwang (1990: 7).

Os defensores de uma posição "táctica" fazem parte na sua maioria, do aparelho político-militar e são adeptos de uma China mais assertiva, mobilizada na defesa dos seus interesses através de um discurso com uma forte carga nacionalista.

A Comissão Militar Central e o Exército Popular de Libertação são o núcleo desse campo, onde se acantona o sector mais conservador das Forças Armadas, que entende o seu papel como o de "Guardiões" da integridade e da soberania da China. A visão da RPC como um actor incontornável nas decisões Globais é a marca que baliza o sector *"táctico"* do centro de decisão estratégica da RPC.

Segundo Weixing Hu (1993: 52-53):

"For nationalists, comprehensive security widens the score of security challenges facing China, such as Access to strategic resources; underscores the need to develop and acquire military Technologies, and may imply a readiness to use force to meet now kiods of security problems China now confronts".

Esta distinção nominal tem, contudo, uma orientação de convergência quanto:

a) À interligação entre a situação interna da China e a sua estratégia externa;

b) Quanto ao posicionamento da China no contexto geopolítico mundial, como um dos eixos, ou "Pivot" central nas palavras de Claude Devaud (1993). Sobre o posicionamento geopolítico da China, Pereira Neto (1966: 5-48) analisa o objectivo do "império do meio" pretender alcançar a sua posição como centro geopolítico do mundo.

Como refere Mel Gurtov e Byong-Moo Hwang (1998), as Forças Armadas chinesas transformaram-se ao longo dos tempos em "grupo de interesse", alargando a sua influência à esfera da decisão política interna e externa.

Nesse contexto, os militares tiraram vantagem das condições externas para aumentarem o seu peso no sistema de poder chinês. Por exemplo, no seguimento do colapso soviético, a liderança central insistiu em mais treino político das Forças Armadas para assegurarem a sua lealdade visando, assim, prevenir a erosão da autoridade do PC Chinês.

Deng Xiaoping, depois da Guerra do Golfo, procedeu a um *"upgrade"* do papel do EPL na afirmação da China, defendendo que o sucesso económico era insuficiente para garantir a segurança da China face aos seus adversários:

> *"As a large nation with 1.1 billion people, if we do not have a solid economic foundation and perfected and advanced military strength sufficient to resist foreign aggression threats, or interference, then we will have no say in the international community and will just be at the mercy of other nations. China under CCP leadership will not bully weak and small nations: neither will it fear the hegemonist power's intimidation or threats. This is noted by all nations. Our socialist construction urgently needs money, but things in the world will not necessarily develop according to our good will and wishes. If other people bully us, what should we do? If other people try to clamp down on us, what should we do? If other people blatantly interfere in our internal affairs, what should we do? The only way to cope with these things is to make ourselves more powerful".* (Chen Shao-Pin, 1991: 31-32)

A posição assumida por Deng atribuiu aos militares uma posição essencial para os "interesses nacionais". Com efeito, como salienta Li Qinggong (1992), são os estrategas militares que definem as ameaças à segurança nacional e o papel que a segurança ocupa nas decisões políticas.

2. O CONTROLO POLÍTICO DO EPL

2.1. Relações de Poder

Qualquer análise do papel potencial dos militares chineses na liderança política deve ter em linha de conta as relações de poder dentro da elite dirigente e entre esta elite e os comandos do EPL.

Na análise das diferentes componentes da liderança político-militar, a autoridade política mantêm-se, altamente personalizada, militarizada, estabelecida através de um complexo e instável padrão de intensa manobra de facções no topo do sistema político-militar. O controlo último deste sistema é exercido por um reduzido número de dirigentes séniores (Michael Swaine, 1996: 15).

A hipótese de um possível envolvimento militar num cenário de conflito na liderança do Partido deverá ter em consideração os aspectos organizacionais do EPL, em particular aquelas que mais directamente influenciam a decisão militar, no atinente à luta pela sucessão entre facções. Tais aspectos incluem as estruturas formais e informais de comando e controlo das forças armadas, os padrões de recrutamento, promoções, e mobilidade do pessoal entre forças regionais, a natureza e extensão da comunicação lateral entre oficiais, e o relacionamento entre as estruturas militares regionais e os órgãos do Partido e do Governo locais.

O aparato militar chinês de comando e de controlo é fortemente afectado pelo sistema de controlo do Partido que atinge todos os níveis do EPL. Em geral, os comandos militares são vistos como exercendo apenas funções militares, i.e., treino e operações de combate, enquanto que os comissários políticos são responsáveis pela ideologia e pela "moral" dos militares.

Apesar do aumento da autoridade dos comandantes, o último garante da lealdade e da disciplina do EPL continua a ser o sistema tripartido de controlo político, formado pelo sistema do comissário político do Departamento Geral de Política, pelo sistema do Comité do Partido e, desde 1978, pelo sistema do Comité de Inspecção e Disciplina do CCPC. Todos estes três sistemas estão estabelecidos até ao nível de regimento. O sistema do Comité do Partido desempenha o papel dominante dentro desta estrutura.

Citando David Shambaugh, Michael Swaine (1992: 135) refere:

> "Este sistema funciona, quer para garantir que o Partido controla as armas, quer como "correia de transmissão de propaganda da linha do Partido (Fangzhen), da sua execução dos princípios (Yuanze), das ordens (Mingling) e das directivas (Zhishi), através do sistema militar. Quanto à questão do controlo das unidades, o seu carácter colectivo é desempenhado para inibir qualquer comandante de unidade de usar as tropas de uma forma arbitrária".

O sistema de controlo político não opera inteiramente ao longo das linhas da autoridade formal. Embora o sistema do Comité do Partido esteja supostamente subordinado ao Comité Central do Partido, este órgão não exerce, de facto, o máximo poder sobre as unidades militares. Tal poder reside exclusivamente na Comissão Militar Central do Partido. Esta realidade política explica porque, na história do comunismo chinês, o presidente da Comissão Militar Central ter servido invariavelmente como Secretário-Geral do Partido – e, consequentemente, Chefe do Comité Central. Numa tal situação, a Comissão Militar Central actua, com efeito, em "nome" do Comité Central, ao exercer o último poder sobre os Comités do Partido e sobre as unidades militares.

Uma peça-chave do sistema militar é, sem dúvida, o Departamento Geral de Política. Este departamento para além do controlo sobre as unidades militares detém uma forte influência sobre a selecção dos oficiais e sobe matérias de segurança. Esse controlo verifica-se através do sistema de inspecção e disciplina e, especialmente, através do sistema de segurança militar sob a alçada do Bureau de Segurança (**Baoweibu**) do Departamento Geral de Política.

Ambos os sistemas, e particularmente o Bureau de Segurança, permitem ao director do Departamento Geral de Política exercer uma considerável influência informal sobre as actividades e disposições, dos oficiais superiores regionais.

Em conjunto, estes factores parecem permitir inferir que o Departamento Geral de Política dispõe de uma vantagem marcante sobre o Departamento de Estado-Maior, no tocante à capacidade de influência na balança de poderes dentro das unidades militares. Numa situação e crise no poder central, o papel do Departamento Geral de Política poderá ser decisivo. Em tal contexto, as fontes "informais" de influência do Departamento Geral de Política poderão ser activadas, utilizando o sistema de comissários políticos. Este quadro atribui ao chefe do Departamento Geral de Política uma vantagem crucial dentro da estrutura de comando e controlo sobre o Departamento de Estado-Maior e sobre o Departamento Geral de Logística, e possivelmente sobre qualquer decisão de mobilização de tropas, num cenário de uma ordem ambígua do governo central, ou uma situação caótica onde não exista uma clara autoridade dentro da Comissão Militar Central.

Numa situação limite de colapso do poder central, a eficácia do controlo do Departamento Geral de Política sobre o Exercito Popular de Libertação depende em última instância do poder da facção do seu dirigente.

A inexistência de procedimentos institucionalizados no sistema de comando militar e o complexo e ambíguo relacionamento dentro do sistema de Comité do Partido pode originar consequências desastrosas no contexto de uma crise política e social.

Se os gerontes não concordarem completamente com a utilização da força das tropas num contexto de intervenção, ou se forjada uma determinada ordem às forças armadas por um não membro do círculo dos dirigentes "séniores", contra as suas intenções, poderá conduzir a uma situação em que a disputa entre facções terá como efeito a tentativa de cada facção em fazer aceitar as suas orientações junto das chefias militares (Michael Swaine, 1996: 138)[56].

Neste raciocínio, Swaine considera que os líderes militares não possuam fortes laços pessoais com qualquer uma das facções, pelo que a tendência lógica será a de actuarem estritamente de acordo com os regulamentos "formais", e obedecerem ao Presidente da Comissão Militar Central. Afigura-se contudo, que o acatar de ordens dadas pelo Presidente da CMC é mais do que um gesto de cumprimento institucional, dado que o detentor do cargo de Presidente da Comissão Militar Central, é, em simultâneo, no presente o Secretário-Geral do PCC.

Em síntese, o sistema militar chinês é condicionado, tendo em conta:
– A autoridade política da China é altamente personalizada, militarizada e concentrada nas mãos de um pequeno grupo de líderes.
– O poder supremo neste sistema de comando pertence a um núcleo restrito de veteranos revolucionários, com grande experiência militar e política.
– O carácter altamente personalizado das relações de autoridade, combinado com a inexistência de uma estrutura institucionalizada de sucessão da liderança, produziu um complexo e muitas vezes, instável padrão de intensa competição política no topo do sistema político militar.
– Este sistema produziu uma elevada interacção entre o Partido e os militares, desde 1949, especialmente em questões de política nacional.
– As redes de apoio de facções têm um elevado significado num cenário de crise de liderança, na medida em que as redes giram à volta da burocracia militar, ligando os gerontes do Partido e do EPL, com as novas elites militares centrais e regionais.

---

[56] Segundo analistas do sistema militar chinês, na crise de Tiananmen, pelo menos quatro líderes chineses exerceram autoridade sobre as forças do EPL: 1) Zhao Ziyang, como Secretário-Geral do Partido Comunista Chinês; 2) o Primeiro-Ministro Li Peng, como líder máximo responsável pela segurança interna; 3) Yang Shangkun, como Presidente da República Popular da China e Secretário-Geral da Comissão Militar Central; e 4) Deng Xiaoping, como verdadeiro líder, de facto, da China, e como Presidente da Comissão Militar Central (Michael Swaine, 1996: 138).

O sistema de comando militar e a supervisão do Partido incorporam os aspectos principais do sistema político-militar: é altamente personalizado, centralizado e blindado.

2.2. O Estatuto Político dos Militares

A maior parte das análises põem ênfase na existência de redes de tráfico de influência e de cliques no seio do EPL, como o principal ponto do estudo das relações Partido-militares. Trata-se de uma abordagem que coloca o "focus" no elevado grau de jogo político que, a partir da relação de forças do Partido no seio da instituição militar, e da rede de facções no EPL, determina a ascensão e o afastamento de indivíduos, políticas e o funcionamento operacional entre o PCC e as chefias militares.

Existem várias formas de faccionalismo, que incluem as facções com base regional geracional[57].

A análise faccional inclui, necessariamente, elementos não – militares. Dado que muitos dos civis que formam a elite política chinesa serviram nos "exércitos de campo", as facções são vistas como a intercepção entre civis e militares, que tem sustentação no facto de muitos dos dirigentes do partido comunista chinês terem ocupado posições militares, e no facto de todas as altas chefias do Exército Popular de Libertação serem membros do PCC.

Tal leva a que analistas do modelo faccional do EPL considerem que a distinção entre civis e militares seja artificial, e que as relações Partido-militar deverão ser vistas como um "processo de integração política entre facções", existindo uma clara distinção entre o Partido e as Forças Armadas, no "regime leninista" chinês, e que esse sistema produz uma elite dual.

Em contraste às teses do "faccionismo", surge a abordagem do "profissionalismo" (Thomas J. Bickford, 2001: 4).

Esta perspectiva resulta da abordagem teórica, de Samuel Huntington, sobre o profissionalismo militar.

---

[57] É possível identificar facções com origem em experiências militares, correspondentes a momentos históricos concretos das forças armadas chinesas, tais como: a geração da guerra da Coreia, a geração da revolução cultural, a geração da guerra revolucionária.

Huntington estabelece uma distinção entre aqueles que prosseguem uma carreira por razões monetárias, e aqueles que como profissionais prosseguem uma "missão ao serviço da sociedade".

De acordo com Huntington, a natureza da profissão militar conduz a que os militares permaneçam isolados do resto da sociedade. Para ele existe um conflito latente entre civis e militares, que só é controlado porque, normalmente, existe uma subordinação da instituição militar ao poder civil. Huntington sublinha a questão de controlo, referindo que existem duas formas de controlo civil: controlo subjectivo e controlo objectivo.

Controlo subjectivo é uma forma de maximização através das instituições governamentais (tais como a supervisão pelo parlamento, ou por meios constitucionais.

O problema com esta forma de controlo civil, de acordo com Samuel Huntington, é que os civis não constituem um grupo coeso; sendo assim, maximizar o controlo civil normalmente significa o predomínio de um grupo sobre os militares à custa de outros (Thomas J. Bickford, 2004:6).

Ainda para o mesmo autor, o controlo objectivo significa o reconhecimento da autonomia dos militares, enquanto profissão.

O controlo dos militares pelos militares, dá garantias ao Estado, dado o espírito de missão e de lealdade que, segundo Huntington, caracteriza a instituição militar, impedindo que esteja subordinada a indivíduos ou a grupos.

No caso chinês, é intrínseco à natureza leninista do regime a subordinação e lealdade ao Partido, independentemente das perspectivas faccionalista ou profissional. Importa, contudo, sublinhar a perspectiva de Jencks (1982), que, contrariando a posição de Huntington argumenta que, em vez de visar tornar o EPL apolítico, a tendência para a profissionalização do EPL vai no sentido do "distanciamento político", significando que os oficiais pretenderão afastar-se das questões políticas e, antes, concentrarem-se nas questões militares, embora aceitando o controlo civil, reforçado pela doutrinação e por outros mecanismos de controlo (Thomas J. Bickford, 2004:7).

A modernização militar da China tenderá à profissionalização do EPL, não no sentido do seu afastamento em relação ao poder político, mas antes no sentido do seu aperfeiçoamento e melhoria tecnológica e de recursos humanos, não significando, como atrás referimos, qualquer separação em relação ao Partido Comunista Chinês.

Globalmente, podemos considerar que as questões organizacionais que envolvem o processo de modernização das forças armadas chinesas são universais, produzindo os mesmos efeitos e exigências próprias das instituições militares.

2.3. A Variável do Poder dos Líderes Políticos

A cultura política chinês impõe que no estudo da relação de poder entre o Partido e o sub-sistema militar seja elaborada uma "aferição" do grau "de facto" da subordinação do EPL ao Partido. Assim, consideramos útil a comparação da posição das chefias militares em relação aos três líderes – Mao, Deng e Jiang.

Assim, é nossa percepção que:
- A força ou a fraqueza política do líder supremo determina em que medida ele é susceptível às pressões ou às ameaças dos grupos rivais à sua liderança;
- O seu controlo da instituição militar determina em que medida ele pode contar com o apoio dos militares contra os seus rivais;
- A combinação dos aspectos acima elencados determina em que medida os militares podem reivindicar junto do líder político, e a capacidade deste para lidar com essas "*demands*" (Ellis Joffe, 1999: 23).

Desta conexão podem derivar três categorias de relações.

Na primeira, a posição do líder é inquestionavelmente forte, política e militarmente. Neste caso, a influência política dos militares, como factor independente é mínima. Na segunda, a estatura do líder da cena política não é inteiramente segura, mas ele possui um sólido apoio dos militares.

Nesta situação, a sua vulnerabilidade política é balançada pelo apoio da instituição militar. Na terceira situação o líder é fraco politicamente e não possui apoio dos militares. Neste cenário ele está condicionado pela pressão política, mas não pode confiar no apoio, sem exigências, dos militares. Para garantir apoio tem que ceder.

Os três grandes dirigentes da China, desde 1949, Mao Zedong, Deng Xiaoping e Jiang Zemin, enquadram-se respectivamente, por ordem, nas três categorias acima elencadas (Ellis Joffe, 1999: 24).

No caso de Mao, o seu estatuto de líder supremo foi único, era aceite como um "mandato do céu" por todos os líderes do PCC. O seu estatuto derivava de uma combinação de vários elementos.

O seu papel como líder vitorioso da revolução; o sucesso das suas políticas de unificação e de reconstrução económica do país; e as alianças que foi forjando ao longo de décadas.

Em resultado, a autoridade pessoal de Mao não tinha paralelo, o que lhe permitia contornar as instituições.

Uma das áreas mais sensíveis, na qual Mao Zedong dispunha de total amplitude era o exército popular de Libertação. Como fundador do exército vermelho e seu líder máximo durante a revolução, Mao colocava-se como um chefe incontestado para intervir nas questões militares e actuar como, de facto, o comandante-chefe, em exercício, do EPL. Não obstante, depois de 1949, o partido e o exército tenham desenvolvido hierarquias separadas, no topo não existia distinção entre o papel de Mao como chefe supremo do partido e do estado e o papel de líder militar. Esta situação era totalmente aceite pelas chefias militares, que viam em Mao a sua referência política e militar.

A estreita relação EPL-Mao teve várias implicações no enquadramento político do EPL. A primeira implicação diz respeito ao facto do apoio da liderança militar a Mao e às suas políticas ser intrínseco.

Uma segunda implicação prende-se com o facto de Mao Zedong poder usar o EPL como um suporte na luta pelo poder.

A terceira implicação deve-se ao facto de, devido à forte autoridade pessoal de Mao, as Forças Armadas dispunham de pouco espaço para desobedecerem às suas ordens (Ellis Joffe, 1999: 25).

Quanto à relação de Deng Xiaoping com a instituição militar, Deng possuía, tal como Mao, o respeito das chefias militares, dado o seu passado revolucionário, tinha uma vasta rede de contactos e o predomínio sobre o aparelho do partido. Contudo, ao contrário de Mao, Deng era mais um conciliador e um árbitro, do que um dirigente déspota. Também ao contrário de Mao, a sua autoridade dependia do sucesso das suas políticas.

Importa, contudo, sublinhar que ao contrário de Mao, o líder reformista manteve um estatuto elevado até à sua morte, em 1997, o que lhe permite preparar a sua sucessão sem sofrer qualquer erosão política.

Neste processo, Deng desenvolveu um relacionamento especial com o EPL. Essa relação foi criada durante a guerra sino-japonesa, quando Deng serviu como comissário político do que veio mais tarde a ser o segundo exército do EPL.

A sua estreita ligação ao EPL deu-lhe credenciais para se assumir também como líder militar e, por isso, para obter entrada permanente no *"innner circle"* da hierarquia militar.

Não obstante nos últimos anos da sua liderança ter ocupado cargos civis, Deng continuou a manter estreitos laços com o EPL – como Vice – Presidente do Conselho Nacional de Defesa, antes da revolução cultural, como comandante – chefe do EPL, na segunda metade da década de setenta, e como presidente da comissão militar central até 1989 – tendo sido sempre visto pelas chefias militares como um dos seus.

O posicionamento de Deng junto do EPL foi vital na neutralização das exigências dos comandantes militares, no contexto das reformas económicas.

Pese embora Deng tenha considerado a modernização militar como uma das "quatro modernizações", ela aparecia como a última prioridade, o que significa que, apesar das necessidades do EPL, deveria ser dada precedência ao desenvolvimento económico. Como resultado, o orçamento militar não registou um grande crescimento durante os anos oitenta, não obstante ter havido mecanismos de compensação, através da redução de efectivos, do envolvimento em actividades empresariais e de produção e venda de armamento.

Esta situação era susceptível de gerar o afastamento do EPL em relação a Deng. Mas, apesar de haver algum mal-estar devido ao nível de financiamento, as chefias militares não tomaram qualquer posição visando enfraquecer Deng.

Analisando a relação entre Jiang Zemin e o EPL desde 1989, quando ascendeu a Secretário-Geral do PCC, essa relação assumiu características completamente diferentes, face a Mao e a Deng. Não obstante Jiang ter vindo ao longo dos anos a criar uma relação estreita com o EPL.

A grande desvantagem de Jiang assentava na inexistência de três fontes principais de autoridade: carisma, passado revolucionário e uma rede de tráfico de influências – **Guanxi**. Como elemento da geração pós--revolucionária, a Jiang faltava a experiência no campo de guerra pela libertação, que cimentou os laços entre os principais líderes da 2ª geração.

Sendo uma solução de "compromisso funcional" Jiang Zemin foi obrigado a adoptar uma estratégia política de apoios no seio do aparelho do Partido. De entre esses apoios tornou-se indispensável À consolidação do poder o reconhecimento por parte das altas chefias militares. É hoje reconhecido por todos os analistas da China, que Jiang Zemin actuou sempre, nos planos interno e externo, em grande medida em função do jogo de relacionamento com o EPL.

Sendo certo que é no presente considerado remoto o cenário de envolvimento directo das forças armadas em "*putsch*" contra a actual elite dirigente, não é tão remoto a possibilidade das forças armadas serem chamadas a intervir em conflito político interno, quer dentro do próprio partido quer na defesa do partido contra movimentos de subversão do Estado.

Ellis Joffe (1999: 28) elenca várias situações em que o EPL pode intervir, a exemplo do passado. O EPL poderá também ser necessário intervir na manutenção da ordem, como se verificou no apogeu da revolução cultural, no afastamento de grupos rivais no topo da liderança, como se constatou no caso do "grupo dos quatro", ou poderá ser empregue como "tropa de choque" em situações de crise do regime, como se verificou em Tiananmen. Para aquele autor, não é de excluir que o EPL possa ser utilizado para afastar poderes provinciais que se oponham ao governo central, uma hipótese que considera não ser irrealista, dado o crescente poder dos líderes locais.

Sob as lideranças de Mao e de Deng, o apoio do EPL era intrínseco, o que não se verifica com Jiang, apesar de ser o Presidente da República, Secretário-Geral do PCC e Presidente da actual Comissão Militar Central não tinha experiência militar nem possuía fortes laços com os chefes militares.

A estratégia que adoptou incidiu, sobretudo, num "institucionalismo", visando, por um lado, atenuar o peso da autoridade pessoal, e por outro lado, reforçar a componente institucional, ao mesmo tempo que procurava criar lealdades.

Como já atrás foi sublinhado o processo de modernização económica em curso pressupõe a existência de uma perspectiva globalista do papel da China do mundo que, ao invés da solidariedade internacionalista de classe, assenta fundamentalmente no equilíbrio entre a necessidade da China em tornar-se um actor regional e global e a afirmação interna do Estado como factor de aglutinação e de mobilização da sociedade à volta do desiderato do fortalecimento da China no mundo.

Este quadro conduz a um novo conceito de ameaça à segurança nacional, que a liderança chinesa amplia, procurando estabelecer um nexo de causalidade cruzada entre a afirmação do Partido-Estado, a competitividade internacional e as ameaças directas à integridade territorial da China.

A consolidação militar, entendida como a atribuição à instituição militar de condições para operar segundo os novos cenários de guerra com elevado *input* tecnológico, constitui a consequência da consolidação económica, e, em simultâneo, a garantia que a modernização económica está "blindada" pelas Forças Armadas, considerando que a afirmação do Estado chinês é uma prioridade estratégica, que tem no EPL um dos esteios.

A atribuição ao Exército Popular de Libertação de um papel de "amplificador" dos desígnios de modernização económica do Estado--Partido significa a introdução de alterações no discurso político, que agora põe ênfase num nacionalismo modernizante.

Como já atrás foi referido, o objectivo de engrandecimento da China passa por uma capacidade de afirmação político-militar, expressa numa nova concepção de segurança nacional, que inclui um novo ambiente internacional competitivo.

Face a um novo contexto geoestratégico e considerando o quadro de análise sobre o sistema de decisão na RPC, importa situar em que patamar o Exército Popular de Libertação se coloca no aparelho de poder do Partido Comunista Chinês, i.e., trata-se, antes de mais, de analisar o papel político do EPL, que ao longo dos tempos tem sido designado como o "Partido em uniforme".

As discussões sobre o lugar do EPL na sociedade socialista têm por referência as afirmações de Mao Zedong: *"Political power grows out of the barrek of a gun"* e *"our principle is that the Party commands the gun and the gun must never be allowed to command the Party"* (Selected Works, Vol. II, 1975: 219-235). Assim, a elite militar é também a elite do Partido, constituindo uma falha não ter em conta esta realidade (Cheng Hsiao-Shih, 1990: 4-5).

Esta "essência" única das Forças Armadas é reconfirmada por Deng Xiaoping, citado por Jeremy T. Paltiel (1975: 785):

> *"This essence is the Party's army, the people's army, the army of the socialist state. This is different from the army of other countries in the world. Even different from the army in other socialist states, because their armies and our have different experiences. Our army will in the final analysis to be loyal to the Party, loyal to the people, loyal to the State and loyal to socialism".*

A afirmação de Deng Xiaoping coloca as Forças Armadas como um vector fundamental, não só na salvaguarda do papel do PCC como única força condutora da sociedade chinesa, mas também na prossecução das estratégias de afirmação do Estado chinês. Implicitamente, Deng Xiaoping atribui ao EPL a missão de suporte das políticas de modernização económica e de abertura ao exterior, numa lógica de reforço da imagem da China como uma potência que procura ocupar um lugar próprio no sistema internacional.

Esse novo papel das Forças Armadas pressupõe, na nossa perspectiva, um reforço do "engajamento" da instituição militar na estrutura do Partido e não o seu afastamento, através de um processo de "profissionalização", como vários autores percepcionam.

O facto de, desde 1997 (15.º Congresso do PCC), o Comité Permanente do Politburo não incluir nenhum dirigente militar (remetidos para o Politburo) não consubstancia uma perda de influência dos militares, significa antes o ocaso da geração de líderes políticos-militares, que marcaram a 1.ª, a 2.ª e grande parte da 3.ª geração de dirigentes do Partido.

Com efeito, a questão da profissionalização das Forças Armadas deve ser analisada à luz da nova geração político-militar, que não possuindo *curriculum* revolucionário tende a legitimar-se no curriculum técnico, académico e na experiência recente da sua participação em acções político--diplomáticas e em manobras militares sensíveis no Estreito de Taiwan.

Estes aspectos que, aparentemente, poderiam conduzir a uma diminuição da pressão política do Partido sobre o EPL, e à gradual transformação das Forças Armadas numa corporação exclusivamente ao serviço do Estado, foram ultrapassados pela permanência da variável do poder pessoal, que continua a constituir uma marca da cultura política chinesa.

O facto de Jiang Zemin ter mantido intacto o seu lugar de presidente da Comissão Militar Central, na dependência do PCC, até 2003, torna evidente que o controlo do núcleo estratégico das Forças Armadas é a base do exercício do poder, de facto, e é demonstrativo da preservação do apoio das altas chefias militares ao ex-Secretário-Geral. Tal é, incontornavelmente, gerador de tensões junto da actual liderança do Partido.

Analisando o 16.º Congresso do Partido sob o ângulo das implicações políticas decorrentes das alterações verificadas na composição da CMC, importa salientar os seguintes aspectos:
- Da CMC anterior ao Congresso apenas se mantêm os generais Cao Gangchuan, Guo Boxiong e Xu Caihou, tendo Cão e Guo ascendido à vice-presidência da CMC e Xu sido promovido a director da Departamento Geral de Política e a Vice-Presidente da CMC;
- Quarenta e três oficiais do EPL, incluindo vinte e seis novos nomes, são membros do 16.º Comité Central, perfazendo 22% do total deste órgão. Destes, três foram acrescentados à CMC: os

generais Liang Guanglie, Liao Xilong e Li Jinai. Todos eles são membros efectivos do Comité Central e quadros da "4ª geração". Contudo, a sua fidelidade, segundo fontes, constitui uma questão de grande sensibilidade política, pois apesar do propalado afastamento dos militares em relação às matérias políticas, continua a verificar-se um "engajamento" dos militares na balança de poderes do Partido, como noutro ponto foi já abordado. Tal é visível no apoio que as altas patentes militares terão dado a Jiang Zemin e o seu relativo alheamento em relação a Hu Jintao[58].

Estes aspectos afigura-se que devem ser interpretados tendo por base a lealdade política e a identidade corporativa das Forças Armadas, o que implica situar as relações Partido-EPL. Sobre esta questão afirma Jeremy Paltiel (1995: 791):

"The density of Party institutions in the PLA as well as the overlapping institutions of the PLA and Party provide military personnal with permanent representation on the highest decision-making bodies of the Party, and by implication also the State.

Rather than realize Party dominance over the army, the CMC ensures Party dominance in the State, but also military influence over the State".

2.4. O EPL e a Modernização Económica

A premissa maoista sobre a identidade nacional da China é a de que é a classe e não o Estado-Nação que constitui a categoria central para uma definição da identidade interna, da segurança e da insegurança externa, e das ameaças. Para os maoistas, segundo Nan Li (2001), a abordagem neo-realista do Estado-Nação como categoria central definindo a anarquia externa e a hierarquia doméstica é artificial, i.e., a realidade interna e externa dos Estados deve ser avaliada e analisada à luz da luta de classes que, necessariamente, não se esgota nas fronteiras políticas de cada Estado.

---

[58] Nos noticiários da CCTV (*Chinese Communication Television*), logo após a realização do 16.º Congresso, a 15 de Novembro de 2002, Jiang Zemin foi referido primeiro do que Hu Jintao. Os militares chineses terão também feito passar a mensagem para o jornal de Hong-Kong *Wei Wei Po* que a continuação de Jiang Zemin à frente da CMC seria imprescindível à estabilização das Forças Armadas e à transição suave da antiga para a nova geração.

"Class differentiation transcends national boundaries, and opposing classes organize themselves based on transnational class identity and interests; hence, class struggle has never been confined within national borders".
(Nan Li, 2001: 18)

No presente, o novo discurso põe especial ênfase nos "interesses nacionais", entendidos, primordialmente, como a modernização económica. Na sequência deste *"target"*, a modernização da defesa nacional transformou-se num objectivo estratégico, num quadro de análise em que as Forças Armadas são a chave da segurança externa indispensável, por um lado, à manutenção da estabilidade nas relações externas regionais, que é condicionada pela questão de Taiwan, e por outro lado, imprescindível para a projecção do poder da China ao nível global.

Estes aspectos implicam na construção de uma concepção de ameaças à segurança nacional da China, que deve ser analisada à luz do quadro político interno chinês. Sendo certo que o discurso internacionalista da luta de classes, como o principal factor aglutinador da solidariedade entre povos e países, regista um profundo processo de erosão política, a liderança pós-revolucionária continua a definir os conceitos de segurança com base na "subversão" do Estado socialista por parte de agentes externos ao serviço da "burguesia capitalista ocidental". Significa tal que a ameaça externa é permanente, pelo que as Forças Armadas possuem, como já atrás foi referido, uma função insubstituível na preservação do modelo de poder desenhado pelo PCC para a sua própria auto-sustentação.

A perspectiva realista que os estrategos chineses parecem partilhar está visível no reassumir dos cinco princípios cardeais da não-ingerência nos assuntos internos de cada país que complementa a noção das quatro modernizações.

A modernização económica cruza-se assim com a estabilidade interna, com um maior envolvimento do sistema internacional e com a segurança externa da China, cuja garantia é dada pelo Exército Popular de Libertação.

As Forças Armadas chinesas surgem como elemento de "interface" na concretização do objectivo estratégico-macro da modernização económica.

A confirmação da influência "consentida" do EPL sobre o Estado, mas sob o controlo do PCC, está presente na actividade empresarial conduzida pelo EPL durante toda a década de noventa, que gerou fundos extra-orçamentais, à margem do orçamento de Estado definido pela Assembleia Nacional Popular.

Figura 15: "Interface" Forças Armadas – Modernização Económica

Um ex-director do Departamento Geral de Política situava o envolvimento do EPL nos negócios da seguinte forma:

> *"Our country's economic situation and the difficult tasks that it faces predetermine that it is impossible to expect a relatively big increase in outlays for national defense in the near future. One important measure for strengthening the building of the army is to vigorously expand production and operations so as to increase the army's ability to develop and perfect itself"*. (FBIS, 1988: 30)

Depois de uma década de envolvimento económico, o EPL construiu vários conglomerados empresariais (**jituan**) nas áreas da agricultura, da indústria, dos serviços, do imobiliário, do comércio e das finanças.

Os conglomerados mais importantes foram os construídos pelos departamentos da CMC. Cada um dos conglomerados emprega entre 150 e 250 mil trabalhadores e engloba entre 100 a 150 grandes e médias empresas[59].

---

[59] O conglomerado *"Poly Technologies"* incluía actividades de venda de armamento, lançamento de satélites, imobiliário, navegação, electrónica e investimento externo. A *"Xinxing"* dedicou-se aos sectores da construção civil, construção automóvel, vestuário, produtos petrolíferos e mineiros. A *"Kaili Corporation"* envolveu-se no negócio das telecomunicações, através de *joint-ventures* com a Motorola, com a AT&T e Unisys. As ligações comerciais destes conglomerados estendem-se por Hong-Kong, Sudestes Asiático, Rússia, EUA e Europa.

A dimensão e a complexidade da actividade empresarial do Exército Popular de Libertação gerou inevitáveis efeitos políticos, nas estruturas de decisão, a saber:
   a) Sendo a maior parte dos conglomerados geridos pelos quatro departamentos gerais da CMC, os ministérios responsáveis pela economia e pelo comércio externo ficaram afastados da estratégia empresarial das Forças Armadas;
   b) O peso económico dos conglomerados teve influência na condução de alguns dossiers respeitantes ao investimento estrangeiro na China;
   c) As ligações dos conglomerados a sectores empresariais estrangeiros, designadamente a "999", com fortes contactos nos EUA, condicionaram a actuação dos dirigentes chineses no plano da política externa;
   d) A rede de tráfico de influências gerada pelas empresas do EPL repercutiu-se nos centros de decisão do poder, através do envolvimento na gestão das empresas de altos quadros do Partido e de seus familiares;
   e) Ao gerar receitas próprias, o EPL ganhou autonomia na decisão em matéria de aquisição de meios militares, que só é tutelada pelos dirigentes do PCC, não passando pelos órgãos formais do Estado, como a ANP e o Conselho de Estado.

A autonomia do EPL face ao Estado, e a sua subordinação ao Partido Comunista Chinês constitui, efectivamente, uma questão essencial na definição das relações de poder, de que constitui exemplo o envolvimento do EPL em actividades empresariais em larga escala. Apesar de a partir de 1998, o Comité Permanente do Politburo ter ordenado o desmantelamento das empresas das Forças Armadas, visando, antes de mais, evitar problemas com o processo de adesão à Organização Mundial do Comércio, vários especialistas sublinham que o EPL continua a conduzir actividades empresariais, em especial as ligadas à aquisição de tecnologia de médio-input e telecomunicações.

3. DOUTRINA E MODERNIZAÇÃO MILITAR

A China está claramente num período de transição no qual as chefias militares pretendem construir uma nova doutrina, que parece estar centrada, por um lado, na elite dirigente e na modernização do processo de comando e controlo e, por outro lado, na modernização tecnológica.

Num muito importante texto militar publicado pela Universidade de Defesa Nacional, sobre a *"Hightech War and Army Quality Building"*, é sublinhado que a "Guerra *High-Tech*" mudou completamente o conceito tradicional da "vitória militar em número", em vez disso deve-se pôr ênfase na qualidade dos meios como via para a vitória (Solomon M. Karmel, 2000: 43).

A qualidade implica, em primeiro lugar, uma limitação no número de armas, e uma melhoria do armamento. Os autores consideram que um investimento na modernização do armamento é necessário:

- Avaliar o que é necessário para planear estratégias de guerra *high--tech*;
- Adoptar uma abordagem científica do desenvolvimento do armamento;
- Garantir uma percentagem substancial do orçamento de defesa da produção de armamento.

Noutro documento, considerado ainda mais importante, de circulação restrita, elaborado pelo Departamento de Pesquisa Científica da Universidade de Defesa Nacional, intitulado *"Pesquisa sobre Comando de Guerra em Condições de High-Tech"*, (**Gao Jishu Tiaojin Xia Zuo Zhan Zhihui Yanjin**) é sublinhado que a modernização militar deverá iniciar--se com liderança e organização no topo da decisão político-militar, ou seja um "comando tecnocrata".

Aquele estudo refere a necessidade de ser criado um comando mais unificado – é considerado incorrecto a existência de comandos autónomos para as forças terrestres, para a força aérea e para a marinha. As regiões militares não deverão também possuir comandos independentes bem como as diferentes divisões funcionais (ex.: logística, informações). O mesmo documento salienta também a necessidade de serem adoptados novos métodos e técnicas de comando, que passaria pela necessidade de criar "C4I"[60] (comando, controlo, comunicações, computação e infor-

---

[60] O termo "C3I" (sem a componente computação) é mais utilizado.

mações), e empregar a mais recente terminologia ocidental em matéria de estruturas de comando, o que significa uma complementaridade entre a doutrina e a tecnologia.

A construção de um novo modelo de estratégia constitui outro ponto focado no trabalho supracitado. Diz respeito, em particular à criação de uma estratégia militar que tenha em conta as implicações da guerra electrónica e as suas ameaças ao comando e ao controlo.

Para os estrategas da Universidade de Defesa Nacional, a China necessita de criar estratégias de defesa contra a guerra electrónica sob condições de *High-Tech* e de desenvolver capacidades de combate a tais guerras.

O documento refere, ainda, a necessidade de ser melhorada a capacidade teórica e de pesquisa sobre técnicas de comando, sob as modernas condições dos conflitos armados.

Outros artigos escritos por oficiais põem o acento tónico na modernização e centralização do esforço de defesa não só na orgânica das unidades militares mas também nas informações, nas comunicações, na electrónica e nos sistemas automatizados.

O Major Gen Wang Liangjun, no documento, em inglês, "*Securing Command Stability under Unified War Fighting*", sugere que, num cenário de "ataque tecnológico", contra a R.P.C., o comando das Forças Armadas seria severamente afectado, pelo que a R.P.C. deverá tomar contra-medidas, através de uma actuação "secreta" (**Zai Yinbizhong Qiu Wending**) da "monitorização" (**Zai Jidongzhong Qiu Wending**) resistência e agilidade. Aquele militar põe ênfase na necessidade das forças armadas possuírem uma estrutura de comando simplificada sem muitos níveis.

Dois coronéis, ChenYong e Liang Yongsheng, escrevendo sobre "*The Stability of a Unified Command*", são também da opinião, que a cadeia de comando não deverá ser muito extensa e complexa. Argumentam que para a China, a cadeia de comando ideal deverá envolver somente três a cinco níveis.

Estes militares séniores sublinham que é fundamental que a China possua um bom sistema de informações unificado. Estes autores comparam a estrutura de informações da China com as dos EUA e da Rússia, no tocante a recursos humanos, tecnologia e estrutura organizacional (Solomon Karmel, 2000: 48).

As informações – *Intelligence* – são consideradas como a componente mais vulnerável do sistema de defesa chinês.

Um coronel sénior do Bureau de Informações do Quartel-General Militar de Shenyang Intelligence Under a Unified War Fighting Command, que a China não possui capacidade de utilizar e organizar as informações fornecidas pelos vários departamentos e divisões regionais das Forças Armadas.

Solomon M. Karmel (2000: 46-51) enfatiza a questão da modernização das Forças Armadas chinesas, segundo um enfoque dirigido para o factor político da gestão das Forças Armadas.

Como legado da "guerra popular" a componente política das forças armadas é ainda, surpreendentemente proeminente. A separação das funções do Partido e das forças armadas é mais um slogan do que um objectivo genuíno.

O "trabalho político" nas Forças Armadas inclui a educação ideológica, a organização do Partido, os quadros e o trabalho de massas. Este trabalho político é executado pelo Comissário Político do EPL, que é considerada a segunda estrutura mais importante de quatro (atrás do Estado-Maior, mas à frente os Departamentos de Logística e de Armamento Geral).

Contudo, em termos da estratégia militar aplicada e da doutrina, este atavismo burocrático proveniente da era maoista não é particularmente importante. Ele reflecte, em primeiro lugar, o objectivo de continuidade política e a continuidade da gestão comunista.

Numa perspectiva estratégica, a China está a mover-se no sentido de um comando mais tecnocrata. Nas palavras de um analista de defesa chinês, citado por Solomon Karmel (2000: 51):

> "(...) melhorar as componentes que valorizam as nossas forças armadas é o objectivo essencial da nossa estratégia de defesa nacional. De facto, a qualidade tornou-se o foco da nossa qualidade de guerra – passando do modelo extensivo para o modelo intensivo, passando para a construção da qualidade, movendo-se no sentido de umas forças armadas científica e tecnologicamente mais fortes".

Existem, contudo, alguns obstáculos que poderão bloquear os altos comandos chineses nos objectivos da modernização estratégica das forças armadas. Eles incluem receios de convulsões internas que possam afastar o EPL dos objectivos externos, limitações orçamentais. No entanto, o objectivo – passar da "guerra popular" para umas forças armadas especializadas e tecnicamente bem equipadas – é agora claro (Solomon M. Karmel, 2000: 51).

A China está actualmente a desenvolver um programa de modernização militar de longo prazo, visando neutralizar as deficiências em armamento, equipamento, doutrina e treino, e aplacar potenciais ameaças, ao mesmo tempo que adopta uma atitude mais assertiva.

Não obstante esse programa possuir cerca de dezoito anos, o programa regista um significativo aumento no orçamento nominal para a defesa, nas áreas da aquisição de armas avançadas, no desenvolvimento próprio de novos sistemas e num notável progresso nas áreas do treino, prontidão, projecção de poder e combinação de forças (Michael Swaine, 1996: 32).

Estes e outros avanços geraram grande preocupação na Ásia, face às implicações de um aumento da capacidade militar chinesa para a estabilidade política e militar regional, para a continuação do crescimento da economia regional, para a liberdade de navegação e comunicações na Ásia marítima. Tais preocupações levaram os estrategas a questionar de que forma é que a China iria construir uma capacidade militar capaz de projectar poder.

Muitos factores influenciam o passo e o alcance da modernização militar chinesa, a saber:
– As prioridades civis versus militares dos dirigentes chineses;
– Obstáculos económicos, tecnológicos e organizacionais;
– A actuação de outros países.

O processo de modernização militar, a longo prazo, é motivado por três necessidades fundamentais:
– Obviar os problemas relacionados com a obsolência das tecnologias e do equipamento militar;
– Fazer face a novas e específicas ameaças do pós-guerra-fria, incluindo possíveis ameaças às zonas periféricas da China, bem como ameaças das principais potências;
– Apoiar as ambições de grande potência e aumentar a sua influência política e económica no sudeste asiático.

No tocante à modernização do equipamento, a China apresenta, teoricamente, uma força militar impressiva. Contudo, de acordo com os especialistas, a estrutura, a doutrina operacional, a organização e o pessoal do EPL apresentam falhas que situam o atraso do EPL em cerca de 15-20 anos.

O programa de modernização militar é também conduzido por factores específicos, para além das necessidades de melhoramento dos equipamentos.

O fim da ameaça militar representada pela então URSS, e o subsequente surgimento, da perspectiva chinesa, de um *"environment* multipolar" nas esferas económica, política e militar na região Ásia – Pacífico, e, simultâneo o surgimento de um conjunto de problemas domésticos (aumento do crime e da corrupção, declínio da legitimidade do regime, surgimento de fortes assimetrias regionais e sinais de alguma tensão étnica) conduziram a uma ameaça menos imediata e séria, mas, por outro lado, a um ambiente de segurança mais complexo e incerto para a China (Michael Swaine, 1997: 325).

Na perspectiva de Pequim, cinco actores principais definem este *"environment"*:

a) Uns Estados Unidos poderosos e ameaçadores para a China, em diversas matérias, desde os direitos humanos à venda de armamento e ao comércio bilateral. Os EUA são o poder militar dominante na Ásia, um efectivo e indispensável contra poder ao Japão e um mercado essencial para as exportações chinesas;

b) Um Japão economicamente poderoso e gradualmente independente, registando uma expansão do comércio e dos investimentos na China e outras áreas da Ásia, um aumento nos gastos militares, e uma crescente capacidade para desenvolver uma ofensiva convencional (e possivelmente nuclear) e um sistema de mísseis de defesa;

c) Aumento da capacidade militar e económica da Índia, expresso no crescimento dos interesses marítimos, em especial no sudeste asiático (historicamente o focus da competição geopolítica sino-indiana);

d) A emergência de poderes de segunda e terceira linhas (Coreia do Sul, parte dos países do ASEAN e Taiwan) com rápidas taxas de crescimento económico e expansão do comércio externo e que projectam interesses estratégicos externos, com aumento das suas capacidades aéreas e navais;

e) A emergência de estados islâmicos instáveis na fronteira chinesa da Ásia Central, economicamente subdesenvolvidos e potenciais ameaças às regiões onde predominam povos islâmicos, tal como a província de Xinjiang[61].

---

[61] No seu trabalho o "Revivalismo Islâmico", Hélder Santos Costa (2001: 164) sublinha a dinâmica da expansão do Islão:
"No plano religioso, o dinamismo e a vitalidade actuais do Islão são atestados a partir das conversões que continua a provocar. O Islão avança mais do que qualquer outra religião, com maior ênfase na África e na Ásia".

Os aspectos atrás elencados, sugerem que o programa de modernização militar chinês visa desenvolver capacidades que permitam: lidar com a elevada incerteza em relação à atitude convencional e não convencional militar dos EUA, do Japão, da ASEAN, da Índia e da Rússia; manter um nível de ameaça credível em relação à tendência separatista de Taiwan; aumentar o nível militar e diplomático chinês e o acesso aos territórios estratégicos reclamados por Pequim no Mar do Sul da China; defender o acesso a rotas oceânicas vitais; e reforçar a capacidade chinesa para lidar com focos de tensão interna e com a instabilidade étnica das fronteiras.

Estas preocupações de segurança fundamentam a doutrina chinesa de defesa no quadro do pós-guerra-fria, a qual compreende um conjunto de conceitos modernos, tais como "guerra local ou limitada sob condições de alta tecnologia", "defesa periférica activa" e "rápida projecção de poder".

Estes conceitos, primeiro equacionados pela liderança chinesa dos meados dos anos oitenta[62] assumem que uma guerra de curta duração e de baixa intensidade poderia ocorrer em qualquer zona da periferia da China, obrigando a uma resposta rápida e à aplicação de actos bélicos de alta tecnologia.

A modernização militar é também guiada pelas ambições da China em se transformar numa grande potência. Uma moderna força militar é vista por muitos líderes chineses como necessária e como um potente símbolo da emergência da China como um grande poder em simultâneo ao gradual crescimento do sentimento nacionalista entre a elite.

Aqueles sentimentos nacionalistas têm aumentado nos anos recentes, em resultado dos sucessos do programa de reformas económicas, que conduziram a um período de prolongado crescimento, mais liberdades sociais, um aumento da auto-estima e o desejo da China recuperar das humilhações passadas, e de reclamar o direito a um papel central, se não dominante na Ásia.

O nacionalismo chinês, acompanhado pela procura da modernização militar deriva, em muitos aspectos, do desejo de um governo central mais

---

[62] Em 1985, Deng Xiaoping anunciou uma "decisão estratégica" de mudança da doutrina militar chinesa, que passaria da preparação de uma guerra de larga escala e nuclear para a preparação para um teatro de guerra onde o conflito seria limitado a uma guerra local de pequena escala.

assertivo. Alguns líderes chineses acreditam que uma China militarmente poderosa dará o prestígio e a mobilização dos chineses para lidar com os problemas internos mais sérios.

O nacionalismo como suporte a um exército mais moderno e mais forte é também encorajado pela maquinação política à volta da sucessão da liderança, a qual é pressionada a apoiar formas chauvinistas de nacionalismo, no contexto do estabelecimento da sua autoridade e legitimar como poder supremo.

As questões acima sublinhadas demonstram também que a China evoluiu de um poder continental, requerendo uma capacidade mínima de dissuasão e grandes forças terrestres para "*in-depth*" defesa contra ameaças às suas fronteiras norte e oeste, para um poder combinado terrestre/marítimo, requerendo forças convencionais e não convencionais mais sofisticadas, com projecção de médio e longo alcance, com reacção rápida, com capacidade de manobra "*off-shore*" e um sistema mais versátil de armas nucleares (Michael Swaine, 1996: 327).

Parece ser evidente o objectivo da China em transformar-se, gradualmente, num poder marítimo, como já foi abordado noutros pontos desta dissertação. São vários os sinais políticos que apontam nesse sentido, a saber:

– A importância estratégica atribuída à questão das Spratley – o que permite à República Popular da China ultrapassar, no plano do raio de acção da sua armada, a sua condição de força "litoral" e assumir-se como Estado com grande interesse marítimo;

– A aproximação à ASEAN – através do *ASEAN Regional Forum* a China alarga a sua condição de "parceiro" incontornável do diálogo para a segurança de uma região onde a projecção do poder marítimo é uma variável estratégica do jogo do poder do sudoeste asiático.

– A criação de cenários de acções de intervenção militar contra Taiwan, privilegiando a força naval, em detrimento da força aérea.

Na área do sistema de armas convencionais, o programa-chave põe o focus na criação de:

– Forças terrestres mais reduzidas, mais flexíveis, melhor motivadas, bem treinadas e bem equipadas, centradas em unidades de combate de reacção rápida, com tropas paraquedistas e meios anfíbios;

- Capacidade naval em *"Blue Waters"*, centrada numa nova geração de fragatas e *"destroyers"*, com aumento da defesa aérea, submarinos nucleares e não nucleares mais modernos, uma potente capacidade de ataque anfíbia, melhoria das capacidades da guerra submarina e anti-submarina;
- Uma força aérea mais avançada e versátil com aviões de intercepção e de ataque com maior autonomia, melhoria da defesa aérea, com sistema de alerta precoce, apoio e reabastecimento aéreo.

O ambiente de segurança no pós-Guerra Fria tem sido favorável a Pequim, como muitos especialistas em estratégia tem afirmado. Em termos da segurança nacional, a China, pela primeira vez em mais de cem anos, não se confronta com uma significante ameaça externa.

Tal como o Coronel Xu Xiaojun da Academia de Ciências Militares refere, citado por Ralph Cossa (1994):

"A China passa pelo melhor ambiente de segurança desde 1949, não fazendo face a nenhuma ameaça militar efectiva. Não existe nenhum perigo eminente de ataque por parte de qualquer adversário e a erupção de uma guerra mundial ou de um grande conflito regional que possa ameaçar a segurança da China é uma possibilidade remota. No presente não existe nenhum país na região que a China possa definir como antagonista".

Tal quadro não impede a modernização das Forças Armadas, não obstante aparecer como a última prioridade das "quatro modernizações" elevadas por Deng Xiaoping, em 1978, as quais têm tido bastante importância para a estratégia militar que têm vindo a construir ao longo da última década, e que contempla as seguintes situações:
- Os três poderes da região (EUA, Rússia e Japão) possuem capacidade e meios para projectarem o seu poder contra a China;
- O agravamento da situação na península da Coreia, pode degenerar numa guerra;
- O crescimento do movimento pró-independência em Taiwan e o facto de, militarmente, Taiwan possuir já alguma superioridade aérea e marítima sobre as forças da RPC;
- A possibilidade de agitação social em Hong-Kong, suportada por "Forças estrangeiras";
- O arrastamento de disputas territoriais, especialmente a questão das Spratley;

- O desenvolvimento de armas nucleares por parte da Índia;
- O nacionalismo da Mongólia interior, no Tibete e em XinJiang (Ralph A. Cossa, 1996: 210-211).

Estes potenciais focos de tensão justificam a adopção por parte da China de uma "Defesa Assertiva", expressa no investimento das formas armadas.

Por outro lado, o EPL desempenha um papel fundamental na estabilidade e no controlo da situação interna, num quadro em que, para Deng Xiaoping, sem um ambiente de estabilidade política e social seria impossível levar a cabo as reformas e a construção nacional (Ralph Cossa, 1996: 18).

É percepção da liderança chinesa de que a China viverá um período de relativa estabilidade, não obstante, a disputa na antecena, pelo poder.

Esta perspectiva assenta na constatação que a próxima geração de líderes e de burocratas estão, já, na prática a ocuparem os seus lugares, na fase avançada em que se encontra a institucionalização das reformas, e, no facto das divergências internas não terem características agudas.

Neste contexto, o EPL situa-se na boa posição para jogar um papel de estabilização.

À medida que o PCC vai perdendo alguma influência, o EPL emerge como uma base de apoio mais independente. Embora prossiga a discussão à volta da relação do poder entre o partido e o EPL, no presente as forças armadas possuem um poder considerável. Como referia em 1993, um relatório do *Congress National Research Service* dos EUA, o *"EPL poderá garantir a margem de manobra fundamental, num cenário de uma forte luta política pelo poder entre os líderes de Pequim"* (R. Sutter, S. Kan, K. Dumbaugh, 1993).

Por outro lado, o EPL continuará a ter um papel importante na segurança doméstica, não obstante a retracção que se verificou depois de Tiananmen, como refere ainda o relatório do CRS (R. Sutter, S. Kan, K. Dumbaugh, 1993: 13):

"O Exército Popular de Libertação mantém-se como o último instrumento do controlo central sobre a sociedade e uma importante alavanca para ser usada pela autoridades centrais para impor as suas políticas. Ao mesmo tempo, o EPL poderá funcionar como árbitro, num contexto de impasse político em questões sensíveis, envolvendo a política interna ou a política externa".

A teoria militar ocidental, *limited war*, é geralmente definida como um conflito armado com objectivos circunscritos a um espaço geográfico, a uma duração pouco prolongada e utilizando meios limitados. Os estrategas chineses consideram, contudo, que a teoria da *limited war* corresponde a um política estratégica defensiva a ser aplicada num contexto nacional periférico, em vez de um contexto internacional. Como salientam Mel Gurtov e Byong-Moo Hwang (1998: 99), os analistas chineses insistem que a sua teoria de guerra moderna limitadas assenta numa estratégia de defesa activa, em particular a orientação de que numa guerra limitada impera o princípio de *"gaining mastery by striking only after the enemy has struck"*. Este princípio é equivalente à tese de Mao Zedong: *"We will not attack unless we are attacked, but if we are attacked, we will certainly counterattack"*. A teoria da guerra limitada insiste também no princípio da antecipação política ou seja, o conflito armado conduz incontornavelmente à promoção de negociações políticas.

A preservação da estabilidade regional é outro pré-requisito para a continuação do desenvolvimento económico. Tal requer a construção de um ambiente externo regional não hostil.

O incremento das relações internacionais é uma missão dos diplomatas e dos políticos, e não do exército, todavia, o EPL possui um papel de suporte da política externa, na medida em que a China é um dos cinco estados que possuem arsenal nuclear, o que atribui a Pequim um senso de segurança que lhe possibilita lidar com os EUA e com o Japão num plano de equilíbrio.

O centro da grande estratégia para a primeira metade do século XXI será o do desenvolvimento da economia nacional. Tal requer um contexto internacional pacífico e uma situação interna estável (Xu Xiaojun, 1994: 6).

Muitos acreditam que os objectivos da China na modernização militar incluem obter o domínio regional, no sentido em que a China deverá ter influência ou controlo sobe a evolução da Ásia.

Aderindo à perspectiva da "balança de poderes" na política mundial, os dirigentes chineses vêem a construção da capacidade militar da RPC como necessária para monitorizar a influência russa, japonesa e norte americana na Ásia.

De acordo com esta perspectiva, a China poderá vir a utilizar o seu poder militar (incluindo um *"upgrade"* da capacidade nuclear) com suporte ao reconhecimento do seu estatuto como potência mundial e para contrabalançar a influência global dos EUA, quando ela conflituar com as aspirações chinesas (R. Sutter, S. Kan, 1994: 12).

4. A CULTURA ESTRATÉGICA PRAGMÁTICA

A análise, ainda que breve, das componentes da cultura estratégica chinesa afigura-se como crucial para uma percepção global da imagem que a China tem e projecta de si própria.

No conceito que Ken Booth dá de cultura estratégica, o autor põe ênfase na questão da forma como as nações gerem os problemas respeitantes à ameaça ou ao uso da força.

É balizado pela realpolitik que consideramos também como factor de consolidação de uma estratégia de poder interno e externo a afirmação da cultura estratégica da China, que resulta da intercepção de um conjunto de variáveis, onde a cultura, no sentido antropológico, constitui uma variável "pivot" na percepção das linhas-de-força de qualquer processo de afirmação interna e externa dos poderes dos Estados. Sobre esta questão afirma Ken Booth (1990: 121):

"The concept of strategic culture refers to a nation's traditions, values, attitudes, patterns of behaviour, habits, symbols, achievements and particular ways of adapting to the environment and solving problems with respect to the threat or use of force. A strategic culture is persistent overtime, but neither particular elements nor a particular culture as a whole are immutable. Nevertheless, these elements together or in part deserving to be called 'cultural' do tends to outlast all but major changes in military technology, domestic arrangements or the international environment".

Para este autor, a cultura estratégica reflecte não só aspectos intrínsecos à história e cultura das nações, mas, igualmente, a dinâmica das sociedades. Com efeito:

"... the strategic culture of a nation derives from its history, geography and political culture, and it represents the aggregation of the attitudes and patterns of behaviour of the most influential voices; these may be, depending on the nation, the political elite, the military establishment and/ or public opinion" (Ken Booth, 1990: 121).

Aplicando ao estudo da sede do poder estratégico chinês estes conceitos, considerámos pertinente situá-los, não de uma forma separada, mas antes plasmá-los nas componentes endógena e exógena da análise do poder na China, considerando que a sua cultura estratégica assenta essencialmente na reafirmação dos valores civilizacionais. Assim, abordar hoje a temática da cultura estratégica da China implica um exercício de síntese, que engloba a dialéctica da mudança, numa perspectiva instrumental e transicional que constitui o "framework" da nossa análise e que inclui, de uma forma incontornável, a recuperação de um contexto histórico--civilizacional que, na perspectiva dos dirigentes chineses, constitui o factor de coerência do modelo de poder em reajustamento.

Vários estudos sublinham o carácter distinto e específico da cultura estratégica chinesa que é resultado da sua geografia, da demografia, do processo histórico e das conjunturas ideológicas.

Para Shu Guang Zhang (1999: 29) é difícil caracterizar a cultura estratégica chinesa devido a quatro principais razões:

> "(...) first, culture changes. The causes of change are various but the influence of external factors is crucial. Second, history is a primary source of strategic culture, but the influence of different historical period varies. Hence, it is questionable to assume a relatively unbroken chain between historical strategic preferences and contemporary policy. Third, there is the problem of identifying a strategic cultural identity. There may well be a stereotypical 'strategic cultural person' in China who occupies key positions in political and military institutions, or manages international crises, or direct wars. But who is that person, and what influences have been decisive? Fourth, political ideology must not be ignored. China has produced its own political ideology, Confucianism, but another ideological tradition – legalism – which stands opposite to Confucianism, has yet to be stressed in the studies of Chinese strategic culture".

Parece-nos que no caso chinês, a essência da sua cultura estratégica assenta numa combinação de factores instrumentais que, em função de uma determinada conjuntura, são utilizados ou não. A coerência da cultura estratégica chinesa resulta da interpretação que a cada momento "útil" é dado dos interesses de segurança e de projecção externa, numa lógica de recuperação do "respeito" histórico pela China. Como observa Shu Guang Zhang (1999: 45):

> "Alongside its sustained aspiration to challenge and change the existing international system, Beijing has been preoccupied with how it could restore international respect (...)".

Numa aproximação à cultura estratégica chinesa, Xu Wu Xinbo (1998: 139-140) enuncia as constantes da segurança nacional que vêm desde os tempos dinásticos. Afirma o autor:

> "... China accumulated rich experience in dealing with threats posed by

the surrounding barbarians. Strategies of coping with barbarians' (Zhi yi zhi dao)" included:

– maintaining internal stability and thereby leaving outsiders no opportunities to exploit;

– maintaining moral and cultural superiority to the barbarians so as to draw their admiration, respect, and loyalty;

– engaging in skilful diplomatic maneuvers, such as 'playing barbarians against barbarians' (yi yi zhi yi) and 'associating with those in the distance while attacking those in the vicinity (yuan jiao jin gong);

– applying the carrot and stick judiciously (en wei bing shi) so as to deter barbarians from attempting to invade".

Trata-se, no fundo, de uma combinação de factores ideológicos e de factores políticos tradicionais que constituem ao longo dos tempos os traços dominantes da cultura estratégica chinesa que, ao contrário de muitas interpretações apriorísticas, é mais reactiva do que assertiva.

No presente a China está mais apostada em recuperar a sua condição geopolítica natural como "império do meio", num contexto do seu reposicionamento como actor político-económico do sistema internacional, em detrimento da afirmação dos princípios leninistas de uma filosofia de conflito, advogada por Mao, a partir da leitura da guerra como a forma mais elevada de resolução de contradições entre classes, Estados ou grupos políticos.

A caracterização das linhas-de-força da cultura estratégica chinesa é insuficiente para a construção de uma matriz de análise do poder na China. Assim, para além da cultura estratégica importa elencar os elementos do poder nacional: os estáveis e os submetidos a constantes mudanças. Segundo Hans Morgenthau (1997), existem os seguintes elementos do poder nacional:

– Geografia
– Recursos naturais
– Capacidade industrial
– Capacidade militar
– População
– Carácter nacional
– Moral nacional
– A qualidade da diplomacia
– A qualidade do governo.

Estes elementos que caracterizam e classificam o poder nacional, cruzados com os factores que identificam a cultura estratégica, permite--nos desenhar, no caso da China, identificar um *"continum"* de objectivos estratégicos permanentes, cuja consolidação está expressa numa abordagem pragmática do posicionamento geopolítico da China, que Michael Swaine (2000) designa por *"calculative strategy"*.

O termo *"calculative"*, neste contexto, não significa apenas a existência de uma racionalidade instrumental – entendida como a capacidade para relacionar meios e fins, de uma forma sistemática e lógica, a qual é comum a todas as entidades na política internacional, sejam fracas ou fortes. Antes, a noção de *"calculative strategy"* é definida em termos substantivos, enquanto uma abordagem pragmática, que enfatiza a primazia do crescimento económico e da estabilidade, o desanuviamento das relações internacionais, a relativa contenção no uso da força, combinada com os esforços de modernização militar, e um continuado objectivo de explorar as assimetrias internacionais (Michael Swaine et ali, 2000: 98).

As razões para esta nova estratégia assentam no facto da China necessitar hoje de elevados níveis de crescimento sustentado em termos económicos e tecnológicos e consequentemente uma significativa estabilidade geopolítica, para assegurar a sua ordem doméstica e efectivamente proteger os seus interesses de segurança periféricos e além periféricos.

Nos finais da década de setenta, a economia chinesa iniciou uma transformação estrutural sem precedentes. Esta mudança produziu resultados únicos nas taxas de crescimento, nos padrões e volumes de produção e comércio, no rendimento individual, nas receitas do estado, nos ganhos de troca monetária e nos níveis de tecnologia, os quais em conjunto permitiram um aumento quantitativo das capacidades nacionais e, a continuar nas próximas décadas, uma mudança na balança de poderes global e regional.

Devido aos resultados do programa de reformas iniciado em 1978, a China percepciona a aquisição de *"comprehensive national strength"*[63], que lhe permitirá resolver as pressões dos problemas do desenvolvimento interno, bem como o de adquirir as capacidades militares e estatuto político internacional.

---

[63] Li, Tianran, "On the question of comprehensive national strength", in *Journal of International Studies*, Vol. 2, April 1990, citado por Michael Swaine, 2000.

A importância do sucesso do programa de reformas é fulcral para a segurança da China, dado que só o crescimento sustentado da economia pode assegurar:
- A melhoria das condições de vida da população, a sua estabilidade e o aumento da sua auto-estima como povo;
- A recuperação da centralidade geopolítica e do estatuto que a China gozou durante muitos séculos, antes da era moderna;
- A admissão às estruturas centrais que regulam a ordem global;
- E a obtenção de tecnologias militares necessárias para garantir a segurança, da ordem regional envolvente.

Existe no seio da elite dirigente chinesa o reconhecimento de que vários obstáculos terão que ser ultrapassados antes da China poder reclamar a posição na região e no mundo. Embora os obstáculos externos estejam já identificados, designadamente a dependência de capital externo, da tecnologia e do mercado, existe um crescente reconhecimento, especialmente nos últimos vinte anos, que os obstáculos internos de ordem social, política e organizacional são mais importantes do que os externos (Harding Harry, 1994).

As políticas utópicas e disruptivas no "grande passo em frente" e da revolução cultural, dos anos 50 e 60 criaram um enorme caos e incerteza na China. Nos anos 60 e 70, a combinação de uma continuada pressão populacional, a institucionalização de uma estratégia de desenvolvimento autárquico e o sistema político rígido e repressivo associado ao regime maoista criou uma grande desmobilização e erosão na sociedade.

Em conjunto, tais desenvolvimentos não só enfraqueceram a confiança no modelo de desenvolvimento, como também provocaram a corrosão da cultura política, devido à perda de liderança e da "virtude popular", em consequência da corrupção e do nepotismo.

Embora as consequências internas da corrosão política e social sejam críticas, na medida em que elas estão associadas ao aparecimento de fissuras regionais e turbulência social, as consequências externas são imprevisíveis: a questão da legitimidade do Estado levou os dirigentes chineses a apostar numa ideologia nacionalista e a enfatizar o irredentismo da "reunificação nacional".

Segundo Samuel Kim, citado por Swaine (2000), estes objectivos têm corporização nos conceitos de **Haiyang Guozu Guan** (o mar como território nacional) e **Shengcun Kiongjian** (espaço vital) que alimentam a confiança acumulada ao longo de duas décadas de elevado crescimento económico.

A recuperação de conceitos específicos da teoria geopolítica clássica, de teóricos tão diferentes como Ratzel e Mahan, é completada pelo assumir de uma visão "organicista" do Estado chinês, que surge como tendo um destino "geopolítico" a cumprir, próxima das teses de Kjellen.

Num enquadramento geopolítico, afigura-se que a questão do reposicionamento da China no sistema internacional prende-se com a optimização do seu potencial político. Este, como refere Políbio Valente (1990: 215), não é o simples somatório de um conjunto de factores (governo, diplomacia, organização, acção colectiva e estabilidade política), recebendo contribuição de todos os outros sectores e principalmente do económico, do tecnológico e do militar. É a expressão final do poder visível do Estado em tempo de paz.

A grande estratégia da China desde o fim da Guerra Fria tem sido a de manter a orientação visível já desde 1978: a aquisição de um poder nacional resultante de uma contínua reforma da economia sem o desvio do esforço para a segurança.

Os objectivos tradicionais da China que o Estado prosseguiu ao longo dos séculos ainda se mantém e ainda constitui o grande objectivo que determina o crescimento económico e a transformação interna. Estes objectivos incluem:
– Assegurar a ordem doméstica e o bem-estar;
– Manter um sistema de defesa adequado;
– Aumentar o nível de influência e controlo sobre a periferia;
– Restaurar a predominância regional da China e garantir o respeito dos parceiros regionais.

Esta estratégia não poder ser levada à pratica, contudo, através de soluções assertivas e militares associadas à estratégia de *"strong-state"* do passado. Embora seja um poder emergente, a China não é suficientemente forte, consequentemente, é, em muitos aspectos ainda um "consumidor", em vez de um "produtor" auto-suficiente.

Ao longo de séculos, a China tem procurado encontrar o seu "destino"como grande potência, não só regional, mas também global, conduzindo uma estratégia de *"structural realpolitik"* (Alaistair Johnston, 1995), caracterizada, segundo a nossa interpretação, por uma modulação entre uma estratégia de defesa estática, uma estratégia ofensiva e uma estratégia de acomodação.

Outro autor, June Teufel Dreyer (1996) considera, dando a perspectiva da corrente da "interacção estratégica", que a questão central que mobiliza os líderes chineses é transformar a RPC numa grande potência, recuperando assim das grandes humilhações infligidas por potências estrangeiras nos dois últimos séculos.

O retorno de Hong-Kong e de Macau à administração chinesa inclui-se no espaço de afirmação da cultura estratégica chinesa, que tem como um dos objectivos, no presente, segundo Dreyer (1996) ser compensada pela má memória da presença estrangeira no seu espaço, procurando ganhar respeito através, entre outros do recuperar de símbolos associados à sua cultura estratégica tradicional.

No seu trabalho de fundo sobre as relações luso-chinesas, Vasconcelos Saldanha (1996) sistematiza alguns dos traços dessa cultura estratégica, na abordagem diacrónica que faz do jogo político-diplomático chinês, no respeitante ao estatuto de Macau, estando sempre presente a questão do "legado do passado".

Tal como ocorreu no passado, a grande estratégia chinesa de hoje nem é "assertiva" nem "cooperativa", antes pode ser designada por *"calculative"*, caracterizada por uma orientação pragmática desenhada para melhorar rapidamente as condições sociais internas, aumentar a legitimidade do governo, melhorar as suas capacidades económicas e tecnológicas e aumentar as suas influências na ordem política internacional.

A *"calculative strategy"* já atrás enunciada no início do capítulo, pode ser sintetizada em três elementos principais:
- Primeiro, uma abordagem pragmática, não ideológica orientada para o mercado e para o crescimento económico e para a manutenção de relações políticas internacionais amistosas;
- Segundo, uma contenção no uso da força, seja contra a periferia, seja outros poderes mais distantes, combinada com esforços de modernização do exército chinês;
- Terceiro, a expansão do envolvimento regional e global e em vários foros internacionais multilaterais, com ênfase na obtenção de ganhos assimétricos (Swaine, 2000).

Como parte da sua *"calculative strategy"* a China desenvolveu uma série de capacidades militares para sustentar e expandir o nível de objectivos políticos e operacionais. Tais objectivos, incluem:
- Assegurar a defesa da soberania chinesa e o território nacional contra ameaças ou ataques conduzidos por forças militares altamente sofisticadas;

- Aquisição das capacidades para conter ou neutralizar um conjunto de potenciais curtas, médias e longas ameaças periféricas, especialmente nas áreas marítimas;
- Aquisição das capacidades para usar o poder militar: como um instrumento da diplomacia armada e suporte de um conjunto de complexo de políticas regionais e globais;
- Eventual desenvolvimento da projecção de poder e da extensão das capacidades de defesa territorial em consonância com o estatuto de poder esperado para o século XXI.

Estes objectivos podem ser sintetizados, a médio prazo, com um esforço para reduzir as actuais vulnerabilidades da China, e em simultâneo aumentar a utilidade das suas forças militares para assegurar a alavanca diplomática e política (Michael Swaine, 2000: 121).

A prioridade colocada na modernização convencional do aparelho militar, em detrimento do nuclear, deriva de um conjunto de cinco factores.

Em primeiro lugar ela reflecte a apreciação que a China faz que as forças e armamentos convencionais são mais efectivos instrumentos de poder do que as capacidades nucleares (Shulong, 1994: 186-90).

Em segundo lugar, dado a envolvente da ameaça, Pequim acredita que poderá ser confrontada com um "teatro de operações limitado", que requer o uso das suas forças convencionais a médio prazo e, consequentemente, deverá preparar-se para a sua utilização em várias situações (Murto, 1994; Godwin, 1997).

Em terceiro lugar, as reformas económicas conduzidas desde 1978 provocaram uma profunda mudança na geografia estratégica da China, tendo em conta que os seus principais recursos e meios económicos situam-se ao longo dos territórios do leste e do sudeste, em oposição a um interior seguro. Este novo quadro pôs prioridade no desenvolvimento de novas formas de formas convencionais – principalmente aéreas e navais – e de novos conceitos de operações que são bastante estranhos à orientação continental tradicional (Shulong, 1994: 187-188).

Em quarto, a natureza dos potenciais adversários sofreu modificações: a solução de uma "guerra popular", que foi pensada contra poderes continentais como a ex-URSS é agora vista como irrelevante no contexto de futuros adversários marítimos, tais como Taiwan, Japão e EUA, dado que "guerras limitadas" em condições de elevada tecnologia irão requerer equipamentos que a China actualmente não dispõe (Shulong, 1994).

Em quinto, a China parece ter ficado grandemente impressionada pela experiência da guerra do Golfo, onde a superioridade tecnológica das forças de coligação demonstrou que pode ser infligida uma forte derrota a qualquer adversário que possua forças, estrutura, doutrina e capacidades obsoletas (Michael Swaine, 2000: 125).

A *"calculative strategy"* prosseguida actualmente pela RPC conduziu à adopção de uma atitude "instrumental" face à comunidade internacional. Tal implica que a China possua nem um intrínseco envolvimento, nem uma intrínseca antipatia pelas normas internacionais e organizações, mas antes uma abordagem em termos de cálculo pragmático centrado nos ganhos e perdas da participação e da não participação. Consequentemente, prossegue uma panóplia de estratégias dependendo das áreas em questão, podendo ir da participação completa na procura de ganhos assimétricos, passando pela cooperação contingente, visando benefícios recíprocos, até ao afastamento assumido.

O "cálculo pragmático" da China assume as seguintes formas:

- A China participa activamente com todos os regimes que lhe possibilitem vantagens assimétricas. Nesta categoria estão incluídos todos os regimes com peso na economia internacional, comércio global, difusão de tecnologia e poder internacional.
- Participação em todas as organizações internacionais onde políticas adversas aos interesses da China poderão vir a ser engendradas como resultado da não presença do Governo de Pequim. Incluem-se nesta categoria todos os regimes regionais que inicialmente ressentiam a China, mas que levavam a China a participar, principalmente para impedir futuras perdas. O melhor exemplo é o da participação da China na *ASEAN Regional Forum* (ARF) e na *ASEAN Post-Ministerial Conference*.
- A China procura impedir, através da sua participação, aqueles regimes que ameaçam os seus interesses políticos. Os melhores exemplos desta questão são os dos direitos humanos, liberdades individuais e liberdades políticas. Os líderes chineses entendem as declarações sobre os direitos humanos e sobre a liberdade política como uma interferência nos assuntos internos ou como um esforço no sentido de minar a estabilidade do Estado chinês (Michael Swaine, 2000: 136).

A *"calculative strategy"* parece visar, sobretudo, transformar a China num poder global, construído com base num ciclo contínuo de:

```
      ┌──→ Modernização ──────→ Crescimento ─┐
      │    económica              militar     │
      │         ╲               ╱             │
      │          ╲             ╱              │
      │           ╲           ╱               │
      │            ╲         ╱                │
      │    Ideologia ←──────── Influência     │
      └─── nacionalista        externa  ←─────┘
                       ↓
                  Poder Global
```

Contudo, a sua transformação em poder global só terá expressão operacional, segundo Stephen A. Schaikser (2002) através da convergência de uma *"comprehensive security"*, do desenvolvimento de tecnologia militar assente num sistema de defesa de mísseis balísticos e do crescimento económico potenciado pela sua adesão à OMC.

A cultura estratégica pragmática está também associada a uma ideia de identidade nacional estratégica formada pelas componentes de um "comprehensive national power strategy". A CNPS diz respeito à totalidade do poder económico, militar e político de um país durante um dado período, segundo Zhong Cai, citado por Yongnian Zheng (1999: 114).

O CNPS da China corresponde a um sistema de poder integrado que define o quadro de actuação estratégica da China, segundo de orientações e objectivos, tais como:
– Proteger o sistema político;
– Proteger a independência, soberania e segurança;
– Proteger e facilitar o contínuo desenvolvimento económico e tecnológico;
– Criar um ambiente favorável ao funcionamento do sistema político-económico;
– Responder a qualquer ameaça extensa;
– Prevenir e restringir qualquer conflito externo e interno que possa conduzir a um conflito armado;
– Manter e alargar o estatuto e prestígio internacionais.

O CNP pode ser identificado nos seguintes termos:
- Poder básico – diz respeito ao ambiente no qual a China, como Estado soberano, sobrevive e desenvolve, inclui a localização geográfica, a demografia, os recursos naturais e o espírito nacional;
- Poder económico – refere-se à capacidade da indústria, da agricultura, o comércio, das finanças e a tecnologia;
- Poder de defesa nacional – diz respeito à capacidade da China em construir uma defesa e forças dissuasoras;
- Poder diplomático – incide sobre a influência da China nos assuntos internacionais, através da diplomacia;
- Poder organizacional – refere-se à capacidade da China em organizar e coordenar os vários recursos nacionais;
- Capacidade de tomada de decisão racional – diz respeito à capacidade para conduzir as orientações estratégicas de política interna e externa;
- Poder moral e cultural – refere-se ao carácter do povo, às suas atitudes políticas e sistema de crenças.

5. POLÍTICA DE SEGURANÇA NACIONAL

5.1. Objectivos Estratégicos de Segurança

Um dos aspectos mais sensíveis do processo de decisão política na R.P.China é o respeitante à estratégia nacional, pois ela acaba por reflectir o jogo de interesses no seio da estrutura do poder político militar.

Citando Pan Shiying, Swaine (1996:7) enuncia os quatro propósitos fundamentais da estratégia nacional chinesa (**Guojia Zhanlue**), a saber:
- A salvaguarda da soberania e do território nacional;
- Orientar a construção nacional e o desenvolvimento social;
- Reforçar o poder nacional;
- E assegurar a continuação da prosperidade nacional.

A partir desta definição, verifica-se que os objectivos estratégicos nacionais (**Guojia Zhanlue Mubiao**) constituem princípios, conceitos e prioridades estratégicas orientadores não só das políticas externa e de defesa, mas também de áreas internas críticas para a construção nacional e para a ordem interna. Tais objectivos incluem a obtenção de um estatuto de grande potência económica, tecnológica e militar, com o concomitante nível de reconhecimento internacional, e o desenvolvimento de capacidades de defesa contra ameaças internas ou externas à estabilidade política, soberania nacional e integridade territorial.

Estes propósitos estratégicos alargados estão mais explicitamente apresentados nas linhas gerais (**Zong Luxian**) das políticas interna e externa estabelecidas pelos líderes seniores do Partido.

No presente, os objectivos estratégicos principais na arena internacional são:
- Manter um ambiente externo favorável ao prosseguimento das reformas económicas, à abertura ao exterior e à construção económica;
- Preservar ou expandir a independência estratégica, em ambiente multipolar;
- Reforçar os esforços de reunificação da China;
- Reforçar as capacidades da China para se defender contra as pressões externas ou ataques emergentes por uma ameaça do ambiente de segurança

Por seu lado, David Filkelstein (1999) apresenta a seguinte síntese sobre os objectivos da Segurança Nacional na RPC:
- Soberania;
- Modernização;
- Estabilidade.

a) Soberania – para além dos conceitos profusamente apresentados nos manuais de ciência política, importa sublinhar que a questão da soberania é basilar, como factor de afirmação do orgulho colectivo da China, pelo que entende as referências constantes que os dirigentes chineses fazem à sua "história de conflitos". Sobre este aspecto é de referir que a primeira parte do relatório político apresentado por Jiang Zemin ao 15.º Congresso, Jiang Zemin tenha feito referências explícitas à guerra do ópio (1849), a intervenção das oito potências (durante a revolta dos boxer em 1990, à guerra contra o Japão (1937 – 1945) e às centenas de anos de humilhações. Estas referências não são apenas retórica. Elas reflectem a importância da soberania como um dos objectivos-eixo da RPC sob a direcção do partido comunista chinês. São também resultado de mais de um século de intervenção estrangeira militar, política e económica e, internamente, dos efeitos do "*warlordism*" e do regionalismo, a que se acresce a dificuldade dos chineses em definirem o conceito geográfico da China como Estado-nação. Consequentemente o retorno de Hong-Kong e de Macau à China constituiu um factor determinante na consolidação de uma China forte a que só falta Taiwan. Actualmente, as questões relacionadas com a soberania incluem, pelo menos, seis categorias: a primeira, e primordial, diz respeito ao retorno de Taiwan ao seio da pátria. A segunda diz respeito às disputas fronteiriças e aos problemas de demarcação e controlo. A terceira categoria prende-se com o problema sensível dos territórios controlados pela China, mas cuja população nativa se opõe à administração da China, estão neste caso Xinjiang e Tibete. A quarta categoria corresponde às múltiplas situações de disputa marítima ao mar do sul da China, não só pelos recifes e pequenas ilhotas, mas pelos recursos das águas, constituindo disto exemplo a disputa das ilhas Spratley. Uma quinta categoria diz respeito aquilo que Pequim considera ser a ingerência estrangeira nas questões políticas e sociais internas. A sexta categoria está relacionada com a pressão internacional no sentido da China aderir a protocolos e outros instrumentos, de carácter multilateral, que poderão constranger a liberdade de actuação de Pequim.

b) Modernização – durante as duas últimas décadas, a questão da modernização da China foi, muito provavelmente, a mais estudada e analisada dos três objectivos de segurança nacional, ela inclui, para além das matérias económicas, a mudança social, a reforma política, as adaptações e culturais, e a inovação tecnológica e científica. Em síntese, o objectivo de modernização como é definido pela actual liderança significa um aumento da capacidade económica da nação, reforço das capacidades científicas e tecnológicas e o aumento das condições de vida da população. Os dirigentes chineses crêem que a soberania e a posição da China entre os países mais avançados do mundo será no futuro, garantida pela sua força económica e tecnológica.

c) Estabilidade – uma grande parte da história da civilização chinesa ao longo do último milénio é a história de períodos de paz alternando com períodos de caos e violência. Aliás, nos dois últimos séculos, a estabilidade tem sido a excepção. Tem sido um período de "**Wei**

Wan Wai Huan" (desordem doméstica e calamidades externas). No presente o grande desafio que se coloca aos dirigentes chineses é o de estabelecer um equilíbrio entre os objectivos de modernização e o risco de instabilidade.

Mas, convirá sublinhar, o objectivo "estabilidade" não se esgota na manutenção da ordem interna. Um segundo aspecto da "estabilidade", mais importante, é o da manutenção do regime: i.e., a preservação intacta da autoridade e monopólio do poder por parte do PCC. Existe ainda a dimensão externa de "estabilidade" e que corresponde à perspectiva de que só a distância de um ambiente pacífico e estável internacional poderá permitir à China prosseguir com êxito os seus objectivos nacionais, tal como é referido por Jiang Zemin, noutra parte do seu relatório político apresentado no 15.º Congresso do PCC:

"(...) nós necessitamos de um ambiente de paz internacional contínuo que permita levar a cabo a modernização socialista, especialmente um ambiente periférico favorável".

Com o alcançar dos três grandes objectivos estratégicos – soberania, modernização e estabilidade, a RPC pretenderá não apenas melhorar as condições internas, mas também possuir capacidade para afirmar o seu papel como Estado-director na Ásia, e como um dos cinco autores-chave, num futuro mundo multipolar, que segundo os teóricos chineses incluirá como pólos estratégicos a China, os EUA, a Rússia, o Japão e a Europa.

5.2. Objectivos Militares Nacionais

Segundo David Finkelstein (1999), os objectivos de segurança são garantidos pelos objectivos militares nacionais:
– Proteger o partido e salvaguardar a estabilidade;
– Defender a soberania e eliminar as agressões;
– Modernizar as forças armadas e reforçar a capacidade tecnológica do país.

Em todas as afirmações sobre os objectivos militares nacionais existe uma perspectiva "defensiva" dos interesses chineses, que se insere numa estratégia alargada de projectar, por um lado, a existência de uma capacidade militar em reformulação e, por outro lado, que essa mesma capacidade não visa ameaçar o perímetro estratégico da região em que se insere.

Os estrategos militares Chineses observam o mundo como basicamente hostil aos interesses nacionais chineses, especialmente à soberania nacional. Os estrategas consideram a competição entre nações como a norma e como uma "equação de soma zero" (**ni si wo huo**).

Segundo Mel Gurtov e Byong-Moo Hwang (1998: 293), a posição proeminente dos militares na definição e execução da política de segurança nacional aumentou naquelas áreas em que a questão da soberania é mais sensível e evidente: a reunificação nacional; as disputas territoriais e o controlo de armamento. Estas áreas estão, obviamente, interligadas com o quadro de relacionamento entre a China, os EUA e a Ásia-Pacífico.

A segurança nacional, entendida sob a variável da soberania, é factor de divisão entre os militares (portadores de uma ideologia nacionalista) e alguns sectores do sistema burocrático envolvido no contacto internacional, designadamente em matérias de indústria militar. A este propósito referem aqueles autores (Mel Gurtov e Byong-Moo Hwang, 1998: 293-294):

> *"Chinese internationalists while unquestionably committed to nationalist objectives, are open to ways to accomplishing them by adopting at least some cooperative-security norms, such as regional dialogue on security issues and multilateral approaches to arms control. Internationalists also seem to be more willing than hard-line nationalists to engage in trade-offs that avoid confrontation with the major powers and to identify issues on which China's security and global security coincide. (...)" To most military professionals and national-security experts used to working in secrecy and dedicated to protecting China from external threats, notions of transparency, trust building, and multilateral regimes not only are difficult to accept; they may result in exposing China's weakness and vulnerabilities".*

As mudanças no ambiente de segurança regional e global são vistas como uma constante susceptível de perigar os interesses chineses, como salientava, em 1998, o Ministro da Defesa, Gen. Chi Haotian:

> *"As forças hostis internacionais nunca abandonaram a sua estratégia de ocidentalização e desmembramento da China, e a grande causa da reunificação da terra-mãe falta ainda completar. Sob condições prolongadas de um ambiente de paz e numa situação centrada na construção económica, nós devemos estar preparados para o perigo e para dificuldades. Nós não nos devemos intoxicar pelas canções e danças em celebração da paz".*

Num exercício de revisão da perspectiva do EPL sobre a componente da segurança da RPC, Finkelstein (1999) elenca os seguintes aspectos:
- O EPL deve estar preparado para intervir em situações de crise interna;
- O EPL deverá estar preparado para apresentar opções militares aos dirigentes do país, no tocante à questão de Taiwan, na medida em que seja decidido empregar o elemento militar para obter os seus fins políticos;
- O EPL deverá construir uma defesa credível do centro de gravidade económica: a costa. Deverá estar o EPL preparado para as reivindicações marítimas de Pequim;
- A Rússia é uma preocupação de segurança permanente, devido à proximidade, às questões históricas, e às suas potencialidades para recuperar o estatuto de grande potência;
- Para o futuro, os EUA manter-se-ão uma preocupação de segurança, não porque seja uma ameaça militar directa à China, mas devido à sua imprevisibilidade, ao seu poder, à proximidade das suas forças militares, às suas redes de alianças militares bilaterais, e ao seu potencial papel como *"spoiler"* dos interesses principais da segurança chinesa (Taiwan e Japão);
- O Japão é provavelmente o único país da região, que a médio prazo Pequim vê com desconfiança, enquanto potencial competidor militar, bem como nos domínios político e económico;
- O EPL deverá reforçar as suas capacidades marítimas e aéreas. Em simultâneo, devido à possibilidade permanente de conflitos internos (Índia e Coreia) e potenciais (Rússia e Vietnam) problemas de segurança ao longo das fronteiras da China, o EPL não poderá negligenciar as suas forças terrestres;
- A China deverá continuar a trabalhar numa credível distensão nuclear, face às capacidades dos EUA e da Rússia.

5.3. O Papel do Sistema de Informações

No desenvolvimento da tomada de decisão nas áreas da segurança, defesa e política externa, a actividade de *Intelligence* constitui um pilar na definição e execução da estratégia adoptada pelo núcleo duro do Partido Comunista Chinês.

Vários autores (Shambaugh, Swaine, Mulvenon, Yang e Segal) atribuem aos SI chineses, militares e civis, na presente conjuntura um papel de *"political assessement"*, próximo do modelo organizacional e funcional de serviços de *Intelligence* ocidentais.

Os objectivos e missões do sistema de informações da China reflectem o actual quadro político chinês, que é determinado por factores internos e externos, a saber:

- *a*) A importância que a RPC atribui à obtenção de tecnologia avançada, nas áreas da cibernética e das telecomunicações;
- *b*) A necessidade de monitorizar e neutralizar as acções político--diplomáticas de Taiwan;
- *c*) A importância que atribui à estabilidade dos processo de transição de Hong-Kong e de Macau;
- *d*) As alterações geopolíticas verificadas na Ásia Central e no Médio Oriente;
- *e*) As oscilações na crise das Coreias;
- *f*) Os sinais de instabilidade social que se verificam em várias regiões da China;
- *g*) Os efeitos internos gerados pelo terrorismo de matriz islâmica, em concreto na região de Xinjiang, de maioria uygur. Afigura-se que esta é uma questão das mais sensíveis no plano da segurança, dada a existência de organizações paramilitares uygurs, que reclamam a secessão;
- *h*) A necessidade da RPC possuir a ordem de batalha das forças armadas dos países vizinhos.

Os objectivos do trabalho de Intelligence definidos pela liderança do Partido Comunista Chinês foram estudados por Eftimiades (1994: 12-13) que considerava que na década de noventa, os SI chineses tinham como missão identificar potenciais ameaças regionais, tais como:

> *"Commonwealth of Independent States – this new entity presents a significantly reduced military threat compared to its predecessor, the Soviet Union. However, historic animosity and territorial disputes still exist between China and the Russian Republic. In addition, military and political instability in the new Commonwealth concerns Beijing;*
>
> *India – the long-standing distrust between this nation and the PRC is based on political differencism the 1962 border war, and the Chinese subjugation of Tibet;*

Vietnam – despite the recent rapprochement, tensions remain between Vietnam ant the PRC because of Chinese hegemonic tendencies. China invaded Vietnam in 1979 to punish that country for its military occupation of Cambodia. Military and Intelligence activities are still intense along the China-Vietnam border;

Muslin states north of Xingjian – the resurgence of fundamentalist Islam in the central Asian States of the former Soviet Union threatens to weaken Beijing's internal control over the muslin population of Xingjian province".

A componente de Intelligence estratégica da RPC constitui aquilo que David Shambaugh (1987: 276-304) designa por *"national security research bureaucracy"*. Segundo este autor, dela fazem parte um largo número de institutos, departamentos e organizações, que actuam sob a tutela de órgãos civis e militares.

Os oficiais do sistema de informações desenvolvem uma ou mais das seguintes categorias de funções, segundo Michael Swaine (1996: 58):

"Analysis and recommendations on fundamental national security strategy issues, military security strategy or doctrine issues, or foreign, diplomatic policy issues;

Operational analysis in support of diplomatic relations with specific countries or key aspects of defense policy, such as military targeting or orders of battle;

Provision of raw intelligence relating to the previous two areas".

O sistema de *"interlocking"* entre o Comité Permanente do Politburo, do Partido, os núcleos políticos restritos e a Comissão Militar Central aplica-se também à actividade de pesquisa e análise das estruturas de informações estratégicas da RPC.

O Comité Permanente do Politburo é o centro de todo o processo de coordenação, produção e difusão de informações, estando esta fase a cargo do Gabinete Geral do Secretariado do Comité Central.

A Comissão Militar Central, através do Gabinete Geral, orienta a pesquisa produzida pelo Departamento de Operações (2.º Departamento), que é complementada pelas análises do Gabinete de Pesquisa Política, na dependência da CMC, do Centro para o Desenvolvimento e para a Paz, na dependência do Departamento de Política Geral e pelos institutos de pesquisa da Força Aérea, da Marinha e do Departamento Estratégico, sob o comando do Exército.

O Núcleo Político Restrito (*Leading Small Group*) de Política Externa, que assessora as decisões do Comité Permanente do Politburo dá orientações e recebe informações processadas pelos órgãos de pesquisa e análise na dependência directa de entidades do Conselho de Estado, em especial do Ministério de Segurança do Estado, do Ministério dos Negócios Estrangeiros e da Agência Xinhua.

De entre aqueles órgãos, os mais importantes são, na tradução inglesa, o *China Institute for Contemporary International Relations* – o principal instituto de pesquisa estratégica – que está na dependência do Ministério da Segurança de Estado, o *Institute for International Studies*, o *International Policy Research Office*, e o *Shanghai Institute for International Studies*, estes na dependência do Ministério dos Negócios Estrangeiros (Michael Swaine, 1996).

Reflectindo a complexidade dos canais de comunicação e de hierarquia de decisão política que caracteriza o sistema de poder chinês, o processo de gestão das informações é bastante condicionado pelos jogos de poder interno no PCC, e pelos mecanismos informais de transmissão de informações[64].

Uma componente importante da base de consolidação do poder, por parte dos líderes do Partido, assenta na sua capacidade de controlo da rede de órgãos de pesquisa e de produção de informações internas e externas. Dossiers sensíveis como: a questão de Taiwan, o relacionamento com os EUA; o relacionamento com os EUA; o relacionamento com a União Europeia; o terrorismo islâmico, em concreto na região de Xinjiang; a questão do Tibete; e a subversão interna, são utilizados na luta política interna, sendo as informações neste contexto, de importância central.

Ao longo de mais de uma década de acompanhamento destas matérias, foi possível identificar várias situações em que o sistema de *Intelligence* da RPC foi utilizado na disputa política interna, a saber:

    a) Em 1992, Deng Xiaoping afastou da liderança da CMC o General Yang Baibywg, na sequência de informações sobre a sua intenção de boicotar o trabalho de Jiang Zemin como Secretário-Geral do PCC;

---

[64] Constituirá disso exemplo referências surgidas sobre a existência em Macau, nos anos noventa, de várias estruturas paralelas de recolha de informações sob a coordenação pessoal de Jiang Zemin, e também de Li Peng, que actuavam fora do sistema de informações.

b) Em 1997, o afastamento de Qiao Shi, então Presidente da ANP, de todas as funções de direcção do Partido, devido à oposição que fazia à liderança de Jiang Zemin. Jiang temia que a posição de Qiao Shi, como responsável pelo controlo das informações do Partido, fosse utilizada para o vulnerabilizar dentro do Partido;

c) O afastamento do Secretário do Comité do Partido de Pequim, Chen Xitong, considerado um homem-de-mão do então Primeiro-Ministro, Li Peng;

d) A adopção de uma estratégia mais assertiva quanto à questão de Taiwan, na sequência de informações sobre o alegado desenvolvimento de capacidade nuclear de Taiwan, produzidas pelo 2.º Departamento do EPL, sob a orientação do General Zang Wangian, considerado uma "facção" do EPL;

e) O peso político do actual Vice-Presidente da República e o membro do Comité Permanente do Politburo, Zeng Qinhang, que deriva, em grande parte das funções que exerceu de Director do Gabinete Geral do Secretariado do Comité Central, um dos "filtros" das informações.

Para além do sistema de informações "institucionais", é possível identificar uma estrutura de pesquisa de informações do próprio Partido Comunista Chinês, formada pelos seguintes órgãos: Comissão de Ciência Política e Assuntos Legais; Comissão de Protecção dos Assuntos Secretos; Departamento de Ligações Internacionais; e Departamento da Frente Unida.

Destes órgãos o mais importante é a Comissão de Ciência Política e Assuntos Legais, dado que é responsável pela recolha de informações sobre a actividade dos principais líderes do Partido e dos seus familiares, bem como da monitorização das operações conjuntas entre os SI e as forças de segurança.

Segundo Nicholas Eftimiades (1994: 110), a CCPAL é, na "sombra" o principal órgão do sistema de informações da RPC no acompanhamento dos assuntos respeitantes à segurança interna, recebendo orientações não do Comité Permanente do Politburo, mas da Comissão Militar Central, o que reforça a nossa tese sobre o peso político da CMC na decisão política global.

Dentro do sistema de informações civil e militar, quer de segurança, quer estratégico, a principal agência é o Ministério de Segurança de Estado (**Guojia Anquan Bu**). Foi criado em 1983, fundindo as funções de espionagem, contra-espionagem e segurança, atribuídas ao Ministério de Segurança Pública, e as funções atribuídas ao Departamento de Investigação do Comité Central do Partido Comunista Chinês.

No respeitante às informações produzidas pelo Exército Popular de Libertação, o Departamento de Informações Militares (DIM) do Estado-Maior do EPL é a segunda maior estrutura da RPC na pesquisa Humint (Human Intelligence). Conhecido como o Segundo Departamento, tem como principal destinatário a Comissão Militar Central (Godwin, 1988).

As responsabilidades do Segundo Departamento podem ser divididas nas seguintes categorias (Eftimiades, 1994: 76):

"– Order of battle – the size, location, equipment, and capabilities of argued armed forces (military and insurgent) that exist in immediate proximity to the PRC. This should include those of the Commonwealth of Independent States, Mongolia, Afghanistan, Vietnam, Thailand, Burma, India, Cambodja, Taiwan, North Korea, South Korea and Japan as well as American forces in east and Southeast Asia.

– Military geography – the terrain features of neighboring countries.

– Military doctrine – the operational philosophy, plans and targets of currently and potential enemies, their allies, and neutral nations.

– Military economics – the industrial potential, agricultural capabilities, military technology level, and strategic reserves of other nations.

– Biographical Intelligence – information about foreign military officials, including all aspects of their personal and professional lives.

– Nuclear targeting – facilities Intelligence to support China's strategic missile forces. The size, location, and vulnerability (hard vs. soft target)" of foreign political, military, Intelligence, and population centers.

– Military Intelligence watch centers – basic and current Intelligence for immediate use and midterm planning. It defeats the purpose of military Intelligence collection not to have a system in place for bringing the most recent information to the attention of policymakers and military commanders".

Tal como o serviço do MSE (Ministério da Segurança do Estado), o Segundo Departamento do EPL tem as componentes operacional e não operacional.

O vector operacional é constituído por oito departamentos (seis de análise geográfica e dois de análise temática), assim organizados:

– 1.º Departamento (Informações sobre alvos estrangeiros fora e dentro da China)

- 2.º Departamento (Actividades militares e de espionagem em áreas fronteiriças, conduzidas por outros países)
- 3.º Departamento (Adidos militares)
- 4.º Departamento (Rússia e Europa de Leste)
- 5.º Departamento (América e países ocidentais)
- 6.º Departamento (Extremo-Oriente)
- 7.º Departamento (Ciência e tecnologia)
- 8.º Departamento (Análise estratégica)

No caso da RPC, da caracterização, necessariamente incompleta, dos principais pilares do sistema de informações ressaltam vários aspectos-chave que importa reter, numa lógica de percepção da decisão estratégica, de que as informações são um vértice, a saber:

a) O sistema de informações está organizado segundo uma distinção funcional entre órgãos de pesquisa e de análise, formalmente na dependência do Conselho de Estado e da Comissão Militar Central. Contudo, verifica-se a existência de uma subordinação da componente "civil", quer a uma estrutura formal não visível – o núcleo político restrito de política externa – quer à Comissão Militar Central, que controla a Comissão de Ciência Política e Assuntos Legais do PCC.

b) O sistema de informações não é imune à dinâmica do jogo político no seio do aparelho do PCC, constituindo um instrumento de pressão utilizado no contexto de purgas políticas. No presente, no que diz respeito ao MSE, Jiang Zemin possui grande influência.

c) Juntamente com o trabalho dos núcleos políticos restritos, os SI chineses têm um importante papel na elaboração de análises estratégicas.

6. A QUESTÃO DE TAIWAN

6.1. Quadro Geral

Taiwan é, presentemente, nos planos interno e externo, sem dúvida, um permanente factor de tensão e uma questão vital para a China, constituindo a sua internacionalização um problema magno para a liderança de Pequim.

A agressividade diplomática de Taiwan, assente no seu poderio económico e comercial, é vista com grande preocupação por parte do regime chinês, que receia que o reconhecimento "económico" de Taiwan se possa vir a transformar no seu reconhecimento enquanto "entidade política", expressão utilizada frequentemente por Taiwan.

Depois das políticas de "libertação pela força" e da "libertação pacífica", a RPC adoptou a política de "um país, dois sistemas", que teve um novo enquadramento expresso no discurso que o Presidente Chinês proferiu a 30JAN95, sobre a reunificação de Taiwan.

Da análise desse discurso ressalta a existência de oito pontos, a saber:
- A existência de uma só China será sempre obtida pela reunificação pacífica;
- A não oposição de Pequim ao relacionamento não-governamental económico e cultural entre Taiwan e outros países. Por outro lado, qualquer iniciativa de relacionamento político contará sempre com a oposição de Pequim;
- Estabelecimento de negociações bilaterais visando o fim do estado de hostilidade;
- A RPC chama a si a opção de uso da força, não directamente contra Taiwan, mas contra qualquer esquema de interferência externa contra a reunificação;
- O estreitamento da cooperação económica;
- A afirmação da unidade étnica e cultural;
- O respeito pelas diferenças de modo de vida;
- A realização de conversações ao mais alto nível.

Todavia, tal proposta foi indirectamente rejeitada por Lee Teng-Hui, na sequência da sua deslocação aos EUA, o que constituiu um retrocesso no clima de *"détente"* e de negociações não políticas, que existia desde 1979.

Como consequência, emergiu uma crise militar no Estreito de Taiwan que teve três momentos, que vão de 1996 ao presente.

O primeiro momento corresponde ao período de Julho de 1995 a Março de 1996, e que se caracterizou pela suspensão dos contactos informais entre Pequim e Taipe e pela a realização de manobras militares do EPL, com testes de mísseis. O segundo momento de crise verificou-se entre Julho e Agosto de 1999, depois do então presidente de Taiwan, Lee Teng-hui, ter caracterizado as relações com a China como *"special state-*

-to-state relations". Em resposta, o EPL levou a cabo manobras militares em larga escala em frente de Taiwan, utilizando a força aérea e meios anfíbios. Mais uma vez as intenções da RPC eram desgastar a imagem dos dirigentes de Taiwan e convencer os EUA de que os líderes de Taiwan eram *"trouble-maker"*, conforme é sublinhado por Jean-Pierre Cabestan (2003: 67-68). Estes jogos de guerra comportam, contudo, elevados riscos de descontrolo da situação. Com efeito, os exercícios militares conduzidos em 1996 causaram uma enorme tensão na região. Washington teve uma reacção que, para muitos especialistas, constituiu um sério sinal ao Governo chinês.

O então secretário de Defesa norte-americano referiu-se aos exercícios militares do EPL, afirmando:

> *"The US has a National Interest in the Security and stability of the Western Pacific".*

Neste contexto, os EUA enviaram para a zona dois porta-aviões, visando, nas palavras dos responsáveis norte-americanos, *"refrain further provocative action"*.

O terceiro momento de crise ocorreu depois da eleição de Chen Shui-Bian para presidente de Taiwan, na sequência de, em Agosto de 2002 ter caracterizado a situação entre os dois lados do Estreito como sendo *"one side, one country"*. Verificou-se, contudo, um abaixamento de tom por parte de Pequim, em resultado possivelmente do contexto do 11 de Setembro e da actual forte dinâmica empresarial entre os dois lados.

A leitura dos estrategas militares dos EUA aponta para a existência de cinco objectivos políticos estratégicos da China face a Taiwan, a saber (Abram N. Shulsky, 2000: 40-41):

> *a) Deter or reverse a Taiwanese "declaration of independence";*
>
> *b) Deter Taiwan from developing nuclear weapons or compel it to abandon an ongoing program;*
>
> *c) Deter or compel the abandonment of U.S. – Taiwanese military cooperation (e.g., an access agreement);*
>
> *d) Deter Taiwan from pursuing an "independence-minded" course or influence its electorate not to support candidates favoring such a course;*
>
> *e) Compel Taiwan to accept reunification".*

6.2. O Valor Estratégico de Taiwan

Taiwan representa uma perfeita justificação para o EPL projectar uma forte presença naval no estreito.

No presente, a ameaça real de uma guerra, na perspectiva chinesa, assenta no desenvolvimento militar que é favorável a Taiwan, devido à aquisição de armamento avançado. Tal como é salientado por um investigador naval do EPL, a superioridade parcial tecnológica das forças área e naval é o principal argumento que Taiwan utiliza um cenário de independência. De acordo com a sua análise, só quando o EPL ultrapassar a capacidade militar de Taiwan é que o objectivo de independência poderá ser contrariado, ou seja uma ofensiva pacífica, visando contrariar eventuais intenções de Taipe, deverá ser sempre equilibrada com a ameaça de intervenção militar (You Ji, 1999: 212).

A importância de Taiwan para a RPC reside, também, no seu posicionamento estratégico como um "recife" que separa a China do oeste do Pacífico, onde reside parte do futuro da China (You Ji, 1999: 213).

Em termos gerais, afigura-se que uma opção militar por parte da RPC como meio de resolução da questão de Taiwan está, nas actuais circunstâncias, fora de horizonte, tendo em conta as implicações económicas e militares que daí decorreriam.

Interessa, no entanto, à RPC, dentro da sua estratégia de expansão de influência regional manter um discurso e uma actuação marcadas umas vezes pela acção diplomática e outras vezes pela tensão militar.

A RPC parece pretender tomar a iniciativa política visando estabelecer o passo dos contactos entre as duas partes, através dos contactos informais de nível médio tendo como veículos negociais, por parte de Pequim, a ARATS – *Association for Relations Across The Taiwan Straits*, e por parte de Taipé, a SEF – *Strait Exchange Foundation*.

Entretanto, o Governo de Taiwan, visando retirar a iniciativa política à RPC, avançou com a sua "política de defesa face à ameaça da China", que contempla os seguintes pontos:
 – Taiwan repudia e opõe-se ao uso da força como meio da reunificação;
 – A política de defesa de Taiwan é a distensão e não a da agressão;
 – Taiwan continuará a aperfeiçoar a sua capacidade de defesa de acordo com o desenvolvimento militar da RPC;
 – O objectivo de desenvolvimento militar de Taiwan é a qualidade, em vez da quantidade.

VIII. A componente militar no processo de tomada de decisão política estratégica 243

Os dirigentes chineses enquadram a questão de Taiwan num âmbito mais vasto relacionado com aquilo que designam por "complexo missionário" dos EUA, o qual, no entender de Pequim, se prende com o objectivo de Washington em destruir o regime comunista chinês, na sequência do desmoronamento do bloco soviético.

O desenvolvimento de uma actuação em larga escala no plano diplomático surge como a resposta possível ao "cerco" dos EUA e à ofensiva político-diplomática de Taiwan, que, segundo Pequim, é o principal instrumento da política hegemónica norte-americana para a região Ásia-Pacífico.

A Rússia é para o governo chinês um parceiro fundamental no desenvolvimento de uma estratégia de contenção dos EUA-Taiwan.

Com o incremento dos contactos bilaterais entre Moscovo e Pequim, o regime chinês procura, sobretudo, alcançar um novo patamar na cooperação militar e forjar uma "parceria política" nas questões internacionais em que interesses de cada um dos Estados estejam envolvidos. Nesse contexto, refira-se o apoio que Pequim manifestou a Moscovo no tocante à intenção da Rússia em impedir a expansão da NATO para o Leste. Por seu lado, Pequim espera que Moscovo apoie as posições chinesas quanto à questão de Taiwan.

No tocante à frente africana, a actuação do governo chinês enquadra-se no objectivo principal de neutralizar a "diplomacia da ajuda" levada a cabo por Taiwan, que tem em África a sua principal base de reconhecimento internacional.

Neste contexto, os esforços diplomáticos de Pequim alcançaram bons resultados ao levar a África do Sul a retirar o reconhecimento diplomático a Taiwan.

No que diz respeito à actuação directa face a Taiwan, a estratégia da RPC compreende:
– A captação de investimentos de Taiwan, visando criar a dependência de alguns sectores empresariais em relação ao mercado chinês;
– Concomitantemente, a promoção de veículos de propaganda das suas posições quanto à reunificação;
– Acções de pressão psicológica sobre a população de Taiwan, através de ameaças de operações militares sobre a ilha;
– Reforço da acção diplomática no sentido de isolar o regime de Taiwan;
– E, em simultâneo, dar mostras de alguma maleabilidade negocial, através de contactos não oficiais, pretendendo, assim, desarmar o Governo de Taiwan e concitar simpatias externas.

Figura 14: A Política da RPC para Taiwan (desde 1949)

MACRO ESTRUTURAS	MUDANÇA MACRO ESTRUTURAL	MICRO PROCESSO EM PEQUIM
Simbólica	O estatuto internacional da RPC foi reforçado; a tendência para a independência de Taiwan aumentou	Mudança da "libertação de Taiwan pela força" para a reunificação política e para o princípio "um país, dois sistemas"
Institucional	As instituições de decisão política foram afectadas pela amplitude das reformas económicas	A política para Taiwan sofreu alterações devido ao estreitar dos contactos económicos, políticos e culturais entre os dois lados
Regime	O poder político e a legitimidade do regime são menos influenciados pela ideologia, e mais pelo nacionalismo como estratégia de sobrevivência	Mais flexibilidade na condução das negociações bilaterais, mas ainda assente na oposição a "duas Chinas"

Fonte: Zhao Quansheng (1996: 203).

6.3. Mecanismos de Tomada de Decisão

A questão de Taiwan constitui, no presente, o assunto mais sensível para a liderança chinesa, dado que cruza processos de tomada de decisão internos e externos, repercutindo-se na balança de poderes do PCC, tendo em conta:

- a importância, para a afirmação da liderança, do controlo do Núcleo Político Restrito para os Assuntos Taiwan;
- o aumento uo não do peso político das chefias militares, em função da agudização da tensão no Estreito de Taiwan;
- a utilização da forma como é conduzida a estratégia para Taiwan, como arma de arremesso político, no contexto da disputa entre facções.

Estes aspectos, entre outros, transformam o processo e os mecanismos de tomada de decisão quanto à questão de Taiwan em factores-chave na configuração da sede do poder estratégico chinês. Assume, assim, particular importância situar e identificar as componentes do *apparatus*

político responsável pelos assuntos de Taiwan. Michael Swaine (2001: 289-336) elenca quatro áreas em que as orientações para Taiwan são postas em prática:
– Formulação e supervisão;
– Administração e execução;
– Coordenação;
– Pesquisa e análise.

A área da formulação e supervisão tem sido constituída essencialmente por dirigentes de topo, correspondendo a três categorias de actores políticos: a dos colaboradores pessoais do Secrertário Geral do PCC; membros do Comité Permanente do Politburo e membros do Secretariado do PCC e do Conselho de Estado; e as principais chefias militares responsáveis pelas operações no Estreito de Taiwan, para além da CMC.

A chegada ao poder de Hu Jintao gerou alguma tensão no seio do sector afecto a Jiang Zemin, dado que desde 1997 controlava toda a formulação da política para Taiwan. A manutenção do lugar de Presidente da CMC, até 2004, atribuiu a Jiang Zemin a continuação da influência do seu grupo na definição daa estratégia para Taiwan e gerou dificuldades a Hu Jintao que, entretanto, tinha assumido o controlo do Núcleo Político Restrito para os Assuntos de Taiwan, na sequência da sua nomeação para Secretário Geral do PCC, em Outubro de 2002.

Um dos principais desafios que se colocam à liderança de Hu Jintao diz essencialmente respeito à capacidade que revelará para afastar as pressões que a facção de Jiang poderá vir a colocar sobre a forma como Hu conduz a estratégia para Taiwan.

Para além do grupo de Jiang Zemin, o sector militar mais assertivo, conduzido pelo ex-Vice Presidente da CMC, general Zhang Wannian, pretenderá que Hu dê assentimento a uma actuação militarmente mais agressiva face ao discurso de Taipé no sentido da criação de um ambiente interno e externo favorável ao caminho para a afirmação da independência.

No tocante à administração e execução da estratégia para Taiwan, esta área é formada pelas estruturas do Partido ao nível de comissão (ex.: Comité do Partido para Taiwan) e pelos órgãos governamentais e militares, designadamente o Ministério da Segurança de Estado, o Ministério dos Negócios Estrangeiros, o Estado Maior General do EPL, o Departamento de Ligação do Departamento Geral de Política.

O MSE é responsável pelo acompanhamento da situação política interna e dos contactos das autoridades de Taiwan com grupos e entidades que apoiam o Governo de Taiwan no exterior. O MNE chinês é o responsável directo pelas relações com países próximos do Governo de Taipé e que possam influenciar a sua actuação.

Na área militar, o Estado Maior do EPL tem como principal atribuição preparar todos os planos de actuação em combate, bem como preparar os exercícios militares no Estreito, sendo ainda responsável pela monitorização das forças militares dos países da região inseridos no "perímetro" de Taiwan.

A coordenação da estratégia e das políticas sectoriais para Taiwan está a cargo do Núcleo Político Restrito para os Assuntos de Taiwan, havendo igualmente outros órgãos importantes, mas com menos peso na coordenação, tais como: o Gabinete dos Assuntos de Taiwan, na dependência do Comité Central do PCC; o Gabinete Geral do Comité Central; o Gabinete Geral da Comissão Militar Central; e o Gabinete para os Assuntos de Taiwan, do Conselho de Estado.

Como já foi salientado no capítulo respeitante às estruturas e mecanismos formais não visíveis, os NPR ou, em inglês, *Leading Small Groups*, detêm uma grande influência na tomada de decisão, dado que funcionam como peças de ligação entre os órgãos máximos do PCC, em especial o seu Comité Permanente, e os principais núcleos de execução burocrática, actuando como elementos de monitorização e de integração das políticas interna e externa, mas sem uma identificação visível no organigrama do Partido.

> *"Although formally under the Party, the TALSG (Taiwan Affairs Leading Small Group) straddles the jurisdiction of both government and party structures, a pattern of institutional design. It is considered a 'squad (banzi) level' leading small group because it is led by one or more members of the top leadership squad. However, the TALSG is not a full-fledged bureucratic organization. Like other leading small groups, it does not have any subordinate administrative offices or permanent staff. Its total membership consists of leading party, state and military officials responsible for administering key elements of Taiwan policy. Therefore, the TALSG functions almost exclusively as a policy deliberation, coordination, and at times decision-making body. It cinveys policy decisions downward to various organs of the Taiwan affairs xitong and transmits essential information, perspectives, and proposals upward to the senior party leadership".* (Michael Swaine, 2001: 297)

A caracterização que Swaine faz das atribuições do NPR para Taiwan permite percepcionar o peso que esta estrutura tem na tomada de decisão estratégica e permite, também, aferir da sua importância na relação de poder no interior do PCC, como já tinhamos salientado em capítulo específico. Com efeito, a forma como for conduzida a política para Taiwan constituirá uma referência quanto à afirmação do poder de Hu Jintao face à facção de Xangai e face aos "falcões" do Exército Popular de Libertação.

As manobras militares de 1995 e 1996 no Estreito de Taiwan foram um desafio que a ala menos reformista do PCC e do EPL lançaram à liderança de Jiang Zemin, numa altura em que Pequim e Washington ensaiavam uma aproximação, utilizada então por Jiang Zemin como uma demonstração do seu reconhecimento como um líder mundial.

Taiwan é, assim, uma variável de elevada ponderação em qualquer análise sobre o quadro político interno chinês, em particular sobre os mecanismos de tomada de decisão e o seu impacto no sistema de poder.

A questão de Taiwan assume uma maior sensibilidade no presente, tendo em conta que Hu Jintao não dispõe dos "automatismos" de actuação. Tal resulta, sobretudo, do facto de vários dos seus homens de confiança não terem nem experiência nem peso político consolidado junto da nomenclatura militar. O surgimento de qualquer "provocação" por parte de Taiwan nos próximos temposirá, certamente, permitir avaliar da capacidade de manobra – política e militar – de Hu. Contudo, de todo o *apparatus* do processo de *decision-making*, quanto a Taiwan terá profundos reflexos no controlo global do aparelho do Partido, permitindo ou não a consolidação do seu poder.

São múltiplos os cenários que se colocam quanto à evolução do problema de Taiwan, sendo recorrentes os cenários de intervenção militar, os quais, contudo, parecem configurar acções de *"demonstração de capacidade"* de invasão total da ilha, através, designadamente, de bloqueios e de ataques circunscritos a ilhas *offshore*.

Pequim não admite que não possui capacidade efectiva para usar a força contra Taiwan.

Contudo, como afirmava Gary Klintworth (1998: 156):

"The PLA's weakness includes an absence of training in large scale joint service operations, especially in scenarios where there is a rapidly changing battlefield environment; a lack of early warning and airbord command and control systems aircraft and shortcomings in pilot training. Of particular importance is the gap between China's millitary electronics

and that of the west, and by extension, Taiwan. At present, China's is at least fifteen years behind the west and will still be at least 5-10 behind in the year 2010".

Salienta ainda o mesmo autor que a modernização da defesa chinesa e o seu impacto na segurança de Taiwan, será largamente influenciada por um conjunto alargado de variáveis, respeitantes:
- À tecnologia militar russa;
- Ao desenvolvimento militar de Taiwan;
- À venda de armas dos EUA a Taiwan;
- À intervenção dos EUA;
- A mudanças da China e em Taiwan sobre a questão de "uma só China".

Outras variáveis devem também ser incluídas:
- O peso da estrutura do EPL ou decisão política;
- O quadro político interno em Taiwan
- A evolução do sistema de governo na RPC
- A posição relativa da RPC no sistema internacional.

IX. ESTRATÉGIAS DE ADAPTAÇÃO À MUDANÇA – EVOLUÇÃO DO SISTEMA

1. A IDEOLOGIA ÚTIL: O NACIONALISMO

1.1. A Ideologia de Substituição

Kalpana Misra (1998), uma das mais conceituadas estudiosas da dinâmica da ideologia na RPC, considera que a China passa por um processo de indefinição ideológica. Tal, na nossa perspectiva, abre caminho a múltiplas interpretações e reinterpretações do marxismo-leninismo-maoismo e à emergência de "ideologias de substituição". Importa, pois, situar a questão, a partir, antes de mais, do próprio conceito de ideologia. Para Adriano Moreira (1963: 62):

> *"Entende-se por ideologia o conjunto de objectivos, crenças valorativas e mitos que determinam a atitude da população em relação ao Estado ou do Estado em relação à população. Numa linguagem institucionalista podemos, talvez, dizer que a ideologia é a forma que assume, em qualquer comunidade política, a ideia de obra ou de empresa que prossegue o grupo social. Como facilmente se compreende, sempre que a comunidade está fortemente penetrada por uma só ideologia, a coincidência entre os aspectos concreto e abstracto da instituição política é grande; sempre que a comunidade está fortemente dividida quanto à ideologia, a coincidência entre ambos os aspectos é menor e pode chegar à ruptura da paz pública, à revolução, à rebelião, isto é, ao repúdio activo e pela força da ordem jurídica estabelecida".*

Importa também salientar a posição do Professor Sousa Lara (1998: 53-54), que avança com a tese da indemonstrabilidade das ideologias:

> *"(...) das características essenciais das ideologias políticas, bem como*

das teorias políticas e doutrinas respectivas, é a da sua indemonstrabilidade".

Sousa Lara considera que estes fenómenos partem de pressupostos de diferente natureza, tais como pressupostos ideais e pressupostos materiais. Acresce o autor:

"Mas o facto de se verificar a indemonstrabilidade das ideologias não deve conduzir a desconsiderar, politologicamente, tais fenómenos. É que uma outra característica essencial das ideologias é exactamente a da sua presença sistemática em termos sociais".

Esta análise de Sousa Lara está bem patente na "desorientação ideológica" de alguns sectores intelectuais chineses que procuram a demonstrabilidade de uma ideologia que dê coerência ao actual fenómeno de mudança na China. Como refere Kalpana Misra (1998: 15):

"The significance of the discussions on epistemology and social structure lay in their exposure of the inconsistencies and contradictions inherent in the reform process. Moreover, it was the inability to find satisfactory answers to the dilemmas highlighted by the reforms – individual versus collective, equity versus development, growth versus stability, economic decentralization versus political and economic monopoly – within the limits proscribed by the leadership which led to a search for alternative paradigms and the emergence of the intellectual currents of neo-authoritarianism, democratic liberalism, and Confucian humanism.

The critical reappraisal of China's experience with Marxism and the renewed interaction with the West made it possible, perhaps even necessary, to address once again issues that had been raised decades earlier during the May Fourth Movement – tradition and modernity, indigenous values and Western culture (symbolized by science and democracy), a national search for identity, and the full emancipation of the individual".

Esta realidade observada corresponde a um processo que poderemos designar de anomia política e que se traduz, face ao actual contexto de vazio ideológico, na inexistência de um equivalente funcional, utilizando o conceito de Robert Merton.

Convirá sublinhar, contudo, que a *"deradicalization"* não significa o abandono completo do uso da ideologia como uma ferramenta política por parte da direcção central, como é indicado pelos "quatro princípios cardeais" de Deng, pela campanha de 1989-91 contra a "evolução pacífica", e mais recentemente pela tentativa de cultivar a teoria de Jiang Zemin sobre as "três representações".

Por outro lado, a ideologia tem sido usada como arma de arremesso da disputa entre facções, tal como se verificou em 1978 com a campanha em apoio da "prática como o único critério da verdade" e contra o *"whateverism"*, a campanha de 1981 em suporte da "civilização espiritual socialista" contra a "poluição espiritual" e o "humanismo burguês", a questão dentro do Partido, em 1990-92, sobre a definição e defesa da essência do socialismo contra a onda de "evolução pacífica", visando subverter o socialismo no Leste Europeu e na URSS (Lowell Dittmer, 2002: 219).

Para além da definição de Adriano Moreira, já atrás citada, a ideologia tem sido definida como *"ideias que ajudam a legitimar um poder político dominante"* (Terry Eagleton, 1991: 1), a *"ligação entre teoria e acção"* (Z. Brzezinski, 1976: 98), *"conjunto de ideias, através das quais o homem coloca, explica e justifica os fins e os meios de uma acção organizada"*, e um conjunto de ideias a partir de um quadro discursivo, que orienta e ou justifica políticas e acções, derivado de um conjunto de valores e assumpções doutrinárias acerca da natureza e da dinâmica da história.

De acordo com Gordon White, a ideologia desempenha um papel crucial na política do Estado socialista ou dos regimes comunistas. Tais sistemas são "ideocráticos" – assentam num sistema explícito e codificado de ideias políticas derivado do marxismo – leninismo, que guia as acções da elite política do Partido Comunista justifica o monopólio de poder do Partido, e legitima a sua proclamada missão histórica e "construir o socialismo" (Gordon White, 1995: 23-24).

Na China, o papel político da ideologia atingiu elevada intensidade durante os períodos de mobilização de massas maoista. Contudo, como doutrina, a ideologia comunista foi utilizada pela liderança pós-Mao para justificar mudanças políticas e implementar estratégias. A ideologia oficial chinesa é, sobretudo, um factor de coesão de valores que moldam o pensamento e a mentalidade da liderança política chinesa (Wei Wei Zhang, 1996: 5).

O quadro analítico da ideologia comunista é frequentemente classificado pelos cientistas políticos em duas componentes: "ideologia fundamental e ideologia operativa", segundo Seliger, citado por Sujian Guo (2000: 36), "ideologia de fins" e "ideologia de meios" na opinião de Moore (1950: 402-403), "ideologia pura e ideologia prática", segundo Schurmannn (1966: 21-45) e "utopia versus desenvolvimento" segundo Lowenthal, citado por Sujian Guo (2000: 35).

Dogmas como o materialismo dialético, o materialismo histórico, a superioridade da propriedade colectiva e a natureza científica do comunismo, servem como o eixo doutrinário da "ideologia fundamental". A questão central não diz respeito a nenhuma formulação teórica específica, mas à exigência básica no acreditar nas virtudes do Partido. Assim, o aspecto crucial da ideologia comunista e a ideia de que o papel director do Partido é essencial em todas as áreas.

Quanto ao nível operativo, ele diz respeito ao conjunto de ideias políticas e teorias postas em prática pelas elites políticas, com o fim de guiar, justificar e interpretar as suas acções, objectivos intermédios, políticas concretas, acções e escolhas políticas, num dado contexto histórico, tal como as teorias da "primeira fase do socialismo", do "socialismo com características chinesas" e da "economia socialista de mercado".

Os objectivos intermédios e estas teorias servem para justificar as medidas reformistas tomadas pelos dirigentes chineses, dado que o socialismo chinês foi criado em contexto histórico de subdesenvolvimento.

Não obstante exista alguma sobreposição entre os dois níveis, existe uma suficiente distinção, no plano analítico. Com efeito, a distinção teórica entre os dois níveis ou as duas dimensões da ideologia comunista é importante quando se pretende perceber como é que, dois líderes do Partido Comunista Chinês, tais como Deng Xiaoping e Chen Yun, que partilhavam a mesma cumplicidade ideológica, estiveram várias vezes em conflito sobre estratégias e escolhas políticas. Embora estivessem engajados nos mesmos princípios "fundamentais", divergiam no tocante ao nível operativo da ideologia. De facto, a maior parte do antagonismo no seio da elite do Partido Comunista Chinês tende a ocorrer no campo da ideologia operativa, no respeitante à condução das políticas do Partido, e, mais, especificamente, questões políticas e económicas (Wei Wei Zang, 1996: 5-6).

O objectivo do comunismo pode ser analiticamente dividido em duas componentes principais: "o objectivo final", que corresponde ao estádio mais elevado do comunismo, e o "objectivo intermédio", que se situa no primeiro estádio do socialismo.

Para Chalmers Johnson (1970: 7), citando Anthony Wallace, qualquer ideologia revolucionária tem duas componentes: a *"goal culture"* e a *"transfer culture"*.

A *"goal culture"* corresponde ao ideal e à utopia, em contraste com o presente, enquanto que a *"transfer culture"* garante que o quadro normativo das políticas postas em prática e as estratégias adoptadas pela liderança, bem como a sua justificação.

Na opinião de Johnson, a modernização económica é um *"intermediate goal"* de políticas adoptadas, ao serviço de uma *"transfer culture"*, como parte integral de um movimento na direcção da *"goal culture"*.

Procurando legitimar a liderança do partido e justificar a política de reformas, sem abdicar da visão utópica, Alan Kulver (1996: 77-78) observa que o regime pós-Mao inventou uma importante noção – a "primeira fase do socialismo" e inseriu um novo estádio histórico na evolução do comunismo (Alan R. Kulver, 1996: 77).

Esta é, actualmente, a nova doutrina do regime pós-Mao, que assenta na ideia de que a total implementação do socialismo será feita através de estádios distintos, e que cada estádio será alcançado através de políticas específicas. Nenhum dos estádios poderá ser alterado, dado que em cada estádio deverá comportar um determinado processo histórico.

O objectivo central do "primeiro estádio do socialismo" é definido como a fase da construção da economia socialista ou da modernização, necessitando, assim, de algumas medidas que não são consistentes com a ortodoxia ideológica. Ou seja, o Partido Comunista Chinês teve que encontrar o seu "objectivo intermédio", antes de ser alcançado o nível seguinte.

Os diferentes patamares da "prática" ideológica do PCC abriram caminho ao surgimento de uma grande "mancha" de princípios aglutinada numa "ideologia de substituição", como já atrás foi abordado.

1.2. O Nacionalismo Pragmático

As diferentes construções teóricas sobre a dinâmica do nacionalismo conjugam-se na identificação de dois tipos de sentimentos segundo John L. Comaroff e Paul Stern (1995): *"inward-directed sentiments"* e *"outward-directed sentiments"*. No primeiro, o nacionalismo surge como uma doutrina que expressa um desejo político de independência nacional, que actua como factor de mobilização das comunidades à volta de uma via própria para os povos cumprirem o seu destino. Este sentimento "*inward*", na nossa perspectiva funciona também como alavanca de uma afirmação do poder nacional, através, designadamente, da modernização económica e tecnológica – um tecno-nacionalismo.

Quanto ao "*outward-directed sentiments*", ele está associado a uma concepção agressiva dos valores próprios versus os "outros", em nome do orgulho nacional.

O nacionalismo emergente nos anos oitenta na China e depois orientado, nos anos noventa, para a mobilização da sociedade à volta da estratégia desenvolvimentista do Partido Comunista é um misto de nacionalismo afirmativo (nós) e de um nacionalismo assertivo (eles), que vai dar lugar a uma fórmula própria chinesa, em que se identifica o nacionalismo político, a identidade étnica e uma concepção culturalista da posição da China no mundo.

Tal fórmula é explorada pelo PCC na condução da sua política interna e externa, sendo o novo nacionalismo utilizado como um meio de pôr em prática a concepção pragmática que o PCC tem do exercício do poder, visando, manter o mais inalterado possível a sede do poder.

> "*The communist state has made use of nationalism because nationalism elicits a sense of unity and engenders loyalty to the state in its citizens. Pragmatism, which by definition is behaviour disciplined by neither a set of values nor established principles, has thus characterized the attitude of Chinese political elites toward nationalism in the PRC. The most important feature of this pragmatism is the state's emphasis on the instrumentality of nationalism for rallying support in the name of building a modern Chinese nation-state*" (Suisheng Zhao, 2004a).

A redescoberta do nacionalismo como "ideologia útil" de substituição do paradigma ideológico comunista é sublinhada por Samuel Huntington (1996: 106):

> "*In place of the revolutionary legitimacy of marxism-leninism, the regime substituted performance legitimacy provided by surging economic development and nationalistic legitimacy provided by invocation of the distinctive characteristics of Chinese culture*".

Em consequência da "nova" ideologia, a concepção nacionalista da China como Estado-Nação com interesses que devem ser protegidos e invocados no jogo de competição com outros Estados tende a substituir a concepção da luta de classes e do internacionalismo.

A aplicação do conceito de pragmatismo, integrado no que atrás designamos por "ideologia útil", tem seguido o raciocínio de Suisheng quanto ao nacionalismo chinês – um carácter contactual e instrumental, com um conteúdo sempre em permanente redefinição.

Uma das estratégias utilizadas pela liderança chinesa é a de estabelecer pontos de ligação entre o Partido-Estado e o passado não-comunista.

Com efeito, em resposta ao declínio da ideologia socialista, o PCC tem apostado na justificação do regime com base na cultura e na tradição chinesas. O povo chinês, independentemente do sistema de pensamento e doutrina imposto pelo Partido Comunista, continua a prestar tributo a momentos e figuras da história que ao longo dos tempos marcaram o seu sentimento de patriotismo. Simbolicamente, o PCC tem tentado "apropriar-se" desse sentimento, procurando surgir junto da população como continuador do orgulho patriótico chinês, sobretudo numa altura em que a China reclama um lugar director no sistema internacional. Tal está bem patente nas palavras de Jiang Zemin proferidas na 6.ª sessão plenária do 16.º Congresso do PCC, em Outubro de 1996 (Suisheng Zhao, 2004: 227):

"Our Party has inherited and carried on the fine traditions of the Chinese nation, making the greatest sacrifice and the greatest contribution in the struggle for national independence and in defence of state sovereignty, and thus has won the heartfelt love and esteem and support and support of the people of various ethnic groups throughout the country. The Chinese communists are the staunchest and most thorough patriots. The patriotism of the CCP is the supreme example of the patriotism of the Chinese nation and the Chinese people".

O discurso de Jiang Zemin vem colocar a necessidade de se proceder à distinção entre o nacionalismo oficial e o nacionalismo popular, ou entre o nacionalismo da elite do poder e o nacionalismo de massas.

O nacionalismo sustentado pelo Partido Comunista Chinês assenta numa ideia de forte identidade de Estado. Assim, o nacionalismo oficial é antes de mais a expressão de patriotismo – vaidade identitária à volta do projecto de Estado e de um modelo autárcico de socialismo. Mao Zedong considerava que a aplicação de uma ideologia "internacionalista" como o marxismo-leninismo não era contraditória com a afirmação do patriotismo (Mao Zedong, 1975: 209-210):

"Communists are internationalists, but we put Marxism into practice only when it is integrated with the specific characteristics of our country and it

acquires a definitive national form... For the Chinese Communist Party, it is a matter of learning to apply the theory of Marxism-Leninism to the specific circumstances of China... to separate internationalist context from national form is the practice of those who do not understand the first thing about internationalism".

Esta concepção simbiótica entre internacionalismo e patriotismo constitui o enquadramento político para o Partido Comunista Chinês assumir uma condição de força motora do Estado e aglutinadora de uma ideia colectiva de China, legitimadora do papel dirigente do Partido.

O sistema político tradicional chinês era um sistema de impérios amalgamados culturalmente numa civilização. Ao contrário dos Estados-Nação, a China imperial era formada por territórios sem fronteiras, pois via-se como o centro do mundo – o império do meio. Essa visão sinocêntrica levou Lucian Pye (1990: 1) a considerar a China uma civilização pretendendo ser um Estado-Nação. Percebe-se, assim, que ao contrário dos Estados-Nação ocidentais, em que o nacionalismo é expressão de particularismos de identidade étnico-cultural e de afirmação de uma comunidade, no caso chinês, as afirmações de nacionalismo tendem à manutenção e reforço do Estado e ao seu fortalecimento face a outros Estados. O nacionalismo é, pois, um instrumento vital na mobilização do Estado-civilização.

Yongnian Zheng (1999) explica de uma forma clara a visão estatista do PCC com base na necessidade de reforçar a lealdade da sociedade chinesa, que concomitantemente está ligada a um sentimento de Estado, que deverá justapor-se ao de civilização.

O nacionalismo enquanto estatismo, apresenta no caso chinês uma forma mista de "pragmatismo defensivo".

Este nacionalismo procura valorizar a cada momento as capacidades que a China dispõe para, por um lado, ganhar protagonismo externo e, por outro lado, garantir ao PCC a mobilização de apoio popular. Tratando-se de uma forma de estatismo, o novo nacionalismo chinês é alimentado pelos "ganhos" da RPC no campo da política externa, face a outros Estados.

O pragmatismo do nacionalismo de Estado chinês é, pois, sobretudo, uma adaptação, entendida como uma estratégia de gestão de ambiente político em mudança, visando ganhar conhecimentos e capacidades susceptíveis de garantir a preservação de uma posição de poder interno e externo.

O nacionalismo chinês é, em síntese, a resposta no período pós--Mao a uma crise de legitimidade do regime quando foi confrontado com as designadas "três crises espirituais", a saber: a crise de confiança no socialismo; a crise de confiança no futuro do país; e a crise de confiança no Partido.

O nacionalismo chinês é também, nas palavras de David Shambaugh, citado por Suisheng Zhao (2004a), um *"defensive nationalism"*, que é assertivo na forma, mas reactivo na essência.

O actual nacionalismo pragmático que caracteriza a estratégia de legitimação do poder e a posição da China no sistema internacional foi antecedido de dois outros movimentos: o nativismo e o antitradicionalismo, cuja distinção assenta essencialmente na atitude face ao ocidente. Estes dois movimentos, tal como a concepção pragmática são balizados pela identificação das origens da fraqueza do Estado e pelo objectivo de revitalização nacional.

O fenómeno do nacionalismo chinês tem fortes implicações também na condução da política externa.

A posição nativista é eminentemente confrontacional, e está associada à emergência de sentimentos de superioridade cultural. As tendências nativistas, que tiveram maior expressão na rebelião dos Boxer (1897--1901) e na revolução cultural (1966-1969), registaram um ressurgimento no início da década de noventa, através de um movimento de intelectuais e de quadros superiores do Partido ligados ao sector mais conservador, que viam na abertura da China ao exterior, e na "evolução pacífica" da China, o pretexto para o ocidente, liderado pelos EUA, tentar subverter a moral e os valores tradicionais chineses, para além de procurar pressionar o PCC a rever as suas orientações marxistas, leninistas e maoistas.

A forma como os acontecimentos de Tiananmen foram acompanhados pela comunidade internacional veio reforçar, durante algum tempo, as posições mais anti-ocidente, e acirrar os sentimentos pró isolamento da China. O Japão, pela sua condição de aliado dos EUA, e pela hostilidade histórica que marca as relações com a China, transformou-se também num alvo dos hiper-nacionalistas. À volta deste movimento gerou-se um sentimento populista que teve a sua maior expressão na publicação de vários livros de apoio às teses nativistas[65].

---

[65] Tiveram um grande sucesso editorial livros com títulos de mobilização dos ideais nacionalistas básicos, tais como (na tradução inglesa): *The China that can say no*; *The China that still can say no*; *How China can say no*; e *Chinese currency can say no*.

Por seu lado, os anti-tradicionalistas, segundo Suisheng Zhao (2004: 74) pretendem transformar os símbolos-chave do passado em instrumentos da modernização. A reinterpretação do confucionismo à luz de uma concepção de um "asiatismo cultural" virado para a modernização e para o desenvolvimento constitui a referência daquele movimento intelectual, que tem muitos seguidores na ala tecnocrata do Partido.

A concepção pragmática do nacionalismo está muito bem expressa na análise elaborada por Suisheng Zhao (2004: 74-75). Afirma aquele autor:

> "Pragmatic nationalists are no less determined than both nativists and anti traditionalists to establish China as a powerful nation. They have constantly revealed their pride in China's national heritage and their dedication to making China a leading power in the world. However, unlike nativists who believe that Chinese cultural tradition may be of universal human value, pragmatic nationalists insist that the universal cultural claims, whether modern or traditional, Chinese or foreign, are subject to the promotion of China's national interest or the enhancement of national pride. They want to see China being a full-fledged participant in international affairs and occupying a prominent position in the world. Compared with antitradionalists who look to foreign models for China's future, pragmatists are more critical toward any imported universal principles, including both Marxism and liberalism".

Para os pragmáticos, o carácter assertivo do nacionalismo enquanto marca de uma ideologia em deslocação no sentido de um "estatismo", não deverá conduzir, por um lado, à criação de uma ambiente internacional favorável às teses de uma "ameaça chinesa" e da "contenção da China", nem a um movimento anti-estrangeiro. Apesar do Partido utilizar o nacionalismo como um dos pilares de uma "ideologia útil", para compensar o declínio do marxismo e do maoismo, um nacionalismo popular não controlado pela elite do poder poderá transformar-se em movimento social, susceptível de gerar situações de instabilidade política. Por essa razão, o novo nacionalismo emerge associado ao conceito de "interesse nacional", em substituição do internacionalismo maoista, tornando-se, também, na base de um nacionalismo oficial aplicado à política externa.

Na essência, a estratégia pragmática que está associada ao novo nacionalismo chinês é:

> "(...) ideologically agnostic, having nothing, or very little, to do with either communist ideology or liberal ideals. It is a firmly goal-fulfilling and

national-interest-driven strategic behaviour conditioned substantially by China's historical experiences and geoestrategic environment" (Suisheng Zhao, 2004b: 4).

O novo nacionalismo, como ideologia útil deverá ser percepcionado no contexto da evolução das políticas interna e externa da China. Como já referimos noutro ponto desta obra, internamente a China passa por uma experiência de reajustamento sócio-económico. Externamente, o sistema global no qual a China está "ancorada" passa também por uma metamorfose política e estrutural.

Neste contexto, o nacionalismo chinês é modelado por diferentes elementos que incluem a percepção que os chineses têm da sua posição relativa num sistema de Estados-Nações e da ordem internacional.

No campo da percepção que a China tem do seu nacionalismo emergente, Wang Gungwu (1996: 8) considera que o nacionalismo chinês possui várias faces, tais como a afirmação da soberania, a unificação do território, o respeito pela moral nacional e a recuperação dos valores tradicionais.

Destarte, a nova expressão do nacionalismo chinês constitui a intercepção de um conjunto de factores endógenos e exógenos, a saber:
  a) O carácter transicional do regime;
  b) O posicionamento geopolítico e geoestratégico da China, nos planos global e regional;
  c) A recuperação de um ideal ligado ao culturalismo histórico chinês;
  d) A afirmação de um modelo chinês de poder económico nacional.

2. A ADAPTAÇÃO IDEOLÓGICA

Em 1 de Julho de 2001, por ocasião do 80.º aniversário do Partido Comunista Chinês, o Secretário-Geral, Jiang Zemin propôs a revitalização e a redefinição da base sociológica e ideológica do Partido, através da teoria das "Três Representações" (**Sange Daibiao**). As "Três Representações" atribuem ao Partido Comunista Chinês o papel insubstituível de eixo da modernização da China e representante das forças produtivas avançadas, a orientação do desenvolvimento do país e factor aglutinador dos interesses fundamentais do povo chinês. Tal discurso traduz um contraste com a definição tradicional do Partido como representante exclusivo da classe trabalhadora referida na Constituição da República Popular da China, tendo em conta que as "Três Representações" abre o Partido Comunista Chinês a um novo contexto político e sociológico, que a prazo terá inevitáveis repercussões no próprio sistema de poder e nos seus equilíbrios internos.

A teoria das "Três Representações" constitui a resposta do PCC ao envolvimento da China na economia global; uma estratégia do PCC para captar influência numa nova estrutura social saída da transição sócio-económica; e uma estratégia pessoal de Jiang Zemin para gerir a transição de liderança do Partido.

Em síntese, o previsível impacto da liderança do Estado-Partido decorrente das expectativas que as elites tecnocratas no interior e fora do Partido, têm em relação à modernização do Estado e ao desenvolvimento económico e à afirmação da República Popular da China como uma potência regional com objectivos globais, conduz por parte da liderança do PCC a uma releitura da função e representatividade do Partido da sociedade.

Assim, a tese das "Três Representações" emerge como uma das expressões do "*output*" de mudança social em curso na China, no contexto das reformas económicas. Trata-se, pois, na nossa perspectiva, da resposta do PCC a novas "demandas" que foram construídas a partir da dinâmica do processo de reajustamento do sistema de poder chinês. Significa isso que o próprio Partido é em simultâneo agente e alvo da mudança. A eficácia da estratégia residirá na sua capacidade de auto-regulação, sem que tal processo conduza à mudança da sua condição de sede do poder.

Esquematicamente, com base num "*draft*" inspirado no modelo de David Easton e no modelo de Karl Deutsh de "comunicação política", afigura-se possível situar a teoria das "Três Representações" num quadro de "retroalimentação", tendo por meio ambiente a adaptação à dinâmica da mudança.

Figura 13: As "Três Representações" como Adaptação à Dinâmica da Mudança

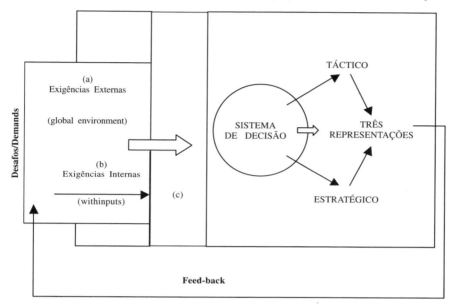

(a) Corresponde à carga de pressão exercida pela elite emergente e novos actores e agentes emergentes do "environment" das reformas económicas.

(b) Correspondem a processos de alimentação do sistema de poder (PCC) através de exigências internas que pretendem neutralizar os efeitos das exigências externas com acções de iniciativa política que podem transformar-se em acções de substituição do centro de decisão.

(c) Corresponde aos mecanismos de filtragem, de direccionamento e de desaceleração das exigências internas e externa.

As alterações propostas nas "Três Representações" quanto à base social de recrutamento de novos membros do Partido deverão ser analisadas à luz da "circulação de elite" segundo a perspectiva de Vilfredo Pareto (1935).

Com efeito, não estamos perante uma circulação de elites revolucionárias – com uma mudança das instituições políticas básicas – nem na presença de uma mudança sistémica nas relações Estado-Sociedade, mas trata-se, antes, de um processo de circulação dentro do quadro político definido pelo Partido Comunista Chinês.

É possível ensaiar um cenário de mudança no processo de recrutamento político que permita ao PCC continuar a definir e a controlar o funcionamento do aparelho de Estado, num contexto caracterizado pela transição de uma *"state-planned economy"* para uma *"open market-oriented economy"*.

Em primeiro lugar, a abertura do Partido a uma base social de apoio permitirá ao Partido Comunista alargar a sua influência para dentro da sociedade chinesa, que passa por uma dinâmica de mudança social e cultural sem precedentes na história da China, em resultado das reformas económicas, como já atrás foi sublinhado.

Para Guoguang Wu (2003: 179), a teoria das "Três Representações" deve ser interpretada a partir de uma abordagem sistémica na qual Jiang Zemin é o porta-voz de uma estratégia de adaptação do Partido a um novo quadro sociológico, levada a cabo através de novos "critérios" de recrutamento político. Afirma o autor:

> *"With the "three represents" theory in general and the new policy of party recruitment in particular, the CCP is developing a strategy for strengthening its own political position with China's anticipated full participation in the capitalist global economy. Partially because of nationalistic pressure within from both the ruling elite and below, and partially due to their rationality as national leaders, Jiang Zemin and his comrades have to play a janus-faced strategy in setting up China's international agenda. On the one hand, they push China hard to join the world economy, and, at the individual level, they link their own political and family business interests to the enhanced economic between China and the outside capitalist world. On the other hand, they are equally, if not more concerned about how to maintain their party's monopoly on political power in the face of the rise of plural society – a development that is both domestically and internationally driven – which requires the party to broaden its reach into the domain of the capitalist economy, building up "battle castles" (zhandon zaolei)".*

Para muitos politólogos especialistas em assuntos chineses, a "teoria" enunciada por Jiang Zemin comprova que apesar da ideologia possuir um papel reduzido na dinâmica actual do jogo de poder da RPChina, tal não significa que tenha deixado de ser uma "variável estratégica" na percepção e análise do sistema de poder no interior do Partido Comunista. Sobre esta questão afirma Joseph Fewsmith (2002: 264):

> *"to say that ideology plays a diminished role in the present era is not to say that it plays no role, a mistake frequently made. Although we normally think of ideology as defining the party's identity or mission, ideology is most closely identified with leadership. It is impossible to think of Mao Zedong without Mao Zedong thought or Deng Xiaoping without 'reform and opening up' (now known as 'Deng Xiaoping theory'). The supreme leader inevitably has put his stamp on the ideology, to define a 'line' that is both personal and organizational. This is how a leader in the PRC defines his leadership, and it is why the ideological portfolio is always the ultimate responsibility of the leader".*

Estamos, pois, na presença de uma acção de Jiang Zemin tentando definir o quadro ideológico de actuação do Partido, com o escopo de, após a sua saída da liderança, fazer impor a sua "linha", como a orientação política global, apesar da sua "teoria" não constituir uma ideologia mobilizadora comparável com o "pensamento de Mao Zedong".

Contudo, os princípios de alargamento da base de apoio do Partido definidos por Jiang Zemin têm um objectivo específico. Assim, enquanto que Deng Xiaoping fez evoluir a orientação do Partido de um modelo *"exclusionary"* para um modelo *"inclusionary"* (J. Fewsmith, 2002: 266), a estratégia de Jiang Zemin pretende ir mais longe do que promover a "reconciliação" com a sociedade, sendo seu objectivo tentar incorporar as novas forças sociais que emergiram fora do esquema corporativo controlado pelo Partido Comunista Chinês – sob um grande arco ideológico onde cabem as visões racionalista e tecnocrata.

Como Jiang Zemin sublinhou, o Partido *"deverá consolidar o seu carácter de classe"* e, em simultâneo, deverá *"expandir a sua base popular e aumentar a sua influência social"*. Na concretização deste objectivo, o Partido deverá também recrutar os seus membros

> *"among entrepeneurs and technical personnel employed by scientific and technological enterprises of the nonpublic sector, managerial and technical staff employed by foreign-funded enterprises, the self-employed, private entrepeneurs, employees in intermediaries, and freelance professionals"* (Guoguang Wu, 2003: 172).

O modelo "inclusionário" está bem expresso na alteração dos estatutos do PCC, no contexto do 16.º Congresso. Sobre a adaptação do Partido à nova teoria, afirma Júlio Pereira (2005: 559-560):

> *"Na parte do preâmbulo, que num partido de forte base ideológica tem tanta importância como o articulado, o partido comunista deixou de ser*

apenas vanguarda da classe operária para passar a ser ao mesmo tempo vanguarda e não apenas fiel representante do povo chinês de todas as nacionalidades.

Passa também a representar:

– As exigencies de desenvolvimento das forças produtivas mais avançadas.

– O rumo de progresso da cultura mais avançada.

– Os interesses básicos da mais vasta camada da população chinesa.

Inclui agora, como guia de acção do partido, para além do marxismo-leninismo, pensamento de Mao Zedong e teoria de Deng Xiaoping, a teoria das "três representações".

O último congresso arredou dos estatutos a confiança cega no marxismo-leninismo e relativizou a sua importância.Diz-se agora apenas que os seus princípios fundamentaissão correctos e têm grande vitalidade. Apontando ainda como ideal atingir o comunismo, foram retiradas as alusões ao "manifesto comunista" e à inevitabilidade da substituição do capitalismo pelo socialismo.

Estas alterações são concretizadas no articulado, desde logo no artigo 1.º. O partido, que estava aberto apenas a operários, camponeses, soldados, intelectuais e outros revolucionários, retira esta última expressão e substitui-a por "elementos progressistas de outros estratos sociais". Refira-se no entanto que o art. 9.º continua a exigir espírito revolucionário e não apenas progressista para que os militantes possam manter a ligação ao partido.

O artigo 3.º acrescenta a teoria das três representações ao programa de estudos que se exigem aos militantes.

O artigo 34.º, no elenco de exigências de conhecimento teórico e aplicação prática que coloca aos quadros do partido acrescenta a teoria das três representações, bem como das três ênfases.

Com este novo arsenal ideológico o partido pretende colocar-se de par com as exigências da globalização, preparando a economia chinesa para a competição que se fará sentir e orientando a política no sentido mais favorável ao desenvolvimento produtivo. Pretende ainda manter no seu terreno os principais agentes desse processo, ou seja, todos aqueles que no plano prático ou teórico possam dar novo impulso de libertação das forças produtivas e cuja emergência foi já o resultado da política de reformas, em ordem a um desenvolvimento de forma coordenada, no aspecto material, político e espiritual (para utilizar a linguagem do congresso), mas em que a base é representada pelo primeiro vector". (Júlio A. C. Pereira 2004: 559-560)

A questão da abertura dos regimes comunistas ao recrutamento de uma tecnocracia foi tratada por Adriano Moreira (2003: 163) no âmbito da teoria marxista sobre a tecnocracia, que sublinha terem sido os fundadores do marxismo-leninismo os doutrinadores de que a administração das coisas substituiria o governo das pessoas. Nesse quadro, Lenine não poupou apelos aos cientistas e intelectuais russos no sentido de se juntarem ao Partido para ajudar à transformação revolucionária.

Verifica-se, assim, que a reformulação da natureza de classe do Partido Comunista Chinês não constitui para os seus autores um desvio ideológico à matriz marxista, mas antes insere-se na dinâmica do socialismo, que para os dirigentes do PCC está ainda na fase primária, como ficou consagrado no 14.º Congresso do Partido, em 1992.

A legitimidade pós-revolucionária do PCC resulta da intercepção dos valores ideológicos de base com uma dialéctica institucionalista formal e informal que, na lógica do pragmatismo do modelo chinês, obedece a uma permanente avaliação dos efeitos gerados pelos desvios em relação às orientações previamente definidas.

Este quadro ideológico poderá ter implicações na concepção da disputa política entendida tradicionalmente como uma disputa "*to win all*", passando a ser adoptada a teoria da "acomodação de classe" em substituição da noção de "luta de classes".

A tese da "acomodação de classe" que está presente na teoria das "Três Representações" está bem patente nas seguintes afirmações de Jiang Zemin (Jiang Zemin, 2001: 2):

"Since China adopted the policy of reform and opening-up, the composition of China's social strata has changed to some extent. There are, among others, entrepreneurs and technical enterprises of the non--public sector, managerial and technical staff employed by foreign--funded enterprises, the self-employed, private entrepreneurs. Moreover, many people frequently move from ownership, sector or capacity from time to time. This trend of developments will continue. Under the guidance of the Party's line, principles and policies, most of these people in the new social strata have contributed to the development of productive forces and other undertakings in a socialist society through honest labour and work or lawful business operation. They work together with workers, farmers, intellectuals, cadres and other officers and men of the PLA. They are also working for building socialism with Chinese characteristics".

Esta "inovação teórica" constitui, na nossa perspectiva, um efectivo exercício de revisionismo ideológico que liberta o Partido Comunista Chinês do evolucionismo marxista.

Como salienta Li Minsheng, um dos teóricos oficiais de Pequim, citando as palavras do Secretário do Comité do Partido na empresa Motorola, *"the General Secretary's speech has freed our minds of the shackles of dogmatism, subjectivism and metaphysics"* (Li Minsheng, 2001:12).

A Teoria das Três Representações constitui o suporte para a ascensão aos círculos do poder de uma "plutocracia socialista", expressa na abertura do Partido à militância de empresários privados, o que a prazo poderá conduzir à tomada por dentro do PCC por parte da nova elite emergente, em simultâneo a um maior envolvimento das estruturas do Partido na monitorizaçãodos negócios internacionais, num contexto de adesão da China à OMC.

De uma perspectiva estritamente política, a questão central deve colocar-se no plano da evolução do Partido Comunista Chinês.

Como refere Guoguang Wu (2003: 171):

> *"The ideal suggested by Jiang Zemin's speech, seems to be a situation in which the Party opens the door to private entrepreneurs and other social influential groups but, at the same time, keeps the Party closely connected with its traditional class bases. As Jiang explicitly stresses, the Party 'must constantly consolidate the class foundation, and meanwhile expand its popular support and increase its social influence'. For the latter purpose, Jiang suggests that the Party also recruit members from the among 'entrepreneurs and technical personnel employe by scientific and technological enterprises of the non-public sector, managerial and technical staff employed by foreign-funded enterprises, the self-employed, private entrepreneurs, employees in intermediaries and freelance professionals".*

Afigura-se que a tese de Jiang Zemin indica a direcção que o PCC deverá seguir, no contexto da aceleração da abertura da economia ao mercado. Contudo, a questão da legitimidade do Partido continua a colocar-se. Como é acentuado por Adrian Chan (2003), os "três princípios" surgem num contexto marcado pela adesão da China à Organização Mundial do Comércio, ao FMI e ao Banco Mundial, e pelo desmantelamento do aparelho produtivo socialista, o que, de facto, significa que o Partido Comunista Chinês não se pode assumir como a vanguarda do proletariado, procurando agora legitimar-se como um partido nacionalista. Aditamos a esta asserção o paradoxo de o Partido Comunista Chinês estar a passar por uma mutação que poderá aproximá-lo dos modelos políticos totalitários e autoritários ensaiados na Coreia do Sul, em Taiwan e em Singapura, que apresentavam como característica-base uma organização do sistema de poder assente numa estrutura "leninista" que servia um modelo económico capitalista de Estado "desenvolvimentista" de base confucionista.

3. GRADUALISMO

3.1. A "Reforma Política"

A acção política no decurso do processo de reformas é causa-efeito de um tropismo de mudança, que parecendo sequencial é, na nossa perspectiva, um processo de distribuição e redistribuição de valores eminentemente gradualista que, no respeitante às 1.ª e 2.ª fases, estava submetida a refluxos.

Esta nossa perspectiva é reforçada por aquilo que Charles Burton (1990:57) designa por *"Take One Step And Then Decide On The Next Step"*:

> *"The shaping of the new period reform by a policy of "take one step and then decide on the next step" has put the party's political and ideological workers in an impossible position in terms of explications the ideological basis of the reform as distinctly Chinese communist, because industrialization and economic development per se definitely do not an ideology make" (Charles Burton: 1990:57).*

Desde que Deng Xiaoping iniciou o processo de reformas os académicos têm teorizado à volta da relação entre reforma política e economia de mercado, considerando que o processo de abertura económica conduziria necessariamente à democratização política.

Quando se verificou o colapso do comunismo na ex-União Soviética e no Leste Europeu, vários autores consideraram que a democracia ocidental tinha prevalecido e a história tinha atingido o seu fim.

Contudo, a evolução da estratégia chinesa, quanto à prioridade das reformas económicas sobre as reformas políticas, levou muitos teóricos a reformularem as suas teses sobre o eixo de causalidade entre reforma política e reforma económica.

Não existe um modelo concreto, sendo a reforma política caracterizada pelo "gradualismo": avanços através da "experiência-erro". Consequentemente, tal significa que a reforma política não consubstancia um processo político aberto à opinião pública, mas é antes um processo de ajustamento institucional que permita ao partido-estado manter a estabilidade sócio-política, visando reforçar os esforços de desenvolvimento económico, enquanto consolida o seu predomínio e a legitimidade política.

Há três aspectos a reter da abordagem desta problemática:
- A reforma política pode ser definida como um "gradualismo político", assente em contínuo ajustamento no quadro institucional, para garantir as reformas económicas e a estabilidade política, e para aplacar as mudanças drásticas resultantes do desenvolvimento sócio-económico;
- Um eventual movimento do sistema político chinês no sentido de uma ductilidade política deverá ser avaliado em que medida o sistema político, através de ajustamento institucionais, se tornou mais maleável aos factores democráticos resultantes das profundas mudanças sócio-económicas;
- As mudanças ocorridas no sistema político da China nas duas últimas décadas não são apenas meros produtos de um rápido crescimento económico. O ajustamento do sistema político foi um esforço deliberado visando servir as necessidades de crescimento económico e diminuir as consequências das mudanças sociais e económicas (Zheng Yonguaian, 1999:17).

A estes três aspectos, afigura-se que se deve acrescentar, um outro que diz respeito à adopção de medidas administrativas que têm forte impacto no relacionamento da sociedade chinesa com o poder, e que consubstanciam elementos políticos de reforma entendida como *Policy* não necessariamente reformas políticas – *Politics*. Tais mecanismos e medidas inserem-se na diminuição do controlo sobre a mobilidade geográfica e profissional – o sistema Hukou; na possibilidade do exercício da actividade profissional privada.

Esta nova maleabilidade é susceptível de gerar uma maior autonomia de decisão individual por parte dos cidadãos, o que poderá ser interpretado como uma expressão de "Reformas Políticas com características chinesas".

Uma outra abordagem de um conceito de reformas políticas assenta no entendimento dessas reformas como um aperfeiçoamento dos procedimentos burocráticos do aparelho Partido-Estado, através da "institucionalização" de certas regras de funcionamento do aparelho do partido e da estrutura administrativa do governo.

No período pós-Deng, verificou-se a introdução de algumas *"Within the System Political Reforms"* incluindo a descentralização, o estabelecimento dos poderes legislativos, coordenação da administração, redefinição do papel das organizações do Partido e do seu relacionamento com as instituições do Estado e organizações económicas e a experimentação das eleições locais, o que coloca a questão da "mudança" no interior do sistema de poder chinês.

As mudanças verificadas significam que o regime pós-Mao procurou institucionalizar o controlo do Partido-Estado e a racionalização da estrutura política e os seus sistemas administrativo, legislativo e judicial, em vez da perda do monopólio do poder do Partido e da liberalização política.

O regime pos-Mao manteve a ditadura do Partido, a natureza leninista da vanguarda do Partido, e a penetração das organizações do Partido, e o controlo e dominação de todos os sectores da estrutura estatal, os quais constituem o *"hard core"* do totalitarismo chinês.

Somente as mudanças associadas com as componentes *"hard core"* do regime, são os indicadores-chave de uma mudança fundamental ao nível do regime. A distinção entre os dois níveis ou entre dois diferentes tipos de mudança e a chave para a compreensão da natureza das mudanças políticas da China pos-Mao.

Por "reformas políticas" a liderança pós-Mao nunca concebeu como a transição do comunismo, mas, primariamente a modernização e profissionalização da burocracia do Partido-Estado.

A designada "reforma política" não pretendeu uma mudança sistémica, mas antes um *"self-improvement"* e *"moral self-restraint"* de Governo.

O objectivo da reforma política, tal como Deng Xiaoping preconizou era a de aumentar a eficiência do trabalho e vencer o "burocratismo" e tornar os quadros do Partido-Estado mais competentes, com mais formação.

Na essência, o conceito de reformas políticas significava, para Deng, o reforço do Estado, no contexto de uma inevitável força provocada pelas reformas económicas. Como observa David Strand (1989: 1):

"Deng Xiaoping's political reforms have focused mainly on the manner in which policy is made and executed within the state apparatus. In other words, political reform has been practically synonymous with administrative reform. Reform of participation in the sense of broad-policy-making and implementation has been strictly limited".

As reformas políticas determinam a natureza e o grau da mudança política. Contudo, não existe nenhuma evidência que permita provar qualquer mudança essencial ao sistema político e na estrutura do poder, desde 1978.

As reformas políticas foram oficialmente vistas como um meio para facilitar as reformas económicas, e para reforçar a liderança política. Com efeito, desde o início das reformas, em 1978, na liderança do Partido Comunista Chinês nunca existiu a intenção de uma verdadeira reforma no sistema, mas antes uma tentativa de aplacar os conflitos domésticos e as tensões políticas entre a ditadura do Partido e a sociedade, através de um reajustamento da política económica, e mais tarde, a liberalização económica, e a racionalização administrativa, ao mesmo tempo que mantinha o monopólio do poder, enquanto descomprimia a economia. Sendo assim, o focos da política de reformas não era a da mudança estrutural.

As designadas reformas políticas dos anos oitenta foram baseadas na racionalidade e no pragmatismo e foram administrativas na sua natureza, tais como a separação do Partido e do Estado, a descentralização do *decision-making*, o planeamento da administração, aumentar a eficiência, e regulamentar o sistema legal.

O regime pós-Mao continuou a seguir a linha bolshevik e a organização maoista, embora tenham sido tomadas medidas para racionalizar o processo de *decision-making*.

A actual corrente organizacional pode ser traçada, em função dos seguintes três aspectos principais:

– O Partido é concebido como uma "vanguarda revolucionária" profissional, como um partido elitista actuando como uma força orientadora das classes trabalhadoras, e representando a sociedade, o Partido Comunista Chinês da era pós-Mao continuou a reclamar-se de "vanguarda revolucionária". Como Jiang Zemin declarou, *"o nosso Partido é o Partido marxista liderando os tempos em direcção ao futuro. O nosso Partido conduzirá o povo em direcção à prosperidade da nação no século XXI"* (Sujian Guo, 2000: 77).

– O Partido aplica o princípio do "centralismo democrático". As organizações do Partido, desde o nível nacional até às células, são rigidamente hierarquizadas.
– O Partido reclama carregar uma missão histórica de transformação e renovação da sociedade e do homem, pelo que tem que mobilizar grande participação política nos programas e nas campanhas de transformação. O regime pós-Mao continuou a usar as campanhas políticas e ideológicas.

Estamos na presença de uma reforma sistémica, sem uma transformação significante do sistema político, da estrutura do poder e da ideologia.

3.2. Relações Estado-Sociedade

As reformas pós-Mao introduziram consideráveis mudanças na sociedade chinesa, particularmente, em termos de relações Estado--sociedade. A sociedade chinesa tornou-se mais pluralista e mais complexa, com mais grupos e interesses, como resultado da reforma de mercado e da modernização económica.

Em primeiro lugar, os meios de acção do controlo estatal sobre a sociedade diversificam-se.

Em segundo, a descentralização afectou substancialmente, não só as relações entre o centro e os governos locais/provinciais, mas também as relações Estado-sociedade, no respeitante à liberdade nas actividades económicas, estilos de vida e o dia-a-dia.

Em terceiro, a coexistência de múltiplas formas de propriedade, em vez do domínio da propriedade estatal, conduziu a grandes mudanças na estratificação social e na diferenciação de interesses. A sociedade chinesa tornou-se mais complexa em termos de estrutura industrial, estrutura de emprego, estrutura rural-urbana e na estrutura da estratificação social.

Em quarto lugar, a descolectivização da agricultura, através do desmantelamento do sistema de comunas, e a modernização económica, constituiu uma enorme oportunidade para mais de 100 milhões de agricultores, se transformarem em trabalhadores industriais, significando uma maior mobilidade social na população e na força de trabalho.

Em consequência, o tradicional sistema de controlo dos residentes urbanos, baseado nos certificados de residência permanente e nas unidades, têm vindo a perder eficácia.

Em quinto lugar, o período pós-Mao tem testemunhado a proliferação de organizações semi-oficiais tais com a "*Individual Laborers and Private Enterprises Association*", a "*Stamp Collecting Club*", a "*Qigong Research Association*" e a "*Old People's Exercise Association*", pese embora o Partido-Estado controle as suas acções, e exclua a sua influência na política.

Tais mudanças são evidentes, sendo entendidas como a retirada do Estado da sociedade, como a emergência de uma sociedade civil, ou "*societal takeover*" do estado socialista, o que conduz à asserção de que algumas transformações fundamentais, em termos de regime se verificam[66].

De acordo com esta perspectiva, as reformas de mercado criaram as condições favoráveis à emergência de uma sociedade civil, que não é definida pelo Partido-Estado e está fora da intervenção arbitrária do Partido e dos quadros locais.

Contudo, tal perspectiva contradiz o facto de as reformas económicas pós-Mao terem atribuído as burocracias do Estado e dos quadros locais do Partido um substancial controlo sobre novos recursos, tais como a informação de mercado, as licenças de negócio, receitas de impostos. O poder do Partido foi redefinido, mas não necessariamente diminuído, tal como se verifica na vida política das aldeias.

Assim, uma "sociedade pluralista" e uma "sociedade civil" são dois conceitos diferentes que não podem ser tratados de forma cruzada na análise política da mudança na RPC.

Uma sociedade mais pluralista não significa que a China tenha avançado no sentido do "pluralismo político", dado que os interesses

---

[66] Thomas B. Gold, "The Resurgence of Civil Society in China", in *Journal of Democracy*, Winter 1990; Gordon White, *Riding the Tiger: The Politics of Economic Reform in Post-Mao China,* Standford University Press, Standford, 1993; Dorothy J. Solinger, *China's Transition from Socialism Statist Legacies and Market Reforms*, M. E. Sharpe, Armonk, N.Y., 1993; Minsin Pei, *From Reform to Revolution*, Harvard University Press, Cambridge, 1994; David S. G. Goodman and Beverly Hooper, eds., *China's Quiet Revolution: New Interactions Between State and Society*, St. Martin's Press, New York, 1994; Deborah S. Davis ed., *Urban Spaaces in Contemporary China: The Potential For Autonomy and Community in Post-Mao China*, Woodrow Wilson Center Press, Cambridge, 1995; Chen Weixing, "Economic Reform and Social Instability in Rural China", in *Modern China*, Vol. 24, No. 1, 1998; Zhang Jie and Li Xiaobing, eds., *Social Transition in China*, University Press of America, Lanhin, Maryland, 1998, p. 87.

económicos, e os grupos sociais estão todos integrados no contexto político totalitário, e a estrutura do Estado é definida, controlada e dominada pelo Partido-Estado.

O papel destes grupos e interesses é ainda tão limitado, que não dispõem de condições para desafiar e fiscalizar as regras do Partido.

4. MONISMOS SISTÉMICO, MITIGADO E DESENVOLVIMENTISTA

A questão essencial respeitante à mudança gradual que se vem verificando na China, desde o anúncio da política de reformas em 1978 está ancorada na génese dessas reformas. Com efeito, metodologicamente importa situar as razões que impeliram o Partido Comunista Chinês a promover a mudança. Na nossa perspectiva, como já foi referido noutra parte deste trabalho, elas podem ser identificadas como um projecto de exercício, manutenção e projecção de poder por parte do PCC, e como resultado das circunstâncias de conjuntura. A interligação destas duas realidades conduz, na prática, a uma dinâmica de modernização, que no caso da China corresponde à transição de um monismo sistémico para um monismo estrutural e, finalmente, para um monismo[67] desenvolvimentista.

Estes monismos apresentam como principais características[68]:

a) **Monismo sistémico**: a perspectiva totalitária do exercício do poder corresponde à natureza intrínseca do modelo político ideológico que enforma a sua acção e a sua matriz. A sua coerência assenta numa concepção orgânica de ligação Estado-sociedade expressa num sistema de controlo da sede do poder, através de

---

[67] Adriano Moreira (2003: 143) classifica os regimes a partir da forma, da sede do poder e da ideologia, definindo-os em duas categorias fundamentais, que a opinião do Professor, são tipos ideais: monistas e pluralistas.

"Serão regimes monistas aqueles em que não se consente nem a circulação da sede de poder nem a alternância ideológica, o que estabiliza facilmente a forma e encaminha o Estado para autoritário ou totalitário, conforme apenas propõe ou também impõe uma concepção ideológica à sociedade civil".

[68] Esta caracterização foi por nós apresentada de forma sumária, em Janeiro de 2004, numa comunicação apresentada sobre a nova liderança chinesa, no âmbito da "Semana da China", organizada pelo Centro de Estudos Chineses, do ISCSP.

um partido e de organizações integradoras, que tem por função mobilizar todo o social à volta de uma liderança unipolar. O Partido-Estado emerge como o factor síntese da construção nacional, possuindo o monopólio da direcção e da organização a economia. A justaposição do Partido às instituições políticas é a base do sistema.

Esta forma de monismo corresponde ao período que vai da formação da RPC, em 1949, sob a liderança de Mão Zedong, até ao arranque das reformas económicas, em 1978-79.

Num processo de adaptação, o monismo sistémico altera tendencialmente as suas capacidades de homeostasia, mantendo, contudo, o Partido Comunista as suas características de monopólio do poder.

b) **Monismo mitigado**: caracteriza-se pela alternância entre um totalitarismo global e integrado e um autoritarismo económico modernizante expresso na abertura a um capitalismo de Estado mobilizador. A sede do poder mantém-se inalterada e blindada à volta do Partido único. A dinâmica económica impõe alterações nas relações Estado-sociedade devido ao aparecimento de novos campos de interesse criados pelo próprio modelo de capitalismo de Estado.

Num monismo mitigado a optimização das estruturas burocráticas, através da desconcentração da decisão executiva constitui a principal inovação ao modelo base de sustentação do poder. A sua eficácia assenta na formação de quadros políticos portadores de uma ideologia tecnonacionalista, não autárcica.

Na China, o monismo mitigado tem a sua expressão no período das reformas e de abertura ao exterior, desde 1978 até ao presente, sendo caracterizado por um discurso político estatocêntrico e, em simultâneo, pela combinação do poder pessoal com uma liderança de compromissos entre facções por um papel securitário do Estado e por uma atenuação dos mecanismos de controlo social por uma prática política económica de diminuição do peso do sector empresarial do Estado.

A propósito da visão estatocêntrica, já Sun Yat-sen considerava que, face ao atraso da China em acompanhar os países mais avançados à época, a solução estaria na criação de um Estado forte que funcionaria como pivot da modernização.

c) **Monismo desenvolvimentista**: corresponde a uma forma de exercício do poder que procura legitimar-se no desígnio do desenvolvimento e da afirmação nacional de um Estado à volta da modernização económica e tecnológica. Caracteriza-se pela existência de uma elite governante assente na interligação entre burocratas, empresários e o aparelho militar. O "paternalismo político" é o traço dominante da cultura política dos regimes monistas de matriz desenvolvimentista. A liberalização da economia sem pluralismo político constitui o cerne do modelo.

A Ásia-Pacífico apresenta vários exemplos da passagem de Estados de "monismo mitigado" para um "monismo desenvolvimentista" que evoluíram, desde as décadas 70 e 80, no sentido de um pluralismo institucional, como sejam os casos da Coreia do Sul, de Singapura e de Taiwan.

A perspectiva "culturalista" é sobejamente explorada pelos governantes asiáticos que pretendem justificar a forma de exercício do poder com a especificidade dos valores culturais asiáticos. Sobre esta questão, afirma Victor Marques dos Santos (2002: 81):

"Tal como alguns valores "ocidentais", também os "valores asiáticos", designadamente, os princípios reunidos por Confúcio, têm conhecido, ao longo dos tempos e através dos espaços geoculturais, aceitação diferenciada. Os mesmos princípios que, até data recente, foram tomados como a base essencial do progresso económico asiático, ainda há apenas vinte anos eram vistos como responsáveis pelo atraso da China maoista.

Posteriormente, os resultados da política chinesa de abertura ao exterior, bem como do crescimento económico de outros países da região Ásia-Pacífico, viriam alterar essas perspectivas. Com efeito, tanto no Ocidente como no Oriente, acentuou-se a ideia de que as estruturas sociais asiáticas, construídas e consolidadas na vivência e na prática milenar daqueles princípios de valor, teriam algo de "inerentemente superior", relativamente às perspectivas, atitudes e padrões de comportamento político, social e cultural ocidentais. Essa superioridade seria, última análise, responsável pelo "boom" económico anunciador de um "século do Pacífico".

(...) A coesão familiar e a perspectiva da família como instituição, a prevalência dos interesses sociais colectivos, os hábitos de

poupança e da sua prudente utilização, o carácter conservador dos costumes, o respeito pela autoridade, a apologia do consenso e não do confronto, a importância concedida à educação, foram tidos, entre outros "valores asiáticos", como os princípios inerentes ao desenvolvimento acelerado da região nas três últimas décadas".

A visão particular da realidade asiática nas suas componentes regionais está bem expressa na designação *"southeastasianness"* que Armando Marques Guedes (2001: 321) utiliza para caracterizar a especificidade cultural daquela área.

Para além dos factores sócio-culturais, atrás aflorados e que constituem uma variável incontornável para a percepção dos particularismos do modelo chinês, no quadro daquilo que a escola culturalista considera ser o *"asian way"*, existem similitudes quanto à estruturação do poder (enquanto componente estratégica na concepção e execução de modelos de modernização económica) entre a China, a Coreia do Sul e Taiwan.

A ideia de um modelo asiático é suportada na seguinte afirmação de Tu Wei-Ming (1996: 7):

"In the east Asian cultural context, government leadership is deemed indispensable for a smooth functioning of the domestic market economy and vital for enhancing national comparative advantage in international competition. The central government is expected to have a holistic vision of the well-being of the nation and a long-term plan to help people maintain and adequate livelihood so that they can attain their aspirations of human flourishing. Strong government with moral authority, a sort of ritualised symbolic power fully accepted by the overwhelming majority, is acclaimed as a blessing, for it is the responsibility of the ruling minority to translate the general will of the people into reasonable policies on security, health care, economic growth, social welfare, and education".

Esta visão paternalista do exercício do poder está bem patente na seguinte afirmação de Lucian Pye (1985: 193):

"The traditional, paternalistic concept of power has been preserved in the contemporary context as rulers who believe that their moral legitimacy justifies them in skepticism and punishing doubters. In the same spirit

intellectuals feel inhibited because their dependency upon paternalistic authority makes them believe that there is no alternative to their present situation".

O paternalismo político é uma das principais características da cultura política chinesa, que resulta da projecção da relação entre a autoridade do pai e a autoridade do poder político, no binómio família/nação (Heitor Romana, 1989).

A partir desta configuração, Estado surge como uma extensão psicocultural da família chinesa, sendo-lhe atribuídas as mesmas funções integradoras da família.

Ao governante, independentemente da forma que utilize, compete-lhe proteger e dirigir os negócios de Estado de forma a prover a segurança e o bem-estar do povo. Este binómio governo/família é considerado por Lucian Pye (1985: 61) como uma das marcas do confucionismo no exercício do poder.

> *"One of the most extraordinary features of Confucianism was the way in which it elevated government and family to be the two key institutions of society, with each reinforcing the other. Crudely put, Confucianism decreed that the tasks of government would be lightened into insignificance if every family performed its tasks according to idealized standards; and government, in return, was expected to conduct itself in a way that would strengthen family authority".*

Esta perspectiva é contrária à posição de Max Weber que, no tocante ao papel da religião (confucionismo) no desenvolvimento capitalista na China, colocou a questão no plano da existência ou não de condições endógenas para o país alcançar o patamar que o Ocidente já tinha atingido. Afirma o autor (1968: 248-249):

> *"The Chinese in all probability would be quite capable (...) of assimilating capitalism which has technically and economically been fully developed I the modern culture area. It is obviously not a question of deeming the*

Chinese 'naturally ungifted' for the demands of capitalism. But compared to the origin of capitalism in China did not suffice to create it. Likewise capitalism did not originate in occidental or oriental antiquity, or in India, or where Islamism held sway. Yet in each of these circumstances seemed to facilitate its rise. Many of the circumstances which could or had to hinder capitalism in China similarly existed in the occident and assumed definite shape in the period of modern capitalism".

É nossa concepção que o modelo político chinês e a sua recente evolução no sentido da modernização política – entendida por nós como o aperfeiçoamento burocrático e administrativo do aparelho de Estado, visando prepará-lo para facilitar e, em simultâneo, aplacar os efeitos da mudança gerados pelos objectivos de crescimento e de desenvolvimento económico – e da modernização[69] do sistema económico, expresso no incorporar do modelo de mercado, não é facilmente redutível a paradigmas de racionalidade política nem a valores filosóficos e religiosos.

A cultura política[70] chinesa é fortemente marcada pelos padrões culturais tradicionais[71], aspecto já atrás abordado no atinente à influência do confucionismo no estruturar o poder, na sua legitimação popular e na construção de uma identidade colectiva.

Contudo, afigura-se-nos que a variável cultura é uma das variáveis operacionais matrizes que balizam o quadro analítico da actual realidade chinesa. Por outro lado, as concepções deterministas sobre a evolução "universal" da organização sócio-económica do sentido do capitalismo liberal, a que se aditam as teses da inevitabilidade da mudança das sociedades em direcção aos modelos organizacionais ocidentais parecem não

---

[69] Na obra *The Politics of Modernization*, David Apter (1969) considera os partidos políticos como um instrumento de modernização, dada a sua capacidade de mobilização e o seu papel como intermediários entre a tradição e a modernidade. Para Apter (1969: 67):

"... *modernization implies three conditions – a social system that can constantly innovate without falling apart (and that includes among its essential beliefs the acceptability of change); differentiated, flexible social structures; and a social framework to provide the skills and knowledge necessary for living in a technologically advanced world*".

[70] Para Lucian Pye, a cultura política é o conjunto de atitudes, crenças e sentimentos que dão significados a um processo político e compreensão às regras que explicam o comportamento do governo num sistema político (Lucian Pye, 1972: 287).

[71] Sobre as características da cultura política chinesa ver: Shiping Hua, ed., *Chinese Political Culture 1989-2000*, M. S. Sharpe, London, 2001.

dar uma visão integrada e global da problemática do processo de transição da China, que na nossa perspectiva, como já sublinhamos vai na direcção de um "monismo desenvolvimentista".

Em primeiro lugar, existe um Estado central forte que possui a capacidade para formular e implementar políticas de modernização económica. Na China, dado que o Partido-Estado leninista mantém-se intacto, o Estado possui capacidade para introduzir programas económicos, para variar a velocidade e a sequência das reformas e para fazer correcções, ou mesmo reverter as políticas, se for necessário, como se verificou com o congelamento das reformas entre 1989 e 1991.

Outro aspecto comum àqueles países diz respeito ao controlo político, totalitário ou autoritário, da sociedade, em nome da manutenção da estabilidade política, vista como essencial ao sucesso da modernização da economia. Quer a Coreia do Sul, quer Taiwan, passaram por regimes monistas, que depois evoluíram para um pluralismo tutelado. Na China, o legado leninista e o corporativismo emergente constituem amortecedores de eventuais movimentos sociais e de forças que não beneficiam das reformas.

No que diz respeito à legitimidade, na China, tal como outros Estados asiáticos, a base da legitimidade deriva cada vez mais dos índices de crescimento económico e dos seus efeitos gerados na melhoria das condições de vida da população, bem como de um forte apelo nacionalista.

Como sublinha Alvin Y. So (2003: 18):

"In China, like other East Asian developmental states, the basis of legitimacy was mainly derived from 'GNPism' and nationalism. The claims were that the citizens should support the state because their living standards were much better than those of the old generation, and they should unite behind the state in order to create a rich and powerful nation free of domination by the foreigners".

Em síntese, no "modelo asiático" é possível identificar as seguintes características:

a) Economia de mercado;
b) Domínio da sociedade pelo Estado;

c) Uma ideologia que é um misto de nacionalismo e comunitarismo;
d) Um executivo com plenos poderes e um poder legislativo fraco.

Apesar das similitudes, o monismo desenvolvimentista chinês apresenta aspectos específicos, designadamente:
a) A China tem desenvolvido um verdadeiro empresariado estatal, ao contrário do que se verifica nos exemplos do Sudeste Asiático, onde o Estado tem um papel regulador e proteccionista do capitalismo local;
b) Na China, a estratégia de modernização obedeceu a um processo de *"bottom-up"*, assente na descentralização da decisão económica e no investimento em regiões deprimidas. Em vez da promoção da industrialização urbana e da criação de grandes centros urbanos, os responsáveis chineses promoveram a industrialização das zonas rurais, numa lógica de dispersão dos núcleos de desenvolvimento;
c) Não obstante o leninismo constituir a base organizacional do Estado chinês e, assim, na nossa perspectiva, constituir, igualmente, a base de sustentação da disciplina e do planeamento da mudança económica, a condição de Estado "socialista" torna a China mais vulnerável às oscilações ideológicas, apesar do nacionalismo tender a transformar-se numa ideologia de substituição. Nos modelos desenvolvimentistas asiáticos a questão ideológica está estabilizada.

No monismo desenvolvimentista identificam-se as seguintes características operativas:
a) A liderança política é de cariz tecnocrata;
b) As mudanças no tecido sócio-económico são promovidas pelo Partido-Estado;
c) As instituições estatais são "formadas" para o planeamento de objectivos nacionais de desenvolvimento;
d) Uma classe de gestores formados a partir do sector empresarial do Estado;
e) Existe uma forte manipulação das massas em torno de um ideal nacional;
f) As forças armadas são a garantia da estabilidade do processo de desenvolvimento e actor na decisão;

g) A abertura política é feita através de um sistema de Partido dominante, que controla os aparelhos burocrático e legislativo, contando, em alguns casos, com o apoio das Forças Armadas;
h) O sistema legal flexibiliza-se em matéria económica e financeira;
i) Emergência de uma elite sócio-económica portadora de "*demands*" que são a génese de uma sociedade "civil".

A aplicação do tipo-ideal de regime "monista desenvolvimentista" à actual realidade chinesa não nos parece ainda ser completamente viável. Contudo, são perceptíveis alguns sinais que indiciam a possibilidade de a médio prazo a China poder vir a transformar-se num Estado com características de "monismo desenvolvimentista", a saber:
a) O Partido Comunista é promotor e agente da transição do sistema económico central planificado para o de mercado – a reforma económica sem reforma política;
b) A adaptação dos centros de decisão intermédia às mudanças impostas pela lógica do modelo de mercado;
c) A emergência de uma tecnocracia burocrata formada pelo próprio Partido Comunista, portadora de uma "ideologia utilitária";
d) A emergência de uma nova classe empresarial privada com potencial de crescimento e de influência política nas estruturas de execução política;
e) A modernização das forças armadas e subsequente subordinação doutrinária e técnica ao Partido;
f) A afirmação externa da RPC através da modernização económica e tecnológica – sua integração plena no sistema internacional.

O grande desafio que se coloca ao regime é o de conseguir manter o papel do PCC como o eixo-vital da transição em curso. O processo desenvolvimentista que se encontra na segunda fase de arranque levanta, de forma incontornável, aquela questão.
Como salienta Zheng Yongnian (2002: 89):
"*In the initial stages of reform, the communist leadership provided strong political support for the private sector in order to*

achieve economic growth, and in the later stages, rapid development of the private sector influenced the Party's transformation. Deng Xiaoping's southern tour in 1992 legitimized a capitalist economy, and the reafter China experienced a long wave of rapid economic growth. Economic growth enabled the leadership to deliver economic goods to its people and increase its political legitimacy, but the rise of a private entrepreneur class also generated dynamics for Party transformation".

A primeira grande transformação protagonizada por Deng – a passagem de um Partido "revolucionário" a um "Partido administrativo" já atingiu o seu ponto de estabilização. A emergência do capitalismo e de uma tecnocracia política corresponde ao início da segunda grande transformação – a passagem do "Partido administrativo" a um "Partido desenvolvimentista", organizado com novas normas, mais institucionalizadas, recuo do poder pessoal, mas mantendo uma elevada carga de decisão informal, e um quadro legal de normativismo de processos (*rule by law* e não *rule of law*).

A transformação do Partido Comunista Chinês num "Partido desenvolvimentista", em que o Estado como entidade nacional assume-se como núcleo centralizador de uma mobilização colectiva, passando o Partido a "executor" de um desiderato da nação, poderá conduzir a uma reestruturação do próprio Partido.

As teses neo-conservadoras deixam aberto esse cenário, como se infere da posição de Kalpana Misra (2001: 150):

"the neo-conservative strategy for China's transition from tradition to modernity stresses a blend of selective western ideas and institutions (to promote economic rationality, market forces, autonomous interests, and eventually a middle class which could serve as the basis for a pluralist democratic social order) and the traditional Chinese values of collectivism and patriotism propagated and maintained by the Party elite".

Com efeito, a emergência de um novo grupo social urbano, sensível ao discurso nacionalista, possuidor de expectativas de mobilidade social fora da órbita do Partido OCmunista, e com uma gradual consciência política, constitui a base "laboratorial", para possíveis ensaios de reforma política intra-sistema.

A permeabilidade do sistema de poder à participação de elementos fora do próprio sistema, para a qual a "Teoria das Três Representações" parece apontar, poderá configurar a abertura do Partido Comunista Chinês à formação de tendências, numa lógica de pluralidade facultadora da mobilização de novos grupos sociais à volta de uma ideia de modernização apoiada numa ideologia de desenvolvimento nacionalista.

5. A TRANSIÇÃO DE MACAU NO NOVO QUADRO DE ANÁLISE

A assinatura da Declaração Conjunta Luso Chinesa, a 13 de Abril de 1987, marcou o início do processo de transição que culminou com a constituição da Região Administrativa de Macau a 20 de Dezembro de 1999. Depois da transferência de Hong-Kong, Macau tornou-se o segundo laboratório político de experimentação do princípio "Um País, Dois Sistemas", gizado por Deng Xiaoping, tendo por escopo a reunificação da China, que tem por fim último o retorno de Taiwan – o principal vértice do triângulo dessa reunificação.

A transição de Macau ocorre numa conjuntura internacional marcada por grandes transformações geopolíticas, geoeconómicas e geoculturais entre as quais sobressaem: a multipolarização política e económica; a globalização, assente em vastas redes e fluxos de informação e tecnológicos; a emergência de novos espaços de comércio transnacional e de micro-regiões de elevado dinamismo económico; aumento da importância das variáveis étnica e cultural no desenvolvimento das relações internacionais.

Portugal e a R. P. da China passam, também, por reajustamentos no seu posicionamento global e regional, constituindo, a escalas diferentes, peças importantes no desenhar do sistema mundial que se projecta para o século XXI.

O nosso país, uma pequena potência, mas com capacidade de influência na arquitectura europeia, e detendo um papel insubstituível na geocultura da lusofonia, surge no limiar do terceiro milénio como a última potência administrante dum território asiático, tendo mantido ao longo de quatrocentos anos uma intervenção no sul da China que constitui uma mais-valia estratégica única.

A R. P. da China prossegue a política de reformas económicas e de abertura ao exterior, colocando-se no quadro do sistema multipolar como um Estado director regional, potencialmente global, que procura captar a confiança da comunidade internacional, quer através da "diplomacia económica", quer através dum maior protagonismo nas instâncias mundiais.

A transferência da administração de Macau ocorreu, pois, num quadro de interesses, de Portugal e da R. P. da China, para o qual concorrem factores de ordem endógena, respeitantes a princípios, valores e símbolos que formam a sua matriz política e civilizacional, e factores de ordem exógena, de natureza conjuntural ou sistémica, que se reflectem nos objectivos que cada Estado prossegue para Macau.

- Portugal – Preservar a realidade e a identidade sociocultural de Macau, num quadro de um sistema político de matriz democrática e num sistema judicial de raiz portuguesa; assegurar a autonomia do modelo económico de mercado; optimizar a condição de espaço euro-asiático; apostar na continuidade da estrutura burocrático-administrativa; garantir a autonomia das instituições e do funcionamento da sociedade civil; criar condições para o reforço da permanência da população de ascendência portuguesa.
- República Popular da China – Concretizar o princípio "Um País, Dois Sistemas"; provar a Taiwan as virtudes do princípio; granjear a confiança da comunidade internacional; utilizar Macau na estratégia de abertura ao exterior; optimizar sinergias regionais.

Identifica-se que, para Portugal, o cumprimento da Declaração Conjunta implica a existência e continuidade de um corpo de instituições, princípios e normas que constituem elementos estruturantes das culturas política e jurídica portuguesa, e de um conjunto de valores que caracterizam as sociedades avançadas, tais como uma economia livre e aberta, e um sistema social plural. A salvaguarda das características sociológicas e antropológicas basilares da identidade de Macau, que tem especial expressão na comunidade macaense e no património histórico e religioso, é outro eixo de uma ideia para Macau que tem por pano de fundo a percepção que, no contexto da China, as vantagens de Macau assentam na sua especificidade dentro do todo; será essa a virtude do "segundo" sistema.

Autonomia e identidade são factores estratégicos da orientação portuguesa para Macau, no período de transição, que podemos designar por factores "institucionais".

Para além destes factores, existe, ainda, aquilo que designamos por factor "operacional", relacionado com o papel funcional que Macau pode desempenhar, quer no contexto regional onde está inserido, quer no contexto das relações da China com a Europa.

Acrescente-se, assim, à autonomia e à identidade, a funcionalidade de Macau. Estes três factores interagem de uma forma sistémica, onde o todo que estrutura a dinâmica sócio-política, económica e cultural de Macau, não resulta do somatório daqueles factores, mas antes da sua relação integrada, e onde a alteração num dos factores implica mudanças no equilíbrio do todo. A funcionalidade de Macau delimitada pelas suas características e condição de micro-território é definida a partir da sua capacidade em se integrar em redes globais e em aproveitar sinergias tecno-económicas regionais.

Nesta perspectiva o território possui boas potencialidades, tendo em conta que: o seu ponto de viragem para a modernização económica ocorre na década de 90, coincidindo com a fase de expansão do fenómeno da globalização; constitui um dos vértices do crescimento do Delta do Rio das Pérolas; detém uma posição própria do grande espaço étnico-económico chinês emergente – a "Grande China".

O estudo da evolução de Macau, cinco anos após a criação da RAEM, num contexto marcado pela via "desenvolvimentista" da china indica a existência de uma aproximação do "primeiro" ao "segundo" sistema, o que constitui um sinal do pragmatismo político chinês. Esta constatação está presente no projecto de investigação levado a cabo pelo Instituto do Oriente do ISCSP, em que colaborámos, e do qual extraímos algumas linhas-de-força (Instituto do Oriente, 2004)[72].

---

[72] Numa abordagem extraída da ciência política, a transição de Macau pode ser observada segundo vários factores (institucionais e não institucionais):

Criação, por parte de Portugal, de uma base de sustentação institucional política, administrativa e judicial visando a sua consolidação no contexto da RAEM;

Alterações na configuração da estrutura social, com a emergência de uma elite local tecnocrata que constitui a alavanca de um desenvolvimento político, ainda que segmentado;

A realidade política de Macau como fronteira entre uma cultura política de sujeição (cultura do "primeiro sistema") e uma cultura política de participação (própria do "segundo sistema");

Multiplicação de organizações e associações cívicas, com um crescente desenvolvimento da dinâmica política interna, de carácter corporativo, mutualista e cultural;

Adaptação da cultura organizacional da administração pública, face a novas exigências do desenvolvimento do território e face a uma reconceptualização do papel da AP num novo quadro político;

No plano judicial, a autonomia do sistema constitui o aspecto estratégico de qualquer análise ou caracterização, assente na necessidade de adaptação do modelo à realidade da cultura legal chinesa e desta a valores universais do Direito.

A localização das leis e da comunidade jurídica constitui o factor principal de continuidade do sistema legal próprio de Macau, a par da localização da organização judiciária.

Cinco anos após a constituição da RAEM, a autonomia do edifício legal é uma das condições da eficácia do modelo adoptado para Macau.

O equilíbrio entre os poderes executivo, legislativo e judicial é expressão indiscutível da maturidade das sociedades. A natureza e características do novo estatuto político-administrativo de Macau não colidem com esse equilíbrio, devendo antes reforçá-lo, no contexto da preservação do "segundo sistema".

A natureza mitigada do processo de participação política dos cidadãos de Macau, através das eleições para a Assembleia Legislativa, não constitui um obstáculo à criação de mecanismos de socialização e de comunicação política e a uma maior intervenção cívica nas questões da governação e legislativas.

As últimas eleições para a AL, que registaram um número recorde de listas candidatas, foram uma manifestação da emergência de novos segmentos da opinião pública e de grupos de interesse, configurando, igualmente, uma dinamica de alternância de elites que traduz novos patamares da consciência política local.

Num enfoque antropológico e sociológico, a avaliação do quadro pós-transição implica o acompanhamento dos efeitos e implicações na organização social local.

Com efeito, a criação da RAEM gerou no período de planeamento e execução da primeira fase da transição (até 1999) reajustamentos na mobilidade profissional e social de vários segmentos da população residente (comunidade portuguesa expatriada, comunidade luso-descendente local e sociedade chinesa), com efeitos na expectativa de integração na nova realidade sócio-política e administrativa pós 1999.

A segunda fase da transição de Macau, iniciada a 19 de Dezembro de 1999, veio criar também factores de mudança organizacional e sócio-cultural, designadamente uma nova configuração da "ecologia demográfica" local, resultante em grande parte dos elevados fluxos de população pendular proveniente da província de Guangdong.

Para os investigadores deste projecto, a transferência de administração de Macau para a RP China, no que diz respeito ao seu impacto nas expectativas, deve ser analisada sob a perspectiva sistémica e funcionalista, privilegiando, assim, a compreensão dos mecanismos adaptativos por parte de segmentos representativos da estrutura social local. Este aspecto afigura-se crucial em qualquer cenário de evolução do período pós-transição da RAEM, considerando que a dinâmica de mudança deverá ser balizada pela preservação, no essencial, da matriz cultural endógena, em que o macaense ocupa uma posição de esteio, e onde a presença simbólica de elementos da cultura lusófona constitui uma mais-valia na afirmação do princípio "um país, dois sistemas" e na maximização da estratégia de internacionalização do território.

A questão da identidade e da especificidade intercultural de Macau é transversal a qualquer análise sobre a realidade da RAEM, nas suas diferentes componentes.

Importa salientar que, ao contrário da RAEHKG, onde a natureza específica do "segundo sistema" reside primordialmente no modelo económico, em Macau o "segundo sistema" resulta da integração equilibrada dos factores político, sócio-económico e cultural.

Num contexto mundial marcado pela globalização, a especificidade de Macau, como já foi atrás aflorado, deve ser maximizada, segundo aspectos geoeconómicos, que são potenciados pela sua inserção nas sinergias da "grande China" e também pelos laços com o mundo lusófono.

A internacionalização constitui, a par da sua integração sub-regional, um dos pilares do desenvolvimento sustentado de Macau assente na funcionalidade. Esta funcionalidade resulta da consolidação dos mecanismos de economia de mercado, da modernização do tecido empresarial, da aposta na tercearização, da complementaridade do triângulo Guanzhou-Hong-Kong-Macau, do reforço dos laços com a União Europeia, da aposta em infra-estruturas de comunicações, do investimento na educação, da formaçao de elites e da racionalização dos sectores produtivos.

A funcionalidade da internacionalização de Macau, como micro-território é, pois, definida a partir da sua capacidade em se integrar em redes globais e em aproveitar sinergias tecno-económicas regionais. Para isso necessita de infra-estruturas operativas.

Da análise da realidade de Macau, cinco anos depois da transição, é possível identificar a existência de um conjunto de meios operativos iniciados ainda durante a administração portuguesa, a saber: legislação facilitadora da actividade económica; deslocalização de serviços de Hong-Kong e da RPC para Macau; o aeroporto internacional; construção de uma rede de vias de comunicação com a RPC; acordo de cooperação com a União Europeia; e criação de instituições de ensino superior.

A internacionalização de Macau é uma das melhores formas de provar que a sua autonomia é efectiva, quer por via da participação em organizações internacionais, organizações não governamentais, tratados ou convenções bilaterais e multilaterais, quer pela rede de contactos desenvolvidos com outros actores internacionais.

Enquanto território internacionalizado, deve ser enquadrado na estratégia de afirmação da China no plano externo, enquanto espaço intercultural. A sua condição de legado histórico das relações sino-portuguesas é geradora de mais-valias que deverão ser percepcionadas à luz, por um lado, do aprofundamento das relações diplomáticas entre Pequim e Lisboa, e por outro lado, à luz da sua condição de laboratório de contacto de culturas.

É sob este enquadramento que Macau poderá potenciar-se como plataforma de ligação entre a China e os países africanos de língua oficial portuguesa, no âmbito do aprofundamento das relações entre a RPC e o continente africano, como é visível na criação, em 2000, do Fórum de Cooperação China-África.

A instalação em Macau da sede do Fórum para a Cooperação Económica e Comercial entre a China e os países de expressão portuguesa é expressão efectiva da aposta das autoridades chinesas em reforçarem a internacionalização deste micro-território, tendo por antecena os contactos privilegiados ao longo dos tempos entre Macau e o mundo lusófono.

O estatuto de observador junto da Comunidade dos Países de Língua Portuguesa (CPLP) requerido por Macau significa, num exercício de síntese, o aprofundamento da sua autonomia, a afirmação da sua especificidade e a optimização da sua funcionalidade.

Fundamental também na expressão destes três vectores é, sem dúvida, o reforço das relações com a União Europeia, as quais, obviamente, terão que ser percebidas no contexto das relações União Europeia-China e, também, de forma complementar, no quadro do papel de Portugal no seio da União.

A adesão da China à Organização Mundial do Comércio, o papel da ASEM nas relações bilaterais UE-RPC e as regiões administrativas especiais de Hong-Kong e Macau, para além dos acordos de cooperação existentes entre a União Europeia e Pequim, definem e estruturam o grau de relacionamento entre os dois lados.

No que concerne a Macau, as relações com a União Europeia, iniciadas em 1992 através do acordo de cooperação, são certamente um vértice importante nas relações político-económicas entre a China e a UE.

Considera-se como prioritário a aposta na cooperação intra-regional que funciona como complemento de uma internacionalização extra-regional, aproveitando a condição de «*freest and most open regions in the world in terms of trade and investment policies*» segundo o relatório da OMC em 2001, citado por Ming K. Chan e Shiu Hang Lo.

O papel da actividade do jogo na política económica é, face à dinâmica criada, insubstituível como base da autonomia económica de Macau sendo, obviamente, complementado pelo turismo, pela indústria de transformação, pelo sector imobiliário e construção civil e pelas finanças e seguros. O actual figurino da concessão de jogos tem gerado, nos últimos tempos, um forte impulso em segmentos do comércio e serviços e contribuído para um aumento exponencial dos fluxos de turismo regional. Sendo certo que as contrapartidas sociais e económicas geradas pelos compromissos das concessionárias em relação aos objectivos de desenvolvimento de Macau são uma importante mais--valia para o território, importa salvaguardar as características próprias de Macau que não se esgotam na mera imagem de "cidade casino".

A preservação do equilíbrio entre as necessidades de crescimento e desenvolvimento e o impacto gerado no tecido social e no meio ambiente é vital na projecção de uma imagem de um meio cosmopolita de qualidade como Macau.

Ainda no plano económico, a análise do período pós-transição conduz à constatação da manutenção de uma máquina burocrática maleável, de um sistema legal credível e da existência de aspectos de desenvolvimento político, que são os suportes para uma modernização sustentável de Macau num quadro de mudança e de adaptação aos desafios criados pela sua própria dinâmica endógena e pelo seu retorno à China, numa lógica de "um país, dois sistemas".

Como o artigo 5.° da Lei Básica de Macau estabelece, na RAEM o sistema socialista e as políticas socialistas não se aplicam, mantendo-se o sistema anterior e o sistema de vida local inalterado por cinquenta anos. Esta é a essência para o sucesso do modelo de desenvolvimento político e económico de Macau, que passa pelo aperfeiçoamento da estrutura administrativa e legal e pela mobilização da sociedade à volta das instituições políticas. Por outras palavras, as vantagens de Macau enquanto micro-território situam-se na existência de instrumentos políticos e económicos facilitadores da sua integração na economia global e da sua optimização como «*back office*» dos corredores de crescimento tecnológico situados no Delta do Rio das Pérolas. A vocação de Macau como ponto de

A inexistência de descontinuidades no processo de transição de Macau constitui o principal aspecto a reter na análise do período de cinco anos após a constituição da RAEM (Região Administrativa Especial de Macau).

Contudo, do estudo e análise de alguns aspectos da actual política interna e externa da RPC sobressaem um conjunto de elementos de ordem, político, ideológica e sociológica que, à luz de uma interpretação diacrónica, configuram a existência de factores condicionantes e determinantes da actuação dos dirigentes chineses em relação a Macau, a saber:
- Disputa política;
- A abertura ao exterior e a política de reformas económicas;
- A reunificação do país (a questão de Taiwan);
- A dispersão de órgãos de decisão;
- A cultura política (os laços de **guanxi**);
- O relacionamento entre os governos provinciais e o governo central.

Assim, consideram-se os seguintes factores:
(1) Multiplicidade de órgãos e estruturas que tratam das questões de Macau

A complexa rede de centros de decisão que caracteriza o sistema organizacional do regime chinês ou resultado do sistema de *"interlocking"* reflecte-se, também, no tratamento das questões de Macau, existindo uma multiplicidade de órgãos e estruturas directamente dependente do Partido Comunista, do Conselho de Estado e da Conferência Política Consultiva Popular, que se cruzam, e são coordenados pelas estruturas de topo do PCC.

---

intercepção "glocal" só será completamente tangível se funcionar como um dos "portões" da China para o exterior, mas caracterizado pela liberdade individual, pelo pluralismo e diversidade cultural, por uma elevada mobilidade social e por uma sociedade civil dinâmica.

Muitos especialistas tendem a analisar Macau sob a perspectiva da sua absorção a médio prazo pela força centrípeta do "primeiro sistema". Ao contrário, a nossa perspectiva assenta nas teses da convergência do modelo económico-social chinês no sentido de uma plena economia de mercado cujas regras são definidas pelo sistema de poder. Com efeito, a abertura da China ao exterior, as reformas económicas, a crescente autonomia na decisão económica, a internacionalização e a introdução de mudanças no sistema legal são factores que aproximam o "primeiro sistema" do "segundo sistema" e não o contrário. A emergência de novos grupos sociais e de uma elite tecnocrata portadora de uma ideologia pragmática sustentam cenários de tal convergência.

PC
- Gabinete do Secretário-Geral
- Gabinete dos Assuntos Externos do Comité Central
- Núcleo Político Restrito para acompanhamento da transição
- Comité de Trabalho para Hong-Kong e Macau
- "Gabinete 15" do Comité da Província de Guangdong
- Comité de Trabalho do PCC de Macau
- ANP – Assembleia Nacional Popular
- Comissão para os Assuntos de Hong-Kong, Macau e Taiwan

CE – Conselho de Estado
- Gabinete dos Assuntos Externos
- Gabinete para os Assuntos de Hong-Kong e Macau do Conselho de Estado (4.º Departamento)
- Gabinete de HKG/Macau do MNE
- Grupo de Ligação Conjunta, na dependência do MNE, substituído pela representação do MNE, após 1999
- Agência "Xinhua" de Macau

CPCP – Conferência Política Consultiva Popular
- Comité dos Compatriotas de Taiwan, Hong-Kong e Macau

No acompanhamento da transição de Macau por parte destas estruturas, tende a verificar-se divergências de competências e estratégias, que sempre se reflectem algumas vezes na forma como a parte chinesa desenvolve a sua actuação face a Macau.

Refira-se, a propósito, a existência de conflitos de competências entre o Gabinete para os Assuntos de Hong-Kong e Macau do CE, o Gabinete de Hong-Kong e Macau, na dependência do MNE, e o Comité do Partido para Macau, durante o processo de transição de Macau e já após a constituição da RAEM.

(2) As disputas políticas internas (Pequim)
Constitui um importante factor indirecto de contingência na orientação de Pequim quanto a Macau.

(3) Pontos de conflito entre Guangdong e o Governo Central
O governo provincial tem vindo a dar mostras de pretender colocar Macau e Hong-Kong sob a sua área de influência, através da criação de

sinergias económicas a partir do pólo de desenvolvimento do Delta do Rio das Pérolas.

Pequim parece pretender neutralizar os objectivos de Guangdong, enquadrando-o numa estratégia mais alargada de autonomia de Província em relação ao poder central.

Sendo assim, é pois de admitir que eventuais interesses específicos da RAEM possam vir a ser condicionados pelas tensões existentes entre Guandgong e o Governo de Pequim.

Figura 5: Vulnerabilidades e Potencialidades de Macau

FACTORES	VULNERABILIDADES	POTENCIALIDADES
Político-Institucionais	Autonomia política mitigada Conjuntura política Limitações à internacionalização	Modelo político inovador Localização da organização judiciária Efeito de indução
Económicos	Dependência do jogo Conjuntura regional Dependência da imigração	Integração económica regional Sociedade estável Criação da Região Económica do Delta
Sócio-Culturais	"Colonização" por parte do eixo Pequim-Xangai Futuro Residual Macaense	Cultura organizacional pluralista Cosmopolitismo Diversidade étnica
Geoestratégicos	Localização sem mais-valia estratégico-militar	Peça da "Grande China" Enclave com ligações à Europa E ao Espaço Lusófono

X. ELEMENTOS PARA A ANÁLISE GEOPOLÍTCA DA RPC

1. AS CONDICIONANTES CULTURAIS DO COMPORTAMENTO POLÍTICO CHINÊS NA POLÍTICA EXTERNA

1.1. Paternalismo Político, Face, Guanxi e Relações Externas

A perspectiva que os dirigentes chineses têm da estrutura social e dos padrões culturais do país reflecte-se, como salienta Chih-Yu Shih (1990) na estratégia da diplomacia chinesa, sendo as normas de relacionamento pessoal e grupal aplicadas para a compreensão e gestão das relações entre Estados, assim:
- Se o sistema internacional é entendido através de uma rede de hierarquias, as relações "pai-filho" predominam. Exemplo: relações com a Coreia do Norte.
- Se o sistema internacional é visto como conjunturalmente equilibrado, os valores da "fraternidade" e da amizade são evidenciados. Exemplo: relações com a Rússia.
- Se o sistema internacional é considerado um palco de acções de intimidação dos mais "fracos" por parte dos mais "fortes", o complexo revolucionário do herói na luta contra o hegemonismo ocidental é invocado. Exemplo: a solidariedade com o terceiro-mundo.

No plano do comportamento diplomático chinês, a face, tal como o paternalismo político, é uma extensão analógico-cognitiva dos factores culturais do povo chinês. Para os chineses, segundo Chih-Yu Shih (1990), imagem nacional é essencialmente uma imagem histórica e é uma parte do sistema de crenças que diz o que deve ser.

Manter a auto-estima nacional é tão importante como salvar a face de um indivíduo. Para o cidadão chinês, a "face nacional" significa uma contínua procura da existência do todo ao qual o indivíduo pertence, que não pode instrumentalmente ser separado.

Destarte, a conduta política chinesa sobre alguns aspectos das relações externas tem sido determinada e condiciona pela salvaguarda da "face nacional".

Quer no tocante ao paternalismo político, quer no que diz respeito à "face nacional", e aos laços de **guanxi** afigura-se poderem ser identificadas algumas situações que traduzem e retratam a influência daqueles três factores psicoculturais no gisar da estratégia dos assuntos externos da RPC.

1.2. A Perspectiva "Paternalista" dos Direitos Humanos

Da análise de vários documentos e discursos oficiais chineses ressalta a existência de uma perspectiva paternalista da questão dos direitos humanos.

Com efeito, os dirigentes chineses colocam-se na posição de um "pai" que se preocupa antes de mais com o prover de meios de subsistência para a sua família, não considerando prioritária outros objectivos de bem-estar. Como chegou a ser salientado por um alto responsável do governo chinês, "Um pai não procura a sua popularidade junto dos filhos, mas antes a segurança e sobrevivência deles."

Esta postura foi assumida oficialmente pela RPC, na Conferência Mundial dos Direitos Humanos promovida pela ONU (Organização das Nações Unidas), que decorreu em Viena, em Junho de 1993. Aquela conferência constituiu, no quadro do pós-Guerra Fria, um importante sinal da existência de uma forte clivagem entre os países ocidentais e um largo conjunto de países do terceiro-mundo.

À disputa ideológica entre o Ocidente e o Bloco socialista parece suceder agora, na nova ordem internacional, um antagonismo que assenta em questões de princípios sociais, o qual poderá, hipoteticamente, vir a transformar-se num novo movimento anti-Ocidental.

A rejeição daquilo que os chineses consideram ser o "modelo americano de direitos humanos" colocou Pequim numa posição favorável junto de um vasto grupo de governos do terceiro-mundo que apesar de não se inserirem na esfera de influência da RPC partilham a mesma posição quanto ao conceito limitado de direitos humanos. Invocam que a prossecução de objectivos de desenvolvimento económico constitui a única forma de dar relevo aos Direitos Humanos, sendo os Estados soberanos para decidir sobre o modelo de sistema sócio-económico e político a adoptar.

Confrontado com as pressões internacionais, o regime chinês pretende colocar a questão dos Direitos Humanos no plano da ingerência do Ocidente nos assuntos internos dos países menos desenvolvidos, apostando na criação de uma frente que, balizada unicamente na questão dos Direitos Humanos, se insere nos seus objectivos de ocupar o lugar da ex--URSS, junto do bloco terceiro-mundista.

Da análise do conteúdo de alguns discursos dos responsáveis do MNE chinês presentes na Conferência de Viena, se conclui da existência de um conjunto de linhas de força que surgem como parâmetros da sua actuação nas instâncias internacionais, as quais assentam:
- Na responsabilidade dos países desenvolvidos pela situação existente nos países sub-desenvolvidos.
- Na defesa do direito de cada país formar a sua própria política de Direitos Humanos, face à sua especificidade social, económica e política. (Na perspectiva da RPC, Direitos Humanos prendem-se com a melhoria das condições materiais e de educação e saúde das populações).
- Na rejeição da utilização da questão dos Direitos Humanos como instrumento de pressão política e económica por parte dos países ocidentais.

1.3. Os Chineses Ultramarinos na Estratégia Regional da RPC: a Questão da "Grande China"

1.3.1. *Guanxi e etnicidade*

O termo "chinês ultramarino" foi usado no passado para identificar todos os indivíduos de etnia chinesa que viviam fora do país. Na década de cinquenta o conceito tornou-se restrito aos chineses que vivendo no exterior mantinham a nacionalidade chinesa ou desenvolviam actividades permanentes com a terra-mãe (Fitzgerald, 1972).

Por seu turno, Wang Gungwu (1985) alargou o conceito, dividindo-o em: **huaqiao** – cidadãos chineses residentes no estrangeiro; **tongbao** – indivíduos de etnia chinesa nascidos em Hong-Kong, em Macau e em

Taiwan e que poderão vir a possuir cidadania chinesa, após a sua passagem para a soberania da China; **guiqiao** – **huaqiao** retornados a **qiaojuan** – familiares dos **huaqiao** residentes na China.

Mansingtt (1991) acrescenta uma categoria – que assume uma cada vez maior importância no quadro de "Grande China" – que inclui os indivíduos de origem étnica chinesa, mas que são cidadãos de outros Estados.

Segundo estimativas, 90 a 95% desses indivíduos estão concentrados nos países do sudeste asiático, onde, na generalidade, controlam uma importante parte da actividade comercial desses países, para além de constituírem um grupo já com algum peso demográfico[73].

A RPC tem vindo a desenvolver um grande esforço no sentido de criar uma "força patriótica" no exterior assente, sobretudo, nos crescentes contactos económicos com os grandes empresários de origem étnica chinesa, que têm vindo, nos últimos cinco anos, a canalizar grandes investimentos para projectos na China.

A utilização dos laços de guanxi é fundamental no retorno a uma idea de uma grande China, que para além da "terra-mãe" inclui Hong-Kong, Macau, Taiwan e a comunidade chinesa do sudeste asiático.

O novo jogo geopolítico da Ásia Oriental no decurso dos anos 70 e após a política de abertura da RPC, desenvolvida a partir dos anos 80, revelaram, inequivocamente, a existência não só de uma China mas de um mundo chinês que as fissuras do pós-guerra haviam feito, se não esquecer, pelo menos, subestimar (Ana Maria Amaro, 1997: 189).

Os laços culturais funcionam como o factor aglutinador e dinamizador de um movimento que pretende, através do estreitamento de laços económicos e comerciais, legitimar o aparecimento de um ideal pan-chinês.

Em NOV93, realizou-se, em Hong-Kong, um encontro dos empresários chineses de todo o mundo, facto que teve um grande alcance político, no contexto da exaltação da "diáspora do dragão".

---

[73] Em toda a região do sudeste asiático existe uma preocupação permanente face não só ao crescimento demográfico da RPC, cuja população é estimada em 2000 em cerca de 1 bilião e trezentos milhões, mas também face ao ritmo de crescimento natural das comunidades chinesas naquela região. Em 1994, numa conversa mantida com um membro do Governo da Malásia, foi-nos referido que as autoridades locais tinham abandonado a política de controlo da natalidade, no âmbito do plano de desenvolvimento sócio-económico para o século XXI, porque enquanto se verificava uma tendência para a diminuição da natalidade na população de origem étnica e religiosa malaia, constatava-se um crescimento rápido no grupo hindu e um crescimento rápido no grupo chinês, o que foi entendido como uma ameaça à hegemonia cultural e religiosa dos malaios islâmicos.

Mais de novecentos homens-de-negócios chineses discutiram o papel dos chineses ultramarinos na criação de uma rede de interesses de negócios, que tem como denominador comum a mesma origem étnico-cultural.

Nas palavras do Primeiro-Ministro Sénior de Singapura, Lee Kuan Yen, presente no encontro, os laços de **guanxi** são uma importante vantagem que os chineses ultramarinos deveriam usar na competição com os investidores ocidentais pelo acesso aos negócios na China.

A reunião de Hong-Kong foi vista por alguns dos seus participantes como um reencontro com a civilização chinesa e a recuperação da visão confucionista das relações sociais e do papel da China como o centro da Ásia.

1.3.2. A "Grande China"

O termo "Grande China" parece ter entrado definitivamente no vocabulário utilizado na discussão dos assuntos globais contemporâneos (Harry Harding, 1993), sendo vários os seus conceitos.

Alguns autores referem-se à "Grande China" na perspectiva dos laços comerciais entre indivíduos de origem étnica chinesa, e na perspectiva de economia chinesa transnacional. Outros centram o conceito na partilha dos mesmos traços culturais, havendo outros ainda que utilizam a expressão no contexto da reunificação da China.

Numa perspectiva geográfica e étnica o conceito de "Grande China" engloba a RPC, Hong-Kong, Macau, Taiwan, e os chineses ultramarinos que vivem no Sudeste Asiático, na América e na Europa.

A "Grande China" configura, sobretudo, a existência de uma convergência entre interesses económicos e factores histórico-culturais, que no futuro irão, certamente, colocar um desafio à estabilidade na região, em termos políticos e económicos.

Uma questão central é a da lealdade dos chineses ultramarinos aos Estados de que são nacionais, o que levanta já alguma inquietação na região do Sudeste Asiático, onde se concentram cerca de 95% dos chineses ultramarinos.

Outro aspecto a ter em linha de conta é o que diz respeito ao potencial da integração económica da "Grande China", que especialistas consideram poder vir a fragilizar a posição do Japão, com o consequente reforço da RPC.

As sinergias geradas pelos fluxos comerciais, tecnológicos e de "*know-how*" polarizados no crescimento económico da RPC, a que se adita a emergência de um grande espaço transnacional de matriz étnico--cultural chinesa, constitui, sem dúvida, um novo dado a equacionar num quadro de análise geoestratégica da China e do seu papel na areópago internacional.

2. A RPC NA NOVA CONJUNTURA INTERNACIONAL

Constata-se, no presente, um conjunto de tendências globais onde pontificam a democratização das sociedades, o primado do mercado e a internacionalização das questões internas dos países, designadamente em matérias dos direitos humanos e da sobrevivência das populações. A política de reformas económicas e de abertura ao exterior iniciada por Deng Xiaoping nos finais da década de setenta, e as alterações geopolíticas e geoestratégicas ocorridas nos últimos cinco anos geraram sinergias que conduziram a China a uma gradual integração económica no sistema global, a um aumento do protagonismo no areópago internacional e à sua afirmação como um Estado director regional.

Segundo a doutrina chinesa, a tendência do sistema mundial é para a multipolarização económica e tecnológica. O regime chinês já percebeu que a competitividade internacional é, na essência, a disputa daqueles domínios.

Sendo o crescimento da economia um factor decisivo, o escopo da política externa chinesa é agora o da criação dum ambiente internacional favorável às reformas económicas em curso e a uma descompressão nas acusações ao regime, mormente no campo dos direitos humanos.

Assim, uma das principais preocupações de Pequim é recuperar e reforçar os laços com os países industrializados, designadamente com os da União Europeia, os quais constituem um potencial mercado e são fontes de capital e tecnologia.

Paralelamente, a China pretende utilizar as suas potencialidades económicas para expandir as relações externas. Desde a introdução das reformas, Pequim tem vindo a adoptar uma política selectiva de atracção de investimentos estrangeiros e de mercados, pretendendo utilizá-los na arena das relações entre países.

As vastas e profundas mudanças verificadas na última década levaram a uma reconfiguração da balança de poderes e a um novo ajustamento do sistema estratégico mundial.

Ao sistema bipolar assente no equilíbrio entre os EUA e a URSS sucedeu um novo sistema de poder que para além do "centrismo" dos EUA, agrupa dois grandes espaços: um institucional – a União Europeia, e outro, sobretudo, um conceito geoeconómico e geopolítico – a Ásia-Pacífico.

Neste novo quadro, a posição relativa dos países no conjunto mundial é agora também avaliada pelas taxas de crescimento e pelo avanço tecnológico, para além das formas tradicionais de avaliação do poder (Heitor Romana, 1989: 35).

Como salienta o Professor Adriano Moreira (1997: 237), a competição mundial desenvolve-se hoje com o uso de poderes que não se esgotam no poder bélico. Sendo assim,

> a "balança de poderes é usada para determinar a capacidade de gerir a influência internacional de cada Estado, ou grupo deles, sobre outros diferentes Estados e grupos, traçando a balança mundial dos poderes financeiro, científico, tecnológico, comercial, ideológico, cultural avaliados em separado ou em combinação".

Verifica-se, pois, a existência de um conjunto de processos globais onde pontifica a tendência para a democratização das sociedades, o primado do mercado e a internacionalização das questões internas dos Estados e dos povos, designadamente no que diz respeito aos direitos humanos e à sobrevivência das populações. (Atente-se no conceito de "ingerência humanitária", legitimador da intervenção externa).

A existência de dinâmicas que apontam para uma unidade do mundo geram, paradoxalmente, uma progressiva multiplicação, quantitativa e qualitativa, dos centros internacionais de diálogo, cooperação, e de decisão e também uma multiplicação das relações entre esses centros (Adriano Moreira, 1999: 36).

Os clássicos problemas considerados de jurisdição interna transitam aceleradamente para a categoria de internacionalmente relevantes e estes para internacionais, agregando-se finalmente no património comum da humanidade, num processo que, nas palavras do Professor Adriano Moreira, corresponde à lei da complexidade crescente da vida internacional.

É balizado por este quadro geral de interpretação das relações internacionais que pretendemos identificar e elencar as principais linhas de força da actuação da República Popular da China na cena internacional, numa conjuntura em que é visível o seu crescente peso e influência regional e global.

Abordar a temática da China sob o enfoque da ciência política e das relações internacionais constitui um exercício que não se esgota no estudo do próprio país, mas antes se insere na perspectiva integrada e sistémica, que, no caso de Portugal se justifica particularmente, dados os interesses, próximos e afastados, do nosso país na região Ásia-Pacífico.

O estudo da China constitui, por outro lado, um módulo imprescindível do saber "global", sendo fundamental para o perspectivar das relações internacionais no século XXI e para a avaliação do papel da Ásia-Pacífico na estabilidade mundial. Importa, pois, situar a China no presente, para assim se obter uma melhor percepção da sua projecção. Na perspectiva de Óscar Soares Barata (2003: 61), a política externa tem a seguinte evolução:

"A política externa da China Popular evoluiu gradualmente do alinhamento inicial com o bloco soviético, visto como o único apoio externo com que poderia contar o governo instituído em Outubro de 1949, para uma estratégia mais diferenciada, que se foi ajustando ao alargamento do campo da acção diplomática do novo poder.

Inicialmente passou pela experiência da guerra da Coreia e da guerra da Indochina, da vaga de simpatia pela China que se manifestou na conferência de Bandung e de uma mais ampla militância externa aos serviços do terceiro mundismo.

Depois, a guerra com a Índia por motivo da questão do traçado da fronteira comum e o conflito sino-soviético criaram algum isolamento internacional. A aceitação do confronto, quando considerado incontornável, conjugou--se, porém, com grande flexibilidade e com significativa criatividade no recurso à diplomacia do povo, a fórmula dos congressos e encontros de militantes e simpatizantes e das missões de particulares, usados como veículo para apresentar pontos de vista e propostas de estado a governos com que se não tinha estabelecido relações diplomáticas.

O reatamento de relações com os Estados, a ocupação pelo governo de Beijing do lugar da China nas Nações Unidas, a normalização de relações com as principais potências e a progressiva inserção no sistema mundial de comércio hegemonizado pelos Estados Unidos, reconfiguraram finalmente a posição internacional da China Popular".

Antes de identificarmos aquilo que se nos afigura serem os objectivos estratégicos da China importa situar os fundamentos da sua política externa, assim enunciados por Marques Bessa (1998: 183):

"O quadro da política externa está definido na Constituição actual (1982), onde se remete para os famosos cinco princípios orientadores.

Eles parecem indicar a constituição de um pólo independente de acção. Neles se declara, vinculativamente, que a China desenvolve uma política totalmente independente e não faz, nem estabelece relações estratégicas, opondo-se às políticas hegemónicas; a China tem uma diplomacia para a paz; para a construção de uma sociedade moderna; a China pretende desenvolver relações com todos os países e especialmente com os países em vias de desenvolvimento; a China deseja instituir relações de boa vizinhança; a China, finalmente, quer estabelecer uma nova ordem económico-diplomática mundial com base nestes princípios. Em Abril de 1955, na Conferência de Bandung dos países afro-asiáticos, Zhou Enlai já os tinha referenciado e eles vieram a converter-se na orientação formal da República Popular".

A abordagem realista das relações internacionais assenta na assumpção de que o mundo é essencialmente anárquico e que não existe uma entidade com capacidade para regular o comportamento dos Estados. Para proteger a sua segurança e a sobrevivência, os Estados deverão procurar adquirir ou maximizar o seu poder, através dos meios económicos e militares.

No caso da China, as análises dividem-se entre as concepções realistas mais radicais, que colocam a China como uma potencial ameaça à segurança mundial e regional, e as concepções liberais, que adoptam uma leitura "interna" da política externa da China, no sentido de que a modernização económica conduzirá à democratização e consequentemente a uma atitude mais "soft" da China, resultante, em grande medida, da crescente interdependência económica e do comércio internacional.

3. OBJECTIVOS ESTRATÉGICOS (O DISCURSO DA MULTIPOLARIDADE)

Tendo por referência as duas últimas décadas, a partir da análise de um vasto conjunto de fontes, é possível identificar a existência de factores exógenos e endógenos, que determinam e condicionam a actuação da China na cena internacional. São eles:
– A política de reformas económicas e de abertura ao exterior iniciada em 1978, no 11.º Congresso do PCC;
– Os acontecimentos de Tianamen;
– A queda do bloco soviético;
– As guerras do Golfo;

- Os novos desenvolvimentos da questão de Taiwan;
- A aplicação do princípio "um país, dois sistemas" (retorno de Hong-Kong e Macau);
- O conflito dos Balcãs;
- A adesão da China à OMC;
- O fenómeno do terrorismo de matriz islâmica.

A estes factores se adita o jogo de poder no seio do Partido. Com efeito, na era de Deng, e no pós-Deng, com a liderança colectiva de Jiang Zemin, a interdependência económica foi bastante encorajada, sendo, no entanto evidente a tensão entre aqueles que consideram que existem grandes ameaças à identidade socialista e aqueles que advogam a necessidade de um maior aprofundamento das relações externas como suporte das reformas económicas.

O conflito entre as duas tendências foi definido por Yahuda, como a contradição entre as orientações "continentais/castanho" e "marítimas/ /azul".

Os "castanhos" estarão representados nas instituições centrais dominadas pelos sectores tradicionais, neo-conservadores. Reconhecendo a necessidade do investimento estrangeiro e da transferência de tecnologia, procuram controlar e administrar tais processos. Opositores da reforma política, pretendem limitar a penetração da influência externa, a qual vêem como disruptiva e subversiva (Michael Yahuda, 1997: 11).

Por seu turno, os "azuis" são representados pelos grupos empresariais das zonas costeiras, das províncias de Guangdong e Fujlan, contando com apoios da Assembleia Nacional Popular e da Conferência Consultiva Política Popular. Pretendem estabelecer um melhor sistema legal e o aprofundamento das relações diplomáticas.

Estes factores determinantes e condicionantes da política externa chinesa moldaram aquilo que parece constituir as bases de actuação para as próximas décadas.

O seu reconhecimento como uma potência económica mundial e como uma potência militar supra-regional – intenções estas suportadas pelo esforço de modernização tecnológica e por uma ideologia nacionalista.

O desenvolvimento operacional dessas intenções tem como principais pontos:
- Passar a mensagem de que um mundo bipolar deu lugar a um mundo policêntrico;

- O projectar de uma imagem de Estado impulsionador da estabilidade e do desenvolvimento da região Ásia-Pacífico;
- O captar da confiança da comunidade internacional, procurando afirmar-se como um parceiro credível;
- Investir na ONU, como garante do Direito Internacional[74];
- O recuperar espaço de intervenção política e económica junto do "mundo não ocidental", em especial em África;
- A aposta numa "parceria estratégica" com a Rússia, visando fazer frente ao eixo de segurança EUA-Japão;
- O contrariar da hegemonia dos EUA nas relações económicas, através de uma aproximação à UE;
- A afirmação do sucesso do modelo "um país, dois sistemas";
- A tentativa de neutralização das "ambições independentistas de Taiwan";
- A aposta no espaço económico da "Grande China" – Hong-Kong, Macau, Taiwan e chineses ultramarinos – e daí tirar dividendos políticos.

Apesar da política externa chinesa ter registado uma profunda transformação, a partir da década de oitenta, no contexto da "política de reformas e de abertura ao exterior", existem vários elementos de continuidade, a saber (Lowell Dittmer, 2002: 171):
- Uma política externa que põe ênfase na sabedoria, na independência e no objectivo da China em alcançar o estatuto de Grande Potência;
- Uma tendência para a retórica, recorrendo à hipérbole e para o recurso a uma linguagem de valores absolutos e normas ("Princípios");

---

[74] A RPC faz agora cedências ao seu dogmatismo quanto às relações e instituições multilaterais. Sobre essa matéria afirma Almeida Ribeiro (1998: 116-117):
"O desenvolvimento do fenómeno das organizações internacionais fez nascer um novo tipo de diplomacia, a diplomacia multilateral que, sem substituir, como é óbvio, a diplomacia clássica bilateral, assumiu uma importância decisiva nos desenvolvimentos das políticas externas dos Estados.
Embora nenhum Estado possa ignorar a diplomacia multilateral, a sua importância relativamente às outra formas de prossecução da política externa varia consoante a dimensão e posicionamento do Estado perante a sociedade internacional".

– O constante recursos à "*Preceptorial Diplomacy*", i.e., o recurso à persuasão dos outros países no sentido de aderirem a certos "Princípios", tais como os "Cinco Princípios da Coexistência Pacífica".

Alguns analistas consideram que a modernização da economia e o aumento do orçamento da defesa constituem uma evidência de que a RPC se está a tornar um poder militar mundial, com capacidade para pressionar a Ásia e desafiar os interesses americanos. Dão como exemplo, a disputa pela soberania das Ilhas Spratley e das Diaoyu Tai, e as ameaças sobre Taiwan (Andrew Nathan, 1997: 228).

Contudo, não obstante os seus indicadores económicos, e os esforços de modernização militar, a China está ainda na fase de uma agressiva diplomacia, visando criar uma imagem de potência mundial fiável.

Face às alterações no "*environment*" geopolítico, e face à natureza e características do sistema político-militar chinês, várias questões se colocam quanto aos desígnios de Pequim e quanto às implicações daí decorrentes, o que, em suma, torna prioritária a abordagem da questão sobre os objectivos e prioridades estratégicas do Estado chinês.

Como já atrás foi aflorado, a interpretação dos estrategas de Pequim na nova ordem internacional vai no sentido da completa rejeição da noção de um mundo unipolar. Insistem, aliás, que ao sistema bipolar sucedeu um sistema multipolar, que se poderá também designar por policêntrico, dominado pela RPC, pelos EUA, pelo Japão, pela Rússia, pela Europa Ocidental, agrupada na União Europeia, e pela emergência de poderes regionais.

Desde os tempos da Guerra Fria que a China tem procurado passar o discurso da multipolaridade. Dado que os blocos (EUA versus URSS) dominavam áreas que constituíam ameaças à sua segurança e à sua capacidade de manobra, a diplomacia chinesa para o Sudeste Asiático, para África, para o Médio Oriente e para a América Latina assentou sempre mais na tentativa de provocar rupturas nas alianças com Washington e com Moscovo, e na exploração de contradições, do que na construção de alinhamentos.

A afirmação de Mao "*The world is in chaos; the situation is excellent*" (Andrew Nathan, 1997: 15) parece confirmar tal estratégia.

Conforme o mundo se foi tornando cada vez mais interdependente, particularmente em termos de integração económica, a liderança de Pequim tem vindo, gradualmente, a reconhecer que a sobrevivência do regime tem várias formas.

Pequim percebeu que o desenvolvimento económico significa interdependência económica, a qual requer menos antagonismo na cena internacional do que a ideologia maoista defendia. Deng Xiaoping sublinhou em várias ocasiões que a China poderia perder a sua **Qiuji** (cidadania global) se a sua economia falhasse a integração no resto do mundo (Quansheng Zhao, 1996: 42).

A nova orientação da política externa na última década está expressa na designada "estratégia dos 28 caracteres", que foi delineada por Deng, no período pós Tianamen, quando a China foi colocada perante as sanções económicas do ocidente, as implicações da desintegração da União Soviética e do colapso do comunismo na Europa Ocidental. Tal estratégia assentava nas seguintes sete ideias:
- **Lengjíng Guan Cha** – observar e analisar os desenvolvimentos com frieza;
- **WenZhuZhenjíano** – garantiras nossas próprias posições;
- **Chen Zhe Ying Fu** – lidar com confiança as mudanças;
- **Tao Guang Yang Hul** – avaliar as nossas capacidades;
- **Shan Yú Shou Zhuo** – apostar na manutenção de um "*low profile*";
- **Jue Bu Dang Tou** – nunca assumir posições de liderança;
- **You Suo Zuo Wei** – fazer algumas concessões (Quansheng Zhao, 1996: 5354).

A análise de vários estudos sobre o regime chinês, nos planos interno e externo, parece possibilitar a identificação de três objectivos estratégicos, todos subordinados ao objectivo estrutural de projecção económica da RPC, a saber:
- Preservação da estabilidade regional;
- Protagonismo na cena internacional;
- Modernização do aparelho militar.

Estes objectivos estratégicos assentam, por sua vez, em três ideias-chave: modernização, nacionalismo e regionalismo:
- Modernização – a concentração da China no crescimento económico serve como referência central para as estratégias interna e externa.
- Nacionalismo – emergiu como uma corrente ideológica por detrás da modernização no pós Guerra Fria. Os sentimentos nacionalistas surgiram de uma forma particularmente forte entre os intelectuais, os quadros, e a sociedade civil.

- Regionalismo – põe ênfase no facto de, não obstante as aspirações globais, a RPC manter-se como uma potência asiática (Quansheng Zhao, 1996: 186).

As duas últimas décadas, no respeitante à política externa, registou o seguinte (Lu Ming, 2000: 148):
- O eclipse da ideologia marxista-leninista como factor registaram do desenhar e na execução da política externa. A evolução da posição oficial está bem patente nas referências à política externa, feitas por exemplo nos congressos mais marcantes do partido.
- No 9.º Congresso, em 1969, Lin Piao declarou que a política externa era baseada no marxismo-leninismo e no pensamento de Mao e no internacionalismo proletário. No 12.º Congresso, em 1982, Hu Yaobang declarou que a política externa da RPChina era *"baseada nas teorias científicas do marxismo-leninismo e do pensamento de Mao"* e *"deriva do interesse fundamental do povo chinês e do resto do mundo"*. No 14.º Congresso, Jiang Zemin declarou que a política externa era formulada na base dos *"interesses fundamentais do povo chinês e de outros países"*, não tendo feito nenhuma referência aos princípios do marxismo-leninismo.
- Em substituição da componente ideológica, emergiu um nacionalismo *"wealth and power"* que no discurso chinês da política externa expressa uma crescente apreciação modernista da tradição cultural chinesa, como base de interacção com o mundo.
- Não obstante, nem Qian Qichen, nem Jiang Zemin terem citado Marx, Engels, Lenine, Estaline ou Mao, na apresentação política externa às Nações Unidas, nos anos noventa eles referiram-se várias vezes aos adágios de Confúcio e de outras fontes da tradição chinesa também no seu discurso da Universidade de Harvard, durante a visita que efectuou aos E.U.A, em Outubro de 1997, Jiang Zemin explicou longamente a relevância da tradição chinesa nos princípios da política externa chinesa contemporânea. Noutro discurso proferido em Dezembro de 1997, na cimeira informal da ASEAN, em Kuala Lumpur, Jiang sugeriu que os pólos da Ásia oriental na generalidade partilha, tradições culturais que valorizam as virtudes *"do respeito, do esforço, do labor, da frugalidade, da modéstia e da vontade de aprender"*, bem como *"a harmonia das relações humanas e a coexistência pacífica nas relações internacionais"* (Jiang Zemin, 1997, 1998).

Na política externa chinesa, definidos os seus objectivos estratégicos, é possível identificar um conjunto de factores condicionantes da actuação da China no sistema internacional que constituem, nas palavras de Wu Xinbo (2004) contradições do comportamento político externo da RPC.

Segundo este autor são quatro as contradições entre a imagem que a China tem de si própria, a imagem que pretende projectar e a imagem que os "outros" têm da China. Trata-se, na nossa perspectiva, de uma questão de posicionamento relativo entre a realidade observada e a realidade observante.

Aquelas contradições são assim elencadas:
– Grande potência versus país pobre;
– Incentivos à "política de abertura" versus problemas de soberania;
– Princípios versus pragmatismo;
– Bilateralismo versus multilateralismo (Wu Xinbo, 2004: 58-65).

A primeira contradição corresponde a uma identidade dual. Por um lado, a China é considerada uma grande nação, pela sua história, pela sua contribuição para o progresso da civilização, pelo seu vasto território e população e a sua localização geográfica, bem como pela sua condição de membro do Conselho Permanente de Segurança da ONU e pela sua capacidade nuclear. Por outro lado, a China apresenta indicadores de um país pobre, apesar do rápido crescimento económico e tecnológico.

Como sublinha Wu Xinbo (2004: 58) o síndrome da identidade dual criou um dilema ao comportamento da política externa da China. Como um grande poder, Pequim tem que responder a qualquer crise no mundo. Mas se as crises ocorrem num ponto que vai para além do raio geográfico de intervenção, a resposta de Pequim fica condicionada ao anúncio de um conjunto geral de princípios.

A segunda contradição prende-se com a relação custo-benefício entre a necessidade de se abrir ao exterior e a preocupação em impedir a interferência de Estados nos seus interesses estratégicos e nas questões internas.

A obsessão da China à volta da questão da soberania prende-se com três principais factores na opinião de Wu (2004: 59-60):

"(...) the first is China's historical experience in modern times. During the century of humiliation, China suffered from political, economic, and military aggression by western powers and Japan, and this experience has caused the Chinese to cherish their sovereignty. The second is the gap

between China and western nations in state building. As a developing socialist country China differs form western countries in terms of political and legal systems and values, and this has made the country subject to attack from the western world. As a result, China has to invoke the principle of the sacrosanctity of its sovereignty to fend off external intrusion into its internal affairs. Third, China is concerned over its territorial integrity with regard to Tibet, Xingjian, and Taiwan. Beijing is very sensitive to any precedent that may legitimize these regions' separation from China or lead to foreign intervention".

A terceira contradição – princípios versus pragmatismo, resulta, por um lado, da indefinição ideológica por que passa hoje a China e, por outro lado, do seu crescente envolvimento nas grandes questões internacionais, o que obriga os estrategas de Pequim a definirem um quadro de actuação bastante cauteloso, caracterizado por uma diplomacia pragmática, entendida como a salvaguarda dos interesses nacionais.

Um exemplo do comportamento modulado pelo pragmatismo é o da posição da China no Conselho de Segurança das Nações Unidas, frequentemente caracterizada pela abstenção. Se a China considera uma proposta incompatível com os seus princípios, mas não o suficiente para pôr em causa os seus interesses, a atitude de Pequim poderá ser a de não vetar, abstendo-se, numa demonstração de compromisso entre princípios e pragmatismo.

Quanto à quarta contradição, respeitante ao privilegiar das relações bilaterais ou o apostar no multilateralismo, ela constitui o grande desafio que se coloca aos líderes chineses, num contexto de crescente complexidade das relações internacionais.

Como mais à frente iremos observar, no tocante às relações China--Ásia Pacífico, a China procura privilegiar o bilateralismo, dadas as fortes suspeitas que tem em relação aos mecanismos multilaterais, os quais considera estarem ao serviço dos interesses dos poderes dominantes. Contudo, desde a década de oitenta, a China tem vindo gradualmente a utilizar esses mecanismos multilaterais, devido à sua abertura económica ao exterior.

Pequim percebeu as vantagens de um multilateralismo condicionado, designadamente através da participação na ASEM e no diálogo "ASEAN-Northeast", onde surge como um dos actores pivot. Em síntese:

"Overall, a mixture of bilateralism and multilateralism will continue to exist in China's foreign policy behaviour. While Beijing will stick to

bilateralism as the major form of its interactions with most countries, its position on multilateralism will be selective and issue-specific, depending on how this may, in Beijing's calculation, affect China's interests. As a result, tension between bilateralism and multilateralism will inevitably limit China's manoeuvrability on the international stage" (Wu Xinbo, 2004: 65).

A ductilidade da manobra de política externa, que resulta das contradições atrás elencadas, acaba por traduzir também as diferentes concepções estratégicas que existem no seio da liderança chinesa.

Os interesses permanentes e conjunturais do Estado são impregnados pela dinâmica do poder interno, constituindo uma variável fundamental em qualquer análise que se faça sobre a política externa da RPC. Assim, as orientações no sentido do bilateralismo ou do multilateralismo são, em parte, condicionadas pela relação de forças entre as principais facções e, dentro destas, pelas figuras-chave das áreas da política externa e da defesa.

4. RELAÇÕES COM OS PRINCIPAIS ACTORES DA ÁSIA-PACÍFICO: ANÁLISE SINÓPTICA

4.1. EUA

A atitude dos EUA face à RPC tem sido caracterizada por oscilações entre uma estratégia de *"contenção"* e uma estratégia de *"envolvimento controlado"*.

A estratégia de *"contenção"* tem na base os acordos de defesa assinados com o Japão, em SET51, em S. Francisco, nos EUA. O *"San Francisco System"* foi, posteriormente, consolidado e expandido pela assinatura de acordos bilaterais com a Austrália, com a Nova Zelândia, com as Filipinas, com a Coreia do Sul, com Taiwan e com Tailândia.

Pese embora a aproximação de Washington e Pequim, durante a Guerra Fria, visando aplacar a actuação global da URSS, o *"San Francisco System"* acabou por evoluir no sentido de se transformar, no contexto do desmoronamento do bloco socialista, numa cintura de segurança e de contenção à emergência da RPC como uma potência regional tendencialmente com projecção global.

A abertura da RPC ao sistema económico mundial, o rápido crescimento da sua economia, o esforço de modernização militar e o seu protagonismo político-económico na região da Ásia-Pacífico, levaram os EUA a introduzir alterações nas orientações políticas a seguir no relacionamento com a China.

Verifica-se, assim, que paralelamente ao *"San Francisco System"*, surge a estratégia do "Engajamento Controlado", ou seja os EUA consideram que a China representa um papel importante no "arco" da segurança, da defesa e da geoeconomia na região da Ásia-Pacífico, mas que o seu protagonismo deve ser vigiado. Na prática, tal atitude de Washington pauta-se, por um lado, pelo reforço dos laços comerciais com a China, e por outro pelo reforço do tratado de segurança com o Japão e pela manutenção de apoio político, económico e militar a Taiwan.

Estes dois objectivos têm como teatro de operações o Mar do Sul da China e Taiwan.

Com efeito, o "Engajamento Controlado" seguido por Washington em relação a Pequim apresenta, no entanto, um aspecto bastante sensível e que diz respeito à política adoptada pelos EUA quanto à questão de Taiwan.

Se por um lado no "Comunicado de Xangai" de 1972 e no *"Taiwan Relatics Act"* de 1979, os EUA reconhecem a existência de uma só China, por outro lado, a Administração norte-americana vê Taiwan como um vector fundamental no desenhar da estratégia de segurança para a Ásia-Pacífico.

Os EUA têm como principais linhas de força para a Ásia-Pacífico a segurança, a prosperidade e a liberdade (democracia), tendo por finalidade:
– Manter uma forte capacidade de intervenção militar e, em simultâneo, promover medidas de cooperação na segurança regional;
– Promover a abertura e dar impulso ao crescimento da economia global;
– Promover os princípios da democracia e da defesa dos direitos humanos.

Para além destes aspectos, há a sublinhar outros factores que determinam e condicionam as relações sino-americanas, tais como: ideologias conflituantes, experiência histórica, sistema político, cultura, nível de desenvolvimento económico e prioridades nacionais.

Por seu turno, a RPC orienta a sua actuação política face aos EUA no sentido de tentar evitar dar pretextos directos a um envolvimento militar em larga escala no perímetro do Mar do Sul da China. Nessa medida, a tomada de atitudes agressivas, ou potencialmente agressivas em relação aos interesses estratégicos de Washington, é modulada com sinais de distensão.

Assim, a actuação de Pequim é balizada pelos seguintes pontos:
– Criar confiança nos meios políticos, económicos, e na opinião pública dos EUA,
– Não dar argumentos para a intervenção militar;
– Apostar na cooperação;
– Resistir à confrontação.

Estes objectivos são determinados por aquilo que os especialistas chineses consideram ser uma "estratégia de contenção", que assenta nas seguintes orientações:
– Manter uma forte presença militar na Ásia, visando prevenir a emergência de uma China hegemónica;
– Reforçar a aliança com o Japão, numa lógica de cooperação na área da segurança, contribuindo para conter a China;
– Normalizar as relações com os Estados vizinhos da China que tenham relações tensas com Pequim;
– Interferir nas questões relacionadas com a disputa das ilhas Spratley;
– Manter e alargar a influência sobre Taiwan considerada como "unsikable aircraft carrier";
– Enfraquecer a posição da China quanto à questão do Tibete;
– Explorar a problemática dos direitos humanos, visando destacar a liderança chinesa junto da opinião pública internacional;
– Pressionar a China a aceitar um sistema internacional configurado pelos interesses dos EUA.

Um outro aspecto não negligenciável na análise das relações EUA-China diz respeito à evolução da situação interna da China. Sobre esta questão afirma Jonathan D. Pollack (2002: 59):

> "American influence over internal outcomes in China, though far from decisive, could nonetheless prove significant. Despite widespread unease about the implications of a more powerful China, an internally unstable China is potentially far more dangerous to American interests. Indifferent or sluggish economic performance could produce internal instability and weakness, possibly triggering a more assertive, overtly nationalistic foreign

and defence policy. A wary, weaker leadership would also very likely have fewer incentives to pursue accommodation with its neighbours, much less with the United States".

A estratégia de "monitorização" conduzida por Washington, e a reacção dos dirigentes de Pequim a essa condição de "observados" afigura-se constituir nos próximos tempos o principal factor de avaliação da evolução das relações entre os dois Estados, tendo por factor de análise os actores políticos dos dois lados e as suas atitudes: assertiva ou reactiva.

Do lado americano, as teses neo-conservadoras tendem a observar a China, ao contrário do que o professor Pollack preconiza, de uma forma assertiva – "ameaça", enquanto que Pequim adopta uma atitude de vitimização reactiva.

Este quadro é fortemente condicionado pela atitude da liderança político-militar chinesa, saída do 16.º Congresso do PCC, em 2002. Com efeito, os tecno-nacionalistas do Partido Comunista defendem que a centralidade das relações sino-americanas não deverá situar-se no plano dos interesses dos EUA na região Ásia-Pacífico, monitorizando a China, mas antes num contexto multipolar com actores no mesmo plano. Esta tese é defendida, em particular, pelos estrategas militares que reclamam da liderança política um posicionamento de antecipação face à pressão dos EUA sobre a China na região, numa conjuntura em que não existe um centro de gravidade comum em matéria de segurança.

Considerando o actual momento interno na China caracterizado pela emergência de um nacionalismo de Estado, que combina uma diplomacia de interesses com um discurso de gradual envolvimento da China no sistema internacional, é de admitir uma subida de tom do discurso político chinês, ao mesmo tempo que, no desenvolvimento, no terreno, da sua estratégia de inserção regional e global, privilegie uma actuação pragmática.

As relações sino-americanas tenderão a transformar-se num jogo de soma variável, marcado por envolvimentos de compressão e de elasticidade, determinados pela capacidade de reacção da China à dinâmica assertiva dos EUA.

Nesta linha, Pollack (2004: 61) considera que a procura de vantagens constituirá a tónica das relações entre os dois Estados. Afirma o autor:

"(...) sino-american relations in the coming decade are unlikely to be characterised by an overt Chinese challenge to American strategic primacy. A more probable outcome is one of continued manoeuvring for geopolitical

advantage by both states, intermittent tactical accommodation that obscures unresolved (and potentially unresolvable) conflicts of interest, and the prudent accumulation of military power by both states over the long term. This forecast does not seem especially edifying, and it could sharply limit the prospects for achieving a more durable and equitable security order in East Asia that the United States and China both profess to seek".

Em síntese:
- As relações sino-americanas são determinadas e condicionadas pelo objectivo dos EUA em manterem a sua influência na região através de uma intervenção económica e de segurança, baseado numa rede de cooperação para a segurança, que tem no Japão o principal pivot;
- A questão de Taiwan constitui o principal factor de tensão entre os dois Estados. Enquanto que os EUA procuram a internacionalização do problema do estreito, deslocando-o para a esfera das relações internacionais e para a temática da segurança regional, a China insiste na natureza interna da questão e num jogo de dramatização político-militar do problema;
- A nova liderança do PCC procura gerir a seu favor a perspectiva que os EUA têm da "China threat", colocando-se como um "par" dos norte-americanos e um actor incontornável na definição de equilíbrios mundiais e regionais, procurando explorar uma cultura estratégica que assenta, por um lado no recuperar de uma legitimidade civilizacional e no desafiar dos centros de poder através de um processo de indução económico-militar.

4.2. União Europeia

Dent (1999: 149) enquadra as relações União Europeia-China no contexto da passagem de *"cold-war geopolitics"* a *"multipolar economics"*.

Tal traduziu-se na criação de um novo *"environment"* entre as duas partes resultante de uma nova conjuntura. Como sublinha Georg Wiessala (2002: 95):

"A (Chinese-european) wedding had been arranged by two sets of parents (former USSR and USA). It was, however, only after the wedding – and the subsequent divorce of the parents – that the newly-weds began to form a more autonomous and independent relationship".

A política da União Europeia para a China é balizada por várias declarações de princípios e por documentos de objectivos estratégicos, designadamente: *"A Long-Term Policy for China-Europe Relations"* (1994), e *"Building a Comprehensive Partnership with China"* (1998)[75]. A comunicação da União Europeia sobre as relações UE-China (15 de Maio de 2001) completa aqueles documentos, definindo a estratégia da União para a China, a saber:

– Envolver a China nas questões da Comunidade Internacional, através do reforço do diálogo político (desenvolvimento de conversações entre especialistas sobre assuntos específicos e globais) e da adopção, em determinadas circunstâncias, de posições conjuntas;
– Apoiar a transição da China para uma sociedade aberta (mais focada no diálogo sobre os Direitos Humanos – apoio às reformas mais relevantes; reforço dos programas de apoio às reformas do Direito);
– Aprofundar a integração da China na Economia mundial (apoio à entrada da RPC na OMC; reforço do diálogo "B2B");
– Optimização dos programas de cooperação reforço dos programas de longo prazo, especialmente nas áreas da economia e das reformas sociais, do desenvolvimento sustentado e do *"Good Governance"*;
– Aumento da projecção da imagem da União Europeia na China através do reforço da política de informação sobre a China e sobre a União Europeia.

Estes documentos definem um quadro de relacionamento assente em cinco pilares: cooperação, parceria política, relações económicas, Direitos Humanos e participação da União Europeia no desenvolvimento da China.

A estratégia da UE para a China teve em 2002 novos desenvolvimentos através do documento *"A Maturing Partnership-Shared Interests and Challenges in EU-China Relations"*. Trata-se de um documento que

---

[75] A posição da UE quanto às relações com a RPC está expressa na comunicação da Comissão Europeia (Bruxelas, 28 MAR 98), a qual define como objectivos: reforço do diálogo político entre a Europa e a China; melhorar a integração da China na economia mundial (diálogo macro-económico); apoiar a transição da China para uma sociedade aberta (aposta no estado de direito/reforço da sociedade civil); e reforçar a eficácia dos financiamentos europeus (Heitor Romana, Conferência proferida em Macau, DEZ03).

põe acento tónico na coordenação política de um conjunto de matérias em que é visível o objectivo da UE em "fixar" o Governo Chinês à volta do compromisso com a UE na promoção de *global governance* e na afirmação de uma política externa comum da UE para a China.

Neste documento é visível o objectivo da UE em atribuir à ASEM um estatuto mais elevado em matéria de segurança regional e global, combinado com o reforço do diálogo no âmbito da ARF. Trata-se, na nossa perspectiva, de levar a China a um novo patamar do diálogo político com a UA, através do reconhecimento da sua importância no seio da ASEM, como Estado-director.

A "inclusão" da China no processo multilateral da ASEM de uma forma mais aprofundada constituirá uma oportunidade para, em troca, a UE tentar ganhar espaço de intervenção na Ásia Central, área de inserção geopolítica da China. No novo *partnership* de 10 de Setembro de 2003, esse objectivo estratégico está bem presente na referência concreta ao interesse da UE em trocar informações com a *Shangai Co-operation Organisation* (SCO), criada sob os auspícios do Governo Chinês, cujo Secretariado Permanente está baseado em Pequim.

A comunicação de 2003 constitui, na nossa perspectiva, um avanço significativo quanto às expectativas que a União Europeia tem, através da Comissão, em assumir uma política externa coerente que não seja afectada pelas relações bilaterais entre a China e os principais Estados-actores da União (Alemanha, França, Reino Unido), nem pelas crises de crescimento da UE. Nas suas relações com a China, a União assume cada vez mais a condição de "potência normativa", nas palavras de Ian Manners, citado por Maria João Ferreira (2005: 87), ou seja, a UE possui capacidade de determinar ou modificar um quadro valorativo nas relações internacionais. Trata-se da afirmação das suas capacidades como *soft power*, em contraponto à actuação assertiva dos EUA.

Numa actuação sem precedentes, em Outubro de 2003 a RPC apresentou o *China's EU Policy Paper*, que constitui a resposta ao documento da UE, de Setembro. Numa primeira avaliação, aquele *paper* introduz importantes alterações na semântica do discurso da política externa chinesa, expressa designadamente numa diminuição acentuada de conceitos e ideais-base dos princípios ideológicos estruturantes do sistema comunista.

Neste documento, a China pretende o estatuto de "par" da União no sistema internacional e de interface entre a UE e a Ásia, através da ASEM, indo, neste particular, ao encontro da estratégia definida pela UE.

Constata-se a preocupação da China em relação ao impacto que o alargamento poderá ter na posição concertada da Europa em relação ao princípio de "uma só China".

Os responsáveis chineses temem que o alargamento da União Europeia projecte a influência dos EUA no próprio seio da União, através de alguns dos novos Estados aderentes, designadamente a Polónia, a República Checa e a Hungria. Na perspectiva dos estrategas de Pequim, esses aliados de Washington poderão ser utilizados como "cavalos de Tróia" na introdução de factores de tensão no relacionamento com a UE.

Segundo académicos chineses, a China observa a União Europeia como funcionando sob o comando de um directório formado pela Alemanha, pelo Reino Unido e pela França, segundo uma abordagem realista. Para os dirigentes chineses, as relações internacionais são pautadas por uma permanente relação de forças, ainda que no plano do discurso oficial advoguem a regra do equilíbrio entre Estados. Por essa razão, as relações com a União Europeia são vistas sob a óptica de um diálogo com uma entidade que reflecte não as políticas comuns a todos os Estados membros, mas antes a influência daquele directório. A França e o Reino Unido, como membros permanentes do Conselho de Segurança, são vistos pela China como actores estratégicos, cujos duplos estatutos na ONU e na União Europeia os tornam peças-chave no relacionamento com a Europa. A Alemanha, por seu turno, é para Pequim o verdadeiro Estado-director da Europa.

4.3. Rússia

O colapso do bloco soviético conduziu a um novo mapa político da Europa e da Ásia, atribuindo à Rússia uma nova condição geopolítica de Estado euro-asiático.

Esta realidade é, aliás, visível na distinção que os especialistas russos em estratégia fazem entre Rússia Ocidental (Europeia) e Rússia Oriental (Asiática).

No novo quadro, as relações com a China ganham novos contornos expressos na *"strategic partnership"* entre os dois países. A aproximação sino-russa expressa um objectivo de contraposição por um lado à cooperação entre Washington e Tóquio, e por outro à expansão da Nato à Europa de Leste.

Para além da contenção dos EUA e dos seus aliados, a Rússia e a China partilham a mesma preocupação em relação à expansão da influência japonesa no extremo da Ásia.

A aproximação entre Moscovo e Pequim parece, assim, consolidada estando-lhe subjacente, também, a política russa da venda de armas às forças armadas chinesas e de transferência de alguma tecnologia no campo nuclear.

Assim, face ao actual quadro, a China não representa para a Rússia uma ameaça político-militar, mas antes um parceiro pragmático no contexto regional e mundial, apesar das reticências que alguns sectores russos colocam à crescente "colonização" chinesa da *Russia Far East*.

4.4. Japão

A percepção japonesa da emergência da China tem por enquadramento não só as implicações económicas, mas também as implicações político-militares. A situação é vista por especialistas japoneses como *"Peaceful but instable"*. Entendem que apesar da China não estar incluída, directa ou indirectamente, em nenhum conflito, a atitude belicista adoptada em relação a Taiwan, expressa nas manobras de intimidação levadas a cabo em 1995 e 1996, prefigura a existência de um ambiente interno, ao nível do núcleo dirigente, favorável à sua estratégia de pressão militar, que poderá estender-se de um modo mais firme, à questão das Spratley.

O contínuo desenvolvimento, por parte da China, de mísseis balísticos, constitui outras das preocupações de Tóquio, a que se aditam o receio, ainda que remoto, do êxodo da população, num cenário de ruptura interna e o receio dos efeitos de um acidente nuclear.

Por outro lado, o Japão tem algum receio da emergência da "Grande China" como poder económico.

Presentemente, as relações sino-nipónicas embora assentes na economia, têm características assimétricas – o Japão é mais importante para a China do que o reverso.

Existe um conjunto de factores que, a curto prazo, condicionam o nível de relacionamento entre Pequim e Tóquio, a saber:
– A questão de Taiwan;
– O diálogo Tóquio-Washington sobre o tratado de segurança sino-americano;
– A criação de um sentimento anti-chinês na população japonesa;

- As acções de grupos de direita, visando a ocupação das Ilhas Serikako/Diaoyurai, que são disputadas pela China;
- A acelerada modernização das forças armadas de ambos os países.

4.5. Índia

Existem elementos competitivos e possibilidades de cooperação no relacionamento entre a Índia e a China, com implicações políticas e de segurança. No curto prazo, interessa a ambos os países manter relações de distensão, numa conjuntura em que a modernização económica constitui uma prioridade. Contudo, no médio a longo prazo, existem factores de incerteza. Muito depende do crescimento da capacidade militar dos respectivos países e da resposta dos centros de decisão política mundiais aos desígnios da Índia e da China.

Apesar dos últimos sinais de aproximação expressos na intenção da China e da Índia forjarem uma "strategic partnership", que teve como corolário um acordo de princípios sobre questões fronteiriças[76], as relações são de mútua desconfiança, podendo qualquer gesto de "entente" ser substituído por uma agudização político-militar.

Para vários analistas indianos, no longo prazo, uma política de engajamento assente na convergência de estratégias de desenvolvimento económico vis a vis o ocidente da globalização trará vantagens para os dois Estados. Contudo, uma estratégia que ponha apenas acento tónico na diplomacia e na interdependência económica, negligenciando a componente militar, é considerada inadequada face aos desafios que a prazo a China irá colocar a toda a região da Ásia. Uma modernização acelerada, uma Índia com uma forte democracia constituirá um factor de contraponto à crescente demonstração de poder e de influência da China.

Sujit Dutta (1998: 104), um dos grandes especialistas indianos em matéria de defesa e segurança sumariza o que poderá significar para a Índia e para a Ásia Meridional uma China assertiva. Afirma o autor:

> *"What does a powerful China imply for India and the region? For those countries that are close to China and view the steady growth in China's*

---

[76] A China estará na disposição de deixar de reclamar como seu o território que é hoje o Estado indiano de Arunachal Pradesh, e a Índia estará na disposição de aceitar o controlo de parte do território de Ladake por parte da China.

military power positively – i. e., Pakistan, Iran, Bangladesh and Myanmar – the current structure of relations is deemed highly favourable. They have no alliance commitments with China, do not see its power as a threat to their interests, and see in it a reliable source of military technology and equipment not available elsewhere. China enhances their options and independence against the west and India. But for India the growing power and strategic reach of China has very different implications that it cannot take lightly".

As dificuldades em criar um ambiente de distensão resultam de um conjunto cenários que colocam a China num contínuo processo de construção e alargamento da sua influência na região, em simultâneo a uma agudização de alguns focos de tensão, com impacte a segurança da Índia, a saber:

a) O continuar de um clima de tensão política e étnica no Tibete, com inevitáveis repercussões no relacionamento com os EUA e com a Índia;

b) O reforço dos laços militares e a transferência de armamento para o Paquistão, para o Irão e para Myanmar, em troca de facilidades navais no Oceano Índico;

c) O investimento na modernização militar, especialmente em meios aéreos e navais, e a modernização do armamento estratégico;

d) A crescente aproximação sino-russa, criando um efeito "tenaz" sobre a Índia.

4.6. Coreia do Norte

Na equação geopolítica e geoestratégica da Ásia-Pacífico, a Coreia do Norte representa o elemento mais instável.

A Coreia do Norte posiciona-se como um actor periférico do sistema de segurança regional, o que torna difícil o seu enquadramento.

A RPC continua a ser o sustentáculo do apoio político externo ao regime de Piongyang.

Todavia, nos últimos tempos a Coreia do Norte tem vindo a dar sinais de distensão em relação a actuação dos EUA na questão da Península, tanto mais que a situação interna poderá provocar a curto prazo, a implosão do regime.

Numa perspectiva estratégica interessa à RPC manter um nível elevado de tensão na península, na medida em que pode jogar a carta da sua influência junto da Coreia do Norte, como trunfo no relacionamento com os EUA e com o Japão. Por outro lado, o Governo chinês procura não perder a iniciativa na aproximação política e económica à Coreia do Sul, tendo por escopo, num eventual cenário de reunificação, ser um protagonista aceite.

Pequim receia, contudo, que a eventual reunificação das Coreias possa levar à emergência de uma novo potencial regional, com ligações aos EUA e ao Japão.

4.7. Coreia do Sul

Depois do reconhecimento diplomático entre a RPC e a Coreia do Sul, em 1992, entrou-se na fase daquilo que especialistas apelidaram de *Wordpolitiks*, em que a Coreia do Norte e Taiwan surgem como variáveis dependentes.

Com efeito, Seul julga ter na "vertente" de Pequim, a possibilidade de uma abertura para o processo de reunificação da península, enquanto que a China pretende tirar ganhos na questão de Taiwan, através do reconhecimento por parte de Seul, de uma "Uma só China".

O Japão constitui outro elemento de aproximação entre os dois países, pois ambos receiam o poderio japonês. A Coreia do Sul partilha a mesma apreensão da China, quanto à recente consolidação das relações de defesa entre os EUA e o Japão.

4.8. Austrália

A Ilha-Continente situa-se, de facto, numa posição que está afastada em termos geográficos dos principais centros de tensão militar global.

Contudo, a transformação do Pacífico leste e oeste num espaço de movimentações dos submarinos nucleares soviéticos, durante a Guerra Fria, veio atribuir à Austrália uma nova importância no contexto da disputa entre as duas super-potências.

Na perspectiva dos interesses ocidentais, a Austrália transforma-se numa plataforma de ligação, entre, o Índico e o Pacífico e, mais recentemente, entre os EUA e a ASEAN e toda a faixa do Sudoeste do Pacífico.

Ao longo das últimas décadas, os vários governos têm adoptado em relação à Ásia diferentes "*approaches*", consoante as doutrinas predominantes. Assim, a Austrália tem vindo, gradualmente, a afastar-se da concepção de Estado geopoliticamente inserido no "arco" asiático, para uma concepção de Estado geoestrategicamente colocado sob o "guarda-chuva" dos EUA.

É hoje evidente o seu apoio ao reforço da presença norte-americana no Pacífico, embora continue a afirmar a necessidade de aprofundar a *"constructive engagement"* com a Ásia.

A crise no estreito de Taiwan provocada pelas manobras militares chinesas em 1995 e 1996 levou o governo australiano a tomar uma posição de clara crítica à atitude do governo chinês, tendo-se, a partir daí, vindo a assistir a uma arrefecimento nos contactos políticos bilaterais. Tal como o Japão, a Austrália encara a emergência económico-militar da RPChina como uma ameaça que não se coloca a curto/médio prazo, mas que é já hoje um factor de tensão na região, podendo originar desequilíbrios na "pax" asiática.

4.9. Ásia Central

A criação de vários Estados islâmicos, resultantes do desmembramento da URSS, com fronteiras com a parte ocidental na RPC (Xinjiang) criou problemas a Pequim, dado que é naqueles países que os fundamentalistas islâmicos que actuam em Xianjiang encontram apoio. É neste quadro que a China procura envolver a Rússia, apelando ao seu ascendente junto das autoridades dos novos Estados da Ásia Central, a fim de estes estancarem as actividades hostis à RPC levadas a cabo por alguns grupos radicais.

A questão do terrorismo de matriz islâmica levou Pequim a promover a criação, em 1996 da *"Shanghai Cooperation Organization"*, da qual fazem parte, para além da China, a Rússia, o Cazaquistão, o Quirguistão, o Tajaquistão e o Usbequistão. O interesse da China nesta organização ultrapassa a questão do terrorismo e tem uma forte componente geopolítica e geoeconómica considerando, por um lado, a preocupação da China face à presença dos EUA em alguns daqueles países e no Afeganistão, (o que significa que forças da NATO estão num país fronteiriço com a China) e considerando, por outro lado, as necessidades energéticas da China para desenvolver o seu complexo industrial, o que transforma o acesso aos recursos energéticos (actuais e futuros) da Ásia central num objectivo estratégico de médio prazo, face às necessidades estratégicas de petróleo e de gás natural.

4.10. ASEAN – (Conditional Multilateralism)

A China tem vindo a reconhecer o crescente papel da *Association of Southeast Asian Nations* (ASEAN) nos assuntos regionais, incluindo aspectos de segurança multilateral[77].

Assim para Pequim, a ASEAN é considerada como um dos cinco centros de poder da Ásia-Pacífico, para além da própria China, do Japão, da Rússia e dos EUA.

Jing-Deng Yuan (2000: 5-6) considera existir um conjunto de razões para que a China atribua uma maior importância à ASEAN, a saber:
– Existe uma frente comum *vis-à-vis* com o ocidente, em matéria de direitos humanos;
– A China pode usar o seu poder económico, como um instrumento da política externa com a ASEAN, visando amortecer eventuais ameaças geradas pelo pacto de segurança EUA-Japão.

No que diz respeito ao *ASEAN Regional Forum* (ARF), os analistas chineses avaliam-no de uma forma ambivalente. Para uns, o propósito da ARF é, na essência, o de reter a influência dos Estados Unidos na região e *"to cast some restraining net over the regions' major powers"*; para outros, existe a preocupação quanto ao facto da ARF poder ser dominada pelos EUA e tornar-se um apêndice das alianças militares existentes.

"A China procura sobretudo, que a ARF funcione do modo mais informal possível. Em síntese, para a China, por um lado, o fortalecimento da ASEAN contribuirá para o processo de multipolarização na região, e assim, funcionar como contraponto à aliança militar EUA-Japão, e, por

---

[77] Em 1991 a China foi admitida como observadora nas reuniões da ASEAN e passou a participar nas conferências pós-Ministeriais. Ainda em 1991, a China tornou-se membro efectivo da ARF. Em 1995, a RPC e a ASEAN estabeleceram um sistema de consulta política ao nível de Vice-Ministros. Em Julho de 1996, a China foi admitida nas reuniões pós-ministeriais como "parceiro pleno" do diálogo com a ASEAN. Em Fevereiro de 1997, foi estabelecido o Comité Unido de Cooperação China-ASEAN. No plano das relações económicas, o volume das trocas comerciais entre a China e a ASEAN passou de 3,350 milhões de USD's, em 1986, para 20,395 milhões de USD's em 1996, com uma taxa anual de crescimento de 20%. Sobre esta perspectiva ver: Shi Yongming, "ASEAN: a strong voice in the post-cold war world", pp. 7-9; e Hou Yingli, "Asean enhances multilateral security in Asia-Pacific", in *Beijing Review*, Vol. 40, No. 5, February, 3-9 1997.

outro lado, uma ASEAN mais coesa e integrada pode transformar-se em competidor económico e, também, um potencial adversário nas disputas do Mar do Sul da China"[78].

Apesar da posição de ambivalência, é visível a intenção de Pequim em mostrar aos seus parceiros regionais o seu envolvimento na criação de mecanismos de diálogo multilateral, em oposição a mecanismos de segurança regional unificados, os quais são considerados pela RPC inapropriados, face à diversidade da região Ásia-Pacífico. Assim, os estrategas chineses apostam no aumento de relações intergovernamentais e não--governamentais, em particular com os Estados da ASEAN.

Neste contexto, durante a reunião da ARF, em 1994, o então Vice--Primeiro Ministro, e MNE, Qian Qíchen, propôs os seguintes princípios e medidas para a cooperação na área da segurança na Ásia (Beijing Review, 1994: 21-22):
– Estabelecimento de novas formas de relações Estado-a-Estado, na base da Carta das Nações Unidas e dos cinco princípios de coexistência pacifica;
– Estabelecimento de laços económicos, na base da equidade e do benefício mútuo, visando a promoção do desenvolvimento económico comum;
– Promoção de consultas para a gestão de disputas entre países da região, visando o afastamento de factores de desestabilização;
– A fim de promover a paz e a segurança da região, adesão ao princípio que o armamento deverá ser usado apenas para fins defensivos, bem como o seu uso deverá ser evitado, propondo o estabelecimento de zonas livres do nuclear;
– Promoção do diálogo bilateral e multilateral na área da segurança, de forma a aprofundar a confiança e o mútuo entendimento.

Esta posição insere-se naquilo que Jing Dong Yuan (2000:9) designa por *"conditional multilateralism"*. A sua essência é apresentar a China

---

[78] Xu Dang Fu, "Dadongtneng de Xingcheng Dui Yatai Anquan de Yingxiang [Formation of greater ASEAN: its impact on the security in Asia-Pacific], in *Dang Yatai* [Contemporary Asia-Pacific studies], No. 3, March 1998, pp. 9-12, citado por Jing Deng Yung (2000: 6). Susan L. Shirk, "Chinese views on Asia Pacific Regional Security Cooperation, NBR Analysis, December 1994, p. 7, citado po Jing Dong Yuan (2000: 8).

como apoiante da criação do diálogo de segurança regional ao mesmo tempo que evita o envolvimento num processo mais institucionalizado, cujas normas e regras poderão limitar a sua liberdade de acção.

Ainda segundo este especialista existem vários *"approaches"* do *"conditional multilateralism"* praticado pela China:
- *"The multi-channel approach"* – as questões de segurança regional deverão ser tratadas por uma variedade de canais bilaterais e multilaterais;
- *"The multi-lateral approach"* – as questões de segurança regional podem ser geridas através da cooperação entre as principais potências;
- *"Gradualist approach"* – o processo de construção da segurança regional deverá seguir os princípios da passagem das relações bilaterais às regionais/multilaterais e das discussões informais/não oficiais às discussões formais/governamentais;
- *"Asia-Pacific approach"* – as características específicas e a diversidade da história, da cultura, da religião e do desenvolvimento económico da Ásia-Pacífico requerem uma abordagem distinta, particularmente numa altura em que os países da região estão ainda no processo de ajustamento das suas políticas externas e das suas prioridades, no quadro do pós guerra-fria.

A curto prazo, a ASEAN encara as relações com a RPC no âmbito da cooperação económica, naquilo que especialistas designam por *"construtive engagement"*, não obstante a questão das Spratley. De acordo com especialistas, o "engajamento construtivo" é o reconhecimento que a China, como uma potência política e económica da região, tem que ser integrada. Será do interesse da região não olhar a China como antagonista (o "engajamento" funcionou bem na resolução do caso do Cambodja).

Por seu lado, a RPC atribui uma enorme importância ao aprofundamento das relações com a ASEAN, na medida em que sem o "engajamento construtivo" da associação, não existe muito espaço de manobra para a estratégia periférica. Esta estratégia assenta em duas teorias.

A primeira é a teoria do "século do Pacífico", a qual sustenta que o rápido crescimento económico tornará a região Ásia-Pacífico mais poderosa do que qualquer região do mundo. Os dirigentes chineses aderiram a esta teoria e anunciaram abertamente que o futuro da China estava na sua inserção na Ásia-Pacífico.

A segunda é a teoria da emergência do "neo-asiatismo" que reclama uma nova via para os países asiáticos assente na sua filosofia tradicional e no aumento do poder económico. Este conceito constitui um desafio aos valores ocidentais e tem no Ex-Primeiro-Ministro da Malásia, Mahatír, o principal mentor. A China aderiu à corrente do asiatismo, defendendo que as tradições asiáticas estão a renascer, bem como os seus sistemas de valores.

Por agora, os países da ASEAN desenrolam o seu relacionamento com a China na base da manutenção de relações económicas, aprofundando, ao mesmo tempo, laços activos com outros centros do poder e promovendo a solidariedade regional.

O desafio que a China lança à região do Sudeste Asiático suscita, no entanto, quatro atitudes distintas dentro da própria ASEAN, a saber:
– Acomodação – Corresponde à posição da Tailândia, que, partilhando as preocupações do grupo, considera que a China pode impedir potenciais problemas com os vizinhos fronteiriços: Brunei, Laos e Cambodja.
– Prudência – A Malásia tem uma atitude face à China que oscila entre a aproximação nos contactos económicos e o claro distanciamento no plano político. A questão das Spratley, em que a Malásia também reivindica território, constitui o principal factor que condiciona as relações entre Kuala Lumpur e Pequim.
– Aproximação – Singapura tem procurado evitar o comprometimento com algumas das posições críticas assumidas pelos restantes membros da ASEAN, no tocante à questão das Spratley e ao receio do fortalecimento militar chinês. Nas instâncias internacionais Singapura adopta, com frequência, atitudes favoráveis à China, como seja o exemplo do apoio à sua entrada na OMC.
– Desconfiança – As Filipinas, a Indonésia e o Vietname vêem com grande preocupação a actuação da China no contexto regional, quer no plano militar, quer no plano económico.

A questão das Spratley é, no caso das Filipinas e do Vietname, o principal factor de desconfiança quanto aos reais propósitos da China.

Quanto à Indonésia, existe um profundo sentimento xenófobo em relação à comunidade chinesa que vive no país, o que cria fricções nas relações entre os dois Estados.

Tradicionalmente um forte poder marítimo, a Indonésia vê com grande apreensão a mobilidade naval chinesa em direcção às '*Blue Waters*'.

A este propósito, refere o Professor Marques Bessa (2005: 506-507):

"*A China não deixa de ser outro exemplo de continentalização. Toda a sua história aponta para uma oscilação entre a fragmentação em áreas geopoliticamente definidas e uma tendência notória para a centralização sob uma autoridade soberana. As experiências pereferização contam-se mesmo antes de Cristo. (...) A única experiência de maritimização foi levada a cabo por uma enorme frota militar e comercial, que chegou a definir um espaço próprio e uma hegemonia no mar. (...) se os séculos mostram esta oscilação, na nossa época com o triunfo do partido comunista, liderado por Mao, acentuaram-se todos os instrumentos de continentalização de forma clara. Desde então a China nunca mais mostrou vontade em ser um poder marítimo. (...) A China pretende a sua continentalização rápida e assente nestas bases geográficas (Tibete, Hong-Kong e Macau) não precisa de aliados dados os efectivos da sua população e o seu avanço tecnológico.*"

Mas, faz igualmente notar que (2005: 511):

"*Assegurada a continentalização, fortificadas as estruturas económicas, só resta à China o inevitável caminho pdo mar para se tornar uma potência marítima. Dotada de um amplo coeficiente de interioridade, de Xangai na costa a Karamay na província de Xinjiang, no profundo interior, o que lhe oferece grande poder de absorção de qualquer investida, propiciando condições geopolíticas de efectiva resistência, não é menos certo que as suas costas são extensas e os portos de mar dos melhores da região. Desde a península da Coreia até ao golfo de Tonkin, os três mares (Mar Amarelo, Mar da China Oriental, Mar da China Meridional) ao mesmo tempo que disponibilizam uma projecção marítima, apresentam uma especial característica que favorece qualquer inimigo poderoso: um rosário de ilhas que os fecha. Os dois primeiros mares, pelo Japão, que se apresenta como um poder efectivo, e o terceiro mar por Taiwan, as Filipinas, a ilha de Bornéu e finalmente o fecho pela Malásia e pelo rosário de ilhas da Indonésia. O Sul assim não fica fácil. Compreende-se perfeitamente o interesse de Pequim na integração da Formosa porque tal facto representa um passo para a maritimização da China e a fuga à vigilância. A posição da ilha dá uma saída fácil para o Pacífico. Compreendem-se ainda muito bem as reivindicações de mar territorial, tendo em conta as reservas de petróleo e gás, simplesmente essas reivindicações de águas salgadas é conflituosa com idênticas reivindicações de países como o Vietname, as Filipinas, a Malásia, Brunei, a Indonésia e Taiwan.*"

XI. SÍNTESE PROSPECTIVA

Com a apresentação de uma síntese prospectiva pretendemos situar os aspectos matriz da investigação e relacionar os resultados com as hipóteses levantadas no enquadramento metodológico.

Optámos, face à complexidade da temática tratada, por apresentar sínteses de carácter geral e de carácter específico, funcionando as primeiras como suporte interpretativo de análises específicas, que são de ordem organizacional e de acção política.

Os desafios que se colocam à nova liderança chinesa, nos planos interno e externo, no dealbar do século XXI, são bastante complexos, considerando que a Quarta Geração de dirigentes do PCC ascendeu ao núcleo duro da decisão política, numa conjuntura marcada:

a) Por um processo de mudança sócio-económica sem precedentes, cujas implicações se estendem a todo o sistema do aparelho económico-financeiro do Estado e à própria estrutura da sociedade chinesa. Com efeito, a par das políticas de saneamento e reestruturação do sector empresarial do Estado, o PCC tem vindo a pôr em prática várias medidas de carácter administrativo visando tornar mais dúctil a pesada máquina burocrática do Estado, numa lógica de resposta, por um lado, aos necessários ajustamentos macroeconómicos determinados pela adesão da RPC à Organização Mundial do Comércio, e por outro lado, às crescentes exigências criadas por uma estratégia resultante das reformas económicas, que poderemos designar por "market-leninism". A eficácia de tal modelo assenta, na própria matriz leninista da estrutura organizacional de planeamento do PCC, que impõe um "capitalismo de Estado" desenvolvimentista;

b) Por modificações no tecido sócio-cultural resultantes de um processo de urbanização acelerada, de uma dinâmica de mobilidade geográfica – com repercussões extraordinárias nos mecanismos

de controlo do PCC sobre os indivíduos – da emergência de novos grupos sociais, em especial o dos empresários, e de novas actividades económicas, designadamente as ligadas às tecnologias de informação, que saem do controlo do aparelho do Estado;
c) Por alterações no posicionamento da China no sistema internacional. A sua política externa sempre privilegiou as relações bilaterais. Verifica-se, contudo, um crescente envolvimento nas questões internacionais, visível na estratégia de "multilateralismo condicionado" e numa crescente integração no "espaço asiático", expresso no seu envolvimento nos mecanismos de diálogo político e de segurança regional e trans-regional, através da ARF e da ASEM. Esta actuação tem por escopo criar um espaço de natural inserção geopolítica e geoestratégica da China que lhe possibilite criar um ambiente de não hostilidade à sua política para Taiwan e que lhe permita atenuar a pressão da influência dos EUA na região. Neste contexto, importa salientar a importância que Pequim atribui a um maior envolvimento político e económico da União Europeia na Ásia-Pacífico.
d) Por um rápido processo de modernização do aparelho militar resultante da percepção que os estrategas militares chineses têm das novas condições em que os conflitos armados se desenvolvem. Esse processo é suportado por um significativo aumento do orçamento de defesa, cujas prioridades se centram na expansão da sua capacidade de mísseis, no desenvolvimento de aviões de combate *"multirole"*, aumento da capacidade naval de *"perimeter defense"* e de operações anfíbias, no âmbito de uma evolução no conceito de guerra, que mudou de *"local war"* para *"hightech war"*.

O EPL passa também por um processo de consolidação das chefias, iniciado por Jiang Zemin. Contudo, a Quarta Geração de chefes militares do EPL não se identifica completamente com a Quarta Geração de dirigentes políticos.

A modernização militar e a tendência para um protagonismo da política externa da China são facilitadores da emergência de um nacionalismo[79]

---

[79] Yongnian Zheng, (1999) faz uma distinção entre nacionalismo de Estado e nacionalismo popular. No presente, o Partido Comunista Chinês estimula a mobilização da sociedade à volta de um nacionalismo de Estado.

que actua como factor de distensão na sociedade e como suporte político das reformas económicas. Neste contexto, o EPL detém uma posição estratégica na projecção da posição regional e global da China, funcionando como o prolongamento militar do poder económico. Face aos factores atrás elencados, uma questão central emerge: Está a Quarta Geração preparada para gerir a complexidade de problemas internos e externos com que a China se debate? Não obstante a sua falta de "legitimidade revolucionária", comparativamente com os históricos do Partido, a nova liderança pertence a uma geração que poderemos designar por "gradualista", cujos objectivos-eixo são a transformação da China num grande poder – recorrendo ao "tecnonacionalismo" como bandeira – e a prosperidade interna guiada por um monismo *"mitigado"*, que poderá evoluir para um *"monismo desenvolvimentista"*. Afigura-se, pois, que a nova elite política representa o ponto de viragem entre um Partido ancorado no Marxismo-Leninismo-Maoismo e uma ideologia instrumental, ou "útil", apoiada num pragmatismo tecnocrático, que poderá constituir uma nova abordagem ideológica para o Século XXI.

Tal ideologia tem na emergência de um nacionalismo de Estado o principal factor de mobilização da sociedade chinesa.

A nova liderança apresenta como principais características: é relativamente jovem, possui formação académica; aderiu ao PCC no auge da Revolução Cultural e as suas carreiras políticas só se iniciaram com Deng, nos finais da década de setenta; possuem pouca experiência militar e são, na sua maioria, provenientes dos centros urbanos costeiros.

Tal como a direcção do Partido saída do 15.º Congresso, que tinha Jiang Zemin como "core", a composição da Quarta Geração, liderada por Hu Jintao, é produto de um jogo de poder de soma variável que, face às contradições internas resultantes da dinâmica de luta entre facções, se caracteriza pela inexistência de um líder carismático com peso específico suficiente para dirimir as disputas internas e para impor as suas estratégias.

Os aspectos atrás referidos são, na nossa perspectiva, fortemente determinantes e condicionantes do *"framework"* do poder no seio do grupo dirigente do País, centrado à volta do Comité Permanente do Politburo. De facto, recuperando a questão do faccionalismo, é identificável no "apex" do sistema de decisão-política a predominância de elementos afectos à designada facção de "Xangai" liderada por Jiang Zemin. Neste quadro, o espaço de manobra de Hu Jintao apresenta-se condicionado pelo peso dos elementos de Jiang nos órgãos de topo do Partido.

De uma análise sinóptica dos elementos atrás elencados ressaltam alguns aspectos que se afiguram importantes para uma melhor percepção do *"framework"* do poder dentro do Partido-Estado, a saber:

a) Apesar da extensão e profundidade das reformas económicas em curso, continua a existir uma clara justaposição entre os órgãos do Partido e as instituições do Estado, como é verificável no facto do Presidente da República, do Presidente da Assembleia Nacional Popular, e do Primeiro-Ministro serem membros do Comité Permanente do Politburo – o sistema de *interlocking* funciona;

b) É perceptível o papel de controlo exercido por Jiang Zemin, dado que quatro dos membros do CP do Politburo são da sua confiança. Constata-se, contudo, que existe uma relativa distribuição do poder, tendo por base a influência que Li Peng e Zhu Rongji ainda dispõem na nomenklatura do Partido.

c) Constata-se que a liderança de Hu Jintao, resultante de compromissos, é condicionada pelo jogo de poder interno. A capacidade para impor as suas figuras, bem como a forma como conseguir liderar as Forças Armadas constituirão um teste à sua autoridade.

Face à necessidade de manter um equilíbrio entre a dinâmica de mudanças sócio-económicas em curso e a preservação do modelo, afigura-se que a partilha de poder entre as várias facções e um *"consensus-building"* são essenciais para a gestão do poder. De facto, no novo ambiente político, a questão do *"consensus building"* é estratégica não só para a estabilidade interna do Partido, mas, sobretudo, para a posição do PCC como "força dirigente do povo chinês", numa conjuntura em que vão emergindo novos grupos sociais com capacidade de exigência.

Importa sublinhar, contudo, que já não é possível ao PCC manter um sistema completamente blindado aos *inputs* do exterior. Essa percepção leva os dirigentes chineses a introduzir gradualmente medidas de reajustamento, através de reformas de descentralização da decisão política, entendidas pelo PCC como as verdadeiras *"reformas políticas"*.

A questão da legitimidade volta a colocar-se como um dilema para o Partido Comunista Chinês face a uma nova realidade sociológica caracterizada pela emergência de grupos de interesse que não se revêem completamente na lógica do poder instituído, como já foi sublinhado em ponto anterior.

Perante este quadro é visível a introdução de *nuances* na semântica do Partido. De facto, o discurso oficial tem vindo a inflectir no sentido do

reforço de uma ideia "Estatocêntrica", na qual o PCC surge como a única força capaz de levar a cabo um projecto de modernização sócio-económica e de engrandecimento do Estado Chinês.
Numa abordagem analítica macro consideramos como pertinente os seguintes aspectos:
- A introdução de reajustamentos nos mecanismos de decisão política e a formalização de algumas regras de decisão não constituem a institucionalização de procedimentos, antes uma adaptação institucional do Partido a novas exigências funcionais, resultantes da dinâmica das reformas económicas;
- O passo e a profundidade das reformas terão inevitáveis repercussões na geometria do poder dentro do aparelho do poder, tendo em conta as diferentes concepções estratégicas, que se poderão sintetizar no confronto entre posições reformistas-moderadas, protagonizadas pelos tecnocratas, e as posições reformistas-ideológicas adoptadas pelos quadros da máquina burocrática;
- O Partido Comunista surge como promotor e agente das transformações em curso, monitorizando o processo de adaptação, através do "gradualismo";
- Não é perceptível a existência de sedes do poder de "substituição", dado que a renovação de elites é intra-sistema;
- A sede do poder estratégico constitui o eixo de avaliação sobre o grau de estabilidade do sistema global do poder, nas suas componentes política e militar;
- A sede do poder estratégico apresenta uma configuração sistémica, resultando da interligação de vários actores e subsistemas formais e informais;
- O aparelho político-militar coordenado pelo Partido Comunista constitui o núcleo duro da sede do poder estratégico. A Comissão Militar Central é o verdadeiro "pivot" da execução das orientações das áreas de Segurança, Defesa e Política e Externas;
- O sistema de "núcleos políticos restritos" é, no plano das estruturas formais não-visíveis, uma componente fulcral da tomada de decisão, em particular nas áreas da Segurança e Política Externas;
- A definição de uma política de Segurança e de Defesa Nacional tem por pressupostos: a necessidade da China garantir a estabilidade interna para avançar a modernização económica; e os objectivos de projectar regionalmente sua capacidade dissuasora.

Considera-se a existência dos seguintes factores e actores e seus segmentos, com capacidade para influenciar a estabilidade do sistema, ainda que com graus diferentes:

a) Internos

Intra Sistema Estratégico de Decisão
- Incapacidade de Hu Jintao em contornar a pressão da Facção de Xangai;
- Possível emergência de sinais de tensão entre o sector reformista--tecnocrata e as chefias militares.

Extra Sistema Estratégico de Decisão
- Dirigentes provinciais – incluem-se neste segmento de decisão os secretários provinciais do Partido e os governadores das províncias e dos municípios equiparados a províncias. A autonomia financeira e administrativa atribuída por Deng Xiaoping às províncias, em especial as do litoral, no contexto das reformas económicas e da abertura ao exterior, criou condições favoráveis à emergência de "mandarins", que não tendo reivindicações de carácter autonómico ou regionalista, possuem uma base de poder regional, que constitui uma arma de arremesso no jogo político com o poder central em Pequim.
- Os "príncipes" (**taizidang**) – são um segmento da liderança chinesa formado pelos parentes dos responsáveis máximos do Partido Comunista. Num processo quase "dinástico", muitos dos principais lugares da máquina empresarial do Estado e da gestão e administração de joint-ventures são ocupados por membros das "grandes famílias", tais como a Deng, a Li Peng, a Rong. Este segmento detém um papel político relevante no processo de transição do regime. Com efeito, os taizidang fazem a ligação entre a ortodoxia política e a rigidez do modelo económico socialista e uma relativa abertura de procedimentos protagonizada pelas características "liberais" das *joint-ventures*, criadas com grandes grupos capitalistas americanos, japoneses e europeus, cujos modelos de gestão da produção e dos recursos humanos têm efeitos na formação e expectativas dos "príncipes" do regime chinês. É de admitir que o reforço do seu protagonismo político possa conduzir a pretensões de poder, expressas na influência junto dos gerontes do Partido.

– Para além dos **taizidang** surgiu uma tecnocracia empresarial constituída pelo grupo de gestores e altos quadros técnicos provenientes do novo sector empresarial do Estado, das empresas privadas de capital chinês ligadas, sobretudo, às novas tecnologias, e das joint-ventures. Esta "nova elite de negócios", como é designada por vários autores, adopta uma de duas posições em relação ao Partido Comunista Chinês: a de submissão às estruturas do PCC, tornando-se em tecnocratas portadores de fortes sentimentos nacionalistas e agentes do "capitalismo de Estado chinês"; e a de alheamento em relação ao poder político, apostando esse grupo de tecnocratas nas virtudes da economia enquanto factor de abertura da sociedade.
Este grupo tem vindo a aumentar a sua capacidade de influência ao nível da decisão económica, podendo transformar-se, a prazo, num grupo de pressão, ainda que limitado ao "perímetro do Partido".
– Minoria islâmica – na China existem recenseadas cinquenta e duas minorias étnicas e religiosas, totalizando mais de cem milhões de indivíduos. De entre as minorias, sobressai a realidade do povo uygur, cuja área cultural corresponde, na China, à região autónoma de Xinjiang. O problema de Xinjiang é, provavelmente, o mais difícil de gerir por parte do Partido, tendo em conta a existência naquela região de grupos terroristas islâmicos que têm vindo a levar a cabo acções contra interesses chineses na região e noutras partes do país.

b) Externos
– Taiwan – a evolução da questão de Taiwan é susceptível de afectar a decisão política chinesa de duas formas: a emergência do sector militar profissional na China, procurando protagonismo interno e assim justificando um eventual aumento de pressão político-militar no estreito; uma súbita alteração na estratégia de avanços e recuos conduzida pelas autoridades de Taiwan, materializada na adopção de políticas que possam ser entendidas por Pequim como uma provocação.
– Estados Unidos – os estrategos chineses convergem na análise que as relações bilaterais entre Pequim e Washington não deverão sofrer qualquer agravamento nos próximos tempos, face à política de engajamento controlado seguida quer pelos EUA quer pela

China. Contudo, dado a influência que os sectores mais conservadores têm na condução da política externa dos EUA é de admitir que, pelo menos no plano da semântica, a China se possa transformar num alvo diplomático dos norte-americanos. A questão de Taiwan, atrás referida, constitui um factor permanente de tensão entre Washington e Pequim, podendo ser utilizada pelos EUA como um instrumento de desgaste do regime chinês.

Uma outra questão relacionada com os EUA diz respeito ao alastramento da sua presença na Ásia Central e ao estacionamento dos seus efectivos no Afeganistão, no Casaquistão e no Quirguistão, o que coloca as tropas americanas no espaço fronteiriço à China. Tal pode configurar a criação de focos de tensão entre as duas partes, como já atrás foi sublinhado.

Figura 17: Cenários de Emergência/Agudização de Fenómenos Sócio-Políticos Internos a Curto Prazo (2005-2010)

FENÓMENOS / PROBABILIDADE	Conflitos Sociais	Separatismo	Regionalismo	Desgaste do Partido	Regime Tecnocrata-Militar	Abertura Política
Muito Alta						
Alta	◄	◄	◄			
Média				◄	◄	
Baixa						
Muito Baixa						◄
Observações	Desemprego industrial; agravamento das condições de vida no campo, êxodo rural. Desmantelamento do sector empresarial do Estado.	Fenómenos de origem étnico-cultural e religiosa põem em causa o Estado/Partido. Ex.: Tibete, Mongólia Interior, Xinjiang. Aumento do terrorismo de matriz islâmica.	Reivindicação de maior autonomia política, económica e administrativa. Não põe em causa o Estado/Partido.	Inexistência de um "patriarca" cria condições a lutas intestinas entre facções. Aumento da corrupção política. Desgaste do aparelho de Estado.	A erosão do aparelho de Estado e o eclodir de um confronto militar com Taiwan poderá levar à intervenção directa do EPL em último recurso. Neste cenário, poderá surgir a tendência para um Estado belicista apoiado numa elite tecnocrata-militar.	Aperfeiçoamento do Socialismo com características chinesas: ténues alterações no funcionamento dos órgãos políticos. Abertura na medida em que beneficie o *establishment*. As "Três Representações" como suporte de política. Mobilidade

Fonte: Quadro elaborado a partir do estudo e análise de um vasto conjunto de fontes abertas e de análises de informadores qualificados.

BIBLIOGRAFIA

(1981) – "The Central Committee's Secretariat and its work". In *Bejing Review*. No. 19. May 11. P. 21.
(1984) – *Selected Works of Deng Xiaoping (1975-82)*. Foreign Languages Press. Beijing.
(1993) – *Selected Works of Deng Xiaoping*. People's Publishing House. Vol. III. Beijing. Pp. 177-178.
(1994) – "China Position on Asia-Pacific Security'. In *Beijing Review*. Vol. 37, No. 32, August 8-14. Pp. 21-22.
(1994) – "The international situation and economic issues". In *Beijing Review*. January. Beijing. Pp. 3-9.
(1994) – *Selected Works of Deng Xiaoping (1982-93)*. Vol. III. Foreign Languages Press. Beijing.
(1998) – *Who's Who. Currant Chinese Leaders*. China Year Book Publishing Limited. Beijing.
(1999) – *A Presença Portuguesa no Pacífico*. Fórum Macau. ISCSP-UTL. Lisboa.
(1999) – *Constitution of the People's Republic of China*. Foreign Languages Press. Beijing.
(2004) – *Região Administrativa Especial de Macau. Cinco Anos*. ISCSP-UTL/ /FCT. Instituto do Oriente. Lisboa.
ALVIN Y. So (ed.) (2003) – "Introduction: Rethinking the Chinese Developmental Miracle". In Alvin Y. So (ed.). *China's Developmental Miracle. Origins, Transformations, and Challenges*. M. E. Sharpe. London. Pp. 3-28.
AMARO, Ana Maria (1997) – *Macau: o Final de um Ciclo de Esperança*. ISCSP-UTl. Lisboa.
APTER, David (1969) – *The Politics of Modernization*. The University of Chicago Press. London.
ARON, Raymond (1994) – *Etapas do Pensamento Sociológico*. Publicações Dom Quixote. Lisboa.
ARON, Raymond (2002) – *Paz e Guerra entre as Nações*. Tradução Sérgio Bath. Editora Universidade de Brasília. São Paulo.

ASH, Rt. (1993) – "Agricultural Policy under the Impact of Reformist". In Y. Y. Kue, R. F. Ash (eds.). *Economic Trends in Chinese Agriculture*. Clareodon Press. Oxford. Pp. 11-45.
BARATA, Óscar Soares (1986) – *Introdução às Ciências Sociais*. 2.º Vol.. Bertrand Editora. Lisboa.
BARATA, Óscar Soares (2003) – "A Política Externa da Nova China". In *Estudos Sobre a China V*. ISCSP-UTL. Lisboa. Pp. 61-123.
BARNETT, A. Doack (1967) – *Cadres, Bureaucracy, and Political Power in Communist China*. Colombia University Press. New York.
BAUM, Carolyn L., BAUM, Richard (1979) – "Creating the New Communist Child: continuity and change in Chinese styles of early childhood socialization". In Richard W. Wilson, Any Averbacher, Sidney L. Greenblatt (eds.). *Value Change in Chinese Society*. Praeger. New York.
BAUM, Richard (1994) – *Burying Mao. Chinese Politics in the Age of Deng Xiaoping*. Princeton University Press. Princeton.
BAUM, Richard (1996) – "China After Deng: Ten Scenarios in Search of Reality". In *China Quarterly*. 145. March. Pp. 153-175.
BECKER, Jasper (2000) – *The Chinese*. John Murray. London.
BENECRICK, R., Winsgrove, P. (eds.) (1995) – *China in the 1990s*. Macmillan. London.
BESSA, António Marques (1993) – *Quem Governa? Uma Análise Histórico-Política do Tema da Elite*. ISCSP-UTL. Lisboa.
BESSA, António Marques (1998) – "A Política Externa da China – Uma Perspectiva Geopolítica". In *Estudos Sobre a China*. ISCSP-UTL. Lisboa. Pp. 161-188.
BESSA, António Marques (2005) – "Continentalidade e Maritimidade. A Política Externa dos Impérios e a Política Externa da China". In Estudos Sobre a China VII. Vol. II. ISCSP-UTL. Lisboa. Pg. 501-518.
BOND, Michael H. (ed.) (1986) – *The Psychology of the Chinese People*. Oxford University Press. Hong-Kong.
BOND, Michael H. (ed.) (1991) – *Beyond the Chinese Face. Insights from psychology*. Oxford University Press. Hong-Kong.
BOOTH, Ken (1990) – "The Concept of Strategic Culture Affirmed". In Carl G. Jacobsen (ed.). *Strategic Power: USA/USSR*. MacMillan Press Ltd.. London. P. 121.
BOOTH, Ken, TROOD, Russel, MACMILLAN, Alan (1999) – "Strategic culture". In Ken Booth, Russel Trood (eds.). *Strategic Cultures in the Asia-Pacific Region*. MacMillan Press Ltd.. London. Pp. 3-28.
BOULDING, Kenneth (1962) – *Conflict and Defense: a General Theory*. Harper and Row. New York.
BREZEZINSKI, Zbieniev (1976) – *Ideology and Power in Soviet Politics*. Greenwood Press. Westport.
BREZEZINSKI, Zbieniev (1989) – *The Grand Failleure: The Birth and Death of Communism in the Twentieth Country*. Scribner's Sons. New York.

BRODSGAARD, K. E. (2004) – "The Role of the Communist Party in China's Leardership Transition". In *Daxiyangguo*. No. 5. 1.º Semestre. Instituto do Oriente. ISCSP-UTL. Lisboa. Pp. 105-130.

BURNS, John (1987) – "China's Nomenklatura System". In *Problems of Communism* 36. No. 5. September-October. Pp. 36-51.

BURTON, Charles (1990) – *Political and Social Change in China since 1978*. Greenwood Press. London.

BYONG-MOO, Hwang (1998) – *China's Security. The New Roless of the Military*. Lynne Rienneer Publishers. London.

CABESTAN, Jean-Pierre (1992) – *L'Administration Chinoise après Mao. Les Reformes de L'Ére Deng Xiaoping et Leur Limites*. Éditions du Centre National de La Recherche Scientifique. Paris.

CABESTAN, Jean-Pierre (1994) – *Le Système Politique de la China Populaire*. PUF. Paris.

CABESTAN, Jean-Pierre (2003) – "Crisis Management in the Taiwan Strait". In *Daxiyangguo – Revista Portuguesa de Estudos Asiátios*. No. 3. 1.º Semestre. Instituto do Oriente. ISCSP-UTL. Lisboa. Pp. 67-80.

CHALMERS, JOHNSON (eds.) (1970) – *Change in Communist Systems*. Stanford University Press. Stanford.

CHAMBERLAIN, Heath B. (1993) – "On the search for civil society in China". In *Modern China*. Vol. 19. No. 2. Pp. 199-215.

CHEN, Albert Hy (1998) – *An Introduction to the Legal System of the People's Republic of China*. Butterworths Asia. Hong-Kong.

CHENG LI (2001) – *China's Leaders. The Fourth Generation*. Rowman and Littlefield Publishers Inc. New York.

CHI HAOTIAN (1996) – "Taking the Road of National Defense Modernization which conforms to China's National conditions and reflects the characteristics of the times". In *Qiushi*. No. 8 April 16. Pp. 8-14. In FBIS – Chi – 96 – 1201, April 16.

CHI HAOTIAN (1998) – "Chi Haotian warns against hostile intenrational forces". In *Zhongguo Tongxun She*. March 8. In FBIS – Chi-98-067, March 8.

CHIH-YU SHIH (1990) – *The Spirit of Chinese Foreign Policy*. St. Martin's Press. New York.

CHOI, Joseph C. H. (1998) – *China. Transition to a Market Economy*. Clareodon Press. Oxford.

COISSORÓ, Narana (1999) – "Macau na Véspera da Transferência". In *A Presença Portuguesa no Pacifico*. Fórum Macau. ISCSP-UTL. Lisboa. Pp. 380-398.

COMAROFF, John L., STERN, Paul C. (1995) – "New perspectives on nationalism and war". In John L. Comaroff, Paul C. Stern (ed.). *Perspectives on Nationalism and War*. Gordon and Breach. Amesterdam. Pp. 3-10.

CONGHUA, Li (1998) – *China. The consumer revolution*. John Wiley & Sons, Inc.. Singapore.

Cossa, Ralph A. (1996) – "The PRC's National Security Objectives in the Post-Cold War Era and the Role of the PLA". In Bih-Jaw Lin, James T. Myers (eds.). *Contemporary China in the Post-Cold War Era*. University of South Carolina Press. Columbia. Pp. 199-224.

Costa, Hélder Santos (2001) – *O Revivalismo Islâmico*. ISCSP-UTL. Lisboa.

Christiansen, F. (1996) – *Chinese politics and society*. Rai, Shirin.

Delevaud, Claude Collin (1993) – *Géopolitique de l'Asie*. PUF. Paris.

Deng Xiaoping (1987) – *Fundamental Issues in Present-Day China*. Foreign Languages Press. Beijing.

Deng Xiaoping (1987) – *Fundamental issues in present-day China*. Foreign Language Press. Beijing.

Dent, Christopher (1999) – *The European Union and East Asia: an economic relationship*. Routledge. London.

Dittmer, Lowell (1996) – "Approaches to the Study of Chinese Politics". In *Issues and Studies*. September. Pp. 1-18.

Dittmer, Lowell (2002) – "Reform and Chinese Foreign Policy". In Chien-Min Chao, Bruce J. Dickson (eds.). *Remaking the Chinese State. Strategies, Society and Security*. Routledge. London. Pp. 171-189.

Donald, Stephanie, Benewick, Robert (1999) – *The State of China Atlas*. Penguin Reference. London.

Dougherty, James E., Pfaltzgraff, Robert (2001) – *Relações Internacionais* – Teorias em Confronto. Gradiva. Lisboa.

Dreyer, June Teufel (1996) – *China's Political System. Modernization and Tradition*. Allyn and Bacon. Massachusetts.

Dutta, Sujit (1998) – "China's emerging power and military role: implications for South Asia". In Jonathan D. Pollack, Richard H. Yang (ed.). In *China's Shadow. Regional Perspectives on Chinese Foreign Policy and Military Development*. Rand. Santa Monica. Pg. 91-114.

Dutton, Michael (1998) – *Streetlife China*. Cambridge. University Press.

Eagleton, Terry (1991) – *Ideology. An Introduction*. Verso. London.

Easton, David (1953) – *The Political System*. Knopf. New York.

Edwin, Paul (1997) – "From continent to periphery: PLA doctrine, strategy and capabilities towards 2000". In David Shambaugh, Richard H. Yang (ed.). *China's Military in Transition*. Clarendon Press. Oxford.

Fairbank, John King (1992) – *China a New History*. The Belknap Press of Harvard University Press. Cambridge.

Fang Zhu (1995) – "Political Work in the Military from the View Point of the Beijing Garrison Comand". In Carol Lee Hamrin, Suisheng Zhao (eds.). *Decision Making in Deng's China. Perspectives from Insiders*. M. E. Sharpe. New York.

Fbis (1981) – "Reorganization of the Nucleus of the Chinese Communist Party – The Truth of Hua Guofeng's Resignation and the New Troika". In *Cheng Ming*. Hong-Kong. 2 February. Pp. 1-6.

FBIS (1997) – Discurso de Jiang Zemin, em Kuala Lumpur, December 15, 1997, Xinhua English Service. December 17. In FBIS – Chi – 97-349.
FBIS (1998) – "Fu Quanyon Stresses PRC's Defensive Policy". *Xinhua*. May 6. Chi – 98 – 126.
FERREIRA, Maria João (2005) – *A Política Externa Europeia. Uma Reflexão sobre a União Europeia como Actor Internacional*. ISCSP-UTL. Lisboa.
FEWSMITH, Joseph (2001) – *Elite Politics in Contemporary China*. M. E. Sharpe. London.
FEWSMITH, Joseph (2002) – "The Evoluing Shape of Elite Politics". In Jonathan Unger (ed.). *The Nature of Chinese Politics From Mao to Jiang*. M. E. Sharpe. London. Pp. 258-273.
FINKELSTEIN, David M. (1999) – "China's National Military Strategy". In James Mulvenon, Richard H. Yang. *The People´s Liberation Army in the Information Age*. Rand. Santa Monica. Pp. 99-145. (edição online).
FITZGERALD, Stephen (1972) – *China and the Overseas Chinese*. Cambridge University Press. Cambridge.
FRIEDRICH, Carl (1963) – *Man and His Government*. MacGraw Hill. New York.
GILLEY, Bruce (1996) – "Irresistible Force: migrant workers are part of a solution not a problem". In *Far Eastern Economic Review*. April. Pp. 18-21.
GODWIN, Paul (1988) – *Development of the Chinese Armed Forces*. Air University Press. Alabama.
GOLD, T. B. (1985) – "After Mao: Personal Relations in China since the Cultural Revolution". In *China Quaterly*. No. 104. December. Pp. 657-675.
GOODMAN, David S. G. (1994) – *Deng Xiaoping and the Chinese Revolution: A Political Biography*. Routledge. London.
GOODMAN, David, SEGAL, Gerald (eds.) (1997) – *China Rising: Interdependence and Nationalism*. Routledge. London. Pp. 6-26.
GUEDES, Armando Marques (2001) – "Thinking East Timor, Indonesia and Southeast Asia". In *Lusotopie*. Pp. 315-325.
GULDIAN, Gregory Z. (1997) – *Farewell to peasant China. Rural urbanization and social change in the late twentieth century*. M. E. Sharpe. New York.
GUOGUANG WU (2003) – "From the July 1 Speech to the Sixteenth Party Congress". In David M. Finkelstein, Maryanne Kivlehan (eds.). *China's Leadership in the 21st Century. The Rise of the Fourth Generation*. M. E. Sharpe. New York. Pp. 167-185.
GURTOV, Mel, BYONG-MOO HWANG (1998) – *China's Security. The New Roles of the Military*. Lynne Rienner Publishers. London.
GUSTAFSON, Thane (1981) – *Reform in Soviet Politics: Lessons of Recent Policies on Land and Water*. Cambridge University Press. Cambridge.
HAMRIN, Carol Lee (1992) – "The Party Leadership System". In David Lampton (ed.). *Bureaucracy, Politics and Decision Making in Post-Mao China*. University of California Press. Oxford. Pp. 95-124.

HAMRIN, Carol Lee, ZHAO, Suisheng (eds.) (1995) – *Decision Making in Deng's China. Perspectives from Insiders*. M. E. Sharpe. New York.
HARDING, Harry (1981) – *Organizing China: the Problem of Bureaucracy, 1949--1976*. Stanford University Press. Stanford.
HARDING, Harry (1987) – "The PLA as a Political Interest Group". In Victor Falkeakleim (ed.). *Chinese Politics from Mao to Deng*. Paragon House. New York. Pp. 213-214.
HARDING, Harry (1993) – "The Concept of 'Greater China'. Themes, variations and reservations". In *China Quarterly*. No. 136. December 1993. School of Oriental and African Studies. University of London. Pp. 661-685.
HE BAOGANG (1996) – *The Democratization of China*. Routledge. London.
HOUN, Franklin W. (1967) – *A Short History of Chinese Communism*. Prentice Hal. Inc. Englewood Cliffs.
HSIAO-SHIH CHENG (1990) – *Party-military relations in the People's Republic of China and Taiwan: Paradoxes of control*. Westview. Boulder.
HUNTER, Alan, SEXTON, John (1999) – *Contemporay China*. MacMillan Press Ltd. London.
HUNTINGTON, Samuel (1996) – O Choque das Civilizações e a Mudança na Ordem Mundial. (Edição portuguesa de *The Clash of Civilizations – Remaking of World Order*, 1996). Gradiva. Lisboa.
HUNTINGTON, Samuel P. (1996) – *Political Order in Changing Societies*. New Edition. New Haven, Yale University Press.
HUNTINGTON, Samuel P., MOORE, Clement H. (1970) – *Social and Institutional Dynamics of the Party Systems in Authoritarian Politics in modern Society: The Dynamics of Established one Party Systems*. Basic Books. New York. Pp. 23-40.
JANOS, Andrew (1986) – *Politics and Paradigms. Changing Theories of Change in Social Science*. Stanford University Press. Stanford.
JENCKS, Harlan (1982) – *From Muskets to Missiles: Politics and Professionalism in the Chinese Army, 1945-1981*. Westview Press. Boulder.
JIANG HUANG (2003) – *Factionalism in Chinese Communism Politics*. Cambridge University Press. Cambridge.
JIANG ZEMIN (1992) – "Accelerating Reform and Opening-up". In *Beijing Review*. October 26. November 1.
JIANG ZEMIN (1997) – "Hold High the Great Banner of Deng Xiaoping Theory for an All-round Advancement of the Cause of Building Socialism with Chinese Characteristics into the 21st Century". In *Beijing Review*. Vol. 40. 6-12 October.
JIANG ZEMIN (2001) – "Speech at the 80th Anniversary of the CCP on 1 July". In *Beijing Review*. Pt I in 12 July, II in 19 July.
JING DONG YUAN (2000) – *Asia-Pacific Security: China's Conditional Multilateralism and Great Power Entente*. Strategic Studies Institute, Army War College. Carlisle.

JOFFE, Ellis (1996) – "Party-Army Relations in China: Retrospect and Prospect". In *China Quarterly*. June 1996. Pp. 299-314.
JOFFE, Ellis (1997) – "How much does the PLA Makes Foreign Policy?". In David Goodman, Gerald Segal (eds.). *China Rising: Interdependence and Nationalism*. Routledge. London. Pp. 53-70.
JOFFE, Ellis (1999) – "The Military and China's New Politics: Trends and Countertrends". In James Mulvenon, Richard H. Yang (eds.). *The People's Liberation Army in the Information Age*. Rand. Santa Monica. Pp. 22-47.
JOHNSON, Chalmers (1970) – "Comparing Communist". In Chalmers Johnson (ed). *Change in Communist Systems*. Stanford University Press. Stanford. Pp. 23-40.
JOHNSTON, Alastair Iain (1995) – *Cultural Realism. Strategic Culture and Grand Strategy in Chinese History*. Princeton University Press. New Jersey.
JOSEPH, Y.S. Cheng (ed.) (1998) – *China in the Post-Deng Era*. The Chinese University Press. Hong-Kong.
JUJIAN GAO (2000) – *Post-Mao China. From Totalitarism to Authoritarism?* Praeger Publishers. Westport.
KARWEL, Solomon M. (2000) – *China and the People's Liberation Army. Great Power or Struggling Developing State?* St. Martin's Press. New York.
KELLY, D. (1991) – "Chinese Marxism since Tiananmen: Between Evaporation and Dismemberment". In David S. G. Goodman, Gerald Segal (eds.). *China in the Nineties: Crisis Management and Beyond*. Clarendon Press. Oxford.
KIM, Samuels S. (1990) – "China and The Waited Nations". In Elizabeth Economy, Michel Oksemberg (eds.). SDS. *China Joins the World: Progress and Prospects*. Council on Foreign Relations Press. New York.
KING, A. Y. C. E., MYERS, J. T. (1977) – *Shame as an incomplete conception of Chinese culture: a study of face*. Social Centre. Chinese University of Hong-Kong.
KIVLEHAN, Maryanne, FINKELSTEIN, David M. (eds.) (2003) – *China's Leadership in the 21st Century. The Rise of the Fourth Generation*. M. E. Sharpe. New York.
KLUVER, Alan R. – *Legitimating the Chinese Economic Reforms: A Rhetoric of Myth and Orthodoxy*. State University of New York. New York.
LAMPTON, David (2001) – *The Making of Chinese Foreign and Security Policy in the Era of Reform*. Stanford University Press. Stanford.
LAMPTON, David (ed.) (1992) – *Bureaucracy, Politics and Decision Making in Post-Mao China*. University of California Press. Oxford.
LARA, António de Sousa (1987) – *A Subversão do Estado*. ISCSP-UTL. Lisboa.
LARA, António de Sousa (1998) – *Ciências Políticas. Metodologia, Doutrina e Ideologia*. ISCSP-UTL. Lisboa.
LARA, António de Sousa (2002) – *Imperialismo, Descolonização, Subversão e Dependência*. ISCSP-UTL. Lisboa.

LARA, António de Sousa (2004) – *Ciência Política. Estudo da Ordem e da Subversão*. ISCSP-UTL. Lisboa.

LI MINSHENG (2001) – "Entrepreneurs from Non-Public Sectors Hail Jiang's Speech". In *Beijing Review*. 9 August. Pp. 11-14.

LIEBERTHAL, Kenneth (1995) – *Governing China. From Revolution Through Reform*. W. W. Norton and Company, Inc. London.

LIEBERTHAL, Kenneth, TONG, James, YEUNG, Sai-Cheng (1978) – "Central Documents and Politburo Politics in China. Michigan Paper". In *Chinese Studies*. No. 33. Ann Arbor: Center for Chinese Studies. University of Michigan.

LIU, Alan P. L. (1996) – *Mass Politics in the People's Republic State and Society in Contemporary China*. Westview Press. Oxford.

LOWENTAL, Richard (1970) – "Developpement vs. Utopia in Communist Policy". In Chalmers Johnson (ed). *Change in Communist Systems*. Stanford University Press. Stanford. Pp. 33-116.

LU MING (2000) – *The Dynamics of Foreign Policy Decision Making in China*. Second Edition. Westview Press. Oxford.

LU MING (2001) – "The Central Leadership, Supraministry, Coordinating Bodies, State Council Ministries and Party Departments". In David Lampton. *The Making of Chinese Foreign and Security Policy in the Era of Reform*. Stanford University Press. Stanford. Pp. 39-60.

LUPHER, Mark (1996) – *Power Restructuring in China and Russia*. Westview Press. Oxford.

MACKERRAS, Colin (2001) – *The New Cambridge Handbook of Contemporary China*. Cambridge University Press. Singapore.

MACKERRAS, Colin, MACMILLEON, Donald, WATSON, Andrew (1998) –*Dictionary of the Politics of the People's Republic of China*. Routledge. London.

MACMILLAN, John, NAUGHTON, Barry (2002) – "How to reform a planned economy: lessons from China". In *Oxford Review of Economic Policiy*. No. 8. Pp. 781-807.

MAIDMENT, Richard, GOLDBLATT, David, MITCHELL, Jeremy (eds.) – *Governance in the Asia-Pacific*. Routledge. London.

MALTEZ, José Adelino (1993) – *O Imperial-Comunismo*. Academia Internacional da Cultura Portuguesa. Lisboa.

MALTEZ, José Adelino (1996) – *Princípios de Ciência Política. Introdução à Teoria Política*. ISCSP-UTL. Lisboa.

MAN LI (2001) – *From Revolutionary Internationalism to Conservative Nationalism. The Chinese Military Discourse on National Security and Identity in the Post-Mao Era*. United States Institute of Peace. Washington.

MANSINGTT, Surjit (1991) – "Beijing and the Overseas Chinese". In *China Report – a Journal of East Asian Studies*. Vol. 27. No. 4. October-December. Delhi. Pp. 309-328.

MAO ZEDONG (1975) – "The role of the Chinese Communist Party in the national war". In *Selected Works of Mao Tse-Tung*. Vol. II. Foreign Languages Press. Beijing. Pp. 195-211.
MAO ZEDONG (1975) – *Selected Works*. Vol. II. Foreign Language Press. Beijing.
MAR, Pamela C. M., RICHTER, Frank-Jürgen (2003) – *China. Enabling a New Era of Changes*. John Wiley & Sons (Asia) Pte Ltd. Singapore.
MEDEIROS, Eduardo R. (1998) – *Blocos Regionais de Integração Económica no Mercado*. ISCSP-UTL. Lisboa.
MEISNER, Maurice (1996) – *The Deng Xiaoping Era. An Inquiry into the Tale of Chinese Socialism, 1978-1994*. Hill and Wang. New York.
MILLER, H. Lyman (2000) – "How do we know if China is unstable?". In David Shambauh (ed.). *Is China Unstable?* M. E. Sharpe. New York. Pp. 18-25.
MILLER, H. Lyman (2001) – "The Foreign Policy outlook of China's "Third Generation" Elite". In David Lampton. *The Making of Chinese Foreign and Security Policy on the Era of Reform*. Stanford University Press. Stanford. Pp. 123-150.
MISRA, Kalpana (1998) – *From Post-Maoism to Post-Marxism. The Erosion of Official Ideology in Deng's China*. Routledge. London.
MISRA, Kalpana (2001) – "Curing the Sickness and Saving the Party: Neo-Maoism and Neo-Conservatism in the 1990s". In *Shiping Hua – Chinese Political Culture*. M. E. Sharpe. New York. Pp. 133-160.
MOORE, Barrington (1950) – *Society Politics – The Dilemma of Power, the Role of Ideas in Social Change*. Harvard University Press. Cambridge.
MOREIRA, Adriano (1963) – *Ideologias Políticas. Introdução à História das Teorias Políticas 1963-1964*. ISCSPU-UTL. Lisboa.
MOREIRA, Adriano (1999) – *Teoria das Relações Internacionais*. 3ª Edição. Almedina. Coimbra.
MOREIRA, Adriano (2000) – *Estudos da Conjuntura Internacional*. Publicações Dom Quixote. Lisboa.
MOREIRA, Adriano (2003) – *Ciência Política*. 2ª Edição. Almedina. Coimbra.
MOREIRA, Carlos Diogo (1994) – *Planeamento e Estratégias da Investigação Social*. ISCSP-UTL. Lisboa.
MOREIRA, Carlos Diogo (1996) – *Identidade e Diferença. Os Desafios do Pluralismo Cultural*. ISCSP-UTL. Lisboa.
MORGENTHAU, Hans (1973) – *Politics among Nations: the Struggle for Power and Peace*. 5th Edition. Alfred A. Knopf. New York.
MUELLER, Milton (1997) – *China in the information age. Telecomunications and dilemmas of reform*. Praeger. London.
MULVENON, James (1997) – *Professionalization of the Senior Chinese Officer Corps. Trends and Implications*. Rand. Santa Monica.
MUNRO, Ross (1994) – "Eavesdropping on the Chinese Military: where it expects war – where it doesn't". In *ORBIS*. Vol. 38. No. 3. Summer.

NATHAN, Andrew J. (1973) – "A Factional Model for CCP Politics". In *China Quarterly*. No. 53. January-March. Pp. 34-66.

NATHAN, Andrew J. (1997a) – *China's Transition*. Columbia University Press. New York.

NATHAN, Andrew J. (2003) – *The Chinese Rulers: The Secret Files*. The New York Review of Books. New York.

NATHAN, Andrew J., ROSS, Robert (1997) – *The Grear Wall and the Empty Fortress. China's search for security*. W. W. Norton and Company. London.

NETO, João Baptista N. Pereira (1966-1967) – "As Províncias Portuguesas do Oriente perante as Hipóteses Geopolíticas". In Separata de *Províncias Portuguesas do Oriente – Curso de extensão universitária – Ano Lectivo 1966-1967*. Edição da Junta de Investigações do Ultramar. ISCCPU. Lisboa.

O´BRIEN, Kevin J. (1990) – *Reform without Liberalization: China's National People's Congress and the Politics of Institutional Change*. Cambridge University Press. Cambridge.

O'DONNEL, G., SCHMITHER, P. C. (1985) – *Transitions from Authoritarianism: Tentative Conclusions about Concertam Democracies*. The John Hopkins University Press.

OKABE, Tatsuani (1992) – "China: the Process of Reform". In Gilbert Rozman et. alia (eds.). *Dismantling Communism: Common Causes and Regional Variations*. The Woodrow Wilson Center Press. Washington D. C.. P. 190.

OKSEMBERG, Michel (1976) – "The Exit Pattern from Chinese Politics and its Implications". In *China Quarterly*. No. 67. September.

OKSEMBERG, Michel (2002) – "China's Political System: Challenges of the Twenty-first Century". In J. Unger (ed.). *The Nature of Chinese Politics. From Mao to Jiang*. M. E. Sharpe. London. Pp. 193-208.

OSBORN, Robert J. (1974) – *The Evolution of Soviet Politics*. The Dorsey Press. New York.

OUYANG, Hng Wu (1998) – "The PRC'S New Elite Politics: The New Institutionalism Perspective". In *Issues and Studies*. No. 34. May 1998. Institute of International Relations. University of Taipei. Taiwan. Pp. 1-21.

PALTIEL, Jeremy (1995) – "PLA Allegiance on Parade: civil-military relations in transition". In *China Quaterly*. No. 143. September.

PARETO, Vilfredo (1935) – *The Mind and Society*. Jonathan Cape. London. 4 Vols.

PEARSON, Margaret M. (1997) – *China's New Business Elite. The Political Consequences of Economic Reform*. University of California Press. London.

PEREIRA, Júlio (2005) – "A quarta geração de líderes face ao legado político de Jiang Zemin". In Estudos Sobre a China VII. VOl. II. ISCSP-UTL. Lisboa. Pg. 547-564.

POLLACK, Jonathan D., YANG, Richard H. (eds.) (1998) – *In China Shadow. Regional Perspectives on Chinese Foreign Policy and Military Development*. Rand. Santa Monica.

POLLACK, Jonhathan D. (2002) – "American perceptions of Chinese military power". In Herbert Yee, Ian Storey (ed.). *The China Threat: Perceptions, Myths and Reality*. Routledge Curzon. London. Pp. 43-64.
PYE, Lucian (1972) – "Culture and Political Science: Problems in the Evaluation of the Concept of Political Culture". In *Social Science Quartely*. 53. No. 4. September.
PYE, Lucian (1985) – *Asian Power and Politics. The Cultural Dimensions of Authority*. The Belknap Press of Harvard University Press. Cambridge.
PYE, Lucian (1990) – "China: erratic State, frustrated society". In *Foreign Affairs*. 69, 4 (Fall). Pp. 56-74.
PYE, Lucian (1991) – *China on Introduction*. Fourth Edition. Harper Coilins Publishers. New York.
PYE, Lucian (1992) – *The Spirit of Chinese Politics*. Harvard University Press. Cambridge.
PYE, Lucian (1995) – "Deng Xiaoping and China's Political Culture". In David Shambaugh (ed.). *Deng Xiaoping. Portrait of a Chinese Statesman*. Clarendon Paperbacks. New York. Pp. 4-35.
PYE, Lucian (1999) – "An Overview of 50 Years of the People's Republic of China: Some Progress, but Big Problems Remain". In *The China Quarterly*. Pp. 569-579.
PYE, Lucian (2002) – "Factions and the Politics of Guanxi: Paradoxes in Chinese Administrative and Political Behaviour". In J. Unger (ed.). *The Nature of Chinese Politics. From Mao to Jiang*. M. E. Sharpe. London. Pp. 38-57.
PYE, Lucian, WEI, Li (1992) – "The Ubicuous Role of the Mishu in Chinese Politics". In *The China Quarterly*. No. 132. December. Pp. 916-936.
QUANSHENG ZHAO (1996) – *Interpreting Chinese Foreign Policy*. Oxford University Press. Hong-Kong.
RANGANATHAN, C. V. (2002) – "The China threat: a view from India". In Herbert Yee, Ian Storey (ed.). *The China Threat: Perceptions, Myths and Reality*. Routledge Curzon. London. Pp. 288-301.
RIBEIRO, Manuel de Almeida (1998) – *A Organização das Nações Unidas*. Almedina. Coimbra.
RICHELSON, Jeffrey (1988) – *Foreign Intelligence Organizations*. Ballinger Publishing Co.. Cambridge. Mass.
ROBINSON, Thomas (1995) – *Chinese Foreign Policy. Theory and Practice*. Clarendon Paperbacks. Oxford.
ROMANA, Heitor B. (1989) – "Algumas Notas sobre os Factores Culturais nas Relações Externas da República Popular da China". In *Separata de Estudos Políticos e Sociais*. Vol. XVII. Números 3-4. ISCSP-UTL. Pp. 27-42.
ROMANA, Heitor B. (1999) – "As Reformas Económicas na R.P.China. Implicações Sócio-Culturais e Políticas". In Ana Maria Amaro (coord.). *Estudos Sobre a China II*. ISCSP-UTL. Lisboa. Pp. 31-48.

ROMANA, Heitor B. (2000) – "O Partido Comunista Chinês: Estrutura e Mecanismos de Decisão". In *Separata do Livro Conjuntura Internacional 1999*. ISCSP-UTL. Lisboa. Pp. 327-364.

ROMANA, Heitor B. (2003) – "Topics for an Analysis on the Leadership Transition of the PRC". In *Daxiyangguo – Revista Portuguesa de Estudos Asiáticos*. No. 4. 2.º Semestre. Instituto do Oriente. ISCSP-UTL. Lisboa. Pp. 19-26.

RUAN MING (1995) – "The Evolution of the Central Secretariat and its Authority". In Carol Lee Hamrin and Suisheng Zhao (eds.). *Decision Making in Deng's China. Perspectives from Insiders*. M. E. Sharpe. New York.

SAICH, Tody (2001) – *Governance and Politics of China*. Palgrave. New York.

SALDANHA, António Vasconcelos de (1995) – *Alguns Aspectos da «Questão de Macau» e o seu Reflexo nas Relações Luso-Chinesas no âmbito da Organização das Nações Unidas*. Centro de Estudos de Instituições Internacionais. ISCSP-UTL. Lisboa.

SANTOS, Victor M. (2002) – "Valores, Identidade Cultural e Desenvolvimento: A China e os Valores". In *Daxiyangguo – Revista Portuguesa de Estudos Asiáticos*. No. 2. 2.º Semestre. Instituto do Oriente. ISCSP-UTL. Lisboa. Pp. 67-87.

SCHLAIKJER, Stephen (2002) – "*China as a Global Power*". In Brodsgaard and Heurlin (ed). *China's Place in Global Geopolitics*.

SCHURMANN, Franz (1966) – *Ideology and Organization in Communist China*. University of California Press. Berkeley. Routledge Curzoun. London.

SEGAL, Gerald, JOFFRE, Ellis (1996) – "The PLA and the Economy. The Effects of Involvement. In Gerald Segal and Richard H. Yang (eds.). *Chinese Economic Reform. The Impact on Security*. Routledge. London. Pp. 11-34.

SEGAL, Gerald, YANG, Richard H. (eds.) (1996) – *Chinese Economic Reform. The Impact on Security*. Routledge. London.

SELIGER, Marfion (1975) – *Ideology and Politics*. The Free Press. New York.

SELIGMAN, Scott D. (1989) – *Dealing with the Chinese. A practical guide to business etiquette in the People's Republic today*. Warner Books. New York.

SHAMBAUGH, David (1987) – "China's National Security Research Bureaucracy". In *China Quaterly*. No. 110. June 1987. Pp. 276-304.

SHAMBAUGH, David (1991) – "The Soldier and the State in China: The Political Work System in the People's Liberation Army". *China Quarterly*. No. 127. September. Pp. 527 -568.

SHAMBAUGH, David (2000) – "A Matter of Time: Towards Eroding Military Advantage". In *The Washington Quarterly*. Spring 2000. Pp. 119-133.

SHAMBAUGH, David (2000a) – "The Chinese State in the Pos-Mao Era". In David Shambaugh (ed.). *The Modern Chinese State*. Cambridge University Press. Cambridge. Pp. 161-187.

SHAMBAUGH, David (2002) – "The Pinacle of the Pyramid: the Central Millitary Commission". In James C. Mulvelon, Andrew H. Yang (eds.). *The People's*

Liberation Army as Organization. Rand. Santa Monica. Pp. 95-121. (edição online).
SHAMBAUGH, David (2002a) – *Modernizing China's Military. Progress, Problems, and Prospects*. University of California Press. Berkeley and Los Angeles.
SHAMBAUGH, David (2003) – "Remaining Relevant. The Challenges for the Party in Late-Leninist China". In David Finkelstein, Maryanne Kivlehan (eds.). *China's Leadership in the 21st Century. The Rise of the Fourth Generation*. M. E. Sharpe. New York.
SHAMBAUGH, David (ed.) (1995) – *Deng Xiaoping. Portrait of a Chinese Statesman*. Clarendon Paperbacks. New York.
SHIPING HUA (2001) – *Chinese Political Culture*. M. E. Sharpe. New York.
SHIPING ZHENG (1997) – *Party vs State in Post-1949 China. The Institutional Dilemma*. Cambridge University Press. Cambridge.
SHIRK, Susan L. (1993) – *The Political Logic of Economic Reform in China*, University of California Press. Oxford.
SHIRK, Susan L. (2002) – "The Delayed Institutionalization of Leadership Politics". In J. Unger (ed.). *The Nature of Chinese Politics. From Mao to Jiang*. M. E. Sharpe. London. Pp. 297-312.
SHU GUANG ZHANG (1999) – "China: traditional and revolutionary heritage". In Ken Booth, Russel Trood (eds.). *Strategic Cultures in the Asia-Pacific Region*. MacMillan Press Ltd.. London. Pp. 29-50.
SHU SHIN WANG (1994) – "Military Development of the People's Republic of China after the 1989 Tiananmen Massacre". Chine Council of Advanced Policy Studies. Caps. Papers No. 5. Taipei. A994. Pp. 91-92.
SHULONG CHU (1994) – "The PRC girds for limited high-tech war". In *ORBIS*. Vol. 38. No. 2. Spring.
SHULSKY, Abram N. (2000) – *Deterrence Theory and Chinese Behaviour*. Project Air Force. Rand. Santa Monica.
SMITH, Christopher J. (1991) – *China. People and Places in the Land of One Billion*. Western Press. Oxford.
SOLOMON, Richard H. (1971) – *Mao's Revolution and the Chinese Political Culture*. University of California Press. Berkeley.
STEINFELD, Edward (1999) – *Forging Reform in China*. Cambridge University Press. Cambridge.
STOCKMAN, Norman (2000) – *Understanding Chinese Society*. Polity Press. Cambridge.
STRAND, David (1989) – *Political participation abnd political reform in post-Mao China (1985)*. Copenhagen Discussion Papers. Nr. 6. Center for East and Southeast Asian Studies. University of Copenhagen.
SUISHENG ZHAO (1995) – "The Structure of Authority and Decision-Making: A Theoretical Frarnework". In Carol Lee Hamrin, Suisheng Zhao (eds.) *Decision Making in Deng's China. Perspectives from Insiders*. M. E. Sharpe. New York. Pp. 233-246.

SUISHENG ZHAO (2004a) – *A Nation-State by Construction. Dynamics of Modern Chinese Nationalism*. Stanford University Press. Stanford.

SUISHENG ZHAO (2004b) – "Chinese nationalism and pragmatic foreign policy behavior". In Suisheng Zhao. *Chinese Foreign Policy. Pragmatism and Strategic Behavior*. M. E. Sharpe. New York. Pp. 3-20.

SUISHENG ZHAO (ed.) (2004) – *Chinese Foreign Policy. Pragmatism and Strategic Behavior*. M. E. Sharpe. New York.

SUJIAN GUO (2000) – *Post-Mao China. From Totalitarism to Authoritarism*. Praeger. London.

SUTTER, Robert, KAN, Shirley (1994) – "China as a Security Concern in Asia: Perspections, Assessment, and U.S. Options". CRS Report to Congress. January 5.

SUTTER, Robert, KAN, Shirley, DUMBAUGH, Kerry (1993) – "China in Transition: changing conditions and implications for US interests". CRS Report to Congress. December 20.

SWAINE, Michael (1992) – *The Military and Political Succession in China. Leadership, Institutions, Beliefs*. Rand. Santa Monica.

SWAINE, Michael (1996) – *The Role of the Chinese Military in National Security Policy Making*. Rand. Santa Monica.

SWAINE, Michael (2000) – *Interpreting China's Grand Strategy. Past, Present and Future*. Project Air Force. Road. Santa Monica.

SWAINE, Michael (2001) – "Chinese decision-making regarding Taiwan, 1979-2000". In David Lampton (ed.). *The Making of Chinese Foreign and Security Policy in the Era of Reform*. Stanford University Press. Stanford. Pp. 289-336.

TAEHO KIM (2003) – "Leading Small Groups: managing all under heaven". In David M. Finkelstein, Maryanne Kivlehan (eds.). *China's Leadership in the 21st Century. The Rise of the Fourth Generation*. M. E. Sharpe. New York. Pp. 121-139.

TAI MING CHEUNG (2001) – "The Influence of the Gun: China's Central Military Commission and its Relationship with the Military, Party and State Decision-Making Systems". In David Lampton. *The Making of Chinese Foreign and Security Policy in the Era of Reform*. Stanford University Press. Stanford.

TANG TSOU (2002) – "Chinese Politics at the Top: Factionalism or Informal Politics? Balance-of-Power Politics or a Game to Win All?". In J. Unger (ed.). *The Nature of Chinese Politics. From Mao to Jiang*. M. E. Sharpe. London. Pp. 98-160.

The International Institute for Strategic Sudies (1998) – *The Military Balance 1997/1998*. Oxford University Press. Oxford.

TIANRAN LI (1990) – "On the Question of Comprehensive National Strength". In *Journal of International Studies*. Vol. 2. April.

TONG YANQI (1998) – "Political Development on Reforming China". In Joseph Y. S. Cheng (ed.). *China in the Post-Deng Era*. The Chinese University Press. Hong-Kong.

TOW, William. T. (1995) – "China and the International Strategic System". In T. Robinson, David Shambaugh. *Chinese Foreign Policy. Theory and Practice*. Clarendon Paperbacks. Oxford. Pp. 115-157.

TOWNSEND, James R., WOMACK, Brantly (1990) – *Politics in China*. Third Edition. Little Brown and Company. Boston.

TU WEI-MING (1996) – *Confucian Traditions in East Asian Modernity*. Harvard University Press. London.

UNGER, J. (ed.) (2002) – *The Nature of Chinese Politics. From Mao to Jiang*. M. E. Sharpe. London.

VALENTE, Políbio (1990) – *Do Poder do Pequeno Estado – Enquadramento Geopolítico da Hierarquia das Pequenas Potências*. IRI. ISCSP-UTL. Lisboa.

VANGER, Jonathan (2002) – *The Nature of Chinese Politics from Mao to Jiang*. M. E. Sharpe. New York.

VERDERY, Katherine (2002) – "Theorizing Socialism: a Prologue to the Transition". In Joan Vincent (ed.). *The Anthropology of Politics. A Reader in Ethnography, Theory, and Critique*. Blackwell Publishers. Oxford.

WALDER, Andrew (1996) – *China's Transitional Economy: interpreting its significance*. Oxford University Press. London.

WALDER, Andrew G. (1986) – *Communist Neo-Transitionalism: Work and Authority in Chinese Industry*. University of California Press. Berkeley.

WANG GUANGUAN (1996) – *Nationalism and Confuccionism. Wu Teh Yao Memorial Lectures*. National University of Singapore. Singapore.

WANG GUANGWU (1985) – "External China as a New Policy Area". In *Pacific Affairs*. Vancouver. Vol. 58. No. 1. Pp. 28-43.

WANG GUANGWU, WONG, John (eds.) (1999) – *China. Two Decades of Reform and Change*. Singapore University Press. Singapore.

WANG GUANGWU, ZHENG YONGNIAN (eds.) (2000) – *Reform, legitimacy and dilemmas. China's politics and Society*. Singapore University Press. Singapore.

WANG, James (1995) – *Contemporary Chinese Politics. An Introduction*. Fifth Edition. Prentice Hall. New Jersey.

WEBER, Max (1968) – *The Religion of China*. Translated from the German and Edited by Hans H. Gerth with an Introduction by C.K.Yang. The Free Press. New York.

WEBER, Max (1969) – *Economy and Society*. University of California Press. Berkeley.

WEI LI (1994) – *The Chinese Staff System: a Rechaison for Bureaucratic Control and Integration*. California Institute of East Asian Studies. Berkeley.

WEI-WEI ZHANG (1996) – *Ideology and Economic Reform Under Deng Xiaoping 1978-1993*. Paul Kegan. London.

WEI-WEI CHANG (1991) – *China under Deng Xiaoping. Political and economic reform.* MacMillan. Hong-Kong.
WEIXING HU (1999) – "Beijing new thinking on security strategy". in *Journal of Contemporary China*. No. 3. Pp. 50-65.
WHITE, Gordon (1994) – "Democratization and Economic Reform in China". In *Australian Journal of Chinese Affairs*. January.
WHITE, Gordon (1995) – "The Decline of Democracy". In Robert Benec et alia (eds). *China in the 1990s*. Macmillan. Pp. 23-24.
WHYTE, Martin K., PARISH, William L. (1984) – *Urban Life in Contemporary China*. The University of Chicago Press. Chicago.
WIESSALA, Georg (2002) – *The European Union and Asian Countries*. Sheffield Academic Press. London.
WILLY WO-LAP LAM (1999) – *The Era of Jiang Zemin*. Prentice Hall. Singapore.
WINCKLER, Edwin (ed.) (1999) – *Transition From Communist China. Institutional and Comparative Analyses*. Lynne Rienner Publishers. London.
WONG, Linda (1995) – *Social change and social policy in contemporary China*. Avebury. Hong-Kong.
WRIGHT, A. F. (1962) – "Values, Roles and Personalities". In A. F. Wright, D. Twitchett (eds.). *Confucian Personalities*. Stanford University Press. Stanford.
WU XINBO (1998) – "China security practice of a modernizing and ascending power". In Muthiah Alagappa (ed.). *Asian Security Practice. Material and Ideational Influences*. Stanford University Press. Stanford. Pp. 115-156.
WU XINBO (2004) – "Four contradictions constraining China's foreign policy behavior". In Swisheng Zhao (ed.). *Chinese Foreign Policy. Pragmatism and Strategic Behavior*. M. E. Sharpe. New York. Pp. 58-65.
XIAOXIAN GAO (1994) – "China's modernization and changes in social status of rural peasant". In Christina K. Gilmantin et. alia (eds.). *Engendering China*. Cambridge Harvard University Press. P. 85.
XIONG GUANGKAI (1998) – "Gearing towards the international security situation and the building oF the chinese armed forces in the 21st century". In *International Strategic Studies*. No. 2. April. Pp. 1-8.
XU XIAOJUN (1994) – "China's Grand Strategy for the 21st Century", (Paper presented at the National Defense University's 1994 Pacific Symposium on "Asia in the 21st Century: Envolving Strategic Priorities". February 15-16.
YAHUDA, Michael (1997) – *How much has China learned about Interdependence? Nationalism and Interdependence*. Routledge. London.
YAHUDA, Michael (1999) – "China's Foreign Relations: The Long March". *The China Quarterly*. Pp. 650-659.
YAN HUAI (1995) – "Organizational Hierarchy and the Cadre Management System". In Carol Lee Hamrin and Suisheng Zhao (eds.). *Decision Making in Deng's China. Perspectives from Insiders*. M. E. Sharpe. New York. Pp. 39-50.

YASUO ONISHI (2003) – *China's New Leadership*. Institute of Developing Economics. Jetro. China.
YEE, Herbert, STOREY, Ian (2002) – "Introduction". In Herbert Yee, Ian Storey (eds.). *The China Threat: Perceptions, Myths and Reality*. Routledge Curzon. London. Pp. 1-20.
YOU JI (1999) – *The Armed Forces of China*. Alien Unwin. St. Leonard. Singapore.
YOU JI (2001) – "The PLA and the CCP. Chinese Defence and Foreign Policy". In Young Jian Zhong, Greg Austian (eds.). *Power and Responsibility in Chinese Foreign Policy*. Pacific Press. The Australian National University. Pp. 105-131.
YOUNG, Graham (1998) – "The Chinese Communist Party under Deng Xiaoping: Ideological and Organizational Decay". In Joseph Y. S. Cheng (ed.). *China in the PostDeng Era*. The Chinese University Press. Hong-Kong.
YUNG LEE (1991) – *From Revolutionary Cadres to Party Technocrats in Socialist China*. University Press of California. California.
ZHENG YONGNIAN (1999) – *Discovering Chinese Nationalism in China. Modernization, Identity and International Relations*. Cambridge University Press. Cambridge.
ZHENG YONGNIAN (2000) – "The Politics of Power Succession". In Wang Gungwu and Zheng Yongnian (eds.). *Reform Legitimacy and Dilemmas. China's Politics and Society*. Singapore University Press. Singapore. Pp. 23-49.
ZHENG YONGNIAN (2002) – "Technocratic Leadership, Private Entrepreneurship, and Party Transformation in the Post-Deng Era". In John Wong (ed.). *China's Post-Jiang Leadership Succession*. Singapore University Press. Singapore. Pp. 87-118.
ZIYANG ZHAD (1987) – *Advance Along the Road of Socialism with Chinese Characteristics*. Documents of the Thirteenth National Congress of the Chinese Communist Party. Foreign Languages Press. Beijing.
ZWEIG, David (1997) – *Freeing China's Farmers, Rural Restructuring in the Reform Era*. M. E. Sharpe. New York.

ANEXOS

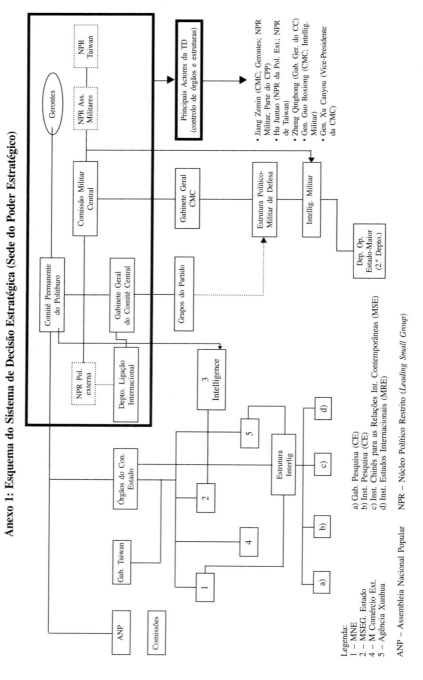

Anexo 2: Fluxo da Decisão em Informações Estratégicas
(Exemplo Hong-Kong – questões de Segurança relacionadas com actividades contrárias à segurança nacional)

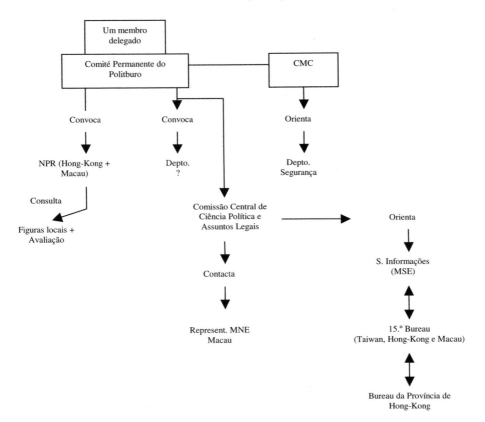

Anexo 3: Objectivos das Reformas Económicas

Time	Formulation of Reform Objectives
1978-1984.10	Planned economy supplemented by some market elements
1984.10-1987.10	Planned commodity economy
1987.10-1989.6	"State regulates the market and market regulates enterprises"
1989.6-1991	"Organic integration of planned economy and market regulations"
1992	Shareholding system and security market (started) can be used by socialism
1992.10	Socialist market economy
1994	"Corporization of SOEs and reform of property rights"
1997	Developing the state sector together with all other kinds of ownership; "holding on to large SOEs while letting small ones go to the market"
1998	Constitution amendment: private ownership should be equally promoted and protected
1999.10	SOEs withdraw from competitive industries; diversification of ownership of corporate and "mixed ownership"; executive stock options for SOEs
2001.7	"Three representative functions of the Party"; allows owners of private and individual enterprises to be Party members; further develop various ownership forms

Fonte: *Various official documents of the Central Committee of the Chinese Communist Party (CCCCP)*, cit. por Pamela C. M. Mar & Frank-Jürgen Richter (2003: 37).

Anexo 4: Central Military Commission

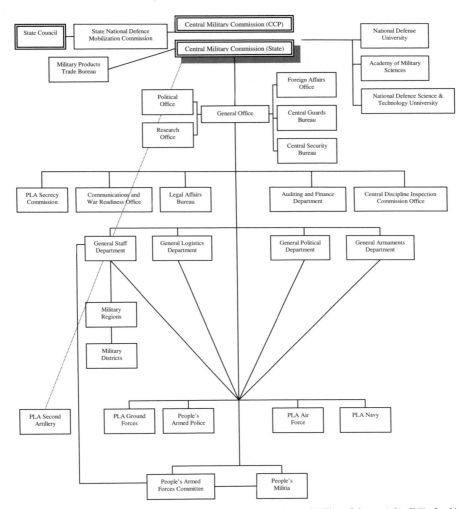

Fontes: *Directory of PRC Military Personalities*, various years; Academy of Military Sciences (ed.), *Shijie Junshi Nianjian*, various years; Yao Yunzhi el al. (eds.), *Junshi Zuzhi Tizhi Yanjiu*; interviews, cit. por David Sambaugh (2002: 96)

Anexo 5: *Chinese Military Conglomerates (prior to divestiture)*

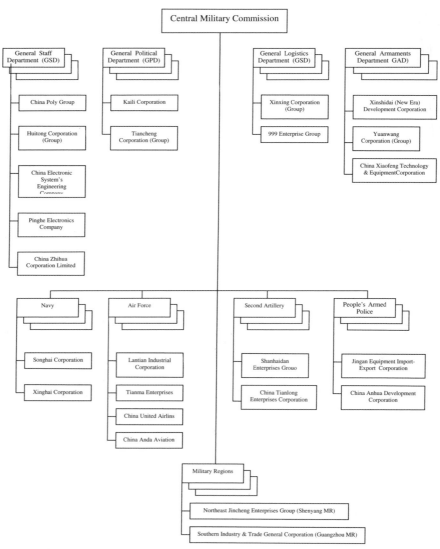

Fonte: David Shambaugh (2002a: 199)

Anexo 6: Perspectiva dos Congressos do Partido Comunista

Tempo	Nome	Presidente do Partido	Presidente da Comissão Militar	Primeiro-Ministro	Presidente	Tópico Principal	Figura Principal	Características
Set. 1956	8º Congresso Nacional	Mao Zedong 1959 (vice-pres.) Lin Biao	Mao Zedong	Zhou Enlai 1968 Liu Shaoqi, Deng Xiaoping deminitdo	Mao Zedong 1959 Liu Shaoqi	Linhas Gerais do Socialismo	Liu Shaoqi	Congresso Liu & Deng
Abr. 1969	9º Congresso Nacional	Mao Zedong 1971 (Lin Biao morre)	Mao Zedong	Zhou Enlai		Completa Revolução Cultural	Lin Bian	Congresso Lin Biao
Ago. 1973	10º Congresso Nacional	Mao Zedong	Mao Zedong 1975 (vice-pres.) Deng	Zhou Enlai 1975 (vice-PM) Deng		Crítica de Lin Biao e Confúcio	Wang Hongwen	O Gag dos 4 Congressos
Ago. 1977	11º Congresso Nacional	Hua Guofeng 1977 (vice-pres.) Deng 1980 Hu Yaobang	Hua Guofeng	Hua Guofeng		"Duas vias" do Presidente Mao	Hua Guofeng	Congresso Hua Guofeng
Set. 1982	12º Congresso Nacional	Hu Yaobang 1982 Deng Cons. Estado 1986 Hu demitido	Deng Xiaoping	Zhao Ziyang	1983 Li Xiannian	4 Modernizações	Hu Yaobang	Congresso Hu Yaobang
Nov. 1987	13º Congresso Nacional	Zhao Ziyang 1989 Zhao demitido; Jiang Zemin assume	Deng Xiaoping 1989	1988 Li Peng	1988 Yang Shangkun	1 Centro (desenvolvimento econômico) 2 Pontos Básicos (4 Princípios, reforma e Abertura)	Zhao Ziyang	Congresso Zhao Ziyang
Out. 1992	14º Congresso Nacional	Jiang Zemin Fev 1977 Deng more	Jiang Zemin	Li Peng	1993 Jiang Zemin	Economia de Mercado Socialista	Jiang Zemin	Congresso Deng pelo Sul
Set. 1997	15º Congresso Nacional	Jiang Zemin Fev 1977 Deng more	Jiang Zemin	1998 Zhu Rongji	Jiang Zemin	Bandeira de Deng Xiaoping	Jiang Zemin	Congresso Jiang & Zhu
Nov. 2002	16º Congresso Nacional	Hu Jintao	Jiang Zemin	2003 Wen Jiabao	2003 Hu Jintao	3 Representantes	Jiang Zemin	Congresso Jiang Zemin

Fonte: Yasuo Onishi (2003)

Anexo 7: Composição do Comité Permanente do Politburo do Partido Comunista Chinês

Posição	15º Congresso		16º Congresso		Outro Cargo (em 17MAR2003)
	Nome	Idade	Nome	Idade	
Secretário-Geral	Jiang Zeming	71	Hu Jintao	59	Presidente, Presidente da Comissão Militar Central
Membros do Comité Central (9)	Jiang Zeming	71	Hu Jintao	59	
	Li Peng	68	Wu Bangguo	61	Presidente do Comité Central do Congresso Nacional Popular
	Zhu Rongji	68	Wen Jiabao	60	Primeiro-Ministro
	Li Ruihuan	63	Jia Qinglin	62	Presidente do Comité Central da Conferência Política Consultiva Popular Chinesa
	Hu Jintao	54	Zeng Qinghong	63	Vice-Presidente, Membro do Secretariado, Presidente da Escola Central do Partido
	Wei Jianxing	66	Huan Ju	64	Vice-Primeiro Ministro
	Li Lanqing	65	Wu Ganzheng	64	Secretário da Comissão Central da Inspecção Disciplinar
			Lu Changchun	59	
			Luo Gan	67	
Membros (15)	Ding Guagen	68	Wang Lequan	57	Secretário do Comité Autónomo da Região de Xinjiang Uygur
	Tian Jiyun	68	Wang Zhaoguo	61	Vice-Presidente do Comité Central do Congresso Nacional Popular, Presidente da Federação Geral do Comércio da China
	Li Changchun	53	Hui Liangyu	58	Vice-Primeiro Ministro
	Li Tieying	61	Liu Qi	59	Secretário do Comité Municipal de Beijing
	Wu Bangguo	56	Liu Yunshan	55	Membro do Secretariado, Chefe do Departamento de Propaganda
	Wu Guanzheng	58	Wu Yi	63	Vice-Primeiro Ministro
	Chi Haotian	68	Zhang Lichang	63	Secretário do Comité Municipal de Tianjin
	Zhang Wannian	69	Zhang Dejiang	55	Secretário do Comité Provincial de Guangdong
	Luo Gan	62	Chen Liangyu	56	Secretário do Comité Municipal de Shangai
	Jiang Chunyun	67	Zhou Yongkang	59	Membro do Secretariado, Conselheiro de Estado, Ministro da Segurança Pública
	Jia Qinglin	57	Yu Zhengsheng	57	Secretário do Comité Provincial de Hubei
	Qian Qichen	69	He Guoqiang	59	Membro do Secretariado, Chefe do Departamento de Organização
	Huang Ju	59	Guo Boxiong	60	Vice-Presidente da Comissão Militar Central
	Wei Jiabao	55	Cao Gangchuan	66	Vice-Presidente da Comissão Militar Central, Conselheiro de Estado
	Xie Fei	64	Zeng Beiyan	63	Vice-Primeiro Ministro
Membros Suplentes (1)	Zeng Qinghong	58	Wang Gang	60	Membro do Secretariado, Director do Gabinete Geral
	Wu Yi	58			

Fonte: Yasuo Onishi (2003)

ÍNDICE DE FIGURAS/QUADROS

Figura 1:	Esquema de Análise Operacional	29
Figura 2:	PCC – Estrutura Funcional	80
Figura 3:	O Partido-Estado (Interlocking System)	99
Figura 4:	Processo de Decisão em Política Externa	98
Figura 5:	Vulnerabilidades e Potencialidades de Macau	293
Figura 6:	Tipos de Autoridade	114
Figura 7:	Áreas de Intervenção das Facções	143
Figura 8:	Balança de Poderes NOV97 (15.º Congresso do PCC)	151
Figura 9:	Balança de Poderes em NOV02 (16.º Congresso do PCC) ...	152
Figura 10:	Elite Política Chinesa (durante a era das Reformas) com Formação Superior (%)	155
Figura 11:	Estrutura da Tecnocracia Chinesa	158
Figura 12:	Planeamento da Estratégia de Sucessão do Poder	162
Figura 13:	As "Três Representações" como Adaptação à Dinâmica da Mudança	261
Figura 14:	A Política da RPC para Taiwan (desde 1949)	244
Figura 15:	"Interface" Forças Armadas – Modernização Económica ..	206
Figura 17:	Cenários de Emergência/Agudização de Fenómenos Sócio-Políticos Internos a Médio Prazo (2005-2010)	335

ÍNDICE

LISTA DE ACRÓNIMOS	5
PREFÁCIO	9
PÓRTICO	15
AGRADECIMENTOS	17
I. ENQUADRAMENTO METODOLÓGICO: A ANÁLISE OPERACIONAL	19
1. QUESTÕES METODOLÓGICAS/OBJECTIVOS	19
2. A ANÁLISE OPERACIONAL	23
3. COMPONENTES-BASE DE UMA MATRIZ DE ANÁLISE	27
II. A PERCEPÇÃO DA ESTRATÉGIA DO PARTIDO COMUNISTA CHINÊS (PCC)	31
III. O CONTEXTO DAS REFORMAS	49
1. A BASE POLÍTICA	49
2. MODELO ECONÓMICO – EVOLUÇÃO	58
3. REFORMAS ECONÓMICAS: IMPLICAÇÕES SÓCIO-CULTURAIS	61
IV. CONFIGURAÇÃO DO PODER OPERATIVO (O PCC)	73
1. A ESTRUTURA DO PCC – ÓRGÃOS CENTRAIS	73
1.1. Congresso Nacional	81
1.2. Politburo – "Politburocracia"	82
1.3. Comité Permanente do Politburo – O Eixo do Processo de Decisão	83
1.4. Comité Central	84
1.5. Órgãos Intermédios e de Base	91
2. O SISTEMA DE INTERLOCKING: O CASO DO MNE	92
V. PROCESSOS DE DECISÃO	101
1. A COORDENAÇÃO DA DECISÃO: A QUESTÃO DA INSTITUCIONALIZAÇÃO	101

1.1. O Eixo da Decisão	101
1.2. O Confronto Institucional do Poder Informal	105
1.3. Autoridade Pessoal e Autoridade Institucional	109
2. FASES DE DECISÃO POLÍTICA (1978-2004)	113
VI. A COMPONENTE FUNCIONAL DO PROCESSO DE DECISÃO (FORMAL NÃO VISÍVEL E INFORMAL)	119
1. ESTRUTURAS E MECANISMOS FORMAIS NÃO VISÍVEIS ..	119
1.1. Mecanismos de Comunicação Política	119
1.2. O Sistema dos Núcleos Políticos Restritos (Leading Small Groups)	124
1.3. O Grupo Central do Partido	130
2. A BASE DO GUANXI/FACCIONALISMO	132
2.1. Relações Guanxi	132
2.2. A Dinâmica do Faccionalismo	137
2.3. Faccionalismo e Processo de Decisão	139
2.4. Faccionalismo e Relação de Poder	141
2.5. Tipos de Facções – "Grupos de Substituição"	144
2.6. O Papel Instrumental do "Mishu"	146
VII. ACTORES POLÍTICOS	149
1. BALANÇA DE PODERES	149
2. MUDANÇA GERACIONAL NA ELITE DA RPC	154
2.1. Ascensão dos Tecnocratas	154
2.2. O Processo de Mudança	158
3. A 4.ª GERAÇÃO NO PODER	162
3.1. Perfil dos Líderes	162
3.2. Quadro Político de Actuação	168
VIII. O EPL E A SEDE DO PODER: O PROCESSO DE DECISÃO ..	173
1. O SISTEMA DA CMC/EPL	173
1.1. Estrutura e Organização da Comissão Militar Central	179
1.2. Processo de Decisão Estratégica	187
2. O CONTROLO POLÍTICO DO EPL	192
2.1. Relações de Poder	192
2.2. O Estatuto Político dos Militares	196
2.3. A Variável do Poder dos Líderes Políticos	198
2.4. O EPL e a Modernização Económica	204
3. DOUTRINA E MODERNIZAÇÃO MILITAR	208
4. A CULTURA ESTRATÉGICA PRAGMÁTICA	218
5. POLÍTICA DE SEGURANÇA NACIONAL	228
5.1. Objectivos Estratégicos de Segurança	228
5.2. Objectivos Militares Nacionais	231
5.3. O Papel do Sistema de Informações	233

6. A QUESTÃO DE TAIWAN 239
   6.1. Quadro Geral 239
   6.2. O Valor Estratégico de Taiwan 242
   6.3. Mecanismos de Tomada de Decisão 244

IX. **ESTRATÉGIAS DE ADAPTAÇÃO À MUDANÇA – EVOLUÇÃO DO SISTEMA** 249
   1. A IDEOLOGIA ÚTIL: O NACIONALISMO 249
      1.1. A Ideologia de Substituição 249
      1.2. O Nacionalismo Pragmático 253
   2. A ADAPTAÇÃO IDEOLÓGICA 259
   3. GRADUALISMO 267
      3.1. A "Reforma Política" 267
      3.2. Relações Estado-Sociedade 271
   4. MONISMOS SISTÉMICO, MITIGADO E DESENVOLVIMENTISTA 273
   5. A TRANSIÇÃO DE MACAU NO NOVO QUADRO DE ANÁLISE 283

X. **ELEMENTOS PARA A ANÁLISE GEOPOLÍTCA DA RPC** 293
   1. AS CONDICIONANTES CULTURAIS DO COMPORTAMENTO POLÍTICO CHINÊS NA POLÍTICA EXTERNA 293
      1.1. Paternalismo Político, Face, Guanxi e Relações Externas 293
      1.2. A Perspectiva "Paternalista" dos Direitos Humanos 294
      1.3. Os Chineses Ultramarinos na Estratégia Regional da RPC: a Questão da "Grande China" 295
   2. A RPC NA NOVA CONJUNTURA INTERNACIONAL 298
   3. OBJECTIVOS ESTRATÉGICOS (O DISCURSO DA MULTIPOLARIDADE) 301
   4. RELAÇÕES COM OS PRINCIPAIS ACTORES DA ÁSIA-PACÍFICO: ANÁLISE SINÓPTICA 309
      4.1. EUA 309
      4.2. União Europeia 313
      4.3. Rússia 316
      4.4. Japão 317
      4.5. Índia 318
      4.6. Coreia do Norte 319
      4.7. Coreia do Sul 320
      4.8. Austrália 320
      4.9. Ásia Central 321
      4.10. ASEAN – (Conditional Multilateralism) 322

XI. SÍNTESE PROSPECTIVA	327
BIBLIOGRAFIA	337
ANEXOS	355
Anexo 1: Esquema do Sistema de Decisão Estratégica (sede do poder estratégico)	356
Anexo 2: Fluxo da Decisão em Informações Estratégicas (Exemplo Hong-Kong – questões de segurança relacionadas com actividades contrárias à segurança nacional)	357
Anexo 3: Objectivos das Reformas Económicas	358
Anexo 4: Central Military Commission	359
Anexo 5: Chinese Military Conglomerates (prior to divestiture)	360
Anexo 6: Perspectiva dos Congressos do Partido Comunista	361
Anexo 7: Composição do Comité Permanente do Politburo do Partido Comunista Chinês	362
ÍNDICE DE FIGURAS/QUADROS	363